A cura di Liana Novelli G

Ebraismo e antisemitismo nella società italiana
Una storia discontinua

Biblioteca Italiana
Italienische Bibliothek

Frankfurt am Main

Biblioteca Italiana / Italienische Bibliothek
Frankfurt am Main

ISBN 978-3-9819567-0-2

Liana Novelli Glaab (a cura di)
Ebraismo e antisemitismo nella società italiana
Una storia discontinua

Prefazione: Anna Foa

Revisione: Massimiliano Angelucci

Analisi:
Marilena Bartolomei
Nicoletta Pucciarelli
Beata Ravasi
Aldo Zargani

Progetto grafico e impaginazione: Massimiliano Angelucci

INDICE

Ringraziamenti

Ringraziamo innanzitutto gli autori, che hanno rivisto e attualizzato i loro testi, già pubblicati nel libro *"Judentum und Antisemitismus im modernen Italien"*, uscito a Berlino nel 2007.

Un sentito ringraziamento va a Dorothee Wolf per la non facile traduzione di tre saggi dal tedesco. Amedeo Osti Guerrazzi e Claudio Vercelli hanno contribuito - in tempi molto stretti - con due nuovi saggi alla presente edizione, ampliandone significativamente la concezione/panoramica.

Alla rilettura e perfezionamento del testo hanno collaborato:
Marilena Bartolomei
Nicoletta Pucciarelli
Beata Ravasi
Aldo Zargani

Grazie anche al loro prezioso contributo ci è stato possibile uscire con la pubblicazione per l'anniversario dell'entrata in vigore delle leggi razziali, come intenzionato.

Liana Novelli Glaab *Massimiliano Angelucci*

Prefazione
Anna Foa

Questa raccolta di saggi, "Ebraismo e antisemitismo nella società italiana. Una storia discontinua", è la traduzione italiana - con l'aggiunta di alcuni testi più recenti e scritti appositamente per questa edizione - di un libro pubblicato in Germania nel 2007.

"Una storia discontinua", il sottotitolo, allude al tempo stesso alle discontinuità presenti in questa storia e alle sue continuità, o meglio alla continuità che si può rinvenire nella lunga, lunghissima, presenza ebraica in Italia e nella percezione che il mondo esterno ha avuto di questa presenza. Una percezione, invero, che solo dai primissimi decenni del Novecento possiamo definire con il termine di antisemitismo.

Il volume in realtà affronta, di questa storia di lunga durata, solo alcuni momenti, e solo in uno dei saggi, quello dedicato alle immagini antiebraiche dell'arte italiana, prende le mosse dal Medioevo, mentre spunti di lunga durata possiamo trovare nel saggio della curatrice, Liana Novelli Glaab, sulle donne ebree e in quello di Aram Mattioli sull'emancipazione negata nello Stato della Chiesa nell'Ottocento. Il resto dei contributi si concentra sui rapporti tra ebrei e fascismo, sulla memoria della *Shoah* italiana e sulle vicende degli ebrei nel dopoguerra. Altri saggi affrontano in particolare il periodo dell'Italia liberale, come quello di Anna Rossi Doria, che analizza in chiave comparativa l'identità di donne ed ebrei nel periodo dell'emancipazione o quello di Ulrich Wyrwa sull'antisemitismo nell'Italia liberale.

Non si tratta, quindi, di saggi di ricerca che presentino prospettive nuove di analisi storiografica, ma piuttosto di contributi che presentavano al lettore tedesco i risultati delle ricerche più recenti degli studiosi italiani in questo campo. Questo spiega come molte delle tesi portanti del volume siano in realtà già note al lettore italiano, anche se rappresentavano certamente alla pubblicazione in tedesco una prospettiva nuova per il pubblico cui si rivolgevano.

Un gioco di rimbalzi, questo dell'immagine della storia degli ebrei in Italia fra Germania e Italia, che offre un panorama di sintesi prezioso tanto per il pubblico tedesco quanto per il lettore italiano. La comparazione fra storia degli ebrei in Italia e in Germania, pur non resa esplicita, resta sullo sfondo, in particolare dei contributi tedeschi, e non è il minore dei meriti del volume. La storia degli ebrei in Germania e quella degli ebrei in Italia hanno - com'è noto - forti somiglianze, soprattutto per il periodo dell'emancipazione, raggiunta in ambedue i Paesi insieme alla riunificazione statale, e altrettanto notevoli differenze, soprattutto nel periodo successivo, ma non solo. Lo sguardo tedesco sulla storia recente degli ebrei in Italia, sia che si esprima in saggi e su temi particolari sia che si percepisca nelle scelte delle tematiche italiane che più possono interessare il pubblico tedesco, ci offre quindi un approccio di non scarso interesse.

Ma quali sono i temi centrali del volume? La prima sezione è dedicata alla tradizione antigiudaica ed è affidata a uno studio di Francesca Fabbri sull'iconografia antigiudaica e a uno di Aram Mattioli sull'emancipazione negata nello Stato della Chiesa e sul ghetto romano. Il tema dell'iconografia si apriva ad ampie possibilità di comparazione fra l'iconografia medioevale italiana e quella tedesca, ma l'autrice sembra invece voler sottolineare gli elementi di somiglianza piuttosto che le differenze tra le due tradizioni. Eppure, a parte la famosa predella di Urbino di Paolo Uccello, l'iconografia antigiudaica tipica delle aree tedesche è realmente marginale, nell'area italiana, come la storiografia sottolinea concordemente. L'unica eccezione è rappresentata dalle immagini dedicate al caso di San Simonino da Trento, ammesso che si voglia considerare all'epoca italiano il principato di Trento.
La questione della presenza o meno di antisemitismo in Italia prima della svolta del regime con le leggi razziali è una di quelle più presenti, essendo fra l'altro uno degli aspetti di maggior differenza tra Italia e Germania. Sostanzialmente concorde è, in generale, il giudizio della storiografia italiana sulla mancanza in Italia di un antisemitismo politico e sull'attribuzione di tale mancanza al rapporto di conflittualità con la Chiesa cattolica nel corso del processo risorgimentale, come qui ci spiega Fabio Levi.
Nel volume, i saggi dedicati agli ebrei nell'Italia liberale toccano soprattutto questioni di genere. Nel saggio di Anna Rossi Doria si affronta il rapporto tra la concezione dell'ebreo e quella della donna a fine Ottocento, un tema cui la studiosa ha dedicato grande attenzione nei suoi studi. Nel saggio di Liana Novelli Glaab, la questione del rapporto delle donne ebree con la tradizione e la modernità dopo l'Emancipazione delinea una sorta di spaccatura fra le donne più legate alla tradizione e le innovatrici, tutte rigorosamente laiche. Da Anna Kuliscioff, che però veniva da tutt'altra tradizione - quella russa delle donne rivoluzionarie - alle Lombroso a Margherita Sarfatti. Solo il saggio di Ulrich Wyrwa analizza la questione dell'antisemitismo nell'Italia liberale in un'ottica generale, sottolineando in particolare - come già molti studiosi prima di lui, a cominciare da George Mosse - la presenza a fine secolo di un "antisemitismo cattolico", e arrivando fino ad attribuire a Pio IX la nascita dell'antisemitismo in Italia. Nonostante il proposito dichiarato di voler modificare il quadro generalmente condiviso, lo studioso finisce, però, per ammettere che l'antisemitismo nell'Italia liberale non fu mai egemonico ed ebbe scarsa influenza sulla vita politica, sociale e culturale italiana.
Un altro nucleo importante del volume è quello dedicato al ruolo giocato

dalla Repubblica Sociale Italiana nella persecuzione degli ebrei dopo l'8 settembre 1943. Un tema su cui la storiografia, già a partire dal volume di Michele Sarfatti su "Gli ebrei nell'Italia fascista", tradotto in inglese nel 2006, ha dato da tempo contributi definitivi, delineando un quadro di collaborazione e ripartizione dei compiti fra tedeschi e italiani, che vengono qui ripresi e sottolineati. In particolare il saggio di Amedeo Osti Guerrazzi su "Gli italiani e le leggi razziali", che affronta anche il tema della collaborazione fra repubblichini e nazisti durante l'occupazione tedesca, tocca, anche se marginalmente, un tema realmente importante e poco affrontato dalla storiografia (anche per la mancanza di fonti che lo documentino adeguatamente), quello della effettiva diffusione dell'antisemitismo dopo le leggi del 1938 e durante la *Shoah* italiana. Il saggio di Fabio Levi ne tratta in maniera più approfondita, sottolineando la trasformazione avvenuta nella percezione generale dell'ebreo dopo l'8 settembre, quando l'indifferenza si tramuta in ampio sostegno. Il saggio di Sara Berger, che a questo proposito parla di "inedita ma incessante" campagna propagandistica antisemita a partire dal 1938, ribadisce la collaborazione del governo di Salò alla deportazione e ne analizza in dettaglio le modalità. Il quadro generale che ne emerge è quello di un Paese a scarsa diffusione di antisemitismo, avvelenato per sette anni da un'assillante campagna antisemita, che vede dopo l'occupazione nazista da una parte una trasformazione positiva del rapporto di una notevole parte della popolazione con gli ebrei, attraverso aiuti e soccorsi, dall'altra una collaborazione concreta ed efficace dei fascisti di Salò alla deportazione e di conseguenza allo sterminio. Una divisione tra carnefici e giusti, insomma. Siamo ancora lontani, noi italiani, da una presa di coscienza del nostro ruolo nella *Shoah*, ma a partire dall'inizio del terzo millennio abbiamo forse fatto qualche piccolo progresso.

L'inizio di questo processo, e in genere del percorso memoriale della *Shoah*, è analizzato negli ultimi saggi: quello di Guri Schwarz sugli ebrei italiani nel dopoguerra, sintesi del suo importante libro del 2004 "Ritrovare se stessi". "Gli ebrei nell'Italia postfascista", quello di Godrun Jäger sulle donne ebree scrittrici dell'esperienza dei campi, tema su cui però molto è stato scritto in Italia negli ultimi anni, e quello di Claudio Vercelli sull'antisemitismo oggi in Italia, molto centrato sul rapporto tra antisemitismo e antisionismo.

In conclusione riprendiamo alcune delle osservazioni fatte nel volume da Alberto Cavaglion sullo stato della storiografia su ebrei e fascismo. I temi allora in discussione erano quelli già posti da Renzo De Felice: l'esistenza o meno di una reazione dell'opinione pubblica alle leggi del 1938 e la valutazione al ribasso dell'antisemitismo fascista. Per Cavaglion, che vi arriva attraverso attente analisi, l'Italia non era stata un'isola felice priva di antisemitismo ma nemmeno quello che vi succedeva poteva essere paragonato a quanto succedeva in Germania. Sono passati oltre dieci anni e le domande continuano a essere poste in modo analogo, con l'aggiunta della classica questione: ma Mussolini era personalmente un antisemita? Eppure, la storiografia ha nel frattempo chiarito molte questioni, la più importante delle quali è quella del ruolo primario della Repubblica di Salò nella *Shoah* italiana. Ma a questo Paese, e ai suoi lettori, sembra interessare solo sapere cosa passava nella testa del Duce. Forse perché era, e temiamo che non abbia mai smesso di essere, un Paese cui il fascismo in fondo in fondo non dispiace troppo.

I
La tradizione antigiudaica

Debellata hebræorum temeritate
Immagini antiebraiche nell'arte medievale e moderna in Italia

Francesca Fabbri

Fino a pochi decenni fa, l'immagine degli ebrei nella società italiana medievale e moderna era improntata ai toni ottimistici di una felice convivenza, ma negli studi più recenti è ormai venuta consolidandosi una nuova linea di ricerca che non dimentica, accanto ai noti episodi di accettazione, anche quelli, non isolati, d'intolleranza.[1] Anche nel campo della storia dell'arte, a fronte di molte raffigurazioni artistiche in cui la presenza degli ebrei non viene enfatizzata o addirittura assume caratteri positivi,[2] vi sono opere in cui gli ebrei vengono raffigurati come diavoli in terra, assassini, profanatori, usurai e, sebbene esse siano per la maggior parte riconducibili a particolari committenze o a un evento determinato e circoscritto, riflettono chiaramente un sentimento che, guidato da predicatori e committenti non disinteressati, portò anche in Italia a espulsioni, roghi e violenze.[3]

[1] Rispetto al periodo storico trattato dagli altri testi di questo volume, può apparire fuori luogo il mio intervento, incentrato sull'arte medievale e moderna, ma è dimostrato che l'antisemitismo del XIX e del XX secolo pesca ampiamente in un *fundus* di motivi antiebraici presenti già dal Medioevo in tutta Europa, cfr. Peter K. Klein, *"Jud, dir kuckt der Spitzbub aus dem Gesicht. Traditionen antisemitischer Bildstereotype oder die Physiognomie des 'Juden' als Konstrukt"* in Helmut Gold, Georg Heuberger (a cura di), *Abgestempelt. Judenfeindliche Postkarten* (Frankfurt am Main, 2002), pp. 43 e segg.

[2] Un esempio fra i molti è il dipinto "I tre filosofi" di Giorgione (Vienna, *Kunsthistorischesmuseum*) in cui la cultura rinascimentale è rappresentata dall'incontro della filosofia antica, della cultura ebraica e della cristianità illuminata, cfr. Jacopo Scarpa, "Giorgione e Abelardo: i tre filosofi di Vienna" in "Arte-Documento" (1994), n. 8, pp. 59-66. È noto come Giorgione e i circoli intellettuali di cui facevano parte suoi committenti fossero influenzati dalle opere e dal pensiero di Judah Abravanale, l'intellettuale umanista e neoplatonico anche conosciuto come Leone Ebreo.

[3] Roberto Bonfil, "Società cristiana e società ebraica nell'Italia medievale e rinascimentale: riflessioni sul significato e sui limiti di una convergenza" in Michele Luttazzi, Michele Olivari (a cura di), *Ebrei Cristiani nell'Italia medievale e moderna: conversioni, scambi, contrasti*, (Roma, 1988), pp. 231-260; Dik van Arkel, "Lo sviluppo di uno stereotipo antiebraico" in *Ebraismo e Pregiudizio* (Firenze, 1989), pp. 77-79; Michele Cassandro, *Intolleranza e Accettazione. Gli ebrei in Italia nei secoli XIV-XVIII*

Certamente in Italia si ritrovano di rado alcune tipologie molto diffuse nelle terre del Nord come quella dell'ebreo errante e della scrofa giudea *(Judensau)*[4] ed è inoltre fondamentale fin da subito esplicitare due premesse, affinché il significato delle immagini di cui si tratterà non sia considerato valido per ogni parte della penisola italiana e ogni periodo. La prima premessa è di ordine storico: la particolare struttura e frantumazione politica dell'Italia nel Medioevo e nell'età moderna ha avuto come risultato che le condizioni della convivenza degli ebrei nella società cristiana in Italia divergessero fortemente di città in città e, anche all'interno della stessa città, di periodo in periodo;[5] così quello che era lecito a Pisa non lo era a Mantova (come si vedrà in seguito) e quello che valeva per la Firenze medicea non valeva più per quella repubblicana. La seconda premessa è invece di ordine "estetico": le tipicizzazioni fisiognomiche che conosciamo come caratteristiche della caricatura dell'ebreo (il naso aquilino, il mento sporgente, il colore scuro della pelle) e gli elementi dell'abbigliamento (il cappello a punta, il turbante, gli orecchini ad anello) non hanno

(Firenze, 1996). Non è un caso che le immagini a carattere antiebraico si assommino in prossimità dell'espulsione della comunità ebraica da una determinata città, o dalla creazione in essa del ghetto.

[4] Per l'immagine dell'ebreo nell'arte europea medievale: Bernhard Blumenkranz, *Juden und Judentum in der Mittelalterlichen Kunst* (Stuttgart, 1965). Ed. it.: *Il cappello a punta. L'ebreo medievale nello specchio dell'arte cristana* (Bari / Roma, 2003); Eric M. Zafran, *The iconography of antisemitism. A study of the Representation of the Jews in the Visual Arts of Europe 1400-1600* (New York, 1973); Hainz Schreckenberg, *Die Juden in der Kunst Europas. Ein historisches Bildatlas* (Göttingen / Freiburg, 1996); Debra Hassig, *"The iconography of rejection: Jews and other monstrous race"* in *Image and Belief: studies in celebration of the eightieth anniversary of the Index of Christian Art* (Pricenton, 1999), pp. 25-46; Mitchell B. Merbach (a cura di), *Beyond the yellow Badge: Anti-Judaism and Antisemitism in Medieval and Early Modern Visual Culture* (Leiden, 2007). Per l'immagine dell'ebreo errante Giuseppe Capriotti, "E tu andrai tanto tosto che tu m'aspetterai: l'iconografia dell'ebreo errante da Matthew Paris a Orazio Gentileschi" in "Incontri", 1, 2011, pp. 115-141. Per la diffusione iconografica della *Judensau*: Isaiah Shachar, *The Judensau: a medieval Anti Jewisch motif and its History* (London, 1974) è legata alla diffusione di alcune immagini riguardanti il culto di San Simonino (si veda più avanti nel testo).

[5] Molto interessante a questo proposito è il caso delle Marche, un territorio in cui le comunità ebraiche sono state tollerate ma che presenta spesso iconografie antiebraiche all'interno degli edifici religiosi: potrebbe sembrare una contraddizione, ma non lo è se si pensa a questi oggetti, posti in spazi di devozione, come memento continuo dell'alterità e della subalternità delle comunità ebraiche, cfr. Giuseppe Capriotti, Concetta Ferrara, "Immagini e antigiudaismo. Sette città antiebraiche nelle Marche" in "Marca/Marche", 3, 2014, pp. 81-116.

rappresentato nelle immagini artistiche dei valori negativi di per sé, ma la loro negatività è dipesa dal contesto della storia rappresentata. Nella *Presentazione al Tempio* di Ambrogio Lorenzetti del 1342 (realizzata per il Duomo di Siena, oggi agli Uffizi di Firenze) sia il sacerdote, che porta un cappello a punta giallo, che la Vergine, la quale mostra i cerchietti d'oro ai lobi, vengono evidentemente identificati come ebrei del XIV secolo, senza per questo nulla togliere alla sacralità e alla intimità della scena in cui si ribadiscono chiaramente le radici ebraiche del piccolo Gesù.

Al contrario è evidente la negativizzazione che Giotto fa del personaggio di Giuda nella Cappella degli Scrovegni, imponendogli, nell'atto di baciare e indicare Cristo ai soldati, una veste del colore giallo infamante, obbligatorio per gli ebrei dal 1215, e mettendogli accanto un diavolo che ne sembra l'ombra riportata.[6]

[6] Sul tema: Joshua Trachtenberg, *The Devil and the Jews. The medieval conception of the Jews and its relation to modern antisemitism* (New Haven, 1945). Per ciò che riguarda in particolare la cappella degli Scrovegni, è noto che il committente voleva esorcizzare l'accusa per i suoi antenati di essere stati prestatori a usura, da qui probabilmente la particolare insistenza sui dettagli antiebraici. Sull'uso e il valore simbolico degli orecchini si veda Diane Owen Hughes, *"Distinguish signs: Ear-Rings Jews and Franciscan Rethoric in the Italian renaissance city"* in *"Past and Present"*, 112, 1986, pp. 3-59. Sul colore giallo distintivo per gli ebrei: Massimo Moretti, "*Glauci coloris.* Gli ebrei nell'Iconografia sacra di età moderna" in "Roma Moderna e contemporanea", XIX, 2011, 1, pp. 29-64.

La scelta del valore positivo, neutro o negativo nella rappresentazione degli ebrei dipende soprattutto dalla scelta del soggetto: ebrei buoni sono i precursori di Cristo nelle pagine altotestamentarie, i protagonisti nei vangeli apocrifi che narrano l'infanzia di Gesù o la vita della Vergine[7] mentre ebrei cattivi sono gli adoratori di falsi idoli, i disconoscitori della divinità di Cristo, i protagonisti del suo calvario.
Poste queste necessarie premesse, questo saggio vorrebbe quindi, senza alcuna pretesa di esaustività, proporre un percorso fra varie iconografie che più hanno esemplificato in negativo l'immagine dell'ebreo all'interno dell'arte italiana di epoca medievale e moderna, segnalando inoltre i contributi e gli studi critici che in questi ultimi periodi sono stati particolarmente attenti a queste tematiche.

Sinagoga vs. Chiesa: L'immagine della sconfitta

Prima ancora di illustrare gli elementi negativi nella rappresentazione della figura dell'ebreo è necessario soffermarci sulla particolare raffigurazione, data nell'iconografia cristiana, alla religione ebraica nel suo complesso: questa è rappresentata come una figura femminile, denominata Sinagoga, schiacciata e abbattuta dall'arrivo del Cristo, mentre un'altra figura femminile, Ecclesia, entra nella scena della Storia. Di questa diffusissima iconografia si possono fare esempi illustri: nei pulpiti di Giovanni Pisano e della sua scuola, Sinagoga è rappresentata in alto a sinistra come una vecchia che viene accompagnata da un angelo fuori dallo schermo della rappresentazione.
Già più negativa è l'immagine (circa 1178) utilizzata da Benedetto Antelami nel Duomo di Parma, nella sua Deposizione, dove a una Sinagoga bendata (poiché non ha voluto vedere la divinità di Cristo) viene fatta piegare di forza la testa da un angelo.

[7] A fronte degli episodi artistici che sono l'interesse specifico di questo saggio, moltissimi sono anche gli esempi in cui la figura e la vita quotidiana degli ebrei sono trattati con interesse e pari dignità: uno fra tutti la bibbia miniata per Borso d'Este a Ferrara (si veda l'edizione in facsimile, Modena, 1961) in cui si ritrovano moltissimi esempi di vita ebraica tratti dalla quotidianità e rappresentati in maniera positiva.

Non si deve qui pensare a una pura rappresentazione teologica: sulla base di questa immagine i cristiani basavano la propria superiorità e il proprio diritto sugli ebrei, e che ciò non fosse pura simbologia ma un vero e proprio *memento,* lo testimonia un affresco di Giovanni da Modena nella chiesa di San Petronio di Bologna del 1420 in cui la croce del Cristo Crocifisso si anima, dal suo legno escono due braccia: una trafigge con una spada la testa di Sinagoga bendata che, a sinistra delle croce, cavalca uno sgangherato caprone, mentre l'altra incorona, a destra, Ecclesia che siede sicura su un leone.

Non si tratta di un caso isolato ma di un'iconografia che ebbe larga fortuna nei territori del nord della penisola all'inizio dell'età moderna.[8]

I carnefici di Cristo: Attualizzazione della rappresentazione storica

In alcune immagini medievali della crocifissione, Sinagoga arriva ad avere una partecipazione attiva nel calvario di Cristo, trafiggendo con il proprio stendardo Gesù crocifisso: si tratta dell'evidente trasferimento di una delle immagini più diffuse nell'iconografia medievale e moderna, quella degli ebrei quali protagonisti del calvario di Cristo. Gli ebrei, che non hanno riconosciuto la divinità di Gesù, vengono qui raffigurati come i suoi carnefici, ma l'immagine viene attualizzata attraverso gli abiti degli aguzzini che permettono così di situare agli occhi dell'astante i momenti del calvario nella contemporaneità di ogni giorno e di riconoscere il proprio vicino ebreo nei torturatori o nei disprezzatori del Cristo. Gli esempi sono, anche in questo caso, molteplici e di chiara lettura: in "La Cattura e la Spoliazione", due sportelli di tabernacolo della scuola del Beato Angelico (provenienti dalla chiesa dell'Annunziata di Firenze, oggi museo di S. Marco), i soldati presentano con grande evidenza il simbolo dello scorpione - che caratterizza gli ebrei nel XIV secolo - mentre a fianco un personaggio con il turbante calcola il valore della veste di Gesù, con un evidente riferimento al commercio di vestiti e di

[8] Sull'iconografia di Sinagoga: Herbert Jochum, *Ecclesia und Synagoga. Das Judentum in der christlichen Kunst* (Ottweiler, 1993); per l'esempio bolognese e altri esempi di area emiliana Paolo Bensi, Maria Rosa Montiani Bensi, "L'iconografia della croce vivente in ambito emiliano e ferrarese" in "Musei Ferraresi", 13-14, 1983, pp. 161-182; Fabrizio Lollini, "Lo strepito degli ostinati giudei. Iconografia antiebraica a Bologna e in Emilia Romagna" in Maria Giuseppina Muzzarelli (a cura di), *Banchi Ebraici a Bologna* (Bologna, 1994), pp. 281-285. Immagini della Croce vivente si registrano anche nel Veneto e in Piemonte: Robert Louis Fueglister, *Das Lebende Kreuz. Ikonographisch-ikonologische Untersuchung der Herkunft und Entwicklung einer spätmittelalterlichen Bildidee und ihre Verwurzelung im Wort* (Einsiedeln, 1964); Giancarlo Comino, "Chiesa e Sinagoga: L'iconografia della 'croce vivente' come specchio della polemica antiebraica, con particolare riferimento alla cappella di Santa Croce a Mondovì" in "Bollettino della società per gli studi storici, archeologici ed artistici della Provincia di Cuneo", 141, 2009, 2, pp. 7-19.

panni tenuto principalmente da famiglie ebree.[9] Anche i flagellatori di Cristo vengono spesso identificati quali ebrei contemporanei, riconoscibilissimi attraverso il caratteristico cappello a punta (si vedano i portali bronzei della chiesa di San Zeno a Verona del XIII secolo).

Questi spesso presentano il colore giallo (come si nota ad esempio nel dittico di Simone di Filippo, della seconda metà del secolo XIV, oggi nella *Staatsgalerie* di Stuttgart) oppure, ancora una volta, attraverso i tratti caricaturali e il colore giallo delle vesti, come si può vedere nelle cappelle del Calvario del Sacro Monte di Varallo, uno dei vari teatri religiosi alpini in cui le scene della passione di Cristo venivano presentate attraverso sculture e scenografie poste in varie stazioni e disseminate lungo un percorso montuoso.[10] Persino nella famosa "Flagellazione" di Piero della Francesca (Urbino, Galleria Nazionale delle Marche) i tre personaggi rappresentati a destra della

[9] Per il simbolo dello scorpione, riscontrabile soprattutto negli stendardi delle scene della passione del XIV e XV secolo in Italia centro-settentrionale: Marcel Bulard, *Le scorpion symbole du peuple juif dans l'art religieux des XIV, XV, XVI siècles* (Paris, 1935); "Lo scorpione sul petto" è esemplarmente il titolo di un recente ed esaustivo studio, cui si può soltanto qui rimandare per un approfondimento sulle varie iconografie antiebraiche: Giuseppe Capriotti, *Lo scorpione sul petto. Iconografia antiebraica tra XV e XVI secolo alla periferia dello Stato Pontificio* (Roma, 2014).

[10] Enrico Castelnuovo, "Osservazioni in margine alla presenza ebraica nel campo artistico" in Cesare Luporini (a cura di), *Ebraismo e Antiebraismo: immagine e pregiudizio* (Firenze, 1989), pp. 51-56; Angelo Antonelli, "Crocifissioni ed Ebrei in alcuni dipinti di area marchigiana del XV secolo" in "Notizie da Palazzo Albani", 22/29 1993/2000, 2001, pp. 85-96; Marco Piccat, "Dalle raffigurazioni medievali a 'The Passion': l'invenzione degli 'Ebrei flagellanti'" in *'Mitteilungen des Kunsthistorischen Institutes in Florenz'*, 49, 2005, 2006, pp. 269-288.

composizione sono stati, fra le molte ipotesi, identificati come la personificazione di tre categorie: i sacerdoti del tempio (il personaggio con la barba), i maggiorenti ebrei (il personaggio calvo vestito elegantemente) e i soldati del tempio (il giovane con tunica all'antica) che tramano per arrestare Gesù e portarlo da Caifa e da Pilato.[11]

Nelle scene della Crocifissione, infine, gli ebrei sono solitamente ammassati a sinistra del Cristo (nella stessa posizione di Sinagoga) sotto il ladrone cattivo, intenti a disputarsi le vesti di Gesù o

[11] Fabrizio Lollini, "Una possibile connotazione antiebraica della Flagellazione di Piero della Francesca" in "Bollettino d'arte", 65, 1991, pp. 1-28. Questa immagine antigiudaica non è un caso isolato nel repertorio dell'artista: nelle "Storie della vera croce" di Arezzo, egli inserisce l'episodio della tortura dell'ebreo Giuda che si era rifiutato di dire a Sant'Elena dove si trovasse la Croce di Cristo, elemento che assume ancora più rilevanza se si accetta l'ipotesi che il personaggio che aiuta l'ebreo, ormai convertito, a uscire dal pozzo, sia lo stesso Piero: Lajos Vayer, "Il problema degli autoritratti di Piero della Francesca sulla base del ciclo di Arezzo" in *Studi di Storia dell'arte sul Medioevo e il Rinascimento nel centenario della nascita di Mario Salmi* (Firenze, 1992), pp. 433-447. Su questa iconografia: Giuseppe Capriotti, "Torturare per convertire. L'iconografia dell'ebreo. Giuda in una predella di Luca di Paolo di Matelica" in Giuseppe Capriotti, Pierluigi Feliciati (a cura di), *Testimonianze della cultura ebraica: ricerca, valorizzazione, digitale* (Macerata, 2011), pp. 27-43.

semplicemente spettatori curiosi dello spettacolo, sempre facilmente riconoscibili da elementi dell'abbigliamento o dalle deformazioni caricaturali.[12]

Ebrei e predicazione mendicante: I grandi accusatori

L'immagine degli ebrei nella vita quotidiana medievale e moderna era quella di mercanti di abiti e panni, ma soprattutto di prestatori a interesse.[13] La polemica del buon e cattivo banco dei pegni raggiunse in Italia il suo culmine intorno al 1470-90 con le predicazioni di alcuni frati minori: Giovanni da Capestrano, Bernardino da Feltre e Bernardino da Siena (solo per citare i nomi più famosi) ebbero una grande influenza nell'aizzare la popolazione contro le comunità ebraiche. Oltre alla polemica contro il prestito a usura e la spinta per la fondazione dei Monti di Pietà,[14] le prediche dei frati rinfrescavano nella popolazione le accuse che già in epoca alto e basso medievale si

12 Alcuni esempi fra i molti: il cappellone affrescato da Andrea Buonaiuti nel Duomo di Firenze (1366-68) e l'altare del Maestro della Madonna Giovanelli (tardo XV secolo) pubblicato in Andrea de Marchi, "Per un riesame della pittura tardogotica a Venezia" in "Bollettino d'arte", 44-45, 1987. Si veda in generale: Natascha Bremer, *Das Bild der Juden in den Passionsspielen in der bildenden Kunst des deutschen Mittelalters* (Frankfurt am Main, 1998); William Chester Jordan, *"The last tormentor of Christian image of the Jew in ancient and medieval exegesis, art and drama"* in *"The Jewish-Quarterly-Review"*, LXXVIII, nn. 1-2, July-October, 1987, pp. 21-47, (in cui si dimostra come il soldato romano, che dà da bere il vino a Cristo, diventi nei testi vetero testamentari e poi in Sant'Agostino un ebreo che schernisce Gesù con l'aceto). In generale sull'accusa di deicidio: Giuseppe Capriotti, "L'infamante accusa di deicidio: propaganda antiebraica nella pittura italiana del Quattrocento: Zanino di Pietro, Giovanni Boccati, Luca di Paolo e Carlo Crivelli" in Giuseppe Capriotti (a cura di), *Antigiudaismo, Antisemitismo, Memoria* (Macerata, 2009), pp. 51-95.

13 Sull'accusa di usura agli ebrei: Giacomo Todeschini, "*«Judas mercator pessimus»*. Ebrei e simoniaci dall'XI al XIII secolo" in "Zakhor. Rivista di storia degli ebrei d'Italia I", 1997, pp. 11-23; Julie L. Mell, *The Myth of the Medieval Jewisch Moneylander* (New York, 2017).

14 Jeremy Cohen, *The Friars and the Jews. The evolution of medieval anti-judaism* (London, 1982); Matteo Melchiorre, "La propaganda antiebraica dell'Osservanza nei centri minori: frate Bernardino da Feltre nel distretto padovano (1491-1494)" in "Il Santo", 56, 2016, 1/2, pp. 43-63; Roberto Rusconi, "Predicatori ed ebrei nell'arte italiana del Rinascimento" in "Iconographica", 2004, III, pp. 148-161. Per la creazione dei Monti di Pietà: Renata Segre, "Bernardino da Feltre, i monti di pietà e i banchi ebraici" in "Rivista Storica Italiana", XC, n.4, 1978, pp. 817-833.

erano consolidate contro gli ebrei, ritenuti colpevoli di reiterare il deicidio nella contemporaneità quotidiana attraverso la pratica dell'iconoclastia[15] e della profanazione delle ostie (in evidente legame col culto dell'immagine fisica e del corpo del Gesù) nonché di perpetuare il martirio dell'innocente, già attuato con il Cristo, sui bambini cristiani, al fine occulto di procurarsi il sangue con cui impastare le azzime di Pessach.[16] Vedremo come questi temi propagandati dalla predicazione avranno una decisiva influenza sulla creazione di specifiche immagini.

Opere d'arte contro l'iconoclastia degli ebrei: I casi di Mantova ed Empoli

Partiamo dalla prima accusa, quella d'iconoclastia, e vediamone, proprio per esemplificare ciò che si è afferito all'inizio di questo saggio, gli effetti in differenti territori italiani. A Pisa, negli anni 1491-92 Isacco di Vitale, appartenente alla più ricca e potente delle famiglie di banchieri ebrei italiani, riuscì ad avere dalle autorità religiose e civili il permesso di distruggere due immagini sacre al fine di rimodernare la sua casa;[17] l'anno successivo, il banchiere ebreo Daniele da Norsa, forte del potere acquisito presso la corte di Francesco Gonzaga, tentò lo stesso percorso a Mantova, ma con risultati ben diversi. Nel 1493 Daniele da Norsa eliminò, si noti bene con il permesso del vicario del Vescovo, l'affresco di una Madonna con Bambino che era dipinto all'esterno della sua casa mantovana, incorrendo da subito nelle ire della popolazione locale, la quale, ancora due anni dopo, nel maggio 1495, durante una processione, scagliò pietre contro le sue finestre.[18]

15 Sull'accusa d'iconoclastia: Simona Feci, "Guardare e vedere al di là del muro. Immagini sacre e iconoclastia ebraica a Roma in età moderna" in *Le inquisizioni cristiane e gli ebrei* (Roma, 2003), pp. 407-429.

16 I due capi d'accusa vengono spesso accumunati: Freidrich Lotter, *"Aufkommen und Verbreitung von Ritualmord- und Hostienfrevelanklage gegen Juden"* in *Die Macht der Bilder. Antisemitische Vorurteilen und Mythen* (Wien, 1995); Miri Rubin, *"Blut, Opfer und Erlösung in der christlichen Ikonographie"* in James M. Bradburne (a cura di), *Blut, Kunst Macht Politk Pathologie* (München, 2001), pp. 88-99.

17 Sull'episodio: Michele Luzzati, "Ebrei, chiesa locale, 'principe' e popolo: due episodi di distruzione d'immagini sacre alla fine del Cinquecento" in "Quaderni Storici", 54/ a. XVIII, n. 3, dicembre 1983, pp. 843-869.

18 L'immagine aveva probabilmente anche un maggiore valore devozionale, poiché non si trattava di un affresco all'interno di una casa, come nel caso di Pisa (nello

Il Duca Francesco in un primo momento difese il suo banchiere di fiducia, ma poi si rimangiò tutto e nell'agosto del 1495 obbligò il da Norsa a pagare l'incredibile somma di 110 ducati in 3 giorni per l'esecuzione di un quadro che riparasse il suo errore: la cosiddetta *Madonna con Santi e Donatore* di Andrea Mantegna (oggi a Parigi, Louvre) che mostra il Duca (e non il reale donatore che è il da Norsa) incoronato dalla Vergine come protettore della Cristianità. Parallelamente, la casa del da Norsa fu rasa al suolo, al suo posto fu costruita la chiesa di Nostra Signora della Salute (che tuttora sussiste) e a perenne memoria dell'atto iconoclasta degli ebrei venne fatta eseguire da un allievo del Mantegna la pala dell'altar maggiore della chiesa stessa rappresentante l'antica immagine della Madonna col Bambino - ormai distrutta dall'ebreo - di nuovo sul trono. Nell'opera mantovana la Vergine è circondata da San Gerolamo, che mostra il modello della chiesa costruita sulle fondamenta della casa da Norsa, e da Sant'Anna, che rappresenta il giusto ceppo ebreo che dà vita alla Madre e quindi al Cristo; nel registro inferiore del quadro, non nella posizione del donatore che guarda implorante, ma in quella del malvagio che viene sconfitto, troviamo ritratti Daniele da Norsa con tutta la sua famiglia, ben riconoscibili non solo dai tratti somatici caricati ma anche dall'infamante cerchio giallo, obbligatorio nel Ducato dal 1496. Per rendere il significato dell'opera ancora più chiaro, il cartiglio portato dai due angeli sopra il capo della Vergine recita: DEBELLATA HEBRÆORUM TEMERITATE.

specifico: due San Cristoforo), ma di una Madonna dipinta ad un angolo esterno della casa sotto cui passava una processione.

Scuola di Andrea Mantegna (fine Quindicesimo, inizio Sedicesimo secolo)
S. Andrea, Mantova

Le due immagini insieme danno la dimensione della politica opprimente e doppia condotta dal Gonzaga: egli continuò a servirsi del da Norsa per finanziare le guerre del suo Ducato ma lo costrinse, pena la morte, a pagare per presentare il suo Signore come difensore di quella fede che lo umiliava, ad accettare di vedere rasa al suolo la sua casa, messa alla berlina la sua famiglia in un'opera pubblica, insomma di fare totale ammissione della superiorità della fede cristiana e di abiurare l'errore.[19]

[19] Molta la bibliografia su quest'episodio. Rinvio qui solo a Dana E. Katz, *"Painting and the politics of persecution: Representing the Jew in fifteenth-century Mantua"* in *"Art-*

Tenendo presente la dinamica degli eventi mantovani ben si può comprendere cosa successe a Empoli nel 1518 quando il prestatore ebreo Zaccaria d'Isacco fu accusato di avere lordato il tabernacolo del Santo Sacramento durante la processione del Corpus Domini: egli fu obbligato a pagare come risarcimento 10 fiorini, utilizzati poi da Domenico Parigi, governatore degli Otto di Balia (la magistratura incaricata di amministrare gli affari degli ebrei nei territori fiorentini), per commissionare un tabernacolo-edicola a Luca della Robbia. Nell'edicola rinascimentale, in terracotta invetriata, la Madonna con Bambino sovrasta l'iscrizione "DEL PREZZO DEGL'EBREI PER LORO ERORE FERNO A LAUDE DI DIO FARE QUESTA GLI OTTI SEDENTE NEL 18 DOMENICO PARIGI QUI PRETORE".

Con questa iscrizione, il significato dell'immagine, posta sulla via pubblica in cui la processione aveva annualmente luogo, andò ben al di là del gesto di Zaccaria e divenne perenne memento dell'errore di Ebrei, e colonna infame del loro gesto reiterato.[20]

History", 2000, v. 23, n. 4, nov., pp. 474-495. Un caso molto interessante di presunta iconoclastia avvenuta per mano di ebrei e conseguente "riparazione" con fondazione di una chiesa cristiana è l'origine della vecchia chiesa di S. Cetteo a Pescara: Giancarlo Pelagatti, "Dalla 'Sinagoga' di Satana alla nuova Gerusalemme: l'archetipo dell'ebreo deicida e le origini della chiesa di S. Cetteo di Pescara" in "Bollettino della deputazione Abruzzese di Storia patria", 96, 2006, pp. 5-42.

[20] Sul tabernacolo: Luis Alexander Waldman, *"A late work by Andrea della Robbia rediscovered: The Jew's Tabernacle at Empoli"* in *"Apollo"*, 1999, n. 151, pp. 13-30.

Il sacrilegio contro il corpo di Cristo e la nascita di nuove iconografie

Il risentimento per l'atto compiuto da Zaccaria in una toscana medicea, normalmente ben disposta verso i banchieri ebrei, si misura più chiaramente se si considera che esso era rivolto non ad una semplice immagine, ma al tabernacolo dell'ostia (vero corpo di Cristo, secondo il dogma della transustanziazione del 1214) e per di più durante la processione del Corpus Domini (festa codificata dal 1264).[21] Dalla fine del 1200, a rinforzo del dogma e della festa, circolavano in Europa diverse leggende relative alla profanazione ebrea delle ostie, le quali, dopo detta profanazione, miracolosamente mostravano la loro vera identità di corpo divino e provocavano la conversione degli astanti; la figura dell'ebreo era dunque qui essenziale al ripetersi dell'atto profanatorio sul corpo sacro e la profanazione stessa da parte ebrea forniva la prova della presenza di Cristo nell'ostia: la passione subita dall'ostia corrispondeva a quella patita dal corpo di Cristo.[22]

La più famosa di queste leggende era detta il Miracolo delle *Billettes* dal nome della via parigina dove lo stesso avrebbe avuto luogo:[23] seguendo la versione datane dalle Croniche di Giovanni Villani (ante 1348), nel 1290 un usuraio ebreo, presso cui una donna aveva impegnato il mantello, approfittò della sua impossibilità a pagare per estorcerle un'ostia consacrata; una volta ottenuta, la bollì (naturalmente dalla pentola uscì sangue, a conferma del dogma della transustanziazione) e infine, non contento, la pugnalò; quando alcuni cristiani entrarono nel negozio, l'ostia saltò sul tavolo e si rivelò, l'ebreo fu preso e bruciato, l'ostia riconsacrata in una chiesa sorta sulla casa dell'ebreo. Sulla base di questo racconto Paolo Uccello realizzò nel 1467-68 la predella del grande altare del Corpus Domini a Urbino, il cui quadro centrale, la "Comunione degli apostoli", fu eseguito da Giusto da Gand nel 1474. Nella predella la storia viene raccontata in tre sequenze: la cessione dell'ostia, la sua profanazione in una padella,

[21] Su questo punto si veda Fredegand Galley, "Origine e sviluppo della festa del Corpus Domini" in *"Eucharistia"* (Roma, 1955).

[22] Norbert Schnitzler, *"Antisemitism, image desacration and the problem of the 'Jewish execution'"* in Axel Bolvig, Phillip Lindley (a cura di), *History and images. Two Worlds and new iconology* (Turnhout, 2003), pp. 357-378.

[23] La leggenda ebbe origine in Francia, poco prima della cacciata degli ebrei nel 1306.

- con la famiglia dell'ebreo che guarda spaventata il fuoriuscire del sangue fin oltre la porta, al di là della quale già accorrono i soldati - la riconsacrazione dell'ostia, il perdono della donna, e il rogo dell'ebreo e della sua famiglia accompagnato dalla buona morte della cristiana pentita. È evidente che la scelta del soggetto era funzionale alla sacralità del "corpo santo", oggetto della grande pala sovrastante con la comunione eucaristica degli apostoli.

Ma qui l'inusualità e la crudeltà dei dettagli (mai nelle varie versioni della leggenda si fa cenno all'uccisione della famiglia dell'ebreo) si spiegano con le richieste della committenza in un clima di crescente antisemitismo che si diffonde nell'Italia centrale nella seconda metà del XV secolo, fomentato dalla predicazione dei frati minori e qui in particolare appoggiato da Battista Sforza, moglie di Federico di Montefeltro, fervente sostenitrice dei Monti di Pietà e delle guerre contro gli infedeli.[24]

24 Marvin Aronberg Lavin, *"The altar of the Corpus Domini in Urbino: Paolo Uccello, Joos Van Ghent, Piero delle Francesca"* in *"The Art Bullettin"*, 1967, XLIX, n. 1, pp. 3-10. Si

Ma il miracolo delle *Billettes* non è la sola leggenda di profanazione ad aver ricevuto gli onori degli altari; in un quadro di Jacopo Coppi (1579) conservato ancora oggi nella chiesa del San Salvatore a Bologna, troviamo la rappresentazione del miracolo di Beirut in cui si mescolano le accuse d'iconoclastia e di profanazione, al culto cattolico del sangue di Cristo: secondo la leggenda alcuni ebrei torturarono un crocifisso trovato in casa di un loro correligionario, quando improvvisamente dal corpo martoriato di Gesù scaturirono zampilli di sangue che risanarono malati e portarono alla conversione degli astanti.[25]

Una scena di "Profanazione dell'Ostia" campeggiava inoltre nel ciclo delle "Storie Eucaristiche" del Duomo di Ferrara, affrescate intorno alla metà del Cinquecento da Livio Agresti, e non è inutile ricordare qui un piccolo dipinto raffigurante il cosiddetto "Miracolo di

conoscono inoltre varie xilografie e incisioni, realizzate in Italia probabilmente su modelli nordici, dedicate a questa leggenda, che fu diffusa e supportata proprio dall'autorità della Cronache del Villani. Si veda anche: Giancristoforo, Emiliano, "Ebrei e profanazione dell'ostia a Urbino e Lanciano" in "Rivista abruzzese", 68, 4, ottobre/dicembre 2015, pp. 351-358.

25 Fabrizio Lollini, "Iconografia antiebraica a Bologna" in "Studi Umanistici piceni", 13, 1993, pp. 103-120. Con questa iconografia si conoscono inoltre una serie di miniature, le predelle, ancora di scuola bolognese, di un perduto altare: Federico Zeri, *La collezione Federico Mason Perkins* (Assisi, 1988), pp. 134 e segg. nonché alcune incisioni stampate a Milano nel 1634 (Zafran 1973). Molto vicina a questa sequenza (profanazione del crocifisso - fuoriuscita del sangue - punizione dell'ebreo con distruzione della sua casa per l'erezione di una chiesa) è la leggenda del Crocifisso di Colonia (Luzzati 1983).

Bruxelles" che si trovava nella chiesa domenicana di Santa Maria di Castello a Genova:[26] secondo la leggenda il giorno del Venerdì Santo dell'anno 1370 un gruppo di ebrei di Bruxelles avrebbe pugnalato, all'interno della propria Sinagoga, alcune ostie contenute in una pisside, ottenuta dalla vedova di un correligionario, dalle particole sarebbe fuoriuscito del sangue; la piccola tela genovese (avvicinabile per dimensioni ad un ex voto) sembrerebbe una copia da un originale fiammingo: in essa si notano i tratti caricaturali e adunchi nelle fisionomie, l'uso insistito del giallo per gli abbigliamenti, la ferocia dei pugnali conficcati e la presenza, quasi *splatter* del sangue che scorre e abbatte con il suo tocco i profanatori.[27]

Una summa delle accuse e molto di più: L'iconografia di San Simonino da Trento

L'ultima iconografia che qui si vuole presentare riguarda un'altra terribile accusa attraverso la quale le popolazioni ebraiche furono per secoli infamate: l'omicidio rituale di bambini cristiani, compiuto da intere comunità ebraiche prima di Pasqua, al fine di ricavare il sangue, ritenuto necessario per il rito di Pessach.[28] Uno degli episodi più noti

[26] La stessa iconografia si ritrova in una tela settecentesca del Museo della Certosa di Pavia.

[27] Chiarissima la didascalia del testo, quasi un'illustrazione fumettistica «Nell'anno 1369 nella città di Bruselles gli ebrei profanarono le sacre particole rubate in una pisside ed uscì sangue vivo. Si conservano anche al presente e in un celebre santuario tutte intiere forate da coltelli e sanguinolente in una coll. del(la) sud(etta) cit(t)à». Ancora oggi il reliquario delle particole si trova nella chiesa dei SS. Michele e Gudula a Bruxelles, nella quale moltissime opere artistiche ricordano questo episodio: Luc Dequeker, *"Le Sacrement de Miracle. Notice historique"* in Anne Van Ypersele de Strihou, *Le trésor de la cathédrale des Saints Michel et Gudule à Bruxelles* (Bruxelles, 2000), pp. 13-19.

[28] Sull'accusa: Ruggero Taradel, *L'accusa del sangue. Storia politica di un mito antisemita* (Roma, 2003); Tommaso Caliò, "Il *'puer a Judaeis necatus'*. Il ruolo del racconto agiografico nella diffusione dello stereotipo dell'omicidio rituale" in *Le inquisizioni cristiane e gli ebrei* (Roma, 2003), pp. 471-501; Susanna Buttaroni, Stanislaw Musial (a cura di), *Ritualmord. Legenden in der europäischen Geschichte* (Wien, 2003); Massimo Introvigne, *Cattolici, antisemitismo e sangue. Il mito dell'omicidio rituale* (Milano, 2005). Sull'immagine dell'ebreo/Saturno che si ciba di bambini e diventa nell'immaginazione popolare il *Kinderfresser*, (o *Kindlifresser*, secondo un'iconografia presente in Svizzera): Eric Zafran, *"Saturn and the Jews"* in *"Journal of Warbourg and Courtauld Institues"*, vol. 42, 1979, pp. 16-27. La polemica su questo mito è stata

di questa accusa, ripetuta per secoli in varie regioni d'Europa, avvenne a Trento, significativamente poco dopo la predica infuocata di Bernardino da Feltre: nel marzo 1475 un bimbo di due anni dal nome premonitore Simon Unverdorben venne trovato morto vicino alla casa del capo della comunità ebraica della città; l'accusa fu da subito quella di omicidio rituale per tutta la comunità ebraica trentina, costretta a confessare sotto tortura e poi, in parte, uccisa; infine, secondo una pratica ormai consolidata, sulla scorta di questo episodio gli ebrei trentini vennero banditi da tutta la regione. Non interessa qui l'episodio storico in sé, su cui esiste una vasta bibliografia,[29] ma come la costituzione di questa leggenda si sia poi riversata in una precisa iconografia, esplicitata in differenti opere e tecniche artistiche (xilografie e stampe, affreschi, dipinti su tela, sculture in legno e avorio) che mostrano il presunto martirio subito dal bambino da parte di una comunità caricata di tutti i tratti negativi e maligni, codificati da una tradizione figurativa secolare.

Queste immagini si trovano ancora oggi in una vasta regione alpina e prealpina che comprende molte parti dell'Austria, della Germania e della Svizzera. Per restare all'attuale territorio italiano bisogna sottolineare come nella sola regione di Trento (all'epoca diocesi austriaca, sotto la guida del vescovo umanista Johannes Hiderbach, strenuo sostenitore del culto di Simonino) sono numerosissimi gli oggetti d'arte che presentano questa nuova immagine di martire, addirittura fino a tutto il XVIII secolo: nell'iconografia del piccolo bimbo tenuto in piedi su un tavolo, trafitto da un gruppo di uomini che ne estraggono il sangue che cade in un bacile, si incrociano visivamente le varie immagini della passione di Cristo, della strage degli innocenti, il culto del Redentore Bambino e quello del Sangue di Gesù in un intreccio di sapore quasi popolareggiante per la sua facilità di lettura e per la sua grottesca terribilità.[30] Non si tratta però di un

rinfocolata in Italia dal discusso libro di Ariel Toaff, *Pasque di sangue* (Bologna, 2008).

29 Cito qui solo: Gianni Gentilini, *Pasqua 1475. Antgiudaismo e lotta alle eresie: il caso di Simonino* (Milano, 2007); Ronnie Po-chia Hsia, *Trient 1475. Geschichte eines Ritualmordprozesses* (Frankfurt am Main, 1997). Ed. orig.: *Trient 1475* (Yale, 1992). Dopo un primo momento di ostilità da parte delle gerarchie ecclesiastiche romane, Simon Unverdorben venne beatificato nel 1588 e da subito onorato come santo nelle agiografie popolari; il suo culto fu abrogato dalla Chiesa solo nel 1965.

30 Sull'episodio trentino e la sua iconografia: Anna Esposito, "Il culto del 'beato' Simonino e la sua prima diffusione in Italia" in Iginio Rogger (a cura di), *Il principe Vescovo Johannes Hinderbach (1465-1486) fra tardo medioevo e umanesimo* (Bologna, 1992),

fenomeno solo locale. Il culto del San Simonino da Trento si diffuse anche nella regione di Brescia (nella cui chiesa del Carmine è conservato un dipinto rappresentante San Simonino del pittore Vincenzo Foppa) poiché bresciani erano sia il giudice dei processi (Giovanni de Salis di Brixia) che il medico del vescovo di Trento che aveva operato l'autopsia sul bimbo (Giovanni Maria Tiberino), e quest'iconografia investe anche le valli retrostanti attraverso numerosi affreschi in cappelle votive,[31] a macchia di leopardo la si ritrova poi nel basso Vicentino in tutto l'arco alpino fino al Piemonte, (come è testimoniato anche da una predella di Gandolfino da Roreto, oggi al Museo di Gerusalemme), o ancora in Emilia.[32] Si diffuse e si perpetuò così sul territorio l'immagine di una comunità ebraica assassina e malvagia, sempre pronta a torturare e uccidere l'innocente cristiano per realizzare i dettami della propria fede.

pp. 430-443; Laura Dal Prà, "L'immagine di Simonino nell'arte trentina dal XV al XVIII secolo" in *ivi*, pp. 445-482. Caso analogo, ma non così famoso fu quello di Lorenzino da Marositica, raffigurato anch'esso secondo i canoni di Simonino in un dipinto di Alessandro Magenta (Zafran 1973), si veda inoltre Tommaso Caliò, "Un omicidio rituale tra storia e leggenda: il caso del beato Lorenzino da Marostica" in "Studi e materiali di Storia delle Religioni", 61 (1995), pp. 55-82; *Idem*, "Antisemitismo e culto dei Santi in età contemporanea: Il caso del Beato Lorenzino da Marostica" in Paolo Golinelli (a cura di), *Il pubblico dei Santi. Forme e livelli di ricezione dei messaggi agiografici* (Roma, 2000), pp. 405-444.

31 Nella regione del Bresciano sono stati repertoriati vari affreschi che rappresentano l'episodio, in stretto collegamento con conventi di francescani osservanti e con la creazione dei Monti di Pietà, cfr. Dominique Rigaux, *"Antijudaisme par image: l'iconographie de Simon de Trente dans la région de Brescia"* in Danièlle Tollet (a cura di), *Politique et religion dans le judaïsme ancien et médiéval* (Paris, 1989), pp. 309-318; Letizia, Barozzi, "Francescani, Disciplini e Amadeiti: tre iconografie di Simonino da Trento in terra bresciana" in "Civiltà bresciana", 22, 2013, 1/4, pp. 7-19; Gianfranco Massetti, "Il culto di Simonino a Brescia e l'affresco di Santa Maria Rotonda a Pian Camuno" in "Ateneo veneto", 2, 2003 (2004), 1, pp. 67-79.

32 In generale per una mappatura del culto di San Simonino: Valentina Perini, *Il Simonino: geografia di un culto* (Trento, 2012). Per la diffusione dell'iconografia nel basso vicentino, in una zona vicina a Verona (a Soave e a Marcellise): Alberto Castaldini, *Mondi paralleli. Ebrei e Cristani nell'Italia Padana dal tardo medioevo all'Età moderna* (Firenze, 2004), pp. 69-71. Per la predella di Gandolfino da Roreto, di cui non sappiamo l'originaria provenienza si veda Vivian B. Mann, *Ital ya' Isola della rugiada divina. Duemila anni di arte e vita ebraica in Italia* (Milano, 1990), p. 240, scheda 217 (la tavoletta arrivò al museo di Gerusalemme nel 1981 come dono di Jacob Rothschild). Per lo sporadico culto a Ferrara: Valentina Lapierre, *Comparsa e dismissione del culto di Simonino da Trento a Ferrara* (Ferrara, 2006).

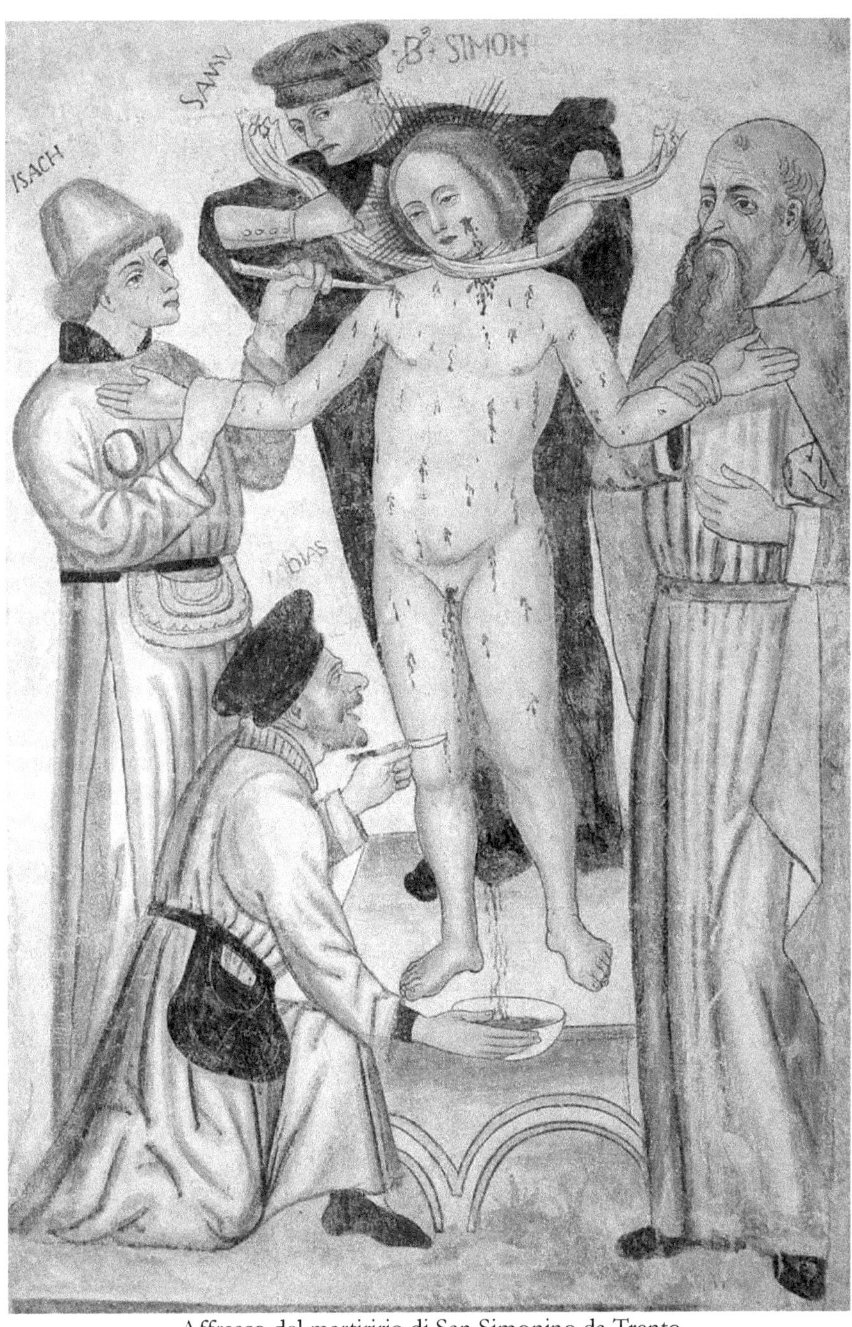

Affresco del martiririo di San Simonino da Trento
Palazzo Grataroli, Camera Picta, San Giovanni Bianco (Bergamo)
Foto di Tarcisio Bottani

Una conclusione sommaria e un auspicio

L'analisi iconografica dimostra quindi come, in determinati momenti storici, in particolari condizioni di conflitto o sotto la spinta di alcuni committenti, opere d'arte con contenuti manifestatamente antiebraici siano state realizzate sul territorio italiano in epoca medievale e moderna, anche in luoghi che si ritenevano, fino a pochi anni fa, esenti da conflitti fra le comunità religiose. Gli elementi scelti per la caratterizzazione pescano in un sostrato di visioni codificate, appartenenti a una immaginazione collettiva sedimentatesi nei secoli, ma capace di aggiornarsi di volta in volta con dettagli specifici a seconda delle necessità interpretative del momento.

Non si dimentichi inoltre il valore catalizzante dell'opera d'arte, realizzata per un luogo sacro e collettivo, quale un altare, o per uno spazio aperto e pubblico in momenti di religiosità e sociabilità: si tratta di un valore aggiunto che esemplifica l'assoluta autorità religiosa e civile e che conforta l'azione di rifiuto rivolta verso la comunità ebraica nel suo complesso.

Un'analisi sistematica del patrimonio italiano da questo punto di vista non sarebbe solo la possibilità di una mappatura storica in questo senso ma porterebbe altresì a una più completa lettura di questi manufatti artistici, altrimenti privati di parte del loro significato.

L'emancipazione negata
Esistenza marginale degli ebrei nello Stato della Chiesa 1823-1870

Aram Mattioli

I

Durante il suo viaggio in Italia nel 1828, Heinrich Heine rifletteva su quale fosse il più importante compito del tempo. "L'emancipazione", fu la risposta inequivocabile del poeta. «Non soltanto quella di irlandesi, greci, ebrei di Francoforte, neri delle Indie occidentali e altri popoli oppressi, ma di tutto il mondo, e in particolare dell'Europa che, ormai uscita di minorità, si toglie d'attorno le ferree tutele dei privilegi aristocratici. [...] Ogni età ha il suo compito da assolvere ed è assolvendolo che l'umanità via via progredisce. L'antica ineguaglianza creata in Europa dal sistema feudale era forse necessaria, o almeno era condizione "*sine qua non*" del progresso civile; ma ora lo intralcia e riempie di sdegno gli spiriti generosi».[1]

Popolo oppresso tra le minoranze ebraiche esisteva in tutti gli stati territoriali dell'Italia settentrionale e centrale. Nella penisola appenninica il processo di emancipazione degli ebrei coincise essenzialmente con la formazione dello stato nazionale italiano che, con la nascita del Regno d'Italia nel 1848, aveva raggiunto un parziale traguardo. Ovunque l'armata del Regno di Sardegna arrivò nella sua avanzata verso Sud dopo il 1848 e gli ideali di libertà del Risorgimento riuscirono a imporsi in modo duraturo, gli ebrei ottennero immediatamente l'emancipazione.[2] Gli ultimi ebrei in Italia a ottenere nel 1870 uguali diritti e libertà furono quelli di Roma. Essi costituivano la più antica diaspora d'Europa e vivevano fin dall'antichità ininterrottamente nella "città santa" del cristianesimo cattolico.
In paragone, l'emancipazione degli ebrei nel territorio secolare dei

[1] Heinrich Heine, *Impressioni di viaggio - Italia* (Milano, 2002), pp. 104-105.

[2] Dan V. Segre, "*The Emancipation of Jews in Italy*" in Pierre Birnbaum, Ira Katznelson (a cura di), *Paths of Emancipation. Jews, States and Citizenship* (Princeton, 1995), pp. 208, 211, 232.

papi poté imporsi solo relativamente tardi e solo dopo il cambio di regime.[3] Difatti, prima della sua annessione al Regno d'Italia ottenuta con la forza militare, Roma «appariva ancora, per molti aspetti, come una città dell'Ancien Régime»[4] e ciò anche perché qui gli ebrei continuavano a essere ghettizzati come prima. Il presente saggio si occupa delle ragioni per cui nello Stato della Chiesa sia rimasto in vigore, fino in ultimo, un sistema di segregazione garantito dalle istituzioni come dal magistero che già allora sembrava a molti intellettuali liberali ed ebrei l'espressione di una "disumanità papale" (Ludwig Philippson), e «una terribile conseguenza del Medioevo».[5] Per far capire perché i papi tra il 1830 e il 1870 - del tutto in contrasto con lo spirito del tempo - non avessero mai sviluppato un piano praticabile per l'emancipazione dei loro sudditi ebrei occorre innanzitutto richiamare alla memoria le condizioni socio-culturali in seno allo Stato della Chiesa.

II

In seguito alla Donazione di Pipino (754) i papi romani regnarono, per più di mille anni, quali principi secolari sullo Stato della Chiesa. Dopo il Congresso di Vienna lo Stato della Chiesa si estendeva, in continuità territoriale, dal Mare Tirreno al Mare Adriatico comprendendo le regioni Lazio, Umbria, Marche e Romagna. Inoltre ne facevano parte le due exclavi di Benevento e Pontecorvo situate nel Regno delle Due Sicilie. Le città più importanti di questo Stato in cui nel 1858 vivevano 3,13 milioni di persone[6] su un territorio paragonabile alle dimensioni della Svizzera, erano Roma, Perugia, Bologna, Ancona, Ravenna e Ferrara. Dopo la "Primavera dei Popoli" del 1848 lo Stato della Chiesa, con la sua struttura pre-moderna

[3] Già alcuni anni fa si è perciò parlato di "emancipazione ricuperata attraverso un cambio del sistema": Aram Mattioli, *"Das letzte Ghetto Alteuropas. Die Segregationspolitik der Papstkönige in der 'heiligen Stadt' bis 1870"* in Olaf Blaschke, Aram Mattioli (a cura di), *Katholischer Antisemitismus im 19. Jahrhundert. Ursachen und Traditionen im internationalen Vergleich* (Zürich, 2000), p. 113.

[4] Vittorio Vidotto, *Roma contemporanea* (Roma / Bari, 2001), p. 17.

[5] Heinrich Graetz, *Geschichte der Juden von den ältesten Zeiten bis auf die Gegenwart*, Vol. II, (Leipzig, 1900, prima pubblicazione 1878), p. 534.

[6] Brian R. Mitchell, *European Historical Statistics 1750-1970* (New York, 1975), p. 63.

restava uno degli «stati più arretrati dell'Europa».[7] In questa «duplice monarchia spiritual-secolare»[8] tutto il potere partiva dal papa re che regnava in modo assolutistico legittimando la propria pretesa di potere come "voluto da Dio".

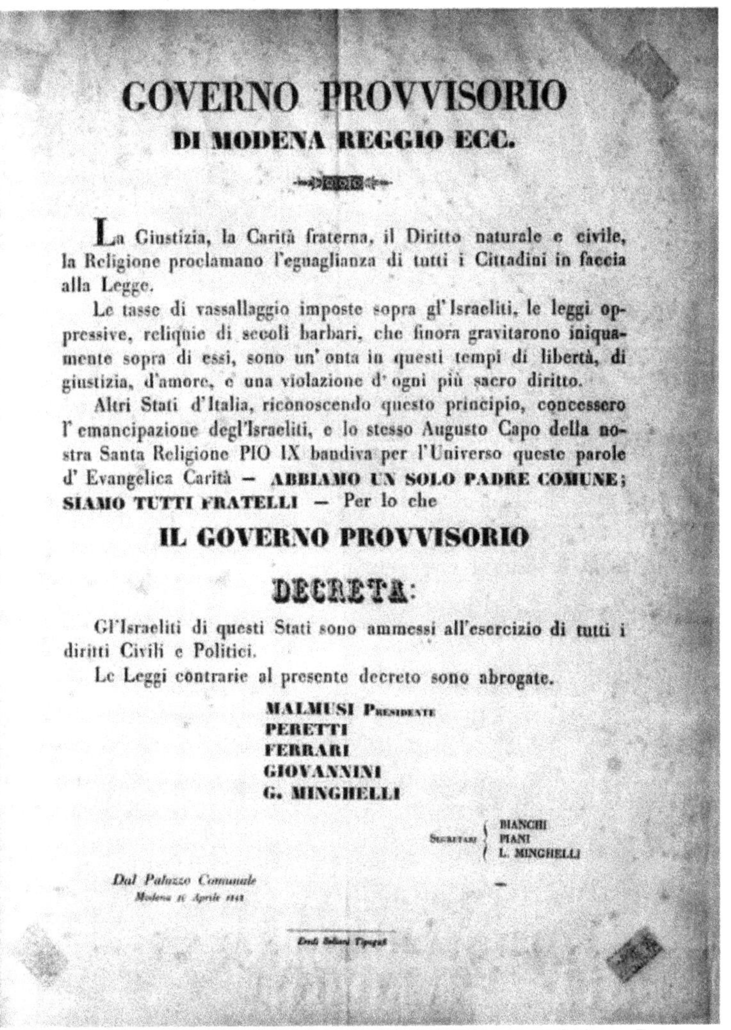

GOVERNO PROVVISORIO
DI MODENA REGGIO ECC.

La Giustizia, la Carità fraterna, il Diritto naturale e civile, la Religione proclamano l'eguaglianza di tutti i Cittadini in faccia alla Legge.

Le tasse di vassallaggio imposte sopra gl'Israeliti, le leggi oppressive, reliquie di secoli barbari, che finora gravitarono iniquamente sopra di essi, sono un'onta in questi tempi di libertà, di giustizia, d'amore, e una violazione d'ogni più sacro diritto.

Altri Stati d'Italia, riconoscendo questo principio, concessero l'emancipazione degl'Israeliti, e lo stesso Augusto Capo della nostra Santa Religione PIO IX bandiva per l'Universo queste parole d'Evangelica Carità – **ABBIAMO UN SOLO PADRE COMUNE; SIAMO TUTTI FRATELLI** – Per lo che

IL GOVERNO PROVVISORIO

DECRETA:

Gl'Israeliti di questi Stati sono ammessi all'esercizio di tutti i diritti Civili e Politici.

Le Leggi contrarie al presente decreto sono abrogate.

MALMUSI Presidente
PERETTI
FERRARI
GIOVANNINI
G. MINGHELLI

Segretari: BIANCHI, PIANI, L. MINGHELLI

Dal Palazzo Comunale
Modena 11 Aprile 1848

Eredi Soliani Tipogr.

Decreto del 1848 sull'emancipazione giuridica degli ebrei di Modena e Reggio

[7] Così lo storico della Chiesa, il cattolico Erwin Gatz, *"Kirchenstaat"* in *Lexikon der Päpste und des Papsttums* (Freiburg / Basel / Wien, 2001), p. 475.
[8] Wolfgang Reinhard, *Geschichte der Staatsgewalt. Eine vergleichende Verfassungsgeschichte Europas von den Anfängen bis zur Gegenwart* (München, 1999), p. 60.

Lo Stato della Chiesa si orientava sul modello guida della *"societas inaequalis perfecta"* e si atteneva a un'idea di società rigorosamente gerarchica,[9] senza una Costituzione scritta né un parlamento, né partiti legali o una libera stampa e una giustizia indipendente. Ancora Pio IX (1846-1878) si faceva venerare come "Cesare", "il più amato tra i re", "supremo sovrano del mondo", e persino "immagine vivente di Dio" oppure «Vice-Dio dell'umanità.»[10]

Lo Stato della Chiesa si riteneva lo stato-modello cattolico, in cui la politica seguiva i principi fondamentali della religione cattolica di Stato. Nell'ultima teocrazia su suolo europeo le questioni di fede si presentavano perciò sempre come questioni di potere, e viceversa. Fin da ultimo le sfere di politica e religione s'intersecarono. Le alte cariche di stato erano riservate esclusivamente a persone appartenenti al clero.[11] Nel 1860, gran parte della popolazione - più dell'80% nelle Marche e in Umbria, vale a dire una cifra ben superiore rispetto alle province limitrofe dell'Italia settentrionale - non sapeva leggere né scrivere ed era esclusa da ogni partecipazione al processo decisionale politico.[12] In una siffatta società chiusa l'opposizione poteva esercitare una certa libertà soltanto per mezzo di società segrete, insurrezioni e rivolte. Gli ultimi "papi re" fecero giustiziare gli oppositori del regime - reali o presunti - fino agli anni '60 dell'800, cioè quando negli altri stati dell'Europa occidentale e centrale non s'inscenavano più le esecuzioni capitali come spettacolo pubblico.

Fino al tramonto dello Stato della Chiesa economia e società erano rimaste di stampo pre-industriale, inclusa la sonnolenta città provinciale di Roma.[13] Papa Gregorio XVI (1831-1846), che

[9] Philipp Hergenröther, *Lehrbuch des Katholischen Kirchenrechts* (Freiburg, 1888), pp. 37-41.

[10] Rudolf Zinnhobler, *"Pius IX. In der katholischen Literatur seiner Zeit. Ein Baustein zur Geschichte des Triumphalismus"* in Georg Schwaiger (a cura di), *Konzil und Papst. Historische Beiträge zur Frage der Höchsten Gewalt der Kirche* (München / Paderborn / Wien, 1975), pp. 395, 420, 427.

[11] Christoph Weber, *Kardinäle und Prälaten in den letzten Jahrzehnten des Kirchenstaates. Elite-Rekrutierung, Karriere-Muster und soziale Zusammensetzung der kurialen Führungsschicht zur Zeit Pius IX (1846-1878)*, 2 vol., (Stuttgart, 1978).

[12] Giorgio Candeloro, *Storia dell'Italia moderna.* Vol. V: *La costruzione dello Stato unitario* (Milano, 1976), p. 55.

[13] Giuseppe Talamo, "La società romana negli anni 1860-1870" in Titus Heydenreich (a cura di), *Pius IX. und der Kirchenstaat in den Jahren 1860-1870. Ein*

considerava cosa diabolica le ferrovie e l'illuminazione a gas riteneva che una vita umile, vissuta in povertà fosse più gradita a Dio, ben più del successo professionale. Ai tempi degli ultimi "papi re" non si svilupparono industrie. Prevaleva la micro-agricoltura e solo poche famiglie nobili e istituzioni ecclesiastiche possedevano latifondi nella campagna romana. La stragrande maggioranza della popolazione viveva, dopo il 1878, in estrema povertà, con prospettive di vita anchilosate da paternalismo, malgoverno e impossibilità di ascesa sociale.

La rapida trasformazione delle strutture nell'Europa occidentale e centrale minacciava la sopravvivenza dello Stato della Chiesa con le sue istituzioni vetuste, la società immobile e l'economia poco produttiva.[14] Dopo la breve Repubblica Romana (1849) - causa della fuga di papa Pio IX verso l'esilio di Gaeta e suo incubo permanente - l'oramai ristabilito Stato della Chiesa lottava per la sopravvivenza anche sul piano politico. Per garantirsi l'esistenza sul piano militare esso dipendeva dalla presenza di truppe di protezione francesi. Alle sfide del presente Pio IX reagì con l'inasprimento dottrinario. Significativamente, quest'ultimo papa re dichiarò la guerra santa ai principi della società liberal-civile pochi anni dopo aver dovuto cedere gran parte dei suoi territori (Romagna, Umbria, Marche, Pontecorvo, Benevento) al nuovo regno d'Italia.

L'enciclica *"Quanta cura"*, pubblicata nel 1864, per esempio, era un unico lamento sui tempi moderni e la loro miscredenza.[15] Nel *"Syllabus errorum"*, pubblicato contemporaneamente, Pio IX rifiutava come forma di governo la sovranità del popolo e quindi la democrazia, come anche la libertà di stampa, di coscienza, di opinione e di religione in quanto "errori moderni". Egli bollava come "follia" il principio secondo il quale tutte le persone avrebbero un proprio diritto alla libertà di coscienza e di culto, che ogni Stato dovrebbe proteggere con la costituzione e il diritto, partendo dal presupposto

deutsch-italienisches Kolloquium (Erlangen, 1995).

[14] Questo il giudizio, largamente condiviso, di Alberto Caracciolo, "Da Sisto V a Pio IX" in Mario Caravale, Alberto Caracciolo, *Lo Stato pontificio da Martino a Pio IX* (Torino, 1978), pp. 678-698, in particolare p. 689.

[15] Hubert Wolf, *"Der Syllabus errorum (1864) oder: Sind katholische Kirche und Moderne unvereinbar?"* in Manfred Weitlauff (a cura di), *Kirche im 19. Jahrhundert* (Regensburg, 1998), pp. 115-139.

che al di là della Chiesa cattolica non c'è salvezza.[16] Piuttosto, Pio IX confermava i monarchi legittimi per "grazia divina" e dichiarava apertamente che la chiesa cattolica non dovrebbe mai "riconciliarsi con il progresso, il liberalismo e la cultura moderna". Cattolicesimo e modernità erano per lui del tutto incompatibili. Anche la sua politica nei confronti degli ebrei seguiva un opposto modello reazionario. Le basi normative e istituzionali di questa politica anti-emancipatoria, e già per questo antisemita, erano radicate in una cultura d'intolleranza di antica tradizione, che era stata concepita ai tempi del Concilio di Trento (1545-1563).

III

A differenza di molti altri territori dell'Europa, gli ebrei dello Stato della Chiesa durante il Medioevo non erano stati sistematicamente cacciati, né erano stati vittime di *pogrom* ordinati dalle autorità.[17] Nel tardo Medioevo essi vivevano perlopiù indisturbati nello Stato della Chiesa, certo non molto amati in quanto miscredenti, tuttavia tollerati in quanto minoranza. Fino al XVI secolo gli ebrei potevano stabilirsi in ogni città o villaggio dello Stato della Chiesa e abitare in mezzo alla popolazione cristiana, cosa che si verificava infatti a Orvieto, Spoleto, Ravenna, Terracina, Perugia o Viterbo. A Roma, i membri della comunità ebraica vivevano disseminati in tutta la città. Al pari dei cristiani essi possedevano case e negozi nella "città eterna". Molte erano le professioni esercitate dagli ebrei romani. Non di rado si trovavano delle sinagoghe accanto alle chiese. Le famiglie ebraiche più benestanti impiegavano, a volte, della servitù cristiana nei loro negozi o nelle proprie case. Però nell'era del confessionalismo le condizioni di vita degli ebrei italiani peggiorarono in modo drammatico.

Tra il 1543 e il 1593 vennero creati gli strumenti e le istituzioni centrali della politica papale riguardante gli ebrei. Sentendosi la Chiesa

[16] *Ivi*, p. 118.

[17] Per la storia degli ebrei in Italia: Luciano Tas, *Storia degli Ebrei italiani* (Roma, 1987); Michele Cassandro, *Intolleranza e accettazione. Gli ebrei in Italia nei secoli XIV-XVIII. Lineamenti di una storia economica e sociale* (Torino, 1996) e Corrado Vivanti (a cura di), *Gli ebrei in Italia,* 2 volumi (Torino, 1996/97). Utile per una collocazione europea, oltre alle opere standard in lingua tedesca, anche Anna Foa, *Ebrei in Europa. Dalla Peste Nera all'emancipazione XIV-XIX secolo* (Roma / Bari, 2001).

minacciata nelle sue fondamenta a causa dello scisma, i papi rafforzarono all'epoca del Concilio di Trento il controllo all'interno e la chiusura verso l'esterno. Occorreva disciplinare i propri fedeli e convincere i deviazionisti religiosi alla conversione tramite una politica mirata in questo senso. Il fervore religioso, orgogliosamente ostentato, non era puntato soltanto contro i luterani, calvinisti, zwingliani e altri dissidenti cristiani. La costituzione contro-riformatoria della Chiesa cattolica fece scatenare anche un'ondata di ostilità contro gli ebrei per motivi religiosi.[18] Sempre di più il corso della Chiesa nei confronti degli ebrei si realizzò mediante la repressione e la segregazione. La nuova strategia era indirizzata in misura uguale contro persone e scritti. Papa Giulio III (1550-1555) ordinò misure di polizia contro scritti ebraici. Nel 1553 l'inquisizione fece bruciare pubblicamente centinaia di esemplari del Talmud a Bologna e a Roma.

Eletto capo della Chiesa cattolica, Paolo IV (1555-1559) emanò rigide misure antiebraiche. Per il nuovo papa era inconcepibile che i suoi sudditi, dopo centinaia di anni di lungo esilio, continuassero a chiudere gli occhi di fronte alla "verità del cristianesimo" preferendo una vita da "eretici incalliti". Nel 1557 il Sant'Uffizio vietò agli ebrei di possedere libri in lingua ebraica, a eccezione della Bibbia. A partire dal 1559, il Talmud era incluso nell' "Indice dei libri proibiti" di nuova istituzione. L'inasprita politica contro gli ebrei ebbe la sua espressione più ovvia nella disposizione emanata da Paolo IV il 12 luglio 1555 secondo la quale tutti gli ebrei nel suo territorio di dominio potevano vivere solamente in ghetti appositamente creati. Infine, era stato Dio stesso a condannare gli ebrei alla schiavitù eterna per la loro colpa.[19.] I sudditi ebrei del papa dovevano traslocare in un "serraglio degli ebrei" separato dai cristiani. Gli ebrei di Roma dovevano tutti lasciare le proprie case, se situate al di fuori del quartiere loro assegnato sul Tevere e venderle a cristiani interessati, spesso naturalmente sotto prezzo. Viceversa i cristiani che vivevano nel quartiere del Ghetto di nuova istituzione dovevano lasciare le proprie abitazioni e sistemarsi altrove. Da allora all'Ave Maria, dei guardiani - che dovevano essere

[18] Kenneth R. Stow, *Catholic Thought and Papal Jewry Policy 1555-1593* (New York, 1977).

[19] La Bolla *"Cum nimis absurdum"* del 12 luglio 1555: Jean Delumeau, *Angst im Abendland. Die Geschichte kollektiver Ängste in Europa des 14. bis 18. Jahrhunderts* (Reinbeck / Hamburg, 1989), p. 442.

pagati dalla comunità ebraica - chiudevano irremissibilmente a chiave per la notte le porte del Ghetto. Chi si trovasse nelle ore notturne all'esterno del «serraglio ebraico»[20] veniva castigato.

Come se non bastasse, Paolo IV impose ai suoi sudditi ebrei una sequela di restrizioni. Li obbligò a esibire in modo ben visibile sui vestiti l'emblema giallo della stigmatizzazione. Le sinagoghe che si trovavano all'esterno dei confini del ghetto non poterono più essere usate per le funzioni religiose. Alle famiglie ebree era vietato tenere a servizio dei cristiani. Ai medici ebrei era vietato curare pazienti cristiani. Era interdetto agli ebrei esercitare commerci e tenere officine artigianali; era loro permesso soltanto il piccolo commercio di stracci e indumenti usati, di roba vecchia e il prestito di denaro. Botteghe di altro genere non potevano più essere tenute. Categoricamente vietata agli ebrei era ogni proprietà immobiliare, sia nel ghetto che al di fuori di esso. «Di tutte le libertà godute prima dagli Ebrei di Roma in forza sia del diritto universale delle genti sia di antichi privilegi, fu lasciata loro la sola libertà di vivere, in altre parole, la libertà di scivolare a poco a poco in una forma spregevole e umiliante di schiavitù e di soffocare nel proprio animo il senso della dignità umana». Così lo studioso Abraham Berliner descrisse nel 1893 le conseguenze della ghettizzazione.[21]

Nel 1593, papa Clemente VIII decretò che gli ebrei presenti nel suo territorio secolare fossero tollerati ormai solo nei ghetti di Roma e Ancona. «Con i loro beni sulle spalle - scrive lo storico David I. Kertzer - gli ebrei si diressero verso i luoghi in cui era ancora permesso loro vivere, negli stati pontifici e in quelli vicini che ancora erano disposti ad accoglierli».[22] Tale decreto equivaleva a una espulsione e suggellò la fine delle comunità ebraiche di Orvieto, Spoleto, Ravenna, Terracina, Perugia e Viterbo. Quando infine i territori dei duchi di Ferrara e Urbino caddero nel Seicento sotto il dominio dello Stato della Chiesa, i ghetti salirono a otto. Oltre ai ghetti di Roma e Ancona ce n'erano anche a Ferrara, Cento, Lugo,

[20] Ferdinand Gregorovius, *Il Ghetto e gli ebrei di Roma* (Napoli, 2016).

[21] Abraham Berliner, *Storia degli ebrei di Roma. Dall'antichità allo smantellamento*, vol. 2, (Torino, 1992), p. 171.

[22] David I. Kertzer, *I Papi contro gli Ebrei. Il ruolo del Vaticano nell'ascesa dell'antisemitismo moderno* (Milano, 2002), p. 36.

Urbino, Senigallia e Pesaro.

I ghetti erano reali residenze coatte e servivano a limitare a un minimo i contatti quotidiani fra ebrei e cristiani, a restringere le attività economiche degli ebrei a campi non lucrativi e a proteggere la maggioranza della società dalle loro presunte azioni nefaste. Segregazione sul piano dello spazio ed emarginazione sociale andavano di pari passo. Dalla fine del Cinquecento la minoranza ebraica nello Stato della Chiesa era tenuta in una sorta di «quarantena sociale»[23] e stretta in un sistema di segregazionismo che, per via dell'obbligo di elevate tasse particolari e il divieto di esercitare certe professioni, portò gradualmente al loro immiserimento economico. Sempre più il ghetto di Roma si presentava come un «angolo della miseria e della povertà».[24] Un'esigua manciata di persone benestanti nella "Città santa" viveva a confronto di un numero crescente di ebrei poveri. L'illuminista e letterato Charles Mercier Dupaty constatò, dopo una sua visita a Roma verso la fine degli anni Ottanta del Settecento, che la situazione degli ebrei era la più intollerabile confrontata con quella della maggior parte delle città europee.[25] Ciò era assolutamente intenzionale, poiché «essi occupavano una posizione centrale anche se tutt'altro che invidiabile, nella teologia cattolica. Erano diffamati come "uccisori di Cristo"; la loro disgraziata esistenza nei ghetti doveva ricordare la loro imperdonabile "colpa", fino al giorno della loro conversione nell'unica chiesa portatrice di salvezza».[26]

Benché non tutti i papi governassero i loro sudditi ebrei con la stessa durezza, il regime di segregazione creato nell'era del confessionalismo rimase tale fino alla fine del Settecento. Il dibattito sulle condizioni dell'emancipazione ebraica, che stava iniziando nell'Europa del tardo Illuminismo, passò nello Stato della Chiesa senza lasciare traccia.[27] Al

[23] *Ivi*, p. 35.
[24] Berliner, v. nota 21.
[25] Charles Mercier Dupaty, *Briefe über Italien vom Jahr 1785*, vol. 2 (Mainz, 1790), p. 129 e segg. Per la storia di Roma nel Settecento: Hanns Gross, *Rome in the Age of Enlightment. The post-Tridente syndrome and the ancien régime* (Cambridge, 1990), p. 84 e segg.
[26] David Kertzer, *Prigioniero del papa* (Milano, 2005), p. 8.
[27] Su questo dibattito: Friedrich Battenberg, *Das Europäische Zeitalter der Juden. Vol. 2: Von 1650 bis 1945*, (Darmstadt, 1990), pp. 85-109. Ulteriori elementi per la

contrario, il 5 aprile 1775 Pio VI confermò tutte le misure coercitive adottate dalla Chiesa contro gli ebrei fin dal 1540.[28] Anche quando le patenti di tolleranza furono introdotte pochi anni più tardi nel Granducato di Toscana, Pio VI non si lasciò distogliere dalla retta via. Coerente nel suo atteggiamento, nel marzo del 1791, egli condannò la "Dichiarazione dei Diritti dell'Uomo e del Cittadino" votata dall'Assemblea Nazionale francese, e quindi «l'ispirazione della Rivoluzione francese».[29] Paragonato agli standard della Francia rivoluzionaria, il suo "Editto sopra gli Ebrei" rinnovato nel 1793 non infrangeva solo il principio dell'uguaglianza naturale di tutte le persone bensì anche il principio della libertà di coscienza, di commercio, di lavoro e di residenza. In un'epoca in cui gli ebrei di Francia erano diventati cittadini emancipati, gli ebrei ghettizzati dello Stato della Chiesa avranno sentito «l'amarezza della loro posizione più opprimente che mai prima d'allora».[30]

IV

Con la conquista dello Stato della Chiesa da parte degli eserciti rivoluzionari francesi (1796/97) iniziò, per gli ebrei che vi vivevano, un'era caratterizzata da esperienze contrastanti. Il vecchio regime di segregazione implose ben presto. L'istituzione della Repubblica

discussione su tolleranza e intolleranza tra il 1770 e il 1848 in Aram Mattioli, Markus Ries, Enno Rudolph (a cura di), *Intoleranz im Zeitalter der Revolutionen. Europa 1770-1848* (Zürich, 2004).

[28] Il testo integrale in traduzione tedesca si trova in Willehad Paul Eckert, *"Katholizismus zwischen 1580 und 1848"* in Karl Heinrich Rengstorf, Siegfried von Kortzfleisch (a cura di), *Kirche und Synagoge. Handbuch zur Geschichte von Christen und Juden*. vol. 2 (Stuttgart, 1970), pp. 239-243. Sull' "Editto sopra gli ebrei": Thomas Brechenmacher, *Das Ende der doppelten Schutzherrschaft. Der Heilige Stuhl und die Juden am Übergang zur Moderne 1775-1870* (Stuttgart, 2004), pp. 65 e segg. La tesi di dottorato di Brechenmacher, basata su una vasta evaluazione di fonti del Vaticano, allarga le conoscenze riguardo alla politica papale nei confronti degli ebrei. Tuttavia, l'autore si attiene spesso in modo unilaterale all'orizzonte delle sue fonti vaticane il che rende problematici e discutibili alcuni dei suoi giudizi. Egli rinuncia quasi del tutto a includere la prospettiva delle vittime; i critici liberali delle misure coatte antiebraiche sono per lui nient'altro che inventori di "misteri da ghetto".

[29] René Remond, *Religione e società nell'Europa contemporanea* (Bari / Roma, 2003), p. 105.

[30] Willehad Paul Eckert, *"Katholizismus zwischen 1580 und 1848 in Rengstorf"* (v. nota 28).

Romana (1798) offrì agli ebrei l'equiparazione civile e politica e quando, nel 1809, la Francia annesse Roma, gli ebrei in precedenza ghettizzati diventarono *citoyens de l'Empire,* dotati di tutti i diritti. Il *Code civil* assicurava l'uguaglianza di fronte alla legge, riconosceva la libertà dell'individuo e della proprietà. L'emancipazione non rimase senza conseguenze: nel periodo del dominio francese, per gli ebrei ghettizzati di una volta, si aprirono nuove opportunità professionali ed essi acquistarono immobili e negozi al di fuori del loro vecchio quartiere. Questa nuova libertà promosse la loro ascesa e integrazione sociale. Perciò vennero colti del tutto impreparati dalla restaurazione dello Stato della Chiesa decisa dal Congresso di Vienna, che annunciava un'era di nuove repressioni. Già nel 1814 gli studenti ebrei vennero esclusi dall'accesso all'università e da allora in poi gli ebrei non poterono più assumere uffici pubblici all'interno dello Stato della Chiesa.

Leone XII, papa dal 1823, un integralista della restaurazione, introdusse nuovamente il ghetto. Quasi tutte le leggi antiebraiche dell'era del confessionalismo furono riattivate. L'obbligo di dimora all'interno del ghetto fu rinnovato, come pure il divieto di ogni proprietà terriera e immobiliare; fu reintrodotto l'obbligo di contributi a favore della "Casa dei catecumeni", in cui venivano preparati al battesimo i convertiti protestanti, musulmani ed ebrei; fu reintrodotta la famigerata predica coatta e il divieto del Talmud.[31] Da allora i divieti contenuti nel *Corpus iuris canonici,* meticolosamente elencati, tornarono in vigore: i cristiani non potevano più mangiare insieme agli ebrei, né conversare familiarmente con loro né abitare sotto lo stesso tetto e ancor meno stringere relazioni con degli ebrei. La servitù cattolica di famiglie ebree doveva essere licenziata immediatamente. Al di fuori dei ghetti agli ebrei non era più consentito avere negozi e magazzini. A Roma gli ebrei dovettero tornare ai miseri mestieri di rigattieri, cenciaioli, facchini o fattorini. Nel rinnovato sistema di segregazione dello Stato della Chiesa, i quasi 12.000[32] israeliti avrebbero avuto

[31] Dalla fine del Cinquecento un gruppo di composizione sempre nuova di inizialmente 150 e più tardi 300 ebrei ed ebree si dovevano recare, nel pomeriggio dello *shabbath*, in una chiesa confinante con il ghetto, dove erano costretti ad ascoltare una "predica coatta" celebrata da un domenicano.

[32] Domenico Demarco, *Il tramonto dello Stato Pontificio. Il papato di Gregorio XVI* (Napoli, 1992), p. 177.

soltanto un posto di *underdogs* religiosi e sociali.

Parallelamente a queste misure coatte, che peggiorarono le condizioni di vita degli ebrei repentinamente e in modo drastico, gli ambienti vicini alla Chiesa iniziarono una campagna di diffamazione.[33] Sul "Giornale Ecclesiastico di Roma", il potente pro-procuratore generale dei dominicani Francesco Ferdinando Jabolot pubblicò nel 1825 un pamphlet dal titolo "Degli Ebrei nel loro rapporto colle nazioni cristiane". Questo famigerato scritto infamante - suggerito forse dallo stesso Leone XII - era pieno di stereotipi. Oltre alla tradizionale collezione di polemiche antiebraiche ("deicidi", "nemici giurati del cristianesimo", "profanatori delle ostie", "strozzini") il pamphlet di Jabolot pullulava di nuove definizioni odiose che andavano oltre l'antigiudaismo tradizionale: gli ebrei avrebbero un "carattere etnico immutabile" e tutti i loro sforzi punterebbero a istituire una tirannide sopra gli odiati cristiani tanto da volerli spingere alla rovina.[34]
Con questa sua opera maestra il Procuratore Generale dei Dominicani non faceva altro che presentare una giustificazione intellettuale per la riedizione del sistema del ghetto e preparare nello stesso tempo il terreno per una variante modernizzata dell'inimicizia cattolica nei confronti degli ebrei.

Il sistema di segregazione restaurato dopo il 1823 rimase valido nei tratti fondamentali anche sotto papa Gregorio XVI (1831-1846), anche se, verso la fine del suo pontificato, non tutte le misure coercitive furono applicate con la stessa durezza. Certo, anche Gregorio XVI non era un fautore dei moderni diritti fondamentali civili. Nella sua enciclica *Mirari vos* del 15 agosto 1832 egli condannò non solo la libertà della diffusione dei libri e la separazione tra Chiesa e Stato, ma anche la libertà di fede e di coscienza.[35] Una coesistenza paritaria caratterizzata da riconoscimento e rispetto reciproco infrangeva, secondo il pensiero reazionario di Gregorio XVI, l'ordine voluto da Dio. Paragonate con le condizioni di vita in Italia intorno al

[33] Thomas Brechenmacher, *Der Vatikan und die Juden. Geschichte einer unheiligen Beziehung vom 16. Jahrhundert bis zur Gegenwart* (München, 2005), p. 75 e segg.
[34] Franco Della Peruta, "Gli ebrei nel Risorgimento fra interdizioni ed emancipazione" in *Storia d'Italia. Annali 11: Gli ebrei in Italia, vol. II: Dall'emancipazione a oggi* (Torino, 1997), p. 1146 e segg.
[35] Leif Grane, *Die Kirche im 19. Jahrhundert* (Göttingen, 1987), p. 70.

1840, quelle degli ebrei nello Stato della Chiesa erano particolarmente svantaggiose: circa il 90% di loro viveva ancora nei ghetti. Col tempo, il discriminante sistema del ghetto divenne un problema persino per quei politici che si dicevano amici dello Stato della Chiesa.

Nell'estate 1853, il Cancelliere di Stato austriaco Klemens Fürst Metternich fece sapere alla Santa Sede, tramite canali diplomatici, che le concrete condizioni di vita degli ebrei di Ancona, Pesaro e Senigallia non erano più - secondo il suo parere - consone alle esigenze del tempo. Nessun governo avrebbe rischiato niente permettendo agli ebrei una «misura ragionevole di tolleranza».[36] L'intervento di Metternich fu provocato dalle forti multe in denaro che l'Inquisitore di Ancona aveva imposto ad alcuni ebrei che possedevano, all'esterno del ghetto, case, avevano negozi e impiegavano servitù cristiana.

Tuttavia, Gregorio XVI non si lasciò fuorviare nemmeno dall'uomo politico più potente del *Vormärz*. Il papa doveva pensare alla salvezza dell'anima sopra ogni altra considerazione, dunque egli non poteva porgere la mano affinché il "popolo degli assassini di Dio, dei bestemmiatori di Cristo e di nemici giurati del nome di Cristo" potesse realizzarsi liberamente in seno alla società cristiana. Le misure intraprese contro gli ebrei sarebbero pertanto giustificate dai canoni sacri che richiedevano, per la salvaguardia della religione cattolica, una chiara separazione tra il mondo cristiano ed ebraico. Per Gregorio XVI i cardini della politica papale nei confronti degli ebrei non erano discutibili anche se, per riguardo a Metternich, non si potevano più escludere singole agevolazioni all'interno del sistema in vigore.

Quel che era fuori discussione sotto Gregorio XVI non sembrò più intangibile al suo successore. Infatti, Pio IX, la cui elezione nel 1846 suscitò molte speranze, concesse nei primi due anni del suo papato - durato 32 anni - qualche agevolazione. Appena tre mesi dopo la sua elezione alcuni rappresentanti degli ebrei romani inviarono una circostanziata supplica al nuovo pontefice in cui lamentavano i rigori della ghettizzazione loro imposta: essa avrebbe reso impossibile ogni realizzazione sociale. Quasi tutte le professioni erano loro

[36] Per i retroscena della faccenda: Kertzer, op. cit. Attenuata nel giudizio di Brechenmacher, op. cit.

inaccessibili. Al di fuori del ghetto non si potevano aprire negozi né mandare i figli a scuola. Persino ai malati gravi era vietato farsi ricoverare negli ospedali. Inoltre, nella maggior parte delle città nello Stato della Chiesa era vietato loro di stabilirsi. Dal nuovo papa ci si aspettava carità e il coraggio di introdurre riforme.[37] Consapevoli del fatto che i loro correligionari nell'Europa occidentale e centrale stavano raggiungendo passo per passo la parità dei diritti, i sudditi ebrei del papa non si accontentavano più semplicemente delle condizioni di vita tradizionali.

Come molte persone appartenenti alle *élite* dell'epoca,[38] papa Pio IX rifiutava categoricamente l'emancipazione dell'ebreo «sulla base del suo temperamento, per formazione, per il suo modo di concepire e di proiettare nella realtà concreta, sociale e politica, il suo dovere di difendere la religione. Era del tutto contrario all'emancipazione civile degli Israeliti».[39] Fino alla proclamazione della Repubblica Romana, che lo spinse all'esilio, questo convincimento non escludeva tuttavia una certa misura di benevolenza paternalistica nei confronti dei suoi sudditi ebrei.

Quando, nel dicembre 1846, il Tevere uscì dagli argini, allagando ancora una volta il ghetto di Roma, Pio IX consentì alle famiglie più colpite di stabilirsi nei rioni riservati ai soli cristiani. Nell'autunno del 1847 il papa abolì la cerimonia di omaggio introdotta nel 1688, durante la quale gli anziani della comunità ebraica dovevano riverire umilmente ogni anno, il primo giorno di carnevale, i capi del governo cittadino e supplicarli in ginocchio di essere tollerati un altro anno. In precedenza il papa aveva già esonerato gli ebrei dall'odiata predica

[37] David Kertzer, *I papi contro gli ebrei. Il ruolo del Vaticano nell'ascesa dell'antisemitismo moderno* (Milano, 2001), p. 116 e segg.

[38] Come casi di studio nell'Europa di lingua tedesca: Rainer Erb, Werner Bergmann, *Die Nachtseite der Judenemanzipation. Der Widerstand gegen die Integration der Juden in Deutschland 1780-1860* (Berlin, 1989); James F. Harris, *The People speak! Anti-Semitism and Emancipation in Nineteenth-Century Bavaria* (Ann Arbor, 1994); Aram Mattioli, *Jakob Burckhardt und die Grenzen der Humanität* (Wien / Linz 2001) e Heiko Haumann che ora continua la discussione, *"Wir waren alle ein kleinwenig antisemitisch. Ein Versuch über historische Maßstäbe zur Beurteilung von Judengegnerschaft an den Beispielen Karl von Rotteck und Jakob Burckhardt"* in *"Schweizerische Zeitschrift für Geschichte 55"* (2005), pp. 196-214.

[39] Giacomo Martina, *Pio IX e Leopoldo II* (Roma, 1967), p. 211.

coatta. Nell'aprile del 1848 egli fece smantellare le mura esterne del ghetto; così sparì un «centenario simbolo in pietra della schiavitù».[40]

Tutti questi alleviamenti erano però poca cosa rispetto all'emancipazione completa che la Repubblica Romana aveva concesso agli ebrei nel 1849. Per la seconda volta vennero abolite le disposizioni speciali, ostili agli ebrei. Per loro la Repubblica Romana aveva significato la liberazione dall'odiato sistema della ghettizzazione. Tuttavia, anche questa seconda emancipazione non durò molto. Traumatizzato dalle sommosse rivoluzionarie che gli erano costate il dominio temporale, Pio IX, una volta tornato dall'esilio nella fortezza marittima di Gaeta (1850), dette inizio a una durissima politica di restaurazione. Com'era già successo dopo la ritirata dei francesi nel 1814, il regime papale accomunava l'emancipazione degli ebrei agli odiati principi della Rivoluzione francese. La parificazione, diventata realtà durante la Repubblica Romana, venne revocata e nello Stato della Chiesa venne restaurato il vecchio regime di segregazione. Una delegazione di ebrei romani, che nel 1851 aveva chiesto al papa alcune modeste migliorie, fu da lui tenuta a bada con vaghe promesse.[41]

Angosciato dai progressi fatti dalla parificazione degli ebrei in molti Stati a seguito della "Primavera dei Popoli", Pio IX ora esortava i governi amici a revocare gli atti di emancipazione da loro concessi. Si espose molto nei confronti di Leopoldo II, il sovrano del confinante Granducato di Toscana, in cui gli ebrei dalla fine del Settecento godevano di maggiori diritti rispetto a quelli nello Stato della Chiesa. Nel 1852 gli consigliò di annullare tutti i diritti di uguaglianza e libertà sanciti nella Costituzione del 1848 senza fare alcuna concessione.[42] Leopoldo II cedette alle insistenze papali e pochi mesi più tardi fece revocare la parificazione concessa agli ebrei nel suo territorio.

Costretto alla difensiva dalle evoluzioni sociali e politiche, Pio IX si chiuse sempre più tra le sue mura. Dopo il 1850 per i suoi sudditi ebrei si prepararono tempi durissimi. Benché essi riuscissero a non

[40] Simon Dubnow, *Weltgeschichte des jüdischen Volkes. Von seinen Uranfängen bis zur Gegenwart, Vol. IX: Das Zeitalter der ersten Reaktion und der zweiten Emanzipation 1815-1881* (Berlin, 1929), p. 462. Storia universale del Popolo Ebraico. Dalle origini al presente, vol. IX: L'era della prima reazione e della seconda emancipazione (1815-1881).

[41] David Kertzer, *I Papi contro gli Ebrei*, p. 122-123.

[42] Thomas Brechenmacher, op. cit., p. 88 e segg.

rispettare alcune di queste leggi discriminanti, le amministrazioni dello Stato della Chiesa pretesero fino all'ultimo il rispetto di queste disposizioni, punendo severamente chi trasgrediva. Quando, nel 1859, circolò a Roma la voce che alcuni ebrei avevano ucciso due bambini cristiani per preparare col loro sangue le *matzah* di *Pesach* (pane azzimo di Pasqua), la polizia fece perquisizioni nelle case e sinagoghe del ghetto, ovviamente senza successo. Ancora nel 1861 la polizia papale si ostinava a controllare che la servitù cristiana non pernottasse nel ghetto e ancora nel 1862 "il Vescovo di Velletri, una cittadina ancora sotto il governo papale, scacciò tutti gli ebrei" che vi erano venuti da Roma perché, secondo le leggi dello Stato della Chiesa, essi potevano abitare soltanto nel ghetto della Città Santa.[43] Pio IX e i suoi funzionari reagivano senza fare compromessi ogni volta che - secondo loro - erano in questione le sacre verità della fede, in particolare nel delicato ambito della conversione e del battesimo.

V

"Extra ecclesiam nulla salus", diceva una delle principali massime della chiesa cattolica ancora sotto Pio IX. "In conformità al suo dogma, la Chiesa in quanto 'unica' istituzione di salvezza, necessaria e beatificante, donata da Cristo, non può che definire ogni altra dottrina una deviazione dalla verità; essa conosce al di fuori dell'unica chiesa cattolica soltanto *infedeles*, *haeretici* e *scismatici*. Non conosce la tolleranza dogmatica. Non c'è tolleranza contro l'errore, esso va solo combattuto". Così definì l'esperto di diritto canonico Philipp Hergenröther nel 1888 la dottrina ufficiale.[44] Infatti, Roma vedeva nei seguaci di altre confessioni - che fossero essi protestanti, musulmani o ebrei - dei "miscredenti" ed "erranti" le cui anime - se le rispettive persone avessero solo mostrato un po' di buona volontà - avrebbero potuto essere salvate dalla "dannazione eterna". Va però detto che a tal fine la conversione era indispensabile: il passaggio alla chiesa cattolica confermato attraverso il battesimo e l'allontanamento

[43] David Kertzer, op. cit., p. 135.
[44] Philipp Hergenröther, *Lehrbuch des katholischen Kirchenrechts* (Freiburg, 1888), p. 101. Quasi identica l'affermazione di Franz Heiner, *Katholisches Kirchenrecht*, vol. I: La costituzione della Chiesa con introduzione generale e specifica (Paderborn, 1897), p. 391.

completo e definitivo dalla vita precedente. Su iniziativa di Ignazio de Loyola, primo padre Generale dei Gesuiti, fu creata nel 1543 un'istituzione apposita per gli aspiranti alla conversione: la "Casa dei Catecumeni" dove i battezzandi dovevano partecipare, per almeno 40 giorni, a lezioni propedeutiche prima di poter ricevere il battesimo e essere partecipi della "grazia incommensurabile di Dio" e della "eterna salvezza dell'anima".

Fino al 1870 la politica della Chiesa nei confronti degli ebrei si espresse tramite due istituzioni contrapposte: il ghetto da un lato e la Casa dei Catecumeni dall'altro.[45] La vita misera nel quartiere coatto era, agli occhi dei cattolici, la giusta punizione per il presunto pericolo pubblico che gli ebrei rappresentavano per la loro ostinazione; tenuti in Ghetto in una sorta di *Sippenhaft* (segregazione famigliare) essi dovevano espiare la "colpa dei loro padri". Di contro, la Casa dei Catecumeni era l'istituzione destinata alla loro salvezza, la porta verso il riscatto *tout court*, attraverso la quale essi potevano entrare nella comunità cristiana, qualora si fossero decisi a rompere radicalmente con il loro ambiente sociale e la vita finora condotta. A fare questo passo, che significava mettere in gioco i legami familiari e la rete parentale, erano disposti nell'Ottocento solo pochissimi ebrei.
La Chiesa cattolica non praticava nessuna missione sistematica nei confronti degli ebrei, perché non aveva interesse, per motivi teologici, a che tutti i membri del "popolo dannato" si convertissero al cattolicesimo - poiché in questa maniera l'"ordinamento salvifico divino" nel quale al giudaismo, in quanto incarnazione del male, era riservata una posizione centrale - sarebbe stato turbato. Il diritto canonico vietava, in via di principio, i battesimi coatti contro l'esplicita volontà di ebree ed ebrei. Tuttavia, esistevano alcuni decreti d'eccezione rispetto a questa definizione tante volte ribadita. Va detto che nella sola Roma tra il 1614 e il 1870 sono documentate centinaia di conversioni, e in molti casi queste non avvennero su base volontaria. Il diritto canonico permetteva i "battesimi di emergenza". Contro la volontà dei genitori, un bambino ebreo poteva essere battezzato se moribondo, nato con menomazioni mentali o abbandonato.[46] Inoltre, la chiesa cattolica procedeva alla conversione

[45] David Kertzer, op. cit., p. 50-52.
[46] Franz Heiner, *Katholisches Kirchenrecht, Vol. 2: Die Regierung der Kirche* (Paderborn 1897), p. 234 e segg.

senza eccezioni quando un convertito "offriva" i suoi familiari oppure membri della stretta parentela, anche ostinati "miscredenti" e soprattutto bambini orfani.[47]

Questi decreti d'eccezione aprivano le porte all'arbitrio, considerato che soprattutto per i battesimi d'emergenza non esistevano condizioni inadempibili affinché il sacramento fosse considerato legittimo. Già poche gocce di acqua normale stillate sulla fronte del battezzando con le parole "ti battezzo in nome del padre, del figlio e dello spirito santo" bastavano per trasformarlo in un cristiano. Perché un battesimo fosse valido non occorreva nemmeno la presenza di un prete. Nei casi di emergenza tutti - anche dei non cristiani - potevano impartirlo, sempre che essi lo facessero nel "retto intento".[48] Persino

[47] La prassi delle "offerte" fu scoperta e ampiamemte analizzata solo di recente dalla storica romana Maria Caffiero, *Battesimi forzati. Storie di ebrei, cristiani e convertiti nella Roma del papi* (Roma, 2004).

[48] Simili disposizioni sono contenute addirittura ancora nel *Codex Iuris Canonici* promulgato da papa Giovanni Paolo II nel 1983. Anche un battesimo avvenuto in condizioni dubbie rimane valido secondo il nuovo diritto canonico. Di conseguenza, la chiesa cattolica ufficiale non poté vedere nulla di scandaloso quando, nel 2005 nella residenza ebraica *Saduun* per anziani a Firenze, un novantenne che, a dire dei nipoti Gianni e Maurizio Forti, per via di un ictus non era più nel pieno possesso delle sue capacità cognitive, fu battezzato da un prete cattolico. In una lettera indirizzata a 'La Repubblica" i due nipoti raccontarono l'accaduto: *«La Chiesa fiorentina attraverso un suo sacerdote ha battezzato un nostro zio di 90 anni attualmente ospite della Casa di riposo "Saduun" gestita dalla Comunità ebraica fiorentina.Su richiesta di una parente acquisita, si è introdotto nella Casa di riposo e senza avvertire i dirigenti, tanto meno i familiari (noi due nipoti e una sorella dello zio) dopo un colloquio un sacerdote lo ha battezzato dopo avergli fatto firmare una lunga lettera di abiura che chiaramente lo zio, stante le sue condizioni, non può aver scritto o dettato. Lo zio infatti è stato colpito due anni fa da un ictus che lo ha menomato di alcune capacità motorie e di alcune capacità cognitive e di parola. Può essere utile sapere che un frate della Chiesa di piazza Savonarola, sempre interpellato dalla stessa parente, aveva ritenuto che non ci fossero le condizioni per un battesimo (...)»*. In un'altra dichiarazione dell'interessato, fatta poco dopo l'accaduto in presenza del Rabbino Capo e di un altro testimone si legge invece che egli vuole continuare ad appartenere alla comunità ebraica e che il suo desiderio è di essere sepolto nel cimitero ebraico, accanto alla moglie. Il Cardinale Ennio Antonelli, Arcivescovo di Firenze, lamentò sì il presunto malinteso tra prete e amministrazione dell'ospizio, ma non mise in dubbio la validità del battesimo apparentemente abusivo. Al più tardi dopo la morte dell'anziano signore, sorgerà la domanda con quale rito e in quale cimitero dovrà essere sepolto: in quello cattolico o in quello ebraico. (nota della curatrice: il signore in questione è morto ed è stato seppellito nel cimitero ebraico, com'era suo desiderio).

"Firenze ebraica" 5, settembre/ottobre 2005, p. 13-28; Gianni e Maurizio Forti "Un

un battesimo che, in realtà, si era svolto in condizioni non permesse rimaneva, secondo il diritto canonico, irrevocabilmente valido. Come se non bastasse, un bambino, una volta battezzato, non poteva più vivere con i genitori ebrei e doveva essere allontanato da loro, a meno che questi non fossero disposti a convertirsi anche loro. Succedeva anche nell'Italia del Risorgimento che la Chiesa Cattolica allontanasse dei bambini ebrei dai genitori in seguito ad un battesimo fortuito, anche se tali casi diminuirono notevolmente dopo il 1815.[49] La più clamorosa sottrazione di un bambino accadde a Bologna nel 1858: il 23 giugno un commando di poliziotti papali irruppe nella casa del commerciante ebreo Momolo Mortara esigendo da lui e dalla moglie Marianna l'immediata consegna del figlio Edgardo che aveva sei anni. Come motivazione di questo atto l'ufficiale di polizia dichiarò ai genitori che il loro figlio era cristiano perché anni prima aveva ricevuto un legittimo battesimo. Su ordine dell'inquisitore competente Edgardo fu allontanato da loro dato che bambini cristiani potevano vivere solo con genitori cristiani.
Solo a posteriori si seppe che Anna Morisi, una serva dei Mortara, aveva battezzato Edgardo di nascosto al fine di salvare la sua anima, nell'occasione di una sua grave malattia. Nonostante la forte protesta dei genitori, rimasti folgorati dalla notizia, il ragazzo venne portato di forza a Roma nella Casa dei Catecumeni dove ricevette un'educazione cristiana. Un anno dopo il suo rapimento Edgardo fu cresimato. Il Santo Padre si mostrò oltremodo compiaciuto per lo sviluppo intellettuale del bambino che, con il catechismo, stava imparando velocemente la dottrina cattolica. A tredici anni, Edgardo, ormai completamente estraniato dal suo ambiente di origine, entrò come novizio nell'ordine dei canonici lateranensi e, in onore del Papa in carica, assunse il nome di Pio prima di essere ordinato prete nel 1873.

Non appena il pubblico europeo venne a conoscenza del "caso Mortara" si alzò una tempesta di indignazione. Fu la prima volta in assoluto che la tradizionale politica dei papi finì sotto il fuoco incrociato della critica internazionale. Non solo le comunità ebraiche dell'Italia, di Germania, Inghilterra, Francia e America indirizzarono

battesimo d'altri tempi" in "La Repubblica", 23.06.2005. Devo la notizia di questo caso incredibile, che per molti versi ricorda tempi passati, alla gentilezza di Liana Novelli Glaab.

[49] David Kertzer, *Prigioniero del papa* (Milano, 2005).

delle note di protesta a Pio IX per chiedere la restituzione del ragazzo alla sua famiglia. Il governo del Regno di Sardegna condannò duramente l'atteggiamento del papa inviando dei *memorandum* ai governi di Gran Bretagna, Prussia e Russia. E persino Stati amici come la Francia e l'Austria cercarono di convincere il papa re a venire incontro all'opinione mondiale. L'imperatore Napoleone III bollò il rapimento di Edgardo Mortara come una violazione stridente del diritto naturale e del diritto civile.[50] Ma le proteste non facevano che rafforzare l'atteggiamento caparbio degli alti ranghi della Chiesa. Si diceva che Pio IX, interpellato dall'ambasciatore del Regno delle Due Sicilie per il caso Mortara, avrebbe risposto: «So che cosa in questo caso è mio dovere e se Dio me lo ha affidato mi faccio piuttosto tagliare la mano che trascurare questo dovere».[51]

Il "caso Mortara" aveva già nociuto parecchio alla causa dello Stato della Chiesa. Nell'estate del 1864 si presentò poi un caso simile: il rapimento del ragazzo ebreo romano di nove anni, Giuseppe Coen dimostrò fino in fondo che il papa non era intenzionato a scostarsi anche un solo millimetro nella questione dei battesimi, dal suo atteggiamento solito. I casi dei due ragazzi ebrei tolsero l'ultimo credito al dominio secolare del papa. Il movimento italiano di unificazione sapeva come trarne un facile profitto. Secondo fonti ben informate l'atteggiamento implacabile del pontefice romano nel "caso Coen" aveva contribuito alla decisione di Napoleone III di ridurre sempre di più le sue truppe stanziate nel *Patrimonium Petri* e di ritirarle poi definitivamente nell'estate del 1870. Infatti, persino l'annosa potenza protettrice si era infine resa conto che lo Stato della Chiesa, con le sue arcaiche strutture sociali, era diventato nient'altro che un «esecrabile anacronismo».[52]

Quando il 20 settembre, dopo una debole resistenza, Roma cadde nelle mani delle truppe italiane, era finito non soltanto il dominio terreno dei papi. Con l'incorporamento del *Patrimonium Petri* nel Regno d'Italia, tutte le leggi speciali antiebraiche divennero nulle e l'ultimo ghetto nella vecchia Europa venne abolito. Pio IX reagiva in modo irragionevole e persino pieno di odio alla tardiva

[50] *Ivi*, p. 50-51.
[51] Frank J. Coppa, *Pope Pius IX. Crusader in a Secular Age* (Boston, 1979), p. 129.
[52] Wolfgang Reinhard, op. cit., p. 60.

emancipazione. E ancora dopo l'abolizione del ghetto di Roma, ottenuta con la forza militare, il papa non aveva ancora imparato a rispettare i suoi ex-sudditi ebrei come persone equiparate con dei diritti innati. Al contrario, di fronte ai pellegrini egli li diffamava come "bovi" che "non conoscono nessun dio" e "che scrivono bestemmie nei giornali". Durante un'udienza il *Pontifex maximus* li chiamava perfino "cani" che giravano per il mondo abbaiando e recando danno ai cristiani finché non sarebbe arrivato il «terribile giorno della divina vendetta e loro avrebbero dovuto rendere conto delle iniquità commesse».[53] Per l'ultimo papa re essi rimanevano i "nemici di Gesù" che «non conoscono altro dio che il denaro».[54]

Alla fine dell'Ottocento, le massime autorità della Chiesa perdettero l'opportunità di una radicale ridefinizione del loro rapporto con il giudaismo. L'ostilità della Chiesa nei confronti degli ebrei, come corrente culturale, perdurò nella teologia, nella liturgia, nella predicazione, ma anche nei riti della passione, nelle usanze popolari come nella vita di tutti i giorni fino al ventesimo secolo.[55] A Lucerna per esempio il professore di teologia Alois Schenker sosteneva ancora nel 1942 sul "Giornale ecclesiastico della Svizzera": «Va da sé che il cristiano è un antisemita dogmatico, cioè che rifiuta la religione mosaica in quanto errata, in quanto superata dal cristianesimo e perciò rimpiazzata da esso».[56]

VI

Durante il Risorgimento, lo Stato della Chiesa, paragonato agli altri

[53] Giovanni Miccoli, "Santa Sede, questione ebraica e antisemitismo fra Otto e Novecento" in *Storia d'Italia, Annali II. Gli ebrei in Italia, vol.II: Dall'emancipazione a oggi* (Torino, 1997), p. 1405.
[54] Egmont Zechlin, *Die deutsche Politik und die Juden im ersten Weltkrieg* (Göttingen, 1969), p. 32.
[55] Come studio esemplare di un caso: Olaf Blaschke, *Katholizismus und Antisemitismus im Deutschen Kaiserreich* (Göttingen, 1997); Urs Altermatt, *Katholizismus und Antisemitismus. Mentalitäten, Kontinuitäten, Ambivalenzen. Zur Kulturgeschichte der Schweiz 1918-1945* (Frauenfeld / Stuttgart / Wien, 1999); Raphael Gross, *Carl Schmitt und die Juden. Eine deutsche Rechtslehre* (Frankfurt am Main, 2000); Jan T. Gross, *Nachbarn. Der Mord an den Juden von Jedwabne* (München, 2001).
[56] Alois Schenker, *"Zu einem protestantischen Weihnachtsbrief an die Juden"* in *"Schweizerische Kirchenzeitung"*, 31. Dezember 1942.

stati italiani, era tra quelli in cui le condizioni di vita per la minoranza ebraica erano le più sfavorevoli: la discriminazione sistematica fu politica di stato fino alla fine. Per motivi strutturali e politici l'ultima teocrazia su suolo europeo si rivelò incapace di sviluppare, partendo dal suo interno, una solida prospettiva di emancipazione per gli ebrei che vivevano sotto il dominio dei Papi Re. Una simile prospettiva avrebbe messo in dubbio i principi fondamentali di questo Stato.

Il fatto che a Roma circa 12.000 ebree ed ebrei erano tollerati in mezzo a una *societas inaequalis perfecta* non va confuso con una tolleranza reale, cioè basata sul riconoscimento e il rispetto del prossimo. Certo, i sudditi ebrei di Pio IX non erano più costretti a vivere nelle stesse condizioni opprimenti dell'era del confessionalismo. Tuttavia, le prospettive concrete di vita dopo il 1850 erano lungi da «una crescente tolleranza de facto»,[57] come invece voleva di recente far credere seriamente uno storico conservatore. I Mortara erano essi stessi responsabili della loro disgrazia, come suggerì nel giugno del 2005 un pubblicista vicino agli ambienti vaticani: avendo come serva una cristiana e violando quindi le leggi dello Stato della Chiesa, avrebbero loro stessi provocato una reazione da parte della Chiesa.[58] Rispetto a tutti i tentativi di relativizzazione va tenuto a mente che «le persone che fino al 1870 erano direttamente soggetti al regime papale di segregazione e discriminazione lo sentivano con molto dolore».[59]

Tra gli ultimi Papi Re l'ostilità contro gli ebrei si manifestava in una serie di repressioni anti-emancipatorie. In questo complesso si sovrapponevano le tradizionali idee antigiudaiche con la rappresentazione modernizzata del nemico, secondo cui gli ebrei venivano stilizzati come i profittatori dei grandi cambiamenti a partire dal tardo Settecento e dichiarati la quintessenza dell'odiata modernità. Molto vicino alla verità storica era già allora l'argomentazione della *Allgemeine Zeitung des Judenthums.* Alla luce dei progressi palesi del processo dell'equiparazione degli ebrei in molte parti dell'Europa,

[57] Thomas Brechenmacher, v. nota 33, pp. 91 e 96 e nota 28, pp. 437, 440.
[58] Intervista di Aldo Cazzullo a Vittorio Messori, "Non diffamate Pio IX il mio santo rapitore" in "Corriere della Sera", 13 giugno 2005. Altri giudizi distorti sul "caso Mortara" si trovano nell'introduzione di Vittorio Messore di: *Io, il bambino ebreo rapito da Pio IX. Il Memoriale inedito dal protagonista del "caso Mortara"* (Milano, 2005).
[59] Abraham Berliner, *Storia degli Ebrei di Roma*, vol. II (Torino, 2000), p. 303.

dalla Primavera dei Popoli del 1848 in poi, la testata storica della pubblicistica tedesco-giudaica constatava nell'estate 1868: «Se passasse la volontà della Curia romana, noi ebrei saremmo già domani di nuovo depredati di tutti i diritti di cittadinanza e civili, confinati nei ghetti - in una parola - dovremmo assumerci tutti quanti il giogo, sotto cui gli abitanti ebrei dello Stato della Chiesa languono ancora oggi».[60]

Traduzione di Dorothee Wolff

60 *"Allgemeine Zeitung des Judentums"*, 7. Juli 1868. In modo esteso sul tema: Aram Mattioli, *"Das Ghetto der 'ewigen Stadt' im Urteil deutschsprachiger Publizisten"* in Michael Nagel (a cura di), *Zwischen Selbstbehauptung und Verfolgung, Deutsch-jüdische Zeitungen und Zeitschriften von der Aufklärung bis zum Nationalsozialismus* (Hildesheim / Zürich / New York, 2002), pp. 169-187, in particolare p. 178 e segg.

II
Integrazione ed emarginazione: gli ebrei nell'Italia liberale

Diritti individuali e identità di gruppo delle donne e degli ebrei alla fine dell'Ottocento. Un'analisi comparata

Anna Rossi Doria

La mia relazione si pone come una sorta di preambolo rispetto alle altre, tutte attinenti alla configurazione attuale dei rapporti tra i diritti delle donne e delle minoranze, in quanto esamina la questione in relazione a una particolare minoranza, gli ebrei (che, con le donne, erano stati per secoli in Europa i massimi simboli dell' "altro" in quanto portatori di una differenza non lontana, ma interna), in due momenti chiave: quello iniziale della proclamazione dei diritti universali, con i connessi processi di inclusione ed (esplicita o implicita) esclusione, e quello della loro prima grande crisi alla fine dell'Ottocento, quando per la prima volta, in nome delle differenze, si scatenano aperti attacchi al principio universale dell'uguaglianza del genere umano.

Questo principio, che sta alla base della Dichiarazione dei diritti e dell'uomo e del cittadino del 1789 (da cui si dipanano sia un filo di speranze utopiche sia di contraddizioni che arrivano direttamente fino alla questione dei diritti umani di oggi), si afferma ponendo in contrasto identità individuali e collettive: esso, infatti, dovendosi basare su una concezione dell'individuo astratto, che prescinde da particolarità e identità collettive - nazionali, culturali, religiose, sociali, sessuali - si contrappone a esse in una duplice forma: o riconosce le identità collettive come naturali, ma esclude chi vi appartiene dai nuovi diritti universali, ed è il caso delle donne (e dei neri, la cui emancipazione durante la Rivoluzione francese è non a caso sostenuta dagli stessi difensori dei diritti delle donne e degli ebrei, quali Olympe de Gouges e l'abate Grégoire di cui riparleremo), o al contrario include nei nuovi diritti i singoli individui, ma a condizione di cancellare la loro identità collettiva sciogliendo le comunità, ed è il caso degli ebrei. In queste due soluzioni speculari si afferma lo stesso principio: l'inconciliabilità assoluta tra uguaglianza e differenza; nel corso della Rivoluzione, infatti, in nome esclusivamente della prima agli ebrei si concede, dopo lunghi dibattiti, l'emancipazione, mentre alle donne, con minori dibattiti, essa viene negata proprio in nome e a causa della differenza.

È per questa ragione originaria che alcuni ebrei e alcune donne, trovandosi di fronte a una sorta di scelta impossibile tra l'universalità umana e la loro specifica particolarità, cominciano a perseguire un'idea che si potrebbe definire di universalità concreta, in cui si possano tenere insieme cittadinanza individuale e appartenenza collettiva, rifiutando quella alternativa tra universale e particolare, tra uguaglianza e differenza, che era invece il principale argomento degli avversari della Rivoluzione, i fondatori del moderno pensiero reazionario, che attaccavano il principio di uguaglianza in nome appunto delle differenze. Scrive, ad esempio, Joseph De Maistre, nelle *Considérations sur la France*: "La Costituzione del 1795, come le precedenti, è fatta per l'uomo. Ora, non c'è nessun uomo nel mondo. Ho visto nella mia vita dei Francesi, degli Italiani, dei Russi eccetera; ma quanto all'uomo, dichiaro di non averlo incontrato nella mia vita; se esiste, esiste a mia insaputa".

Va ricordato che l'abbinamento tra donne ed ebrei ha una lunga tradizione nella cultura occidentale: pregiudizi e stereotipi negativi di diversa natura li avevano per secoli accomunati come gli "stranieri in casa", i "diversi" per eccellenza[1]: dalla identificazione di entrambi con la sessualità, di contro alla spiritualità dei maschi cristiani, nella apologetica dei primi secoli alla attribuzione agli ebrei delle mestruazioni nel medioevo e nei primi secoli dell'età moderna, dalla comune debolezza fisica alla condivisa assenza dal potere nell'Ottocento e nel Novecento[2]. Sia gli uni sia le altre erano stati sempre definiti come identità collettive: per le donne la tradizione è ben nota e risale alla Grecia classica; gli ebrei in antico regime erano sempre considerati "comunità" o "nazione", nel senso che "ci si aspettava che gli ebrei formassero una comunità e ci si aspettava che la comunità si occupasse di moltissimi aspetti della vita dell'individuo", mentre essi, a loro volta, avevano «una forte identificazione con l'idea di una nazione ebraica, a cui si apparteneva

[1] Il contenuto del bel libro di Hans Mayer, *I diversi* (Milano, 1977), ed. orig. *Aussenseiter* (Frankfurt am Main, 1975), che analizza la rappresentazione di ebrei, donne e omosessuali soprattutto nelle fonti letterarie, è rimasto pressoché inascoltato.

[2] Anna Rossi Doria, "Antisemitismo e antifemminsimo nella cultura positivistica" in Alberto Burgio (a cura di), *Nel nome della razza. Il razzismo nella storia d'italia 1870-1945* (Bologna, 1999), pp. 455-474.

per nascita e per obblighi religiosi».[3] Con l'emancipazione avviene l'opposto: in base alle leggi votate dall'Assemblea nazionale il 28 gennaio 1790 e il 28 settembre 1791 (rispettivamente per i sefarditi del sud ovest e per gli ashkenaziti dell'est, gli alsaziani, per i quali i motivi del ritardo furono l'uso dello *yiddish*[4] e soprattutto il rifiuto di sciogliere le comunità), gli ebrei diventano individui che possono ottenere i diritti di cittadinanza solo se accettano di essere esclusivamente tali. Famosa e in qualche modo minacciosa è in proposito la dichiarazione del conte Stanislas de Clermont-Tonnerre nella seduta dell'Assemblea nazionale del 23 dicembre 1789: «Si deve rifiutare tutto agli ebrei come nazione; si deve concedere loro tutto come individui [...] Essi non devono costituire [...] un ordine all'interno dello Stato. Devono essere cittadini individualmente. Ma, si dirà, essi non vogliono esserlo. Bene, se non vogliono, che lo dicano, e in quel caso devono essere banditi. Non si può accettare una società di non cittadini entro lo Stato e una nazione entro la nazione». (L'espressione "stato entro lo stato", coniata contro gli ugonotti dopo l'Editto di Nantes del 1598, viene usata contro gli ebrei a partire dalla seconda metà del Settecento).[5]

L'identità collettiva ebraica era in sostanza ciò che si voleva cancellare, considerandola un'eredità di difetti morali e di superstizioni: era stata questa la linea dei due principali scritti che avevano sostenuto la causa della loro emancipazione prima della Rivoluzione, influenzandone in seguito la legislazione: "Sul miglioramento civile degli ebrei" (il termine, nella sua ambiguità, è già eloquente), pubblicato nel 1781 da Christian Wilhelm Dohm, funzionario prussiano, cui il testo era stato richiesto da Moses Mendelssohn, e l'*Essai sur la régénération physique, morale et politique des Juifs* (titolo ancora più significativo), del 1788, dell'abate Henry Grégoire, che con esso risultava uno dei tre vincitori del concorso bandito dall'Accademia di Metz nel 1785, "Ci sono dei mezzi per rendere gli ebrei più utili e più felici in Francia?". Dohm scriveva che la futura libertà avrebbe corretto i difetti ebraici, estirpando "i pregiudizi religiosi che impediscono agli ebrei di essere

[3] Jacob Katz, *Out of the Ghetto. The Social Background of Jewish Emancipation, 1770-1870* (New York, 1978), pp. 19, 23.

[4] Nel corso delle lunghe discussioni all'Assemblea, il deputato Rewbell era intervenuto il 28 luglio 1790 contro la concessione dei diritti di cittadinanza agli ebrei alsaziani "che hanno un altro culto, altre usanze, un'altra lingua" cit. da Olivier Le Cour Grandmaison, *Les citoyennetés en Rèvolution 1789-1794* (Paris, 1992), p. 269.

[5] Jacob Katz, *Out of the Ghetto* (New York, 1978), p. 99.

più socievoli. L'ebreo è ancora più uomo di quanto non sia ebreo. [...] Egli guarderà la patria con la tenerezza di un figlio a lungo misconosciuto e ristabilito nei suoi diritti dopo un lungo esilio: questi sentimenti inseparabili dal cuore umano parleranno nel suo a voce ben più alta di tutti i sofismi dei suoi rabbini";[6] Grégoire asseriva che il Talmud era "la cloaca dove si sono accumulati i deliri dello spirito umano", che "il farisaismo è ancora dominante nelle sinagoghe" e che gli ebrei dovevano essere isolati, rompendo "ogni comunicazione tra loro", perché nei quartieri separati essi "sono sempre un popolo a parte, e concentrano la loro miseria e i loro pregiudizi".[7]

Un importante esempio dei primi tentativi ebraici di rivendicare insieme la propria particolarità e il diritto universale di essere cittadini, cioè francesi[8], è la *Apologie des Juifs* (1788) di un altro dei vincitori del concorso dell'Accademia di Metz (il terzo era il protestante Claude-Antoine Thiery), Zalkind Hourwitz, ebreo polacco arrivato due anni prima a Parigi, che, difendendo gli ebrei dalle accuse abituali e attribuendole invece ai cristiani che li avevano perseguitati, da un lato dichiara di prendere la parola "più in quanto uomo che in quanto ebreo", ma dall'altro si firma "Zalkind Hourwitz, Juif polonais". Questo fatto, commentano i curatori di una recente edizione della sua opera, mostra che per lui "l'universalismo e il cosmopolitismo [...]

[6] Christian Wilhelm Dohm, *De la réforme politique des Juifs* (Paris, 1984), pp. 44-45.

[7] Abbé Henri Grégoire, *Essai sur la régénération physique, morale et politique des Juifs* (Paris, 1988), pp. 87, 145, 164. È stato ed è tuttora molto discusso se l'emancipazione implicasse o meno la totale cancellazione dell'identità ebraica. Shmuel Trigano, ad esempio, è arrivato a scrivere: «l'ebreo è un uomo, ma l'uomo non è un ebreo. [...] Quel che serviva a garantire all'ebreo la sua emancipazione serviva a negargli il suo ebraismo nell'emancipazione. [...] Nell'ebreo, l'ebreo e il cittadino erano uniti; in *un* ebreo, queste due entità erano rinchiuse in un perpetuo conflitto. Un ebreo avrebbe dovuto sempre fornire prove impeccabili del suo stato di cittadino universale, ma in questo sarebbe sempre trapelata la figura dell'eterno e diabolico ebreo». Stanley Hoffmann gli ha obiettato che "la costruzione politico-ideologica della cittadinanza, l'astrazione giacobina, è presentata come se fosse stata totalitaria, come se avesse spazzato via, o fosse almeno stata concepita per spazzare via, tutte le particolarità di gruppo": Shmuel Trigano, *From Individual to Collectivity: "The Rebirth of the Jewish Nation in France"* in Frances Malino and Bernard Wasserstein (a cura di), *The Jews in Modern France* (Hannover / London, 1985), pp. 248, 250, e Stanley Hoffmann, *Remarks on Trigano*, *ivi*, p. 283.

[8] Il problema dei costituenti era stato infatti quello del modo in cui "reagire di fronte a questa situazione paradossale di connazionali che essi pensavano fondamentalmente stranieri" in Olivier Le Cour Grandmaison, *Les citoyennetés en Rèvolution* (Paris, 1992), p. 242.

non implicano la negazione o l'assorbimento delle particolarità", mentre nella concezione illuminista l'emancipazione era un privilegio da meritare, "iscrivendo con ciò stesso nel cuore della nuova legittimazione universalista una antinomia durevole: la coesistenza di un sistema universalista che fonda i diritti degli 'individui' sull'unità del genere umano con un altro sistema tacito e informale che fonda i diritti (e i doveri) di certi 'gruppi' sulla valutazione gerarchica della loro 'differenza', costruendoli così come delle categorie 'a parte'".[9]
Queste ultime parole si applicano in maniera radicale alle donne, escluse, com'è noto, dai diritti universali d'individui e cittadini tacitamente nella Dichiarazione del 1789 ed esplicitamente, sulla base delle leggi inappellabili della natura, in testi, oggi famosi, quali il "Rapporto" presentato dal deputato André Amar alla Convenzione nazionale a nome del Comitato di sicurezza generale il 30 ottobre 1793, o l'intervento di Chaumette nella seduta del Comune del 5 novembre: il primo spiegava che le donne "non debbono uscire dalla famiglia per mischiarsi agli affari di governo" perché "le funzioni private a cui le donne sono destinate dalla natura stessa ineriscono all'ordine generale della società; questo ordine sociale è il risultato della differenza che esiste tra l'uomo e la donna"; il secondo, con maggiore veemenza, dichiarava: «Da quando in qua è permesso di abiurare il proprio sesso? Da quando in qua è decente vedere delle donne che abbandonano le cure pietose del loro nucleo familiare, le culle dei loro figli, per mostrarsi sulle piazze pubbliche, nelle tribune dove si tengono arringhe, alla sbarra del senato? Forse che la natura ha affidato agli uomini le cure domestiche? Ci ha forse essa dato mammelle per allattare i nostri figli?».[10]
È evidente come qui l'argomentazione sia opposta a quella addotta per gli ebrei: le donne non possono e non devono essere individui, e quindi cittadini, perché sono e devono essere solo gruppo particolare, identità collettiva, differenza. D'altro canto, i pochi e ininfluenti sostenitori dei loro diritti in quel tempo, come Condorcet, ne auspicano l'uguaglianza individuale, ma non conferiscono alcun valore

[9] Michael Lowy, Eleni Varikas, "*Introduction. Humanisme juif et philosophie des lumières en France: Zalkind Hourwitz*" in Zalkind Hourwitz, *Apologie des Juifs* (Paris, 2002), pp. 17-18.

[10] Citati entrambi in Angela Groppi, "Le radici di un problema" in Gabriella Bonacchi, Angela Groppi (a cura di), *Il dilemma della cittadinanza. Diritti e doveri delle donne* (Roma / Bari, 1993), pp. 5-6, 10.

alla loro identità collettiva. Ad esempio, il prussiano Theodor von Hippel, della cerchia di Kant, nel suo testo del 1792 "Sul miglioramento civile delle donne" (calco, si noti, del titolo del libro di Dohm) pone la domanda, che molto a lungo e spesso ancora oggi resterà aperta: "Perché la donna non deve poter dire io?". E ancora: "Le donne non sono forse esseri umani [...] non sono anch'esse persone morali?". E tuttavia, in lui come in Dohm rispetto agli ebrei, è presente un concetto generale di umanità in cui le particolarità devono in qualche modo dissolversi, seguendo "un modello in cui la diversità non ha né voce né statuto proprio".[11]

Proprio il tentativo di dare alla differenza questa voce e questo statuto, pur rivendicando l'uguaglianza dei diritti, conferisce il carattere di un testo fondativo alla "Dichiarazione dei diritti della donna e della cittadina" di Olympe de Gouges, nome oggi ben più famoso di quello di Zalkind Hourwitz, ma fino a una quindicina di anni fa ignoto come il suo. Qui il problema dell'alterità che esclude dalla individualità e dalla cittadinanza è il corpo: la differenza sessuale - da cui la donna, in una tradizione secolare, è interamente pervasa, a differenza dell'uomo - è la base dell'ordine naturale, e quindi sociale e politico; la natura stessa, dunque, assegna alle donne la coesione sociale, agli uomini la libertà individuale. E, anche quando cade la distinzione formale presente nella Costituzione del 1791 tra cittadini attivi e passivi, le donne restano appartenenti a questi ultimi in quanto prive dei caratteri che definiscono i primi: l'autonomia e la possibilità di rappresentanza. Contro tutto questo, Olympe de Gouges tenta la strada, che somiglia molto a quella intrapresa da Zalkind Hourwitz, di tenere insieme universalità e particolarità. Joan Scott, in una sottile analisi del testo della *Dichiarazione*, ha osservato che anche nel suo continuo sforzo di autocostruzione nella vita de Gouges mostra "la difficoltà che una donna incontra ad affermare con certezza, senza ambivalenze, la propria condizione d'individuo astratto rispetto alla incarnazione di questo in un corpo maschile". E che nel testo universalità individuale e specificità collettiva s'intrecciano in modo nuovo ed eversivo soprattutto nell'articolo XI, dove "la libera espressione delle idee e delle opinioni" si traduce nel fatto che "qualunque cittadina potrà dunque dire liberamente: 'Sono la madre di tuo figlio', senza essere

[11] Katja Tenenbaum, "Weininger e la metafisica dei sessi" in Giovanni Sampaolo (a cura di), *Otto Weininger e la differenza. Fantasmi della ragione nella Vienna del primo Novecento* (Milano, 1995), pp. 204, 209.

più costretta, a causa di barbari pregiudizi, a nascondere la verità". Qui, sottolinea Scott, «la specificità della donna è il segno della sua differenza dall'universalità dell'Uomo. Ma la aggiunta della donna porta con sé anche la prova del fatto che l'intera questione dei diritti doveva essere ripensata in modo diverso».[12]

Per quanto riguarda la fine dell'Ottocento, sarebbe qui impossibile esaminare, neppure per accenni, le risposte di donne ed ebrei - a questo punto non più singoli ma organizzati in associazioni più o meno estese e forti nei diversi Paesi europei - alle nuove definizioni che delle loro identità collettive vengono date rivestendo gli antichi pregiudizi delle formulazioni autorevoli e autoritarie della "scienza" positivistica, il cui stesso linguaggio, via via sempre più ispirato ai toni dell'incipiente razzismo, rende molto più ardua la questione del rapporto tra diritti individuali e identità collettive. È invece su quelle formulazioni che intendo fermarmi, sia per la loro lunga eredità nella storia del Novecento e fino ad oggi, sia perché è nel loro contesto che si articolano i nuovi sforzi sulla via della costruzione di quella che abbiamo chiamato una universalità concreta. Per le associazioni ebraiche e per singoli ebrei si tratta questa volta di non far coincidere l'emancipazione con l'assimilazione, specie in reazione al nuovo antisemitismo (cui peraltro non sempre si reagisce: tipico è il caso della maggioranza degli ebrei francesi di fronte al caso Dreyfus); per le associazioni femministe e per singole donne si tratta di usare la nuova definizione della differenza sessuale, l'esclusività del ruolo riproduttivo, per farne leva di entrata nella sfera pubblica senza per questo cancellare la rivendicazione dei diritti individuali di uguaglianza (che peraltro diventa via via minoritaria tra la fine dell'Ottocento e gli inizi del Novecento). Anche questa volta, dunque, con tutte le diversità di contesti e di linguaggi, sono le donne e gli ebrei che cercano di combattere sul piano sia teorico che politico l'alternativa obbligata tra uguaglianza dei diritti individuali e difesa delle differenze collettive, ma per farlo devono in parte accettare le stesse definizioni (che li legano rispettivamente alla specie e alla razza) che si vogliono contestare.[13]

12 Joan Scott, "Le femministe francesi e i diritti dell'"uomo": le Dichiarazioni di Olympe de Gouges" in "History Workshop Journal", n. 28, autunno 1989, trad. it. *Il primo femminismo* (Milano, 1993), pp. 97-106.

13 Su questo problema in generale: Nancy L. Stepan, Sander L. Gilman,

Veniamo dunque a queste definizioni. Le caratteristiche negative comuni di donne ed ebrei vengono accentuate nella seconda metà dell'Ottocento, cioè quando i primi cominciano a raccogliere i frutti dell'emancipazione e le seconde organizzano le lotte per conquistarla: l'ostilità nei confronti di entrambi aumenta quindi per il processo tipico di ogni forma di discriminazione o di razzismo per cui l'"altro" appare più minaccioso non quando è chiaramente tale, ma quando diventa potenzialmente un uguale.[14] Gli antichi pregiudizi misogini e antisemiti vengono formulati con nuova aggressività e rigidità nella veste "scientifica" della cultura positivistica e in termini sempre più aspri via via che ci si avvicina a quella di fine secolo in cui dilagano le paure della "degenerazione" (il libro di Bénédict Augustin Morel che aveva introdotto il termine è del 1857, quello di Max Nordau che lo diffuse del 1892) e della decadenza attribuite alla modernità, con le sue troppo rapide trasformazioni e le ansie che ne derivano: si tratta, come è noto, del contesto in cui nascono l'ideologia razzista e la connessa "biologizzazione delle scienze sociali".[15] L'accostamento tra donne ed ebrei diventa ricorrente negli scritti "scientifici", scattando a volte quasi automaticamente, anche quando il discorso è un altro: così, ad esempio, Paolo Mantegazza, in un articolo del 1888 sugli atavismi, arrivato al punto in cui deve fare degli esempi, scrive: "molte delle nostre donne amano di essere battute da chi le ama, [...] atavismo genitale e crudele ad un tempo, ma che può anche rifare la storia antica del dispotismo che faceva del maschio umano un carnefice e della femmina umana una vittima. [...] I gesti timidi e paurosi di molti ebrei sono una forma di atavismo psichico, che rappresenta la lunga persecuzione subìta".[16]

"Appropriating the Idioms of Science: The Rejection of Scientific Racism" in Dominick La Capra (a cura di), *The Bounds of Race. Perspectives on Hegemony and Resistance* (Ithaca / London, 1991).

[14] Per il rafforzarsi di misoginia e antisemitismo nell'ultimo ventennio dell'Ottocento: Marc Angenot, *Ce que l'on dit des Juifs en 1889. Antisémitisme et discours social* (St. Denis, 1989), pp. 14 e 154; Sander L. Gilman, *Jewish Self-Hatred. Anti-semitism and the Hidden Language of the Jews* (Baltimore / London, 1986), pp. 222-223. La femminilizzazione degli ebrei continua con forza anche nel Novecento: Pierre Birnbaum, *Un mithe politique: la "République juive". De Léon Blum à Mendès France* (Paris, 1988), p. 196 e segg.

[15] La definizione è di Giuliano Pancaldi, *Darwin in Italia. Impresa scientifica e frontiere culturali* (Bologna, 1983), p. 285.

[16] Paolo Mantegazza, "Gli atavismi psichici" in "Archivio per l'Antropologia e la Etnologia", XVIII, 2, 1888.

Poiché donne emancipate ed ebrei assimilati, designati a volte entrambi con il termine di "terzo sesso", appaiono della modernità insieme i colpevoli e i simboli, contro di loro agisce soprattutto la paura della modernità, intrecciandosi con la paura della confusione dei sessi[17] e con l'attribuzione agli ebrei di caratteristiche femminili, che ora viene ripresa su basi "scientifiche", ad esempio, da neurologi e psichiatri che presuppongono che "gli ebrei, come le donne, abbiano una predisposizione biologica di base per forme specifiche di malattia mentale"[18]. Sta proprio nel rapporto con la modernità l'origine della contemporanea esplosione, nell'ultimo ventennio del secolo, del nuovo antisemitismo politico e di «una recrudescenza di opere biologiche e psicologiche di diffamazione del sesso femminile che indubbiamente non ha eguali se non nell'inflazione di studi teologico-giuridici sulle streghe all'epoca del *Malleus maleficarum*».[19] Il testo che sintetizzerà e rilancerà con forza verso la cultura del Novecento sia la misoginia che l'antiebraismo sarà "Sesso e carattere" di Weininger del 1903 (che ebbe 12 edizioni in tedesco solo fino al 1910 e vaste influenze in Europa): qui la donna e l'ebreo sono i simboli assoluti del male che minaccia la civiltà proprio in quanto portatori della differenza, che in loro appare, rispetto all'ideale dell'uguaglianza, nella forma del ritorno del rimosso: "Ciò che è stato negato o, se vogliamo, non ha trovato posto nel grande sogno universalistico dell'Illuminismo torna, più minaccioso che mai, come convitato di pietra: l'altro, nella forma concreta e simbolica insieme della donna e dell'ebreo. [...] Dalla marginalità controllabile e identificabile dei luoghi ad essi deputati, il ghetto e la casa, questi nuovi soggetti entrano o pretendono di entrare, attraverso un lento e controverso

[17] «Un domani potrebbero non esserci più i sessi!», lamentava *"Punch"* nell'aprile 1895, e l'anno precedente, nel libro che doveva fungere da introduzione ai 7 volumi degli *Studies on the psychology of sexes*, intitolato *Man and Woman*, in cui accusava la modernità di minacciare la distinzione sessuale, Havelock Ellis, per decenni grande propagatore della nuova definizione di differenza, scriveva con la stessa ansia: «possiamo non sapere esattamente cosa sia il sesso, ma sappiamo che è mutevole, con la possibilità che un sesso sia mutato nell'altro [...] e che ci sono molti stadi intermedi tra un maschio completo e una femmina completa» in Elaine Showalter, *Sexual Anarchy. Gender and Culture at the Fin de Siècle* (London, 1991), p. 9.

[18] Sander Gilman (1984) in Edward Shorter, *"Women and Jews in a Private Nervous Clinic in Late Nineteenth-Century Vienna"* in *"Medical History"*, XXXIII, 2, April 1989, p. 150.

[19] Jacques Le Rider, *Le cas Otto Weininger. Racines de l'antiféminisme et de l'antisémitisme* (Paris, 1982), p. 71.

processo di emancipazione, nello spazio comune della società".[20]
Di fronte a questi pericoli, alle donne si vuole imporre un'identità esclusivamente collettiva, questa volta legata alla specie; agli ebrei emancipati di nuovo, un'identità esclusivamente individuale che cancelli con l'assimilazione la loro identità collettiva. Si potrebbe dire che, nel contesto dei miti della modernità e della nostalgia di ciò che la aveva preceduta, gli ebrei siano obbligati a rompere con la loro specifica tradizione e le donne al contrario a restare attaccate alla propria. Quel che è certo è che alla fine dell'Ottocento si sviluppa una vera e propria duplice guerra di propaganda: contro gli ebrei "particolaristi", che cioè custodiscono la differenza, e contro le donne "emancipate", che cioè si battono per l'uguaglianza. Nel cosiddetto secondo positivismo, in cui declina la fede nel progresso e matura "l'abbandono polemico di un originario cosmopolitismo progressista",[21] gli attacchi misogini e antisemiti si moltiplicano e soprattutto s'inseriscono nel contesto di un generale attacco all'universalismo egualitario in quanto tale. Il reazionario Gustave Le Bon, grande avversario, come Maurice Barrès, dell'universalismo in nome del relativismo, nel 1893, partendo dall'assioma "razze differenti non possono né sentire né pensare né agire nello stesso modo, né, di conseguenza, comprendersi", dichiara: «L'idea egualitaria continua a crescere ancora. È in suo nome che il socialismo, che sembra essere destinato ad asservire, in breve tempo, la maggior parte dei popoli dell'Occidente, pretende di assicurare la loro felicità. È in suo nome che la donna moderna, dimenticando le profonde differenze mentali che la separano dall'uomo, reclama gli stessi diritti e la stessa istruzione e finirà, se dovesse trionfare, a fare dell'Europeo un nomade senza focolare né famiglia».[22] E la sua opera più celebre e influente, "La psicologia delle folle", pubblicata l'anno successivo, è punteggiata da attacchi misogini e antisemiti ("Le folle sono dappertutto femmine", semplici, impressionabili ed eccessive; "Vi è gran distanza tra lo Jahvè sanguinario della Bibbia e il Dio d'amore di Santa Teresa"), fino all'affermazione razzista e antidemocratica definitiva: "Un popolo non è libero di scegliere le proprie istituzioni più di quanto lo sia di scegliere il colore dei propri occhi o dei propri

[20] Katja Tenenbaum, op cit., pp. 203, 208.
[21] Silvio Lanaro, *L'Italia nuova. Identità e sviluppo 1861-1968* (Torino, 1988), p. 185.
[22] Gustave Le Bon, *Les lois psychologiques de l'évolution des peuples* (Paris, 1894), pp. 3, 32, 206.

capelli. Le istituzioni e i governi rappresentano il prodotto della razza".[23] Già Renan nei *Dialogues philosophiques* del 1871, secondo una linea che seguirà anche nelle opere maggiori, dava per scontato che "gli uomini non sono uguali, le razze non sono uguali. Il negro, per esempio, è fatto per servire le grandi cose volute e concepite dal bianco" (p. 556): per lui, come per Le Bon, Vacher de Lapouge (*L'Aryen*, 1899) e Barrès, è il nesso coi morti "un aspetto fondamentale del razzismo: in effetti, è l'espressione e la concretizzazione dell'unità biologica della razza".[24]

In questa catena, le donne sono trasmettitrici della specie, valorizzate solo come tali nel "progressivo venir meno dell'individualismo come concezione complessiva, come metro di valore" e nel "crescente antagonismo fra individualismo e collettivismo, considerati tipici il primo di società in via di esaurimento, il secondo della capacità di emergere di nuove realtà nazionali".[25] Le affermazioni anti individualistiche diventano sempre più decisamente razziste: "L'individuo sprofonda per ritrovarsi nella famiglia, nella razza, nella nazione" (Barrès, *Scènes et doctrines du nationalisme*, 1902); "Il sangue che si porta nelle vene nascendo lo si conserva tutta la vita. L'individuo è schiacciato dalla sua razza, egli non è nulla. La razza, la nazione sono tutto" (Vacher de Lapouge, *L'Aryen*, 1901).[26] In grande circolarità (Le Bon usa Lombroso e viene accusato da Sighele di plagio), le idee anti egualitarie e anti individualistiche si diffondono, trionfando all'inizio del nuovo secolo ("dalla fine del XIX secolo, sono tutte le scienze sociali che contribuiscono all'erosione di quello spirito di ottimismo, di fede nell'individuo e nel progresso senza i quali è difficile concepire la sopravvivenza della democrazia").[27] Sintetizzava Paolo Mantegazza, grande divulgatore, agli inizi del Novecento: "la fatale e possiamo dire pazza parola di *égalité*, che la Francia ha scritto sulla propria bandiera, pare che sia scesa dal campo della politica in quello della scienza [...] [dove] minaccia di atterrare i dogmi più incontrastati della biologia e dell'antropologia. [...] Restiamo pure fratelli nel sentimento altruista e soccorriamo con fraterna pietà il negro e l'ottentotto. Siam pure tutti

[23] *Idem*, *Psicologia delle folle, 1895* (Milano, 1946), pp. 38, 47, 81.

[24] Zeev Sternhell, *La droite révolutionnaire 1885-1914. Les origines françaises du fascisme* (Paris, 1978), p. 158.

[25] Luisa Mangoni, *Una crisi di fine secolo. La cultura italiana e la Francia fra Otto e Novecento* (Torino, 1985), pp. 168, 202.

[26] Entrambi citati da Zeev Sternhell, *La droite...*, op. cit., pp. 161, 168.

[27] Zeev Sternhell, *Ni droite ni gauche. L'idéologie fasciste en France*, (Paris, 1983), p. 68.

uguali davanti alla legge e alla società, ma non pretendiamo di distruggere tutte le leggi della biologia e delle scienze naturali, per puntellare con argomenti pseudoscientifici il vecchio edificio mistico, che crolla da tutte le parti. [...] la scienza ci dice che esistono molte e diverse razze [...] Se gli uomini sono diversi [...] per caratteri anatomici, [...] sono assai più diversi per le attitudini del pensiero e del sentimento. [...] Non è seguendo la via della passione teologica e dei preconcetti arcadici che si può sperare di giungere alla verità".[28] E pochi anni dopo Scipio Sighele: "Nella questione femminile, come in ogni altra, il punto di partenza non dev'essere l'eguaglianza, questa gloria politica, ma questo errore scientifico dei nostri tempi. La legge che regola il mondo non è l'uguaglianza, ma la disuguaglianza, il che non significa inferiorità e oppressione, ma differenza e gerarchia".[29]
In questo paradossale capovolgimento del rapporto tra pregiudizio e scienza, in questa ondata anti-egualitaria, si diffondono nelle opere di medici, biologi e scienziati sociali le definizioni "scientifiche" della differenza come inferiorità nel caso delle donne e come colpa nel caso degli ebrei. Nel primo caso, sono notevoli la rozzezza e la ripetitività delle argomentazioni - per cui giustamente si è parlato di "un *pastiche* di giornalismo, romanzo e scienza"[30] (lo stesso Darwin - è stato notato - parla della evoluzione delle specie attraverso la selezione naturale "con cautela, attenzione e abilità argomentativa", mentre tratta delle differenze dei sessi nella specie umana sulla base di "generici presupposti e mancanza di cautela")[31] - e il fatto che si leghi la inferiorità femminile a quella delle specie animali e delle razze inferiori. Anche qui solo un esempio minore fra quelli innumerevoli che si potrebbero citare. La "Rivista di filosofia scientifica" nel 1882 riprende due articoli di Delaunay usciti su una rivista francese su "La uguaglianza e la disuguaglianza dei sessi" e "L'eguaglianza e l'ineguaglianza degli individui", in cui si spiega "la predominanza del sesso femminile sul maschile come un carattere della specie e delle razze infime, e dell'età infantile nelle razze superiori [...] Al contrario la predominanza del maschio sulla femmina rappresenta la fase

[28] Paolo Mantegazza, "Il preteso pregiudizio delle razze" in "Archivio per l'antropologia e la etnologia", XXXV, 3, Firenze 1905, pp. 303-308.
[29] Scipio Sighele, *Eva moderna* (Milano, 1910), pp. 133-134.
[30] Valeria Paola Babini, Fernanda Minuz, Annamaria Tagliavini, *La donna nelle scienze dell'uomo* (Milano, 1989), p. 22.
[31] Stepan e Gilman, *Appropriating...*, op. cit., p. 74, n. 4.

superiore dell'evoluzione, trovandosi solo nelle specie e nelle razze più alte, nell'età adulta e nelle classi superiori della società"; "l'eguaglianza fisica, morale e intellettuale caratterizza gli individui inferiori (cioè le specie, razze e varietà inferiori, le donne, i fanciulli e i deboli di spirito e di corpo). Al contrario, l'ineguaglianza si osserva sempre negli individui superiori".[32] Ovunque, in questi anni, dilaga l'idea che l'uomo sia superiore in quanto individuo, la donna inferiore in quanto specie, e dunque non individuo.

Negli scritti sugli ebrei - e, si noti, non tanto quelli apertamente antisemiti ma quelli che propongono analisi e rimedi della nuova ondata antisemita che pervade l'Europa, e che si diffondono in Francia, Inghilterra e Italia a partire dai *pogrom* russi e rumeni del 1881 moltiplicandosi fino al caso Dreyfus - sulle accuse tradizionali di avidità, usura, superstizione, pure ancora ricorrenti, prevale quella della colpa di "separatismo" o "particolarismo", identificato con la stessa religione ebraica e indicato come causa principale delle persecuzioni di cui gli ebrei sono oggetto. Torna anche l'accusa dello "stato entro lo stato", che ora si chiama più spesso "doppia nazionalità", cui la nascita del sionismo darà, alla fine del secolo, nuovo vigore.

Il ruolo chiave in Italia è svolto su entrambi i fronti da Lombroso, con due opere pubblicate quasi contemporaneamente, nel 1893 e nel 1894, "La donna delinquente, la prostituta e la donna normale" (scritta con il genero Guglielmo Ferrero) e "L'antisemitismo e le scienze moderne". Nella prima, l'inferiorità femminile arriva a coinvolgere la sfera della sensibilità e della morale, di solito reputate (anche da Mantegazza) regni femminili, e la negazione dell'individualità femminile viene, sulla scia di Spencer, "scientificamente" fondata sull'antagonismo tra riproduzione e sviluppo intellettuale e morale della madre: «Per la lotta tra l'evoluzione dell'individuo e quella della specie, i confini dello sviluppo e della differenziazione della femmina sono ristretti dal maggior consumo organico che esigono le sue più importanti funzioni riproduttive […] Dal momento che la donna è madre da sempre, non ha direttamente partecipato alla lotta per l'esistenza. […] Stabiliti determinati parametri, la 'diversità' diventa

32 "Rivista dei periodici" (dalla *"Revue sceintifique de la France et de l'étranger"*) in "Rivista di filosofia scientifica", I, 5, marzo-aprile 1882, e II, 3, novembre-dicembre 1882. I direttori erano tutti maestri del positivismo: Morselli, Ardigò, Boccardo, Canestrini, Sergi.

automaticamente la 'inferiorità'. Si tratta di un procedimento analogo a quello che sta all'origine di varie teorie razzistiche, tanto che l'antifemminismo è stato visto giustamente come una variante del razzismo».[33] In altri scienziati positivisti, la negazione della possibilità per le donne di essere individui è argomentata con la loro minore diversità individuale: Salvatore Ottolenghi, professore di medicina legale, sostiene, citando Lombroso, che "la donna, come avviene nel mondo animale, deve aver meno tendenza come nei caratteri somatici così nei caratteri sensoriali alla differenziazione. [...] E come si vede esservi minor distanza tra la sensibilità delle signore e quelle delle operaie di quella notata fra i professionisti e gli operai - così si verifica che corrispondentemente le differenze individuali, le quali sono molto più numerose fra i professionisti che fra gli operai, sono poco diverse per numero fra le signore e le operaie. [...] pel volume del cranio il Le Bon (1897) osserva che quanto più sono elevate le razze, tanto maggiori sono le variazioni degli individui".[34] Un'altra prova della non individualità femminile viene indicata da Lombroso e dai suoi seguaci nella inesistenza nella donna, tranne la prostituta-criminale, del piacere sessuale: «là dove l'uomo cerca il piacere, la donna cerca la soddisfazione del bisogno di maternità. Nella donna la specie è prima dell'individuo, nell'uomo l'individuo è prima della specie, ragione per cui il piacere, che è dell'individuo, viene considerato naturale prerogativa maschile».[35]

Nel libro di Lombroso sull'antisemitismo vengono stigmatizzati tra i difetti ebraici, da cui le persecuzioni in gran parte derivano, "l'istinto di appartarsi dagli altri, ...il selvaggio uso della circoncisione [...] gli stupidi riti delle azime pasquali [...] il Talmud [che] non ha potuto che danneggiare l'intelligenza ebraica, empiendola di frivoli cavilli, di stolide paure".[36] Già nel 1885, del resto, Mantegazza, in un articolo che anch'esso voleva analizzare e combattere l'ondata antisemita, aveva condannato il separatismo ebraico in termini così violenti che il rifiuto della differenza religiosa diventava razzismo: "L'accusa più

[33] Giovanni Landucci, *I positivisti e la 'servitù' della donna* in Simonetta Soldani (a cura di), *L'educazione delle donne. Scuole e modelli di vita femminili nell'Italia dell'800* (Milano, 1989), pp. 483-484.

[34] Salvatore Ottolenghi, "La sensibilità e la condizione sociale" in "Rivista italiana di sociologia", I, 2, settembre 1897, pp. 213-216.

[35] Valeria Paola Babini, "Il lato femminile della criminalità" in Babini, Minuz, Tagliavini, *La donna*..., op. cit., p. 42.

[36] Cesare Lombroso, *L'antisemitismo e le scienze moderne* (Torino, 1894), pp. 14, 81.

seria che si getta in faccia ai figli di Mosè è questa, che stretti in una catena tenacissima di framassoneria religiosa, morale e sociale, non hanno alcuna nazionalità [...] Essi non son membra del nostro corpo europeo, non sono fibre delle nostre membra, vene del nostro sangue; ma son nodi, escrescenze, tumori sparsi qua e là, [...] i parassiti grassi e molesti della vita europea. [...] in questa accusa vi è gran parte di verità [...] A fondere in ogni nazionalità questi Nababbi invidiati d'Israele basterebbe una cosa sola; che cioè gl'israeliti d'ogni terra cessassero di mutilarsi e di dichiararsi fin dalla nascita diversi [...] Se volete essere in tutto eguali a noi, incominciate voi altri a non mutilarvi, facendovi volontariamente diversi da tutti gli altri uomini. [...] Ebbene, se diversi siete e volete rimanere, rassegnatevi all'odio che separa le cose diverse".[37]

La negazione dell'individualità femminile e l'omologazione degli ebrei alle donne come negatività culmineranno, come si diceva, in "Sesso e carattere", testo molto influenzato da Lombroso e molto influente sull'antifemminismo e l'antisemitismo del Novecento. Tra i numerosi argomenti a sostegno della tesi centrale per cui "le donne non hanno né essenza né esistenza, esse non sono o sono nulla. Si è uomo o donna a seconda che si è o non si è qualcuno" e "La donna assoluta non ha un io", Weininger adduce la mancanza di memoria del passato, il fatto che alle donne, come agli animali, sia ignota la paura del proprio doppio, essenziale in ogni uomo, che esse, suicidandosi, si preoccupino delle reazioni altrui[38] e, massima prova della mancanza di individualità, la incapacità di amare: "ciò che completa l'uomo è appunto quanto lo distacca dalla specie sollevandolo al di sopra di essa. [Invece] è la sicurezza della specie che dà coraggio e risolutezza alla madre... Non è il coraggio dell'individualità, l'ardire morale [...] L'amor materno, [...] non veramente morale, [...] è indifferente all'individualità del figlio [...] La donna non ha una libera volontà [...] Con ciò è per altro detto anche che la donna non può amare. Condizione per l'amore è l'individualità".[39]

Anche Moebius nella sua "Inferiorità mentale della donna", anch'essa di grande influenza e successo (9 edizioni dal 1900 al 1908), sostiene

[37] Paolo Mantegazza, "La questione antisemitica" in "Il Fanfulla della Domenica", 20 settembre 1885.

[38] Jacques Le Rider, *Le cas Otto Weininger*, op. cit., pp. 43, 45.

[39] Otto Weininger, *Sesso e carattere. Una ricerca di base* (Milano, 1978), pp. 228-230, 259, 289. L'ultima citazione viene subito dopo l'esempio del suicidio.

che i medici devono "proclamare alto che l'individualismo in una donna non è possibile che su una base morbosa"[40] e che "conviene abbandonare l'idea astratta del 'genere umano' per parlare ormai di generi umani. Paragonato a quello dell'uomo, il comportamento della donna appare patologico, come quello dei negri paragonato a quello degli Europei".[41] Ma nella radicalità di Weininger c'è qualcosa di più: quella terribile eredità del Novecento di cui Rosi Braidotti ha scritto che "tra noi e questo libro c'è un legame di sangue, [...] quello di milioni di soggetti minori, differenti, altri, [...] che hanno pagato in prima persona quest'odio immane per la differenza che fa parte integrante del fascismo europeo".[42] Nella democrazia di oggi dilaga invece un amore per le differenze collettive che rischia spesso di schiacciare le libertà individuali. Riuscire a difendere entrambe è della democrazia stessa la sfida cruciale.

[40] Paul Julius Moebius, *L'inferiorità mentale della donna* (Torino, 1978), p. 52.
[41] *Ibidem*
[42] Rosi Braidotti, "Otto Weininger e la differenza sessuale: una lettura femminista" in Giovanni Sampaolo (a cura di), *Otto Weininger...*, op. cit., p. 217.

Antisemitismo e Società nell'Italia Liberale

Ulrich Wyrwa

La convinzione che in Italia non ci sia stato antisemitismo dominò ampiamente l'opinione pubblica italiana del secondo dopoguerra e acquisì egemonia culturale. La tesi di Antonio Gramsci "in Italia non esiste antisemitismo"[1] veniva continuamente citata. Più cauto, eppure assai eloquente si espresse retrospettivamente nel 1994 Elio Toaff, per molti anni rabbino capo della comunità ebraica di Roma: fino al periodo delle leggi razziali del 1938 gli ebrei in Italia non si sarebbero accorti dell'esistenza di un antisemitismo.[2] Dal canto suo, Vittorio Segre annotò nella sua autobiografia che in Italia si poteva certamente sentire qualche eco dell'antisemitismo, ma erano soltanto "echi lontani".[3]

Negli ultimi anni la ricerca storica, intensificatasi dalla ricorrenza del cinquantenario delle Leggi razziali in poi, e concentrata sull'Italia fascista, ha messo in dubbio questo autoritratto positivo della popolazione italiana.[4] Nell'ambito degli studi in occasione dei sessanta anni dalla proclamazione delle leggi razziali si è parlato nel supplemento "Italia" della rivista "Storia e Società" addirittura della "natura endogena dell'antisemitismo italiano".[5] Per quanto riguarda l'epoca delle origini dell'antisemitismo, cioè del nuovo odio rivolto contro l'ascesa sociale degli ebrei[6], quindi l'epoca dell'Italia Liberale,

[1] Antonio Gramsci, "Ebraismo e antisemitismo" in *Il Risorgimento*, nuova edizione (Torino, 1975), pp. 208-210.

[2] Elio Toaff, Alain Elkann, *Essere ebreo* (Milano, 1994), p. 134.

[3] Vittorio Segre, *Storia di un ebreo fortunato* (Milano, 2000), p. 75.

[4] Sulla ricerca storica: Michele Sarfatti, *Gli ebrei nell'Italia fascista. Vicende, identità, persecuzione* (Torino, 2000); Alberto Cavaglion, Gian Paolo Romagnani (a cura di), *Le interdizioni del Duce: a cinquant'anni dalle leggi razziali in Italia. 1938-1988* (Torino, 1988); Ugo Caffaz (a cura di), *Discriminazione e persecuzione degli ebrei nell'Italia fascista* (Firenze, 1988); Enzo Collotti (a cura di), *Razza e fascismo. La persecuzione contro gli ebrei in Toscana. 1938-1943*, 2 vol. (Roma, 1999).

[5] Victoria de Grazia, *'Die Radikalisierung der Bevölkerungspolitik im faschistischen Italien: Mussolinis 'Rassenstaat''* in *'Geschichte und Gesellschaft'*, 26 (2000), pp. 219-254.

[6] Werner Bergmann, Ulrich Wyrwa, *Antisemitismus in Zentraleuropa. Deutschland, Österreich und die Schweiz vom 19. Jahrhundert bis zur Gegenwart*, (Darmstadt, 2011); Wolfgang Benz, *'Entwicklungen der Judenfeindschaft. Antijudismus - Antisemitismus -*

esistevano finora solo sporadici scritti su temi specifici e brevi passaggi in compendi più ampi.[7] Di recente è stata pubblicata una serie di nuovi studi.

Un primo sguardo sulla storia dell'Italia Liberale sembra senz'altro confermare la tesi di una società non sfiorata dall'antisemitismo.
Un osservatore contemporaneo ebreo tedesco, Martin Philippson, aveva già enfatizzato nella sua retrospettiva del 1897 la "posizione brillante" che gli "israeliti italiani" occupavano "nel giovane stato unitario", e nel "Dizionario Ebraico" del 1927 si legge che «l'Italia è l'unico Paese dell'Europa senza antisemitismo».[8] Infatti, le esperienze degli ebrei italiani erano molto positive.[9] In nessun altro Paese europeo gli ebrei avevano ottenuto un successo politico tanto notevole come in Italia. In nessun altro Paese europeo tanti ebrei come in Italia rivestirono uffici pubblici e non solo come funzionari o sottosegretari di stato, ma anche come ministri, come ad esempio il ministro delle finanze Leone Wollemborg. Con Ernesto Nathan inoltre Roma ebbe un ebreo come sindaco.[10] Ciò che poi distingueva la situazione italiana era il fatto che alcuni militari ebrei avevano potuto raggiungere i massimi ranghi nell'esercito. Così l'Italia ebbe con Giuseppe Ottolenghi addirittura un ministro della guerra ebreo in un'epoca in cui l'Affare Dreyfuss non era neanche lontanamente concluso. Infine, fatto unico in Europa anche questo, nel 1910 l'Italia

Antizionismus" in *"Handbuch des Antisemitismus. Judenfeindschaft in Geschichte und Gegenwart"*, Vol. 8. (Berlin / Boston, 2016), pp. 1-40.

[7] Ulrich Wyrwa, *Gesellschaftliche Konfliktfelder und die Entstehung des Antisemitismus. Das Deutsche Kaiserreich und das Liberale Italien im Vergleich* (Berlin, 2015); Ilaria Pavan, "L'impossibile rigenerazione. Ostilità antiebraiche nell'Italia liberale (1873-1913)" in "Storia e problemi contemporanei" 50 (2009), p. 34-67; Simon Levis Sullam, "I critici e i nemici dell'emancipazione degli ebrei" in Marcello Flores, Simon Levis Sullam, Marie-Anne Matard-Bonucci, Enzo Traverso (a cura di), "Storia della Shoah in Italia. Vicende, memorie, rappresentazioni", vol. 1. (Torino, 2010), pp. 37-61.

[8] Parola chiave "Italia" in *"Jüdisches Lexikon"*, vol. 3, p. 98.

[9] Fabio Levi (a cura di), Gli ebrei e l'orgoglio di essere italiani. Un ampio ventaglio di posizioni fra '800 e primo '900 (Torino, 2011); Carlotta Ferrara degli Uberti, *Fare gli ebrei italiani. Autorappresentazioni di una minoranza. 1861-1918* (Bologna, 2011); Susan Zuccotti, *"Italian Jews in Public Life, 1848-1922: Between Liberalism and Anti-Semitism"* in *"Studia Judaica"* 15. (Cluj-Napoca, 2007), pp. 82-90; Bruno Di Porto, "L'ebraismo Italiano nell'Età Giolittiana" in Aldo A. Mola (a cura di), *La svolta di Giolitti. Dalla reazione di fine Ottocento al culmine dell'età liberale* (Foggia, 2000), p. 177-213.

[10] La rivista ebraica "Il Vessillo Israelitico" aveva varie volte accennato a questi successi: anno 1883, pp. 311-313.

ebbe un Presidente del Consiglio ebreo, Luigi Luzzatti, il quale in precedenza era stato ministro delle finanze.[11] In un articolo della rivista "Il Vessillo Israelitico" sul movimento antisemita in Europa fu scritto che l'Italia rappresentava "l'avanguardia del progresso".[12]

Eppure, è giustificato chiedersi se sia veramente corretta l'immagine di una società non sfiorata dall'antisemitismo e se, oltre questa storia di successo, non emergano anche ombre e atteggiamenti antiebraici. Qui di seguito saranno pertanto esaminati in modo sistematico quattro centrali campi di conflitto dell'antisemitismo, cioè quegli ambiti socio-culturali[13] che nel contesto europeo si erano manifestati particolarmente soggetti alle correnti antisemite e che sono di particolare importanza per poter comprendere origine e sviluppo dell'antisemitismo: i movimenti nazionali, le associazioni del piccolo commercio, l'ambiente accademico e le chiese.[14] Al fine di ottenere comunque delle evidenze sovraregionali saranno prese in esame città diverse per i vari campi in esame.

Gli artigiani come parte della vecchia classe media non sono stati compresi in questa ricerca, così come il ceto degli impiegati[15]; ambedue i gruppi sarebbero stati interessanti per una indagine. Non è stato possibile indagare la questione dell'antisemitismo in seno al movimento femminile italiano borghese;[16] e si è dovuto anche

11 Attilio Milano, *Storia degli Ebrei in Italia* (Torino, 1992), p. 384 e segg.; Cecil Roth, *The History of the Jews in Italy* (Philadelphia, 1946), pp. 476-479.
12 "Il Vessillo Isralelitico", 43 (1895), pp. 3-4.
13 Sul concetto del "campo", coniato da Pierre Bourdieu vedere tra l'altro: *Idem*, *"Champ politique, champ des sciences sociales, champ journalistique"* in *"Cahiers de recherches"* n. 15 (Lyon, 1996); *Idem*, *"Il campo politico"* in *idem*, *"Politica. Scritti sull'Economia Politica"* 2. (Berlin, 2013), pp. 97-112. Sul concetto di campo in Bourdieu: Hans-Peter Müller, Pierre Bourdieu, *Eine systematische Einführung* (Berlin, 2014), pp. 72-91. Sull'utilità della teoria dei campi di Bourdieu per la ricerca dell'antisemitismo e sul concetto dei campi di conflitto: Ulrich Wyrwa, *Gesellschaftliche Konfliktfelder…*, op. cit., pp. 39-43.
14 Riguardo ai primi tre campi di conflitto vedere per la Germania anche Helmut Berding, *Moderner Antisemitismus in Deutschland* (Frankfurt am Main, 1988); sull'importanza della Chiesa vedere Uriel Tal, *Christians and Jews in Germany. Religion, Politics and Ideology in the Second Reich 1870-1914* (New York, 1975).
15 Shulamit Volkov, *"Zur sozialen und politischen Funktion des Antisemitismus: Handwerker im späten 19. Jahrhundert"* in *idem*, *Jüdisches Leben und Antisemitismus im 19. und 20. Jahrhundert* (München, 1990), pp. 35-37.
16 Monica Miniati, *Le "emancipate". Le donne ebree in Italia nel XIX e XX secolo* (Roma,

rinunciare a indagare sulla popolazione contadina e rurale: tema[17] per il quale potrebbe essere informativo uno studio sull'ebraismo nelle comunità rurali in Emilia-Romagna.[18]
Prendendo come esempio l'Italia saranno inoltre esaminate alcune carenze nella ricerca sull'antisemitismo, a partire dal quesito di fondo, ovvero se l'antisemitismo rappresenti un fenomeno concomitante della crisi sociale e culturale dell'ultimo terzo dell'800, corrispondente alla logica dell'evoluzione della società, oppure se furono, di volta in volta, costellazioni specifiche a generare il pensiero e l'azione antisemiti. [19]

I

All'origine del nazionalismo italiano ci fu un disastro coloniale. La sconfitta catastrofica dell'esercito italiano del marzo 1896 nella guerra contro l'Abissinia divenne l'evento chiave dei giovani attori nazionalisti.[20] Essi si sentivano profondamente scossi nel loro entusiasmo nazionale e confermati nella loro avversione contro la cultura borghese dell'Italia liberale.[21] La rivista "Il Marzocco", fondata a Firenze nel 1896, divenne lo strumento di questa generazione d'intellettuali. Uno degli iniziatori della rivista fu lo scrittore ebreo Angiolo Orvieto;[22] la redazione era affidata al giornalista e scrittore

2003); Ruth Nattermann, *"Antisemitische Strömungen im Movimento Femminile Italiano (1869-1916). Vorurteile, Konflikte und Reaktionen zwischen katholischem Anti-Laizismus und Anti-Judaismus"* in *"Quellen und Forschungen aus Italienischen Archiven und Bibliotheken"* 96 (2017), N. 1, S. 365-388; Ruth Nattermann, *"Weibliche Emanzipation und jüdische Identität im vereinten Italien. Jüdinnen in der frühen italienischen Frauenbewegung"* in Gabriele B. Clemens (a cura di), *150 Jahre Risorgimento - geeintes Italien?* (Trier, 2014), pp. 127-145; Elisabeth Dickmann, *Die italienische Frauenbewegung im 19. Jahrhundert*, (Frankfurt am Main, 2002); Katja Gerhartz, *Le madri della Patria. Bürgerliche Frauenbewegung, Nationalismus und Krieg in Italien. 1900-1920* (Düsseldorf, 2003).

17 Ulrich Baumann, *Zerstörte Nachbarschaften. Christen und Juden in badischen Landgemeinden 1862-1940* (Hamburg, 1999).

18 Lazzaro Padoa, *Le comunità ebraiche di Scandino e di Reggio Emilia* (Florenz, 1993).

19 Ulrich Wyrwa, *Gesellschaftliche Konfliktfelder…*, op. cit., pp. 27-39; sullo stato della ricerca sull'antisemitismo: Reinhard Rürup, *"Der moderne Antisemitismus und die Entwicklung der historischen Antisemitismusforschung" in* Werner Bergmann, Mona Körte (a cura di): *Antisemitismusforschung in den Wissenschaften* (Berlin, 2004), pp. 117-135.

20 Domenico Quirico, *Adua. La battaglia che cambiò la storia d'Italia* (Milano, 2004).

21 Ulrich Wyrwa, *Gesellschaftliche Konfliktfelder…*, op. cit., pp. 53-127.

22 Caterina Del Vivo, Marco Assirelli, Angiolo Orvieto, "Dalle prime riviste alla

Enrico Corradini.[23] Non vi furono tra gli intellettuali italiani nell'ambiente della rivista segni di ostilità contro gli ebrei. Al contrario, gli intellettuali ebrei parteciparono in modo determinante ai dibattiti.

Nel 1903 gli scrittori Giovanni Papini e Giuseppe Prezzolini avevano fondato un'altra rivista - "Leonardo. Rivista d'Idee" - nella quale il disagio per il mondo della borghesia arrivata era unito all'avversione per il movimento operaio socialista. Quel che distingueva gli autori di "Leonardo" era l'atteggiamento antireligioso, anticristiano e anticlericale; posizioni antisemite si trovano raramente, come pure nella rivista "Il Marzocco".

Solo lo scrittore italiano Carlo Placci, che pure frequentava questo circolo d'intellettuali, aveva manifestato il proprio assenso all'antisemitismo francese, data la sua simpatia per la destra francese. Placci, presente nella rivista "Il Marzocco" soltanto con un breve articolo[24] privo di toni antisemiti, espresse sul "Giornale degli Economisti" non solo il suo assenso all'antisemitismo in Algeria, ma si servì anche del linguaggio dell'antisemitismo razziale.[25] Quest'articolo ebbe come risultato addirittura la rottura dei rapporti personali tra Placci e Vilfredo Pareto che, in quanto teorico dell'elitismo, esercitava una notevole influenza nell'ambito del discorso nazionalista in Italia.[26] Quanto Placci sia rimasto attaccato ai suoi atteggiamenti antisemiti, è dimostrato anche da un suo rapporto letterario su nuovi scritti nazionalisti in Francia: egli recensì tra l'altro alcuni nuovi testi di Maurice Barrès e Charles Maurras. Placci propose inizialmente il manoscritto alla redazione della rivista "Nuova Antologia". Avendo questa rifiutato l'articolo, egli lo inviò alla rivista

prima guerra mondiale" in C. Del Vivo (a cura di), *Il Marzocco. Carteggi e cronache fra ottocento e avanguardie* (Firenze, 1985), p. 9 e segg. Per le riviste nazionaliste in Italia in generale: Franco Gaeta (a cura di), *La stampa nazionalista* (Rocca San Casciano, 1965).

23 Fabio Filippi, *Una vita pagana. Enrico Corradini dal superomismo dannunziano a una politica di massa* (Firenze, 1989); Pieri Ludovico Occhini, *Enrico Corradini. Scrittore e nazionalista* (Roma, 1914).

24 Carlo Placci, "A proposito del paesaggio" in "Il Marzocco", 14 agosto 1896.

25 Carlo Placci, "L'Antisemitismo in Algeria" in "Giornale degli Economisti", seconda serie, anno IX. Vol. XVII, agosto 1898, pp. 156-166.

26 Emilio Gentile, "Pareto, Papini, Prezzolini e le origini del nazionalismo italiano" in "Clio: Rivista trimestrale di studi storici", 7 (1971), N.1, pp. 113-142.

dei cattolici liberali d'Italia, "La Rassegna Nazionale",[27] che pubblicò l'articolo nel maggio 1903.[28] Infine, la sua posizione antisemita traspare anche dalle sue corrispondenze con autori antisemiti, come Maurice Barrès o Houston Stewart Chamberlain.[29]

Alla pari di Wilfredo Pareto, anche un altro protagonista del nazionalismo italiano, il sociologo Scipio Sighele, respinse con fermezza l'antisemitismo.[30] Sighele si schierava apertamente dal lato dei "Dreyfusards", criticando in maniera esplicita il nazionalismo francese, che a suo parere era un ricettacolo di tutte le forze retrograde, clericali e antisemite.[31]

Ciò che entusiasmò maggiormente il movimento nazionalista italiano fu l'idea dell'irredentismo: un'idea prima di tutto antiparlamentare, antiaustriaca e antisocialista, ma non antisemita. Al contrario, gli ebrei furono tra i primi e più autorevoli fautori e sostenitori dell'irredentismo.[32]

Dopo che Papini e Prezzolini ebbero soppresso nell'agosto del 1907 la rivista "Leonardo", Papini fondò la rivista "Il Regno", insieme ad Enrico Corradini, che in precedenza aveva già collaborato a "Il Marzocco". "Il Regno" divenne pertanto il nuovo forum del movimento nazionalista in Italia.[33] Con le sue invettive verbali e attacchi iconoclasti sempre più radicali Corradini attaccava ambienti sempre più vasti della cultura italiana contemporanea, usando a volte anche espressioni antisemite.[34] Tuttavia, questi passi erano sommersi da un profluvio d'invettive generalizzate, rivolte soprattutto al

[27] Marie-José Cambieri Tosi, *Carlo Placci. Maestro di cosmopoli nella Firenze fra Otto e Novecento* (Firenze, 1984), p. 99.

[28] Carlo Placci, "Letteratura Nazionalista" in "Rassegna Nazionale", anno XXIV, 16 maggio 1903, pp. 211-134.

[29] Biblioteca Marucelliana, Carteggio Placci 49.2; 197.1; 198.2; 198.5.

[30] Scipio Sighele, *La folla delinquente. Studio di psicologia collettiva* (Torino, 1891). Le sue idee furono più tardi adottate dall'autore francese Gustav Le Bon nella sua opera *Psychologie des Foules*, (Alcan, 1895).

[31] Sighele, "Nazionalismo italiano e nazionalismo francese" in *idem*, Pagine nazionliste, (Milano, 1910), pp. 215-226.

[32] Ulrich Wyrwa, *Gesellschaftliche Konfliktfelder…*, op. cit., pp. 79-94.

[33] Akbar Basiriany, *Die Ideologie und Politik von Enrico Corradini in der Florentiner Zeitschrift "Il Regno"* (Berlin, 1985); K. E. Lönne, *"Entwicklungen des italienischen Nationalismus im Vorfeld des Faschismus"* in Heiner Timmermann (a cura di), *Entwicklungen der Nationalbewegungen in Europa 1850-1914* (Berlin, 1998), pp. 29.

[34] *Ivi*, p. 118.

movimento operaio socialista e alla classe politica italiana nonché alla borghesia benpensante. Solo poche volte apparvero sulla rivista espressioni antisemite.[35] Nell'insieme, "Il Regno" mostrava piuttosto rispetto nei confronti degli intellettuali e politici ebrei e non mancava di fare aperto riferimento agli articoli sulla tradizione giudeo-teologica.[36]

Quanto al sionismo, il gruppo del primo movimento nazionalista italiano ebbe posizioni diverse. Corradini vide nel nazionalismo ebraico una parentela elettiva con il nazionalismo italiano ed espresse quindi la sua simpatia per la costruzione di uno stato ebraico in Palestina. Giovanni Papini dal canto suo sulla rivista "Il Regno" criticò il sionismo, perché riteneva che gli ebrei costituissero un elemento di eterogeneità tra i popoli non in grado di integrarsi né di partecipare alla vita pubblica, sociale e intellettuale.[37] Il sionismo era pertanto ridicolo e assurdo, *sic* Papini. In Francia, Italia, Germania, Austria-Ungheria, Inghilterra e America gli ebrei, secondo Papini, si distinguevano dagli altri cittadini soltanto per l'appartenenza religiosa.

Nel 1906, a causa di conflitti interni e spaccature ideologiche all'interno della redazione fu soppressa anche la rivista "Il Regno".[38] Due anni più tardi Papini e Prezzolini fondarono una nuova rivista, "La Voce", nelle cui pagine essi non solo si allontanarono dalla retorica e propaganda imperialista e bellicista di Corradini, ma presero le distanze anche dall'antisemitismo francese.[39] "La Voce" pubblicò inoltre articoli di autori ebrei, tra cui Felice Momigliano, che vi scrisse perfino su temi di attualità ebraica.[40] Un articolo sul rapporto tra

[35] Giuseppe Prezzolini, "L'aristocrazia dei briganti" in "Il Regno" n. 3, 13 Dicembre 1903; Giovanni Borelli, "Il Partito Giovanile Liberale Italiano" in "Il Regno" n. 9, 12 Luglio 1906.

[36] E. Masi, "Il Rabbino Pasci" in "Il Regno" n. 4, 8 Marzo 1906.

[37] G. Papini, "I fatti del mondo. A proposito dell'ultimo Congresso sionista" in "Il Regno" n. 17, 22 Agosto 1905. La serie non firmata 'I fatti del mondo' proviene, secondo De Taeye-Henen da Papini; nella bibliografia questo titolo però non appare: Monique de Taeye-Henen, *Le nationalisme d'Enrico Corradini et les origines du fascisme dans la revue florentine 'Il Regno' 1903-1906* (Paris, 1973), p. 111 e segg.

[38] Alexander J. De Grand, *The Italian Nationalist Association and the rise of fascism in Italy* (Lincoln / London 1978), p. 16; L. Tei, "Enrico Corradini e il magistero nazionalista di Il Regno" in R. H. Rainero (a cura di), Da Oriani a Corradini, p. 134 e segg.

[39] Emilio Gentile, "La Voce e l'età giolittiana" in "Storia contemporanea", 2, (1971), pp. 315, 347.

[40] F. Momigliano, "Tre Israeliti" in "La Voce" N. 6, 28 marzo 1914; *Idem*, "Sionismo e germanesimo", "La Voce", 22 luglio 1915; *Idem*, "La guerra presente e il

sionismo e italianità fu scritto per "La Voce" dal sionista, rabbino e redattore capo del settimanale ebraico "Il Corriere Israelitico di Trieste", Dante Lattes.[41] Infine, collaborò alla rivista anche la giornalista ebrea Margherita Grassini Sarfatti, che più tardi sarebbe diventata una delle esponenti del movimento fascista nonché amante di Benito Mussolini.[42] Con la recensione di Giuseppe Prezzolini del libro di Werner Sombart sugli ebrei e la vita economica, "La Voce" si distanziò inequivocabilmente dall'antisemitismo. Prezzolini vi definì l'antisemitismo come pericolosissimo, soprattutto perché avrebbe comportato un nuovo auto-isolamento degli ebrei.[43] Il poeta ebreo triestino Umberto Saba - la cui seconda raccolta di poesie "Coi miei occhi" era stata pubblicata dalla casa editrice della rivista "Libreria della Voce"[44] - definì l'antisemitismo, in un articolo per la rivista sul ghetto di Trieste, una malattia nordica, che stava per diventare epidemica.[45]

Con l'annessione della Bosnia-Erzegovina da parte della monarchia asburgica nel 1908, il movimento nazionalista e irredentista conobbe un nuovo incremento.[46] In questo contesto, Scipio Sighele pubblicò un lavoro dal titolo programmatico "Risveglio italico".[47] Posizioni antisemite erano per Sighele comunque incompatibili con il suo concetto di nazionalismo.

Sionismo" in "La Voce" 7 ottobre 1915; Inoltre Momigliano scriveva per esempio anche sulla filosofia contemporanea in Italia: "La filosofia comtemporanea in Italia" in "La Voce", n. 51, 19 dicembre 1912, oppure sulla situazione politica in Germania: "L'imperialismo bismarckiano del socialismo tedesco" in "La Voce", 22 maggio 1915.

41 Dante Lattes, "Sionismo e italianità" in "La Voce", 22 agosto 1915.

42 "Le scuole nell'Agro di Roma" in "La Voce", 21 agosto 1913; Idem, "Le suffragiste inglesi" in "La Voce", 2 ottobre 1913; sulla biografia: Karin Wieland, *Die Geliebte des Duce. Das Leben der Margherita Sarfatti und die Erfindung des Faschismus*, (2004); Marianne Brentzel, Uta Ruscher, Margherita Sarfatti, *"Ich habe mich geirrt. Was soll's". Jüdin, Mäzenin, Faschistin* (Zürich, 2008).

43 G. Prezzolini, "Gli ebrei" in "La Voce", n. 9, 29 febbraio 1912; Copia della recensione inizialmente pubblicata sul giornale "Il Resto del Carlino".

44 Umberto Saba, *Coi miei occhi. Il mio secondo libri di versi* (Firenze, 1912).

45 Umberto Saba, "Il Ghetto di Trieste verso il 1860" in "La Voce", n. 20, 16 Maggio 1912.

46 Francesco Perfetti, *Il movimento nazionalista in Italia. 1913-1914* (Roma, 1984), pp. 47-55.

47 Scipio Sighele, Risveglio italico (1909) in *idem*, *Pagine nazionaliste* (Milano, 1910), pp. 205-2014.

In questa atmosfera di un nuovo slancio nazionalista, Enrico Corradini propose nella primavera del 1910 di indire un congresso nazionalista,[48] dando con ciò lo spunto ad un vivace dibattito tra le varie ali del movimento nazionalista. Nel giugno dello stesso anno si costituì un comitato di organizzazione del quale, oltre a Enrico Corradini, faceva parte anche il giornalista Luigi Federzoni alias Giulio De Frenzi.[49]

Nell'agosto 1910 il comitato summenzionato pubblicò un invito a un congresso generale nazionalista, che ebbe poi luogo il 3 dicembre 1910 a Firenze a Palazzo Vecchio[50] e a cui parteciparono anche dei nazionalisti ebrei.[51]

Presidente dell'Associazione Nazionalista Italiana fu eletto Scipio Sighele, già noto come *"dreyfusard"* e avverso all'antisemitismo francese.[52] Del Consiglio centrale, eletto durante il congresso, fece parte, tra gli altri, il nazionalista ebreo Alberto Musatti:[53] alcuni ebrei furono attivi anche nei gruppi locali, che si costituirono immediatamente dopo.[54]

Nel marzo 1911 fu fondata la rivista L'Idea Nazionale,[55] la quale

48 "Conversando con Enrico Corradini. Per un congresso di uomini di fede" in "La Grande Italia", 20 marzo 1910; secondo: Francesco Perfetti, *Il movimento nazionalista in Italia* (Roma, 1984), p. 61 e segg.

49 Più tardi Federzoni si adoperò per l'ingresso nel partito fascista dell'Associazione Nazionalista Italiana; dal 1923 al 1928 era Ministro e dal 1929 al 1939 Presidente del Senato: A. Vottoria, "Luigi Federzoni" in ABI 45 (1995), p. 792-801.

50 Wilhelm Alff, *Die Associazione Nazionalista Italiana von 1910*, "Institüt für Zeitgeschichte, 13, 1965, pp. 51-95; Alexander J. De Grand, *The Italian Nationalist Association and the rise of fascism in Italy*, op. cit., p. 23; v. anche Elena Papadia, *Nel nome della nazione. L'Associazione nazionalista italiana in età giolittiana* (Roma, 2006), pp. 15-26.

51 Il dibattito sulla scuola e la questione adriatica fu aperto dallo scrittore e giurista ebreo originario di Venezia Alberto Musatti: A. Musatti, Dal Problema dell'Adriatico al problema della scuola, in: *Ivi* pp. 148-152; Su Musatti: Simon Levis Sullam, *Una comunità immaginata. Gli ebrei a Venezia. 1900-1938* (Milano, 2001), p. 187-198, 188f.

52 *Ivi*, p. 18.

53 *Ivi*, p. 292; Paola Maria Arcari, *Le elaborazioni della dottrina politica nazionale fra l'unità e l'intervento (1870-1914)*, 3 vol. (Firenze, 1934-1939), vol. 3, p. 3-12.

54 Ulrich Wyrwa, *Gesellschaftliche Konfliktfelder...*, op. cit., pp. 109-110.

55 "L'Idea nazionale". Settimanale-politico n. 1, 1 marzo 1911; v. anche: A. De

rappresentava un nazionalismo integrale e si opponeva con notevole impegno al sistema politico tradizionale dell'Italia Liberale. Inizialmente non apparvero sulla rivista articoli antisemiti, né le notizie sul sindaco di Roma, Ernesto Nathan, allusero alla sua origine ebraica.[56] Tuttavia, in occasione di un suo discorso per la Festa nazionale del 20 settembre 1912 la rivista "L'Idea nazionale" riesumò il vocabolario dell'antisemitismo, rimproverando a Nathan, nato a Londra, un "cosmopolitismo anglo-italo-semita".[57]
Nel frattempo fu pubblicato l'articolo del co-editore della rivista "L'Idea Nazionale" e membro della direzione dell'Associazione Nazionalista Italiana, quel Francesco Coppola, che aveva provocato una lite violenta sull'antisemitismo all'interno del movimento nazionalista. Nel novembre del 1911 Coppola aveva pubblicato sulla rivista una lettera aperta indirizzata a Charles Maurras e all'*Action Française*, dichiarando la sua simpatia per l'antisemitismo francese.[58] Coppola rispose ai suoi critici con la pubblicazione di un ulteriore articolo su "L'Idea Nazionale" rincarando ancora il tono antisemita. Seguirono nuove, dure proteste all'interno dell'Associazione Nazionalista Italiana; Coppola dovette rassegnare le dimissioni dalla presidenza dell'Associazione.

Ma la lite non era finita. Mentre nella prima fase del dibattito si trovarono *vis-à-vis* Coppola e i membri ebrei dell'Associazione, la seconda fase fu capeggiata da Scipio Sighele, presidente del congresso e fondatore dell'organizzazione. Questi aveva criticato il carattere reazionario del nazionalismo francese e, in particolare, l'antisemitismo che esprimeva.[59]

Il caso Coppola si trasformò in una controversia tra fazioni all'interno dell'Associazione Nazionalista Italiana. Sighele, convinto che dal nazionalismo italiano si sarebbe sviluppata un'ala antisemita e reazionaria, rassegnò le dimissioni dall'Associazione Nazionalista

Grant, *The Italian Nationalist Association*, p. 26; W. Alff, *Die Associazione Nazionalista Italiana*, p. 71.

56 "L'idea nazionale" n. 32, 5 ottobre 1911; "Il patriottismo di Nathan" in "L'Idea Nazionale". n. 33, 15 Agosto 1912.

57 "I fratelli Nathan" in "L'Idea Nazionale" n. 39, 26 settembre 1912.

58 Tullia Catalan, "L'antisemitismo nazionalista italiano visto da un ebreo triestino. Carlo Morpurgo e il caso Coppola" in "Qualestoria", 22 (1994), n. 1-2, pp. 95-118.

59 *Idem*

Italiana.[60]

Il secondo congresso nel maggio del 1912 a Bologna affrontò nuovamente la questione, dichiarando ancora una volta che il nazionalismo italiano non era antisemita.[61]
Coppola, pur non facendo più parte della presidenza dell'Associazione, poté mantenere la funzione di direttore della rivista; egli si astenne da ulteriori commenti o prese di posizione sul tema, ma ciononostante usò ancora sporadicamente delle formulazioni antisemite.

Quando però la rivista mise in atto una vasta campagna contro i massoni, non si offrì occasione al solito collegamento semantico tra giudaismo e massoneria, con un'unica eccezione espressa proprio da Paolo Orano, quell'autore che nel 1938, alla vigilia delle leggi razziali, diede corso alla campagna antisemita con il suo scritto "Gli Ebrei in Italia".

Tuttavia, nell'insieme, l'Associazione Nazionalista Italiana si distanziò dall'antisemitismo. La risorsa intellettuale che alimentava tale atteggiamento anti-antisemita fu prioritariamente il ricordo del Risorgimento: infatti all'interno dell'Associazione Nazionalista Italiana erano contrari all'antisemitismo soprattutto coloro che credevano di poter riallacciarsi alle tradizioni repubblicane del Risorgimento. Il fatto che proprio alcuni esponenti di questo gruppo abbiano lasciato l'Associazione per protesta contro le posizioni antisemite di Francesco Coppola, si rivelò una pesante ipoteca per la futura evoluzione del nazionalismo italiano verso il fascismo.

II

Oltre ai movimenti nazionalisti, prendendo a confronto gli altri Paesi europei, in questi si erano rivelate predisposte all'antisemitismo soprattutto le organizzazioni degli esercenti.[62] Non da ultimo decisiva

[60] Scipio Sighele, "Lettere a O. Malagodi" in "La Tribuna", 25 aprile 1912.
[61] "Per la nuova azione nazionalista. Il convegno preparatorio di Bologna" in "L'Idea nazionale", n. 22, 30 maggio 1912.
[62] Robert Gellately, *The Politics of Economic Despair. Shopkeepers and German Politics*

per questa evoluzione è stata la notevole presenza degli ebrei nel commercio e la loro fulminea ascesa sociale nei processi di diffusione dello spirito commerciale nella vita quotidiana dell'800. Nel giro di sole tre generazioni la popolazione ebraica arrivò, partendo da un'esistenza a margine della società corporativa, al centro della società borghese. Quest'ascesa sociale degli ebrei va attribuita soprattutto alle loro competenze nel campo del commercio di beni per il fabbisogno quotidiano. Nella società preindustriale, questo settore economico negativamente stigmatizzato rivestiva solo scarsa importanza, sicché ad ampie parti della popolazione ebraica fu concesso di lavorarvi. Nel momento storico in cui, mediante l'industrializzazione e l'urbanizzazione, il commercio iniziò a diventare un settore centrale dell'economia, la passata emarginazione degli ebrei diventò dialetticamente un vantaggio di partenza nell'emergente società dei consumi.[63] Il successo socio-economico degli ebrei nel campo del commercio in Europa trasformò gli esercenti in uno degli strati di supporto sociale dell'antisemitismo e le riviste delle loro associazioni in megafoni per la retorica antisemita.

A Milano invece il notiziario del giornale dei commercianti locali, "L'Esercente", era privo di commenti antisemiti[64] e offriva il quadro di una classe sociale in cui essere ebreo o cristiano era questione priva di importanza. Non si trovano cenni di mentalità antisemita tra gli esercenti milanesi; le relazioni sull'attività associativa, le prese di posizione degli esercenti sulla politica locale e sui conflitti sociali e politici a Milano non contengono tracce di atteggiamenti antisemiti. L'antisemitismo dell'epoca non era per gli esercenti milanesi un tema di dibattito e ciò nonostante la locale popolazione ebraica stesse vivendo un'ascesa socio-economica pari in velocità a quella delle altre metropoli commerciali dell'Europa e la partecipazione degli ebrei milanesi alla vita economica della città fosse al di sopra della media.[65] Infine, negli articoli della rivista "L'esercente" si riferiva senza pregiudizi antisemiti di politici ebrei, come il ministro delle Finanze e

1890-1914 (London, 1974); Philip G. Nord, *Shopkeepers and the Politics of Resentment*, (Princeton, 1985).

[63] Werner Bergmann, Ulrich Wyrwa, *Antisemitismus in Zentraleuropa…*, op. cit., p. 5.

[64] Jonathan Morris, *The Political Economy of Shopkeeping in Milan. 1886-1922*, (Cambridge, 1993); Ulrich Wyrwa, *Gesellschaftliche Konfliktfelder…*, op. cit., pp. 129-170.

[65] Germano Maifreda, *Gli ebrei e l'economia milanese: l'Ottocento* (Milano, 2000).

più tardi Presidente del Consiglio Luigi Luzzatti, benché egli, in quanto mentore delle cooperative di consumo, rappresentasse posizioni politiche antagoniste.[66]

Anche se solo pochi commercianti ebrei fecero parte del movimento degli esercenti di Milano, alcuni singoli partecipavano attivamente alla vita associativa, senza che questo venisse particolarmente sottolineato. La rivista "L'Esercente" sostenne espressamente dei candidati ebrei alle elezioni amministrative. Va sottolineata in particolare l'elezione dell'avvocato milanese Ugo Pisa promossa dall'Associazione Esercenti di Milano.[67] La rivista inoltre pubblicò il testo di una conferenza di Ugo Pisa inerente al libero scambio, protezionismo e socialismo.[68] Posizioni antisemite erano senz'altro presenti tra il pubblico cittadino, come dimostra il commento di un contemporaneo milanese, che aveva duramente attaccato quella conferenza.[69] Gli esercenti milanesi non mostrarono però alcuna comprensione per il linguaggio dell'antisemitismo, il che fu evidente in occasione di un articolo, nel quale l'atteggiamento ostile dell'opinione pubblica nei confronti degli esercenti venne paragonata al tradizionale odio verso gli ebrei. Ciò che nei secoli precedenti era capitato agli ebrei - si legge in quell'articolo - si ripeteva adesso nei confronti degli esercenti. «Erano forse truffatori, assassini o ladri»[70] - fu la domanda retorica - i «figli di Israele? No, erano semplicemente e solo ebrei e la cosa finiva qui».[71]

In ambito politico la maggioranza degli esercenti milanesi era

66 L'"On. Luzzatti raccoglie i frutti della sua propaganda a favore delle Cooperative" in "L'Esercente" n. 253, 23 ottobre 1890.

67 "Al voto, al voto!" in "L'Esercente" n. 160, 9 novembre 1889; "I Nostri Candidati per le Elezioni Amministrative" in *ivi*, n. 427, 16 giugno 1892; "Elezioni della Camera di Commercio di Milano" in *ivi*, n. 482, 3 dicembre 1892.

68 Ugo Pisa, "Liberisti, Protezionisti e Socialisti" in "L'Esercente" n. 436, 10 luglio 1892, n. 437, 14 luglio 1892, n. 438, 17 luglio 1892, n. 439, 21 luglio 1892; lo stesso anno uscì anche come *brochure*: Ugo Pisa, "Liberisti, protezionisti e socialisti", Conferenza tenuta la sera del 24 maggio 1892 (Milano, 1892).

69 Luigi Gherini, "Necessaria difesa del lavoro Nazionale". Conferenza tenuta nel maggio 1890 ai Consolati Operai di Milano e Intra. Il liberismo degli ebrei. Risposta alla conferenza liberisti, protezionisti e socialisti del sig. Cav. Ugo Pisa (Milano, 1892); Germano Maifreda, *Gli ebrei*, op. cit., p. 279 e segg.

70 Jonathan Morris, *The Political Economy of Shopkeeping in Milan*, op. cit., p. 135.

71 *Ibidem*

orientata verso la democrazia;[72] infatti l'organizzazione intratteneva stretti contatti con i partiti democratici.[73] Le lamentele dei piccoli commercianti riguardavano piuttosto la concorrenza da parte delle cooperative di consumo degli operai che non la concorrenza da parte dei commercianti ebrei.[74] Neanche lo scatenarsi di duri conflitti sociali, scoppiati a Milano con grande violenza, portarono ad un clima antisemita tra gli esercenti.[75]
Neppure l'apertura di gallerie e grandi magazzini, quali nuove istituzioni commerciali e concorrenza del piccolo commercio, provocarono a Milano sentimenti antisemiti. Il fatto che non erano stati fondati da ebrei appare argomento privo di importanza, in quanto in altre città europee gli antisemiti sfruttarono quei nuovi luoghi del consumo per le loro campagne, anche se appunto non gestiti da commercianti ebrei. Gli esercenti milanesi accettarono pacatamente l'inaugurazione della Galleria Vittorio Emanuele II e del grande magazzino dei Fratelli Bocconi.[76]

Decisivo per l'atteggiamento anti-antisemita degli esercenti milanesi fu il loro allineamento politico al Risorgimento e l'aderenza al principio dell'eguaglianza giuridica di tutti i cittadini di fronte alla legge. «Civiltà» - si legge per esempio sulla rivista L'Esercente - «significa rispetto per sé e per altri - coltura della mente e del cuore [...] eguaglianza fra gli uomini».[77] Un altro articolo, pubblicato in occasione della commemorazione del 20 settembre, sottolineava che

[72] *Ivi*, pp. 95-102, 238-264, 289.

[73] *Ibidem*

[74] *Ivi*, 140-153.

[75] Louise A. Tilly, *Politics and Class in Milan 1881-1901* (New York, 1992), p. 261-263; Per i 65 anni di Werner Bergmann: *Werner Bergmann zum 65. Geburtstag* (Berlin, 2015), pp. 207-217.

[76] Sull'origine della Galleria: "Descrizione dettagliata della monumentale Galleria Vittorio Emanuele che si aprirà il 15 settembre 1867", (Milano, 1867); sull'importanza delle gallerie nel dibattito antisemita: Otto Glagau, *Der Börsenschwindel*, pp. 151-159, 164, 174; sulla fondazione dei grandi magazzini di Bocconi: Enrico Resti, *Ferdinando Bocconi. Dai grandi magazzini all'Università* (Milano, 1990). Sulla critica del grande magazzino nell'antisemitismo v. Heike Hoffmann, *"Völkische Kapitalismus-Kritik: Das Beispiel Warenhaus"* in Uwe Puschner, Walter Schmitz, Justus H. Ulbricht (a cura di), *Handbuch zur 'Völkischen Bewegung' 1871-1918* (München, 1996), pp. 20-49.

[77] "L'Esercente", n. 276, 5 gennaio 1891.

la religione non può e non deve essere una funzione dello Stato.[78] La scarsa risonanza che l'antisemitismo riscuoteva tra gli esercenti milanesi è degna di nota anche perché proprio la Chiesa cattolica di Milano aveva senza dubbio cercato di avviare nella città una campagna antisemita, azione in cui eccelse soprattutto "L'Osservatore cattolico" diretto da Don Davide Albertario.[79]

III

Continuando il confronto con il resto dell'Europa, l'ambiente accademico europeo - dopo le associazioni nazionaliste e le associazioni degli esercenti - si rivelò particolarmente soggetto al pensiero e alle azioni antisemite.[80] Perciò qui di seguito saranno esaminati i rapporti tra ebrei e cristiani prendendo come esempio l'università di Bologna.[81] Dagli annuari dell'università e dai fascicoli personali dei docenti ebrei, custoditi nell'archivio universitario, si evince che la questione dell'appartenenza all'ebraismo era del tutto irrilevante, sia per la carriera universitaria che per la partecipazione alla vita accademica, e che la percentuale di docenti ebrei era parecchio sopra la media.[82] È inoltre significativo che potessero essere incaricati del ruolo di professori ordinari anche gli ebrei, senza essere costretti al battesimo per ottenere l'incarico.[83] Nel 1910, per esempio, 7 su 68,

[78] *Ivi*, n.779, 22 settembre 1895.

[79] Ulrich Wyrwa, *'L' 'Osservatore Cattolico' and Davide Albertario: Catholic Public Relations and Antisemitic Propaganda in Milan"* in Robert Nemes, Daniel Unowsky (a cura di), *Sites of European Antisemitism* (Waltham, 2014), pp. 61-75, 283-290; Annalisa Di Fant, "Don Davide Albertario propagandista antiebraico. L'accusa di omicidio rituale" in "Storicamente. Rivista del Dipartimento di Discipline Storiche, Antropologiche e Geografiche", Università di Bologna 7 (2011), art. 21; Alfredo Canavero, *Albertario e 'L'osservatore cattolico'* (Roma, 1988).

[80] Per la Germania: Norbert Kampe, *Studenten und 'Judenfrage' im deutschen Kaiserreich. Die Entstehung einer akademischen Trägerschicht des Antisemitismus* (Göttingen, 1988); Notker Hammerstein, *Antisemitismus und deutsche Universitäten 1871-1933* (Frankfurt am Main, 1995).

[81] Ulrich Wyrwa, *Gesellschafliche Konfliktfelder...*, op. cit., pp. 171-242.

[82] Annuario della Regia Università di Bologna. Anno scolastico 1879/80-1914/5; Ulrich Wyrwa, *Gesellschafliche Konfliktfelder...*, op. cit., pp. 178-185.

[83] Da menzionare lo statistico Giulio Salvatore del Vecchio, il giurista Leone Bolaffio, il medico Alberto Rovighi, i filosofi Federigo Enriques, Giorgio del Vecchio e Rodolfo Mondolfo.

cioè circa il 10% dei professori ordinari dell'università di Bologna erano ebrei, una presenza sproporzionata a fronte della percentuale di ebrei - lo 0,1% - sulla popolazione totale.[84] Particolarmente consistente era la presenza di docenti ebrei nella facoltà di giurisprudenza, con addirittura il 18% circa.[85] Professori ebrei dell'università di Bologna, come il matematico Salvatore Pincherle, il giurista Leone Bolaffio e, soprattutto, il filosofo ed epistemologo Federigo Enriques ne avevano intensamente plasmato il profilo scientifico. Alcuni studiosi ebrei che insegnavano a Bologna avevano a volte percorso nell'Italia Liberale anche una notevole carriera politica.

Quanto poco gli scienziati ebrei dell'Università di Bologna si sentissero toccati dall'antisemitismo, lo dimostra una lettera che Federigo Enriques aveva scritto ad Albert Einstein nel 1922, invitandolo a trasferirsi in Italia a causa del dilagante antisemitismo in Germania.[86]

La partecipazione paritaria alla vita accademica, che si rileva per quel periodo tra docenti e professori universitari presso l'Università di Bologna, si notava anche nella presenza di studenti ebrei e non ebrei; anche se la quota di studenti ebrei - in base alle liste dei nominativi elencati negli annuari - sembra essere stata sproporzionatamente alta. Benché queste indicazioni poggino su indizi alquanto incerti, la quota parte di studenti ebrei nel periodo tra il 1881/82 e 1898/99 oscillava presumibilmente tra il 2.3% e il 3,8%.[87]

Quello che influenzò la socializzazione politica della generazione studentesca nell'Italia Liberale fu l'anticlericalismo, il repubblicanesimo e l'irredentismo. Non furono le corporazioni studentesche a determinare presso l'università di Bologna l'immagine pubblica degli studenti italiani, bensì un gruppo umanistico e orientato al pacifismo, come l'organizzazione *Corda Fratres*. Questa si

[84] Stima ottenuta dall'interpretazione dell'annuario dell'università di Bologna: Anno scolastico 1910-1911, p. 267.

[85] Annuario della Regia Università di Bologna. Anno scolastico 1910-1911, p. 283.

[86] Copia della lettera in Ornella Pompeo Faracovi, Francesco Speranza (a cura di), *Federigo Enriques. Filosofia e storia del pensiero scientifico* (Livorno, 1998), p. 278. Enriques aveva concordato questa proposta anche con il ministro fascista dell'istruzione, Giovanni Gentile; v. la nota della curatrice a p. 279 e segg.

[87] Ulrich Wyrwa, *Gesellschafliche Konfliktfelder…*, op. cit., p. 202.

espresse chiaramente contro gli atteggiamenti antisemiti vigenti allora in altri Paesi europei e non solo inserì di buon grado gli studenti ebrei nell'organizzazione, ma creò persino, per articolare i propri interessi, una sezione tutta ebraica.[88]

Tuttavia il gruppo bolognese di *Corda Fratres* rimase assai contenuto; gli studenti dell'Università di Bologna si articolavano piuttosto in associazioni studentesche prettamente politiche, le quali erano suddivise in un'associazione repubblicana-socialista e un'altra, più piccola, liberal-monarchica. Ambedue venivano frequentate in modo equiparato da studenti ebrei.[89] Gli studenti ebrei erano particolarmente impegnati nel movimento irredentista, che da Bologna diffuse un "Appello alla gioventù d'Italia" al fine di rinvigorire lo spirito nazionale. [90]

Gli studenti ebrei non erano attivi soltanto nei gruppi universitari; essi partecipavano numerosi anche ai movimenti studenteschi di protesta e alle rispettive azioni dimostrative. Oltre al loro orientamento repubblicano gli studenti manifestavano una marcata identità anticlericale, il che escludeva per sé un orientamento verso l'antisemitismo propagato dalla Chiesa.[91] Non si notavano atteggiamenti antisemiti all'interno del movimento studentesco e nelle loro proteste. "L'insieme senza patos"[92] di ebrei e non-ebrei fu ben visibile anche durante i festeggiamenti per gli 800 anni dell'Università di Bologna, celebrati nel 1888. Alla preparazione e realizzazione dell'evento collaborarono attivamente studenti e docenti ebrei; non emersero espressioni di sentimenti antisemiti né tanto meno atteggiamenti discordanti nei confronti degli ebrei tra i professori e tra gli studenti.[93] Tra gli studenti e docenti universitari italiani non si

[88] Aldo A. Mola, *Corda Fratres. Storia di una associazione internazionale studentesca nell'età dei grandi conflitti, 1898-1948* (Bologna, 1999).
[89] Tina Tomasi, Luciana Bellatalla, *L'Università italiana nell'età liberale 1861-1923* (Napoli, 1988), p. 160-168.
[90] Roberto Del Vecchio, "Lo studente goriziano Guido Morpurgo fondatore della Giovanni Prati nell'VIII centenario dell'Ateneo bolognese" in "L'Archiginnasio. Bollettino della Biblioteca Comunale di Bologna", 30 (1935), pp. 280-305.
[91] Sull'anticlericalismo degli studenti di Bologna v. anche Archivio di Stato di Bologna, Gabinetto di Questura 130, n. 807, Studenti di Bologna.
[92] Ernst Bloch, *"Die sogenannte Judenfrage"* in FAZ n. 62 del 14 marzo 1963.
[93] Vito Paticchia, *VIII centenario dell'Università di Bologna (1886-1888), Progetto culturale e*

notarono segni di antisemitismo né azioni ostili antiebraiche. Nella loro socializzazione politica e per il loro orientamento ideologico essi si trovavano su posizioni refrattarie alla retorica antisemita. Gli studenti italiani dovevano scegliere tra un orientamento repubblicano-anticlericale e uno liberal-monarchico. In ambedue non vi era spazio per idee antisemite, perché ambedue i gruppi avevano come base il liberalismo e per ambedue il principio dell'eguaglianza di tutti gli uomini davanti alla legge faceva parte del credo politico di base.

Tuttavia anche a Bologna sentimenti antisemiti tra la popolazione cittadina non erano certo sconosciuti: venivano diffusi soprattutto dalla Chiesa. Il giornale cattolico bolognese "L'Unione. Giornale politico quotidiano" aveva senz'altro cercato di creare un'atmosfera antisemita. Alcuni cattolici bolognesi s'indignarono, per esempio, per il fatto che il compositore ebreo Alberto Franchetti avesse ottenuto l'incarico di comporre l'inno per la festa commemorativa dell'università.[94] Il giornale aveva giustificato ancora nel 1879 il sequestro del bambino ebreo Mortara, avvenuto vent'anni prima.[95] La retorica antisemita della Chiesa non ebbe però nessuna influenza in ambito accademico né sulla società civile o sulla vita politica della città.

IV

Un'analisi dell'atteggiamento della Chiesa cattolica nei confronti dell'antisemitismo è quindi di centrale importanza per il nostro tema.[96] Sarà analizzato, sull'esempio di Venezia, il linguaggio politico della Chiesa cattolica, concentrando l'analisi sul giornale cattolico "Il

opinione pubblica a confronto negli anni di Crispi (Bologna, 1989); Marco Bortolotti, "La scintilla goliardica nelle feste degli studenti per l'Ottavo Centenario (1888)" in Università di Bologna (a cura di), *Gaudeamus Igitur. Studenti e goliardia 1888-1923* (Bologna, 1995).

[94] "L'Unione. Giornale politico quotidiano", n. 67, 23 marzo 1888, n. 69, 25 marzo 1888.

[95] "L'Unione. Giornale politico quotidiano", n. 48, 26 febbraio 1879.

[96] Giovanni Miccoli, "Santa Sede, questione ebraica e antisemitismo fra Otto e Novecento" in Corrado Vivanti (a cura di), *Storia d'Italia.* Annali 11, *Gli Ebrei in Italia*, Vol. 2, Dall'emancipazione a oggi (Torino, 1997), pp. 1371-1574.

Veneto Cattolico", che più tardi prese il nome "La Difesa".[97]

Solo pochi mesi dopo l'annessione di Venezia al Regno d'Italia nel 1866 alcuni religiosi veneziani presentarono il progetto di un nuovo quotidiano cattolico, "Il Veneto Cattolico. Giornale religioso-politico"; il primo numero uscì il 6 marzo del 1867. I collaboratori erano tutti membri del clero. Il sacerdote Giovanni Maria Berengo, che due anni prima si era fatto notare per le sue posizioni antiebraiche, ne assunse la direzione. Il programma del giornale era però orientato prima di tutto contro il liberalismo e il nuovo stato nazionale italiano; era prevalentemente sulla stessa linea della rivista "Civiltà Cattolica" e condivideva l'atteggiamento intransigente del Vaticano. Si rivolgeva a un pubblico legato alla Chiesa, informava sulle attualità della politica e non rinunciava a presentarsi negli estesi commenti e articoli di fondo come strumento di opinione per gli ambienti cattolici.[98]

Mentre nelle edizioni dei primi anni apparivano ogni tanto temi dell'antisemitismo religioso, nel 1868 fu pubblicato un articolo sugli ebrei in Germania, che anticipava i motivi secolari del nuovo antisemitismo. In Germania come in Austria - vi si legge - gli ebrei avevano vinto e si erano impossessati della cosa pubblica. L'agitazione ostile nei confronti degli ebrei della rivista "Il Veneto Cattolico" culminò nel 1878, in concomitanza con il Congresso di Berlino. L'unico scopo del congresso - era scritto su quella testata - era di soddisfare i desideri degli ebrei rumeni e *l'Alliance Israélite Universelle* faceva pressione su Bismarck affinché questi si adoperasse in favore

[97] Ulrich Wyrwa, *Gesellschaftliche Konfliktfelder...*, op. cit., pp. 243-357. Per la storia della Chiesa cattolica di Venezia: Giovanni Vian, "La Chiesa cattolica e le altre Chiese cristiane" in Mario Isnenghi, Stuart Woolf (a cura di), *Storia di Venezia. L'Ottocento e il Novecento*, vol. 1 (Roma, 2002) pp. 649-709; Bruno Bertoli, *Le origini del movimento cattolico a Venezia* (Brescia, 1965); *Idem*, "La Chiesa veneziana dalla caduta della Repubblica alle soglie del Novecento" in Silvio Tramontin (a cura di), *Storia Religiosa del Veneto*. vol. 1, Patriarcato di Venezia, (Padova, 1991), pp. 187-218; Silvio Tramontin, "Il movimento cattolico" in Gabriele Ingegneri (a cura di), *La Chiesa veneziana dal 1849 alle soglie del Novecento* (Venezia, 1987), pp. 165-188. Per la storia degli ebrei di Venezia: Gadi Luzzatto Voghera, "Gli ebrei" in Mario Isnenghi, Stuart Woolf (a cura di), *Storia di Venezia. L'Ottocento e il Novecento*, vol. 1 (Roma, 2002), pp. 619-648.

[98] Bruno Bertoli, *Le origini del movimento cattolico a Venezia* (Brescia, 1965), pp. 241-244.

degli interessi degli ebrei.[99] Sempre in questo contesto "Il Veneto Cattolico" accolse la proposta del deputato ungherese antisemita Győző Istoczy di trasferire gli ebrei in Palestina "per liberare l'Europa dagli incomodi parassiti", scrisse il giornale della Chiesa veneziana e in un altro commento sul Congresso di Berlino sostenne che gli statisti europei erano costretti a obbedire agli ebrei.[100] Nella misura in cui, nel lessico del giornale cattolico di Venezia gli argomenti dell'odio secolare contro gli ebrei prendevano il posto dell'antisemitismo cristiano, si può osservare di fatto in dettaglio la "graduale costruzione" del linguaggio proprio dell'antisemitismo.[101] Nel giugno 1879 "Il Veneto Cattolico" pubblicò un articolo che già nel titolo citava uno scritto di Wilhelm Marr apparso quattro mesi prima, "Il trionfo del giudaismo nel secolo della civiltà e del progresso". Vi si legge che gli ebrei, con le loro enormi ricchezze, sarebbero diventati i signori dell'economia ed eserciterebbero un'influenza di vasta portata su questo "secolo voluttuoso e zelante".[102]

Ancor prima che venisse coniato il termine "antisemitismo", la stampa cattolica di Venezia ne aveva quindi anticipato la semantica, allontanandosi gradualmente dal linguaggio dell'antigiudaismo religioso. Dopo che il concetto della nuova ostilità secolare contro gli ebrei era da Berlino penetrato nelle lingue europee, il giornale cattolico di Venezia recensì scrupolosamente alcuni scritti antisemiti pubblicati all'estero; inoltre prese a seguire molto attentamente come e dove in Europa l'antisemitismo si andava affermando come movimento sociale e politico.

Secondo indagini condotte dalle autorità cittadine, "Il Veneto Cattolico" contava però solo pochi lettori.[103] Il giornale stesso si trovava sempre di più sulla difensiva, sicché nel 1884 cambiò il titolo

[99] "Veneto Cattolico" n. 131, 9 giugno 1878, p. 1; VC n. 134, 14 giugno 1878, p. 1; "Veneto Cattolico", n. 135, 15 giugno 1878, p. 1.

[100] "Veneto Cattolico", n. 145, 29 giugno 1878, p. 1.

[101] Heinrich von Kleist, "*Über die allmähliche Verfertigung der Gedanken beim Reden, [1805/6]*" in "*Nord und Süd. Monatsschrift für internationale Zusammenarbeit*", 2 (1878), H. 4, p. 3-7.

[102] "Veneto Cattolico", n. 128, 8 giugno 1879, p. 1. Per la data di pubblicazione dello scritto di Wilhelm Marr: Moshe Moshe Zimmermann, *Wilhelm Marr. The Patriarch of Antisemitism* (New York / Oxford, 1986), p. 78.

[103] Bruno Bertoli, *Le origini del movimento cattolico a Venezia*, op. cit., p. 293.

in “La Difesa”. Dagli articoli e commenti pubblicati si evince come la Chiesa cattolica di Venezia abbia sostenuto l’antisemitismo e lanciato, sempre a Venezia, una campagna antisemita. I disordini antiebraici scoppiati a Kiev nel 1885, per esempio, furono giustificati come reazione al comportamento degli ebrei;[104] il giornale riferì ampiamente sul movimento antisemita a Berlino condividendolo,[105] nonché sull’agitazione promossa dal feroce antisemita Hermann Ahlwardt, distintosi per le sue apparizioni spettacolari in pubblico.[106] Con palese benevolenza inoltre “La Difesa” scrisse su *“La France Juive”* di Drumont,[107] pubblicò i passaggi centrali dei suoi scritti[108] continuando a riferire sull’attività di propaganda e reportage di Drumont.[109] Tuttavia, non ci fu attenzione soltanto per Drumont e l’antisemitismo cattolico francese, ma addirittura per l’antisemitismo dell’agitatore protestante Adolf Stöcker, predicatore di corte a Berlino, e le sue invettive contro la cosiddetta “ricchezza degli ebrei”.[110] Infine, i cattolici veneziani prestarono ampia attenzione all’antisemita austriaco Karl Lueger.[111] Negli articoli del giornale cattolico di Venezia si leggeva regolarmente non solo delle motivazioni sociali dell’antisemitismo, di cui si serviva anche Lueger, “La Difesa” si unì all’invettiva di costui contro il presunto potere della stampa ebraica.[112] I cattolici veneziani adottarono anche la tematica della cospirazione mondiale degli ebrei e dell’avidità ebraica.[113] Il giornale riferì inoltre abbondantemente le accuse di omicidi rituali, che venivano avanzate dall’isola di Corfù o da Xanten. Secondo i cattolici veneziani l’antisemitismo [114] nient’altro era che una legittima difesa del popolo

104 “La Difesa”, n. 152, 10-11 luglio 1885.

105 *Ivi*, n. 223, 3-4 ottobre 1885.

106 *Ivi*, n. 281, 12-13 dicembre 1892; n. 67, 22-23 marzo 1893; n. 85, 15-16 aprile 1893; n. 175, 28 giugno 1893.

107 *Ivi*, n. 91, 21-22 aprile 1886.

108 *Ivi*, n. 246, 24-25 ottobre 1888; n. 258, 8-9 novembre 1888; n. 56, 8-9 marzo 1890.

109 *Ivi*, n. 284, 14-15 dicembre 1891; n. 79, 8-9 aprile 1898.

110 *Ivi*, n. 21, 25-26 gennaio 1889.

111 *Ivi*, n. 42, 20-21 febbraio 1890; N. 257, 9-10 novembre 1895; n. 261, 14-15 novembre 1895; n. 51, 2-3 marzo 1896; n. 254, 7-8 novembre 1906, n. 47, 28 febbraio-1 marzo 1910; n. 60, 15-16 marzo 1910.

112 *Ivi*, n. 95, 27-28 aprile 1889.

113 *Ivi*, n. 193, 26-27 agosto 1893; n. 280, 7-8 dicembre 1907.

114 *Ivi*, n. 87, 18-19 aprile 1891; n. 159, 16-17 luglio 1892; Per Xanten: Werner Bergmann, *“Ritualmordvorwurf in Xanten (1891)”* in Wolfgang Benz (a cura di),

cristiano contro gli eccessi di una setta estranea, come si legge in un articolo intitolato "L'ebreo ...ecco il nemico".[115] Tra le recensioni di libri pubblicate sul giornale si trovano anche cenni a scritti antisemiti italiani, in genere piuttosto negletti dai lettori del Paese, come per esempio quelli di Giovanni De Stampa sulla "Piaga Ebrea" oppure quelli di Giuseppe Ponziani.[116]

Nel 1893, il gesuita Gaetano Zocchi, in precedenza collaboratore di "Civiltà Cattolica", diventò direttore di "La Difesa"; l'apice dell'agitazione antisemita della rivista coincise con la sua direzione. Il preludio fu un editoriale in cui gli ebrei venivano definiti come cosmopoliti, aggressori, sfruttatori e "razza di parassiti". Particolarmente pericolose sarebbero state - vi si legge - la conquista del potere da parte degli ebrei e l'alleanza tra capitale e giudaismo. A queste esternazioni piene di odio seguirono due articoli: il primo riprendeva il motivo del dominio ebraico del mondo e presentava la diplomazia europea come infiltrata da ebrei; il secondo lamentava che gli ebrei avevano preso il sopravvento nell'amministrazione e nel mercato finanziario.

Il culmine dell'agitazione antisemita di "La Difesa" fu la pubblicazione di una serie di dodici articoli, firmati con lo pseudonimo di Licurgo.[117] La serie iniziò con un articolo di tenore intenzionalmente razzista dal titolo "La piaga giudea". Il secondo articolo, "La morale giudaica", si riferiva allo scritto dell'antisemita francese, Alphonse Toussenel, *"Les Juifs, rois de l'époque"*,[118] in cui si sosteneva che gli ebrei, come la piovra, attraggono ogni cosa a sé con

Handbuch des Antisemitismus, vol. 4 (Berlin / Boston, 2011) pp. 358-361; Per Corfu: Maria Margaroni, *"Antisemitic Rumours and Violence in Corfu at the End of 19th Century"* in *Quest. Issues in Contemporary Jewish History*. Journal of Fondazione CDEC n. 3 Luglio 2012.

115 La Difesa, n. 205, 9-10 settembre 1889.

116 Giovanni De Stampa, *La piaga ebrea. Seria avvertenza tanto ai cristiani quanto agli ebrei* (Treviso, 1889); Giuseppe Panonzi [i. e. Giuseppe Ponzian], *L'ebreo attraverso i secoli e nelle questione sociali dell'età moderna* (Treviso, 1898) in "La Difesa" n. 232, 11 ottobre 1889.

117. Ulrich Wyrwa, *"The Language of Anti-Semitism in the Catholic Newspapers Il Veneto Cattolico - "La Difesa" in "Late Nineteenth Century Venice" in "Church History and Religious Culture"* 96 (2016), n. 3, pp. 346-369, 359-361.

118 Alphonse Toussenel, *Les Juifs, rois de l'époque. Histoire de la féodalité financière* (Paris, 1847).

tentacoli smisurati. "L'ebreo" - scriveva Licurgo - "rappresenta il regno del capitale".[119] Oltre a ricorrere sporadicamente ai motivi religiosi dell'antigiudaismo cristiano, la rivista cattolica attaccava soprattutto la "stampa ebraica". All'inizio di giugno 1895 uscì infine la dodicesima e ultima puntata, con il titolo "La questione giudaica".[120] Licurgo concluse l'articolo con l'osservazione che in passato i governanti avevano considerato gli ebrei come nemici o come animali impuri e li avevano costretti a vivere in quartieri separati. Nell'epoca attuale ci si sarebbe resi conto dell'errore commesso dalla Rivoluzione Francese di concedere la libertà agli ebrei. Da allora, gli ebrei costituirebbero un pericolo permanente per la pace dei popoli.

Questa campagna di odio, durata da maggio fino all'inizio di agosto del 1895, segnò il culmine dell'agitazione antisemita della rivista clericale di Venezia e al tempo stesso anche la svolta nell'indirizzo politico di "La Difesa". Mentre sotto la guida di Gaetano Zocchi era stata sostenuta quella campagna, il tono degli articoli si fece più moderato con la nomina nel 1893 a Patriarca di Venezia di Giuseppe Sarto, futuro papa Pio X, che avviò un cauto avvicinamento all'ala liberal-conservatrice della classe politica della città, il che poco tempo dopo portò alla collaborazione con il sindaco liberale, Filippo Grimani.[121] L'indirizzo antisemita della rivista cattolica era quindi diventato un ostacolo per questa nuova linea. Gaetano Zocchi dovette limitare i toni antisemiti. Invano egli si era ancora lamentato con il Segretario di Stato del Vaticano, Cardinal Mariano Rampollo, delle continue intromissioni personali del Patriarca di Venezia. Nel 1896 Zocchi fu revocato dalla direzione del giornale cattolico di Venezia. Egli tornò a "Civiltà Cattolica" e a Roma. La redazione di "La Difesa" fu affidata inizialmente a Ferdinando Apollonio, che ancora nel 1890 si era distinto con articoli intransigenti e che più tardi fu nominato Arcivescovo di San Marco. Nel 1899 Sarto trasferì l'incarico al suo fido Francesco Saccardo, che di quando in quando fungeva da suo portavoce.[122]

119 "La Difesa", n. 100, 3-4 maggio 1895.

120 *Ivi*, n. 124, 1-2 giugno 1895.

121 Maurizio Reberschak, "Filippo Grimani e la 'nuova' Venezia" in M. Isnenghi, S. Woolf (a cura di), *Storia di Venezia. L'Ottocento e il Novecento*, vol. 1 (Roma, 2002), pp. 323-347.

122 Anche un'altra rivista intransigente cattolica pubblicata nel Veneto fece questa esperienza: Paolo Navarro, *La Riscossa per la Chiesa e per la Patria (1890–1916). Un*

Contrariamente alla nuova linea, la rivista continuava a occuparsi di antisemitismo in Europa e seguiva attentamente anche l'evoluzione dell'*affaire Dreyfus* in Francia. Nel complesso, gli oltre 360 articoli pubblicati fino al 1914 da "La Difesa" sull'*affaire Dreyfus* si limitarono a dare informazioni piuttosto neutrali, che si distinsero chiaramente da quanto scritto con acceso furore antisemita sotto la guida di Gaetano Zocchi. Anche la campagna della stampa cattolica contro i massoni - con annessi stereotipi antisemiti - si fece più contenuta[123] e persino negli articoli pieni di odio nei confronti del sindaco di Roma, Ernesto Nathan, veniva messo in primo piano il suo ruolo di massone[124], mentre la sua appartenenza ebraica divenne rilevante soltanto dopo che il giornale cattolico "L'Osservatore Romano" aveva cominciato a occuparsi del tema.[125]

Tutti gli sforzi di "La Difesa" sotto la guida di Zocchi di propagandare l'antisemitismo tra i veneziani rimasero però infruttuosi. Le varie campagne non avevano riscosso successo; erano state indirizzate soprattutto contro il nuovo ebraismo emancipato e avanzato nella scala sociale, senza nemmeno rinunciare al linguaggio del razzismo. Contemporaneamente, la rivista sfruttò le accuse di assassinio rituale provenienti dal repertorio del tradizionale antigiudaismo cristiano ai fini di legittimare il proprio odio e la nuova ideologia antisemita. Tuttavia, la Chiesa cattolica di Venezia con il suo megafono "La Difesa" non riuscì a influenzare il clima politico e gli orientamenti di pensiero della popolazione cittadina.
Quando poi, nel novembre del 1903 fu fatto circolare a Venezia un volantino con la falsa notizia della fondazione di una lega antisemita, la rivista cattolica "La Difesa" non ne prese nemmeno nota.[126] La testata veneziana, "Il Giornaletto. Gazzettino del popolo" vi fece brevemente riferimento, scrivendo che a giorni si sarebbe visto girare

progetto editoriale dell'intransigentismo veneto e i suoi rapporti con le organizzazioni cattoliche e il mondo liberale tra Otto e Novecento, Tesi di Laurea, 1987-88.

123 Dalla mole di articoli sul tema ne citiamo solo uno: "La Difesa", n. 115, 19-20 maggio 1913.

124 *Ivi*, n. 265, 19-20 novembre 1907; n. 270. 26-27 novembre 1907.

125 *Ivi*, n. 271, 27-28 novermbre 1907; n. 276, 3-4 dicembre 1907.

126 Archivio CDEC, Fondo Angelo Sullam, Venezia 8 novembre 1903. Ringrazio Michele Sarfatti della notizia. V. anche: *Idem*, "Lega antisemita perché no" in *"Shalom"* n. 11, dicembre 1984.

un volantino sul tema.[127] Nel breve commento apparso sul "Giornaletto" si legge che questa lega - qualunque siano le sue intenzioni - non corrisponde certo ai concetti di progresso e modernità che sono alla base della società del tempo.[128] Una simile previsione fu pubblicata dal giornale "L'Adriatico. Gazzetta del Veneto" con il titolo "Contro l'antisemitismo": l'autore del volantino non avrebbe trovato un terreno fertile per il suo intento. Con gioiosa approvazione "L'Adriatico" annotava invece le proteste contro la lega antisemita e pubblicò una lettera. Il firmatario vi sottolineava che il "povero uomo" che aveva composto il volantino, non poteva verosimilmente essere di Venezia né conoscere le tradizioni civili della città. L'autore del volantino, così concludeva la lettera, meglio avrebbe fatto quindi a pubblicare un altro tipo di prosa di quella, che faceva solo ridere la gente.[129]

V

L'immagine che per lungo tempo è stata coltivata nell'opinione pubblica italiana e nella storiografia, cioè l'immagine dell'Italia come un Paese senza antisemitismo, sembra necessitare - viste le ricerche microstoriche qui presentate - perlomeno di alcune integrazioni per quanto riguarda l'Italia Liberale. Anche in Italia fu accolto e diffuso il nuovo linguaggio dell'antisemitismo; l'Italia Liberale non era affatto esente dalla propaganda antiebraica. Tuttavia, il fatto sostanziale è che le esternazioni antisemite incontrarono solo scarsa risonanza pubblica e non esercitarono alcuna influenza sulla cultura politica. Nella sua retrospettiva del 1897 Martin Philippson aveva già annotato che "la peste dell'antisemitismo si voleva annidare" anche in Italia, ma lì venne "soffocata sul nascere".[130] I segni dell'antisemitismo che si notarono nell'Italia Liberale provenivano quasi esclusivamente dalla

[127] Lo sfondo di questa notizia errata è che poco prima si era costituita a Mantova una lega antisemita: Ulrich Wyrwa, *"Antisemitic Agitation and the Emergence of Political Catholicism in Mantua around 1900"* in *"Quest. Issues in Contemporary Jewish History. Journal of Fondazione CDEC"*, n. 3 July 2012.

[128] Archivio CDEC: Il Giornaletto. Gazettino del popolo, Venezia 10 novembre 1903.

[129] Archivio CDEC: L'Adriatico. Gazzetta del Veneto, 11 novembre 1903.

[130] Martin Philippson, *Jahresrückblick*, op. cit., pp. 3-12.

Chiesa cattolica, e non soltanto dall'organo semiufficiale del Vaticano, "Civiltà Cattolica",[131] bensì anche da giornali cattolici locali. Ciò è stata qui dimostrato soprattutto con l'esempio di Venezia, ma anche i riferimenti ai giornali cattolici di Milano e Bologna rafforzano questo risultato.

Non è da escludere che l'antisemitismo della Chiesa cattolica abbia influenzato con la sua posizione dominante nell'istruzione scolastica in Italia l'educazione dei bambini. Non ci furono invece conseguenze nell'opinione pubblica e nella cultura politica dovute a tale possibile indottrinamento all'epoca dell'Italia liberale.
Non è stato possibile includere in questo saggio capitoli particolari sul movimento femminile, sugli artigiani, sulla popolazione rurale e le sommosse dei contadini. Le ricerche storiche disponibili sembrano però confermare il quadro di una cultura politica piuttosto refrattaria agli atteggiamenti antisemitici. Gli studi sul movimento femminile per esempio mostrano la forte presenza delle donne ebree nell'Unione Femminile Nazionale, il che ha impedito posizioni antisemite all'interno del movimento femminista. In questo contesto è esemplare il grande riconoscimento, che ebbe l'ebrea russa Anna Kuliscioff, non solo nel movimento delle donne in Italia, ma anche nel movimento operaio socialista. Espressioni di antisemitismo emersero nel movimento femminile significativamente e solo nel momento in cui le donne cattoliche si separarono dalle organizzazioni laiche e dichiaratamente non antisemite e fondarono nel 1909 una propria organizzazione, l'Unione fra le Donne Cattoliche d'Italia.[132]

VI

Per concludere saranno pertanto discusse sette tesi fin qui avanzate dalla letteratura per spiegare la scarsa presenza dell'antisemitismo in

[131] Josè David Lebovitch Dahl, *"The Role of the Roman Catholic Church in the Formation of Modern Anti-Semitism: La Civiltà Cattolica 1850-1879"* in *"Modern Judaism"*, 2003, n. 2, pp. 180-197; Ruggero Taradel, Barbara Raggi, *La segregazione amichevole. 'La civiltà cattolica' e la questione ebraica 1850-1943* (Roma, 2000); Gadi Luzzatto Voghera, "Aspetti dell'antisemitismo nella 'Civiltà Cattolica' dal 1831 al 1903" in "Bailamme. Rivista di spiritualità e politica", Milano, 2 dicembre 1987, pp. 125-138.

[132] Nattermann, *"Antisemitische Strömungen im Movimento Femminile Italiano"*; Dickmann, *"Die italienische Frauenbewegung im 19. Jahrhundert"*; Gerhartz, "Le madri della Patria".

Italia.[133]

1. Sempre attuale è il riferimento alla tesi, che Arnaldo Momigliano aveva illustrato in una recensione del 1933 parlando della contemporaneità dell'integrazione nazionale in Italia,[134] tesi che conobbe nell'Italia del dopoguerra un notevole percorso di ricezione, soprattutto perché Antonio Gramsci l'aveva inserita nelle sue "Lettere dal carcere".[135] La contemporaneità dell'integrazione di ebrei e non ebrei nella nazione non è tuttavia una particolarità italiana, ma allo stesso modo una caratteristica della formazione nazionale della Germania. Quest'argomento non può essere usato quindi per spiegare lo scarso antisemitismo in Italia.[136]

2. Per spiegare lo scarso antisemitismo in Italia viene usata la tesi, secondo cui la totale assimilazione degli ebrei italiani non avrebbe offerto alcun pretesto all'aggressività di potenziali antisemiti.[137] Questa ipotesi non solo disconosce il fatto che l'antisemitismo era rivolto principalmente contro il giudaismo assimilato, ma assolutizza un presunto caso particolare, che non corrisponde affatto alla situazione reale degli ebrei italiani nell'800. Da un lato, il fenomeno dell'assimilazione non è una particolarità italiana; anche gli ebrei tedeschi o francesi erano notevolmente assimilati.[138] Dall'altro lato, la tesi del giudaismo italiano assimilato non considera la spiccata

133 Riassunto in modo conciso in A. M. Canepa, *"Reflections on Antisemitism in Liberal Italy"* pp. 104-111; Volker Sellin, *"Judenemanzipation und Antisemitismus in Italien im 19. Jahrhundert"* in Christof Dipper, Rainer Hudemann, Jens Petersen (a cura di), *Faschismus und Faschismen im Vergleich* (Köln, 1998), pp. 107-124.

134 Ristampata in Arnaldo Momigliano, *Pagine ebraiche* (Torino, 1987), pp. 237-239.

135 Antonio Gramsci, "Ebraismo e antisemitismo" in Antonio Gramsci, *Il Risorgimento*, nuova edizione (Torino, 1975), pp. 208-210; v. anche Andrew M. Canepa, "Cattolici ed ebrei nell'Italia Liberale" in "Comunità", 32, 1978, p. 44 e segg.

136 Ulrich Wyrwa, *Juden in der Toskana und in Preußen im Vergleich. Aufklärung und Emanzipation in Florenz, Livorno, Berlin und Königsberg* (Tübingen, 2003), pp. 410-414.

137 Anche quest'argomento si basa su una riflessione di Antonio Gramsci, "Ebraismo e antisemitismo" in Antonio Gramsci, *Il Risorgimento*, (Torino, 1975), pp. 208-210.

138 Per il nuovo dibattito storiografico sul significato del concetto di assimilazione nella storia ebraica: Till van Rahden, *"Treason, Fate or Blessing. Narratives of Assimilation in the Historiography of German-Speaking Jewry since the 1950s"* in Christhard Hoffmann (a cura di), *Preserving the Legacy of German Jewry. A History of the Leo Baeck Institute 1955-2005* (Tübingen, 2005), p. 349-373.

autoconsapevolezza giudaica degli ebrei italiani, i quali non solo si ritenevano parte del più antico ebraismo diasporico in Europa, ma avevano creato, con la costruzione di nuove sinagoghe, edifici di rappresentanza orgogliosi e imponenti, simili a quelli costruiti dagli ebrei in altri paesi europei.[139]

3. Viene menzionata la scarsa percentuale di ebrei rispetto alla complessiva popolazione italiana; ragione per cui l'antisemitismo non sarebbe penetrato nella società italiana.[140] Tuttavia, poco prima delle elezioni per il *Reichstag* (Parlamento) tedesco del 1893, la *Allgemeine Zeitung des Judentums* aveva accennato al "peculiare fenomeno" per cui l'antisemitismo in Germania riscuoteva maggiore consenso dove gli ebrei - come per esempio nella Sassonia - costituivano "solo un' infinitesima parte" della popolazione.[141] Contro questa tesi bisogna richiamare l'attenzione non solo sull'"antisemitismo senza ebrei";[142] il numero sproporzionato di ebrei nella politica italiana e la loro notevole presenza nella cultura politica del Paese avrebbero al contrario rappresentato proprio un motivo gradito per una propaganda antisemita di successo. Infatti, alcuni antisemiti tedeschi denunciarono spesso la presunta giudaizzazione dell'Italia.[143]

4. Secondo una quarta tesi il razzismo intra-italiano, cioè la polemica espressa in un linguaggio razzista tra l'Italia settentrionale e l'Italia meridionale, avrebbe fatto sì che i conflitti - che per esempio in Germania erano alla base dell'antisemitismo - abbiano trovato in Italia uno sbocco diverso, tutto italiano.[144] Indipendentemente dal fatto che

139 Gianni Ascarelli et al. (a cura di), *Il Tempio Maggiore di Roma* (Torino 2004); Roberto Bonfil et al., *Il Centenario del Tempio Israelitico di Firenze. Atti del Convegno, ottobre 1982* (Firenze, 1985).

140 Quest'argomento fu già invocato da alcuni contemporanei ebrei: "Il Vessillo Israelitico", 30, 1882, p. 382-384; per lo sviluppo demografico: Roberto Bachi, Sergio Della Pergola, "Gli ebrei italiani nel quadro della demografia della disaspora" in "Quaderni storici", 55 (1984), pp. 155-191.

141 *"Allgemeine Zeitung des Judentums"*, n. 21 del 26 maggio 1893. Osservazione messa in risalto da Matthias Piefel, *Idem Antisemitismus und völkische Bewegung im Königreich Sachsen 1879-1914* (Göttingen, 2004), p. 15.

142 Günter Pallaver, *"Antisemitismus ohne Juden. Das Beispiel Tirol"* in Wolfgang Plat (a cura di), *Voll Leben und voll Tod ist diese Erde, Bilder aus der Geschichte der Jüdischen Österreicher* (Wien, 1988), pp. 171-187.

143 *"Mitteilungen aus dem Verein zur Abwehr des Antisemitismus"*, 14 (1904), p. 118.

144 Quest'accenno lo devo a una corrispondenza con Christof Dipper (Darmstadt).

il razzismo intra-italiano fu sviluppato in particolare da uno scienziato ebreo e anti-antisemita come Cesare Lombroso,[145] occorre ricordare che nell'epoca dell'antisemitismo nascente era predominante non tanto la migrazione dall'Italia meridionale verso l'Italia settentrionale, quanto l'emigrazione soprattutto verso l'America.[146]
Questo tentativo di spiegazione è poco convincente, soprattutto perché interpreta l'antisemitismo solamente come un epifenomeno e in modo funzionalistico come sintomo di altri problemi, non prendendo quindi sul serio le sue peculiari forme e articolazioni.

5. L'arretratezza economica dell'Italia viene proposta come spiegazione dello scarso antisemitismo.[147] Il ritardo economico avrebbe fatto sì che in Italia non sia scoppiata una crisi economica né quindi una crisi di fondazione, *Gründerkrise,* e che di conseguenza sarebbe venuto a mancare, come gruppo destinatario della propaganda antisemita, proprio quel gruppo dei perdenti dell'industrializzazione, che in Germania invece si mostrarono particolarmente ricettivi a tale propaganda. A questa tesi va replicato non soltanto che l'antisemitismo era particolarmente pronunciato proprio in un territorio come la Romania, sottosviluppato sul piano economico, oppure in un Paese solo poco industrializzato come la Russia, ma anche che l'Italia, nonostante l'industrializzazione fosse iniziata più tardi rispetto alla Germania, non era affatto rimasta immune da crisi e perdenti economici. L'Italia ha senza dubbio sofferto per la crisi bancaria e della borsa nel 1873 e l'esempio di Milano mostra i problemi economici che ebbero gli esercenti, cosa che certamente avrebbe potuto fornire materia esplosiva per movimenti antisemiti. La crisi bancaria all'inizio degli anni '90, che aveva colpito anche numerose banche ebraiche, avrebbe potuto offrire materiale propagandistico gradito per una campagna antisemita.[148]

145 Cesare Lombroso, *In Calabria. 1862-1897* (Catania, 1898). L'argomentazione è che esisterebbe un contrasto di razza tra nord e sud, per niente sconosciuto anche in Germania.

146 Robert Paris, "L'Italia fuori d'Italia" in Ruggiero Romano, Corrado Vivanti (a cura di), *Storia d'Italia*, vol. 4, Dall'Unità a oggi, (Torino, 1978).

147 Volker Sellin, *Judenemanzipation und Antisemitismus*, op. cit., p. 122; A. Canepa, *"Reflections on Antisemitism"* in *"Liberal Italy"*, p. 107.

148 Vi si aggiunge che la banca tedesco-ebraica di Gerson Bleichröder aveva partecipato alla fondazione della Banca Commerciale; David S. Landes, *"Das Bankhaus Bleichröder"* in Robert Weltsch (a cura di), *Deutsches Judentum. Aufstieg und*

6. Convince altrettanto poco la tesi secondo cui gli ebrei italiani avrebbero avuto un ruolo minore nell'economia del Paese, mentre al contrario vi era una forte presenza di uomini d'affari ebrei nel campo delle assicurazioni e delle banche e si può parlare di una posizione dominante ebraica nell'economia dell'Italia.[149]

7. Maggiore peso hanno le riflessioni, secondo le quali lo scarso antisemitismo in Italia si spiegherebbe con una scarsissima immigrazione di ebrei orientali.[150] L'immagine dell'ebreo orientale ostile altro non è però che una proiezione di diffuse paure sociali, le cui origini vanno ricercate nelle insicurezze causate dalla trasformazione del mondo e dalla disintegrazione delle forme di vita tradizionali. L'immagine dell'ebreo orientale serve a fomentare queste paure deliranti fornendo a esse una figura concreta. L'immagine antisemita dell'ebreo orientale è quindi molto di più del "prodotto dell'idiosincrasia degli antisemiti"[151] che avevano costruito, proprio loro, l'"ebreo" come nemico secondo le proprie esigenze. La tradizione dell'antigiudaismo italiano e la lunga storia della cultura ebraica in Italia avrebbe senz'altro potuto[152] costruire un'immagine di nemico analoga a quella dell'ebreo orientale.

Krise (Stuttgart, 1963), pp. 187-215.

149 Questa tesi era sostenuta per esempio da Renzo de Felice in *Storia degli ebrei Italiani sotto il fascismo*, op. cit., p. 22; v. anche la critica in Andrew M. Canepa, *"Reflections on Antisemitism in Liberal Italy"*, op. cit., p. 106; per l'alta presenza di ebrei nell'economia di Milano v. per esempio Germano Maifreda, *Gli ebrei e l'economia milanese*; per l'alta presenza di ebrei nella Banca Commerciale Italiana v. per esempio Peter Hertner, *"Europäische soziale Netzwerke im Mikrokosmos einer italienischen Bank: Vorstand und Verwaltungsrat der Banca Commerciale Italiana (1894-1915)"* in Christina Benninghaus, Sven Oliver Müller, Jörg Requate, Charlotte Tacke (A cura di), *Unterwegs in Europa. Beiträge zu einer vergleichenden Sozial- und Kulturgeschichte* (Frankfurt am Main, 2008), p. 343-356.

150 Andrew M. Canepa, *"Cattolici ed ebrei nell'Italia liberale"* in "Comunità", 32, 1978, p. 49. Non era affatto sconosciuta l'immigrazione di ebrei orientali in Italia: le osservazioni di Israel Cohen in *"Die Beobachtungen von Israel Cohen"* in *idem*, *Israel in Italien. Eindrücke und Erlebnisse, Zwölf Skizzen* (Berlin, 1909), pp. 11-22, 74-80.

151 Thomas Nipperdey, *Deutsche Geschichte 1866-1918*, vol. 2, (München, 1992), p. 291; Il concetto dell'idiosincrasia fu introdotto nella ricerca sull'antisemitismo da Max Horkheimer e Theodor W. Adorno, *Dialektik der Aufklärung. Philosophische Fragmente* (Amsterdam, 1947).

152 Stanislao G. Pugliese, *"Israel in Italy: Wrestling with the Lord in the Land of Divine Dew"* in *idem*, *The Most Ancient of Minorities. The Jews of Italy*, (Westport / London, 2002), p. 1.

L'errore di queste sette tesi non sta tuttavia soltanto nelle contraddizioni intrinseche, bensì soprattutto nel fatto che cercano l'origine dell'antisemitismo nella storia degli ebrei e non invece nella storia dell'Italia nell'800.

VII

Le particolarità della storia italiana per quanto riguarda l'antisemitismo vanno cercate piuttosto nell'egemonia del liberismo nella cultura politica e nella vita pubblica in Italia, nonché nella specifica situazione della Chiesa cattolica nel nuovo stato nazionale. La constatazione di Peter Pulzer secondo cui - "benessere e sicurezza degli ebrei della Mitteleuropa [...] dipendono dalla solidità del liberalismo" - si applica in particolar modo anche all'Italia.[153] L'Italia Liberale, con il suo diritto elettorale estremamente restrittivo, aveva il carattere di uno stato classista d'*élite* borghese e, paradossalmente, fu proprio questa mancanza di democrazia a favorire gli ebrei in Italia, perlopiù appartenenti alla borghesia.[154] I partiti antisemiti, i cui successi politici in Germania si erano basati non da ultimo sul suffragio universale per il *Reichstag,* non avrebbero avuto nessuna chance in Italia. La debolezza dell'antisemitismo politico nell'Italia Liberale è, per assurdo, contemporaneamente espressione dei deficit democratici del giovane stato nazionale italiano.

L'agitazione antisemita in Italia era partita prima di tutto dal clero; un antisemitismo politico non poteva prendere piede finché la Chiesa, a causa dell'isolamento politico che si era autoinflitto, non poté esercitare un'influenza sulla cultura politica e sull'opinione pubblica. A volte ci saranno pure state posizioni antisemite tra i repubblicani italiani[155] e si possono trovare in scritti non ecclesiastici alcune poche

[153] Peter Pulzer, *"Forschungsbericht"* in *idem, Die Entstehung des politischen Antisemitismus in Deutschland und Österreich. 1867-1914* (Göttingen, 2004, prima edizione Gütersloh, 1964), p. 50.

[154] Quest'ambivalenza del liberalismo fu sottolineata anche da Till van Rahden riguardo al suffragio di tre gruppi religiosi in Prussia, prendendo come esempio Breslavia. *Idem, Juden und andere Breslauer. Die Beziehungen zwischen Juden, Protestanten und Katholiken in einer deutschen Großstadt. 1860-1925* (Göttingen, 2000).

[155] "Patria. Giornale quotidiano. Organo della democrazia parlamentare", (Roma) n. 300, 23-24 luglio 1893; Ulrich Wyrwa, *Gesellschaftliche Konfliktfelder...*, op. cit., p. 376.

esternazioni antisemite e pregiudizi ostili nei confronti degli ebrei[156], ma questi non ebbero effetto sull'opinione pubblica. L'antisemitismo anticlericale e antiliberale di quei testi non ebbe successo in Italia, anche perché il linguaggio dell'antisemitismo veniva inequivocabilmente identificato con il clero. Le "radici endogene" dell'antisemitismo italiano vanno dunque cercate nella Chiesa cattolica[157] tenendo sempre presente che il linguaggio dell'antisemitismo cattolico si differenziava chiaramente dalla tradizionale ostilità cristiano-religiosa contro gli ebrei. Questione centrale erano anche qui i conflitti sociali e i traumi culturali collegati agli sconvolgimenti sociali ed economici dell'800.

Il campo liberale rimase la forza politica dominante nel Regno Unito d'Italia. In Italia non si era formato un ambiente conservatore-monarchico, a differenza della Germania, dove questo fu l'antagonista politico del liberalismo; dell'Austria di lingua tedesca, dove il movimento cristiano-sociale riuscì a esercitare un'influenza dominante sulla cultura politica, oppure a differenza della Francia, in riferimento alla lotta contro le tradizioni repubblicane rivoluzionarie.[158]

Un attento osservatore contemporaneo come lo storico ebreo Martin Philippson riconobbe precisamente l'importanza centrale della Chiesa per il sorgere dell'antisemitismo. Scrivendo nella sua opera "Recentissima storia del popolo ebraico" che il "segnale" per l'antisemitismo "lo dette la massima autorità del cristianesimo cattolico, papa Pio IX. Fu questa l'ora di nascita dell'antisemitismo moderno".[159] L'aspetto innovativo di tale atteggiamento fu - anche da

[156] G. De Stampa, *La piaga ebrea*, op. cit.; Ferdinando Petrucelli della Gattina, *Memorie di Giuda* (Milano, 1870); per Francesco Gaeta: Bruno Di Porto, "Il delirio nello scartafaccio. Francesco Gaeta, poeta e giornalista, antisemita ed antimassone" in "Rassegna Mensile di Israel", 61 (1996), pp. 101-112; v. anche Andrew M. Canepa, *"The Image of the Jew in the Folklore and Literature of the Postrisorgimento"* in "European Studies", 9 (1979), pp. 260-273.

[157] Giovanni Miccoli, "Santa Sede, questione ebraica e antisemitismo fra Otto e Novecento" in Corrado Vivanti (a cura di), *Gli Ebrei in Italia*, vol. 2, Dall'emancipazione a oggi (Torino, 1997), pp. 1371-1574; *Idem*, *Antisemitismo e cattolicesimo* (Brescia, 2013).

[158] Peter Pulzer, *Die Entstehung des politischen Antisemitismus in Deutschland und Österreich. 1867-1914* (Göttingen, 2004); Michel Winock, *La France et les Juifs. De 1789 à nos jours* (Paris, 2004).

[159] Martin Philippson, *Neueste Geschichte des jüdischen Volkes*, vol. 2 (Leipzig, 1910), p.

parte ella Chiesa - una retorica cristiano-antisemita che in primis era rivolta contro l'ebraismo emancipato, strumentalizzando in questo contesto vecchie forme dell'odio religioso contro gli ebrei, che trovarono poi sbocco nelle accuse di assassinio rituale. In altri Paesi europei la Chiesa esercitò un'influenza decisiva sulla formazione di un ambiente politico-conservatore: in questi paesi alla Chiesa venne attribuito un posto centrale a lato della monarchia; il connubio tra trono e altare vi determinò la *Weltanschauung* politica e l'antisemitismo occupò una posizione eminente. Un ambiente siffatto non poté formarsi in Italia fino a quando la Chiesa, rimanendo ferma nel suo atteggiamento di rifiuto della politica, continuò a rifiutare qualunque partecipazione politica.

L'ambiente accademico, nella sua tradizione repubblicana e anticlericale, si rivelò tanto resistente nei confronti della propaganda ecclesiastica quanto il mondo degli esercenti e ugualmente il nazionalismo italiano si mostrò immune alla retorica antisemita, fino a quando la Chiesa non poté esercitare alcuna influenza sulla politica nazionale.

È significativo che la svolta sia arrivata nel momento in cui il Presidente del Consiglio Giovanni Giolitti, con la riforma della legge elettorale del 1912, compensò lo spudorato deficit democratico dell'Italia Liberale[160] L'anno successivo, tramite l'accordo tra Giolitti e il politico cristiano-sociale, Vincenzo Ottorino Gentiloni per le elezioni del 1913, apparve nell'arena politica un nuovo potenziale elettorato cattolico.[161] Durante quelle campagne elettorali trovarono posto nella cultura politica dell'Italia anche toni antisemiti: il giornalista cattolico e candidato Filippo Crispolti per esempio sostenne che il suo concorrente democratico non poteva rappresentare il collegio, in quanto ebreo[162] e, dopo che Luigi Federzoni dell'Associazione Nazionalista Italiana era stato eletto deputato con il sostegno di elettori cattolici, un osservatore ebreo dell'epoca definì Federzoni il primo deputato antisemita nel Parlamento italiano;[163] osservazione che non rende giustizia a

2.

160 Alexander J. De Grand, *"Giovanni Giolitti: A pessimist as modernizer"* in *"Journal of Modern Italian Studies"*, 6 (2001), vol. 1, pp. 57-67.

161 Sul Patto Gentiloni: Frank J. Coppa, *"Giolitti and the Gentiloni Pact between myth and Reality"* in "Catholic Historical Review", 53 (1967), pp. 217-228.

162 "Vessillo Israelitico", 61 (1913), pp. 668-671.

163 "L'Idea Nazionale", n. 52, 11 dicembre 1913.

Federzoni[164], ma pur sempre indica quanto erano sentiti dagli osservatori politici attenti i primi sintomi di antisemitismo nella cultura politica italiana. La giovane generazione d'intellettuali cattolici mirava a stabilire un partito decisamente cattolico, e un politico in ascesa come Alcide De Gasperi, più tardi presidente del Partito Popolare Italiano e uno dei personaggi centrali della Democrazia Cristiana dopo la seconda guerra mondiale, non aveva nascosto in giovane età la propria ammirazione per l'antisemita Karl Lueger adottandone il linguaggio antisemita.[165]
Quindi il dibattito all'interno dell'Associazione Nazionalista Italiana sull'antisemitismo fu introdotto esattamente nel momento in cui la Chiesa appoggiò per la prima volta pubblicamente il nuovo nazionalismo, segnalando una collaborazione politica con i nazionalisti.[166]

Un interrogativo su cui non è possibile svolgere delle ricerche scientifiche né tanto meno fornire delle risposte è se nell'Italia liberale esistesse o meno una qualsiasi forma di antisemitismo latente, che avrebbe praticamente fatto da ponte tra l'antigiudaismo tradizionale della storia italiana pre-contemporanea e le Leggi razziali del 1938.[167]

È tuttavia evidente che, a prescindere da sparuti scritti antisemiti e occasionali esternazioni ostili contro gli ebrei, il pensiero antisemita non è riuscito a esercitare un'influenza degna di nota sulla cultura politica e l'opinione pubblica dell'Italia. Nell'Italia liberale furono le forze che si adoperavano per un'integrazione degli ebrei nello stato e nella società a esercitare l'egemonia politica.

L'esempio dell'Italia mostra che l'antisemitismo non è un fenomeno inevitabile, nato per una necessità intrinseca dalla crisi della società borghese della fine dell'Ottocento, e quale importanza ebbe la Chiesa

[164] Negli anni successivi Federzoni fu tra i membri del Gran Consiglio del Fascismo che nel 1938 si erano espressi contro l'introduzione delle Leggi razziali.

[165] Michael Völkel, *Das Deutschlandbild Alcide De Gasperis (1884-1954). Ein Beitrag zur Geschichte der italienischen Deutschlandwahrnehmung* (München, 2004), pp. 64-66.

[166] Bruno Bertoli, *La Chiesa di Venezia dalle Origini al Duemila. Tappe di un itinerario nella storia* (Venezia, 2001), p. 75 segg.; Gabriele De Rosa, *Il movimento cattolico in Italia. Dalla Restaurazione all'età giolittiana* (Bari, 1966), pp. 503, 539-576.

[167] Per l'ammonimento di Niklas Luhman, di essere cauti nell'usare l'espressione "struttura latente": *idem*, Soziale Systeme (Frankfurt am Main, 1984), p. 399.

cristiana per il formarsi e l'evolversi dell'antisemitismo in Europa.

Per la ricerca storica ciò significa che occorre compiere degli approfondimenti sul contesto culturale e politico e prendere in esame il modo di parlare e di agire di persone concrete. L'antisemitismo non è un fenomeno che debba necessariamente emergere nello sviluppo storico europeo; decisive per la sua formazione sono peculiari e specifiche circostanze della società in cui nasce.

Traduzione di Dorothee Wolff

Ebree italiane ed ebree in Italia fra tradizione e modernità

Liana Novelli Glaab

Premessa: la posizione delle donne ebree nella famiglia

Le donne di cui qui si tratta provengono, nel caso delle italiane, dal Nord e dal centro Italia, esclusi gli ex territori del regno pontificio. Nell'Italia meridionale infatti, dopo la cacciata degli ebrei dal regno borbonico, non si hanno più stanziamenti di comunità. Nello Stato Pontificio le comunità sono continuamente sottoposte a interdizioni e angherie, che impediscono un loro sviluppo in direzione di una sia pur modesta modernità e sono assorbite da costanti preoccupazioni per difendersi dall'indigenza e salvarsi dalle pesanti pressioni a convertirsi.[1]

Il periodo in esame parte dalla realizzazione dell'unità d'Italia nel 1861, che segna l'emancipazione degli ebrei italiani a eccezione degli ebrei romani, che saranno emancipati dopo la presa di Roma nel 1870.

Sono necessarie alcune premesse sulla situazione femminile nell'ebraismo italiano. È noto che il ruolo della donna ebrea riceve un'ulteriore importanza dal fatto che la ritualità religiosa viene celebrata in ambito domestico - su questo, rimando ai fondamentali studi di Marion Kaplan e di Rachele Monika Herweg.[2] A questo proposito non ci sono sensibili differenze con la posizione della donna ebrea in altri paesi, se non si vuole tener conto del particolare valore, che in generale in Italia si attribuisce all'arte culinaria e al governo della casa, che vantano tradizioni di varietà e di lusso solo recentemente acquisite altrove.

[1] Anna Foa, *Ebrei in Europa dalla peste nera all'emancipazione* (Roma / Bari, 1999), p. 121-147; Attilio Milano, *Storia degli ebrei in Italia* (Torino, 1992), pp. 286-301.

[2] Marion Kaplan, *"Priestess and Hausfrau. Women and Tradition in the German-Jewish Family"* in M. Cohen, P. Hyman (A cura di), *The Jewish Family. Myth and Reality* (New York / London, 1986), pp. 62-81.

Rachel M. Herweg, *Die Jüdische Mutter. Das verborgene Matriarchat* (Darmstadt, 1994), pp. 88-101, in particolare pp. 89 e 95.

Le specificità a cui mi riferisco dipendono in gran parte dalla storia e composizione delle comunità italiane, numerose ma di modesta grandezza. A eccezione della comunità romana, la più antica, le comunità dell'Italia centro-settentrionale sorgono nel tardo Medioevo mediante cessioni di banchi di pegno ad ebrei sia sefarditi che ashkenaziti, con contratti a tempo rilasciati dai comuni. Le attività del prestito ebraico subiscono diverse vicende, che non sono oggetto di questo studio, ma possiamo dire che rappresentano il punto di partenza degli stanziamenti ebraici nelle regioni del Centro-nord e, insieme al commercio e alle professioni artigianali e liberali, sono alla base di una media agiatezza, conseguita e non più minacciata a partire dall'Unità d'Italia.[3]

Poiché la posizione della donna ebrea all'interno della famiglia e della comunità è il risultato di costruzioni storiche e sociali di lunga durata, è necessario uno sguardo sulla sua evoluzione storica.

La minaccia di perdere beni faticosamente acquisiti è una costante della storia ebraica non solo in Italia e contro questo pericolo si attivano diverse strategie. Dato che agli ebrei non erano consentite proprietà terriere né d'immobili, essi vivevano in città e i loro capitali erano impiegati nelle relative attività, quasi tutte di natura mercantile e finanziaria. Il pericolo di espropriazioni e tasse particolarmente gravose, nonché di fallimento e di tutti i rischi connessi all'esistenza quotidiana delle comunità ebraiche, era sempre presente. E poiché solo le doti femminili ne erano esonerate (l'inviolabilità dei monti dotali era comune in tutta Italia) si ricorse generalmente alla costituzione di doti più o meno cospicue, a seconda della ricchezza della famiglia.[4] Il loro ammontare è comunque mediamente superiore alle doti abituali del resto della popolazione, se non si considerano le cifre esorbitanti in uso nella nobiltà, che rappresentano un'eccezione.[5]

"Tanto per la loro capacità riproduttiva, quanto perché intestatarie della dote, la vera ricchezza di base del nucleo appena formato, le donne non tardavano ad assumere un ruolo preminente rispetto a quello dei loro coniugi, che almeno nei primi anni di matrimonio

[3] Attilio Milano, op. cit., pp. 109-118.

[4] Luciano Allegra, "La madre ebrea nell'Italia moderna" in Marina d'Amelia (a cura di), *Storia della maternità* (Roma / Bari, 1997), pp. 53-75, in particolare pp. 63 e 67.

[5] Angela Groppi (a cura di), *Il lavoro delle donne* (Roma / Bari, 1996), pp. 119-163, in particolare p. 159.

rimanevano confinati in una condizione di minorità."[6] È stato sottolineato che ciò rivela una strategia economica sulle doti indubbiamente messa in atto dagli uomini e non dalle donne a cui queste erano intestate, ma è comunque un fatto che privilegia le giovani spose rispetto ai mariti nella posizione famigliare. Questi, infatti, sono, all'atto del matrimonio, ancora dipendenti dai genitori, con i quali la giovane coppia convive, e la dote viene amministrata dal padre dello sposo. La giovane età degli sposi ebrei, che non debbono aspettare una precedente costituzione di patrimonio da parte del marito come generalmente accade per i cristiani, produce un altro effetto vantaggioso per la moglie ebrea. Lo scarto di età tra gli sposi è minimo e non permette ai mariti di assumere quel ruolo educativo nei confronti di una giovane sposa, che è ampiamente raccomandato dalla trattatistica italiana - i "libri della famiglia" di Giovan Battista Alberti ne sono un illustre esempio - ed è testimoniato dall'età delle nozze molto diversa in base al genere. Qui, infatti, l'uomo non dovrebbe prendere moglie prima dei venticinque anni, mentre la sposa dovrebbe essere molto giovane. "Sono le fanciulle per età pure [...] senza contumacia seguitano costumi e voglie del marito".[7]

Il conseguente più lungo periodo fecondo della vita coniugale tra ebrei - e senza dubbio anche le ristrette condizioni abitative dei ghetti - li stimolano all'adozione precoce e generalizzata di pratiche contraccettive, di cui gli ebrei sono ritenuti fra i precursori. Di fatto i dati demografici delle comunità ebraiche di Firenze, Livorno, Modena, Padova, Roma, Trieste e Verona per i periodi dal 1669 al 1675 e dal 1901 al 1915 testimoniano un livello contenuto dei tassi di natalità, sensibilmente inferiori non solo a quelli del mondo contadino, ma anche a quelli degli altri ceti urbani, il che non può essere giustificato soltanto dalle regole di purità attinenti al ciclo mestruale prescritte dalla religione.[8]

La sposa ebrea è quindi una madre giovane ed esposta a un minore numero di gravidanze, che comunque risultano più distanziate tra di loro, il che le permette di esserne meno provata fisicamente.

Poiché le comunità sono molto piccole, non è facile concludere

[6] Luciano Allegra, op. cit., pp. 59-60.

[7] Leon Battista Alberti, *I libri della famiglia, libro secondo, De re uxoria* (Torino, 1994).

[8] Mario Livi Bacci, *Donna, fecondità e figli* (Bologna, 1980), pp. 53-57, e dello stesso "Ebrei, aristocratici e cittadini precursori del declino della fecondità" in "Quaderni storici", 54, dicembre 1983, pp. 913-939.

matrimoni al loro interno, anche perché si vuole evitare una disparità di ceto sociale, e così spesso la sposa viene da un'altra città. Le strategie matrimoniali vengono generalmente messe in atto dalle donne,[9] sia per ragioni demografiche - la presenza di madri vedove all'atto delle nozze è molto più frequente del caso di padri vedovi[10]- sia perché esse stesse dispongono di reti parentali della comunità di origine, cui ricorrere per i matrimoni dei figli.[11] Questa fitta rete di rapporti parentali tra diverse comunità procura alle donne una certa sicurezza sul buon trattamento che avranno nella nuova famiglia. Donne maltrattate si potevano comunque rivolgere per aiuto al rabbino locale e sappiamo che in casi in cui la moglie desiderasse il divorzio era uso fare pressione sul marito perché pronunziasse il ripudio. Nei giudizi pronunziati dai rabbini - responsa rabbinica - si concede al marito il diritto di punire la moglie per cattivo comportamento, come era del resto diritto comune. Se però un marito ebreo picchiava la moglie senza giusto motivo, doveva pagarle una somma riparatoria, concederle il divorzio e restituire la dote.[12] Nelle comunità ebraiche italiane a causa degli stretti rapporti di parentela e di vicinato il controllo sociale era alto e poiché la funzione giurisdizionale era esercitata dal rabbino, si può affermare che le donne ebree erano relativamente protette da soprusi e maltrattamenti.[13]

Anche per quanto riguarda il lavoro le ebree italiane sembrano occupare una posizione di maggiore prestigio delle altre donne, il che conferma la loro centralità nell'ambito delle strategie economiche, già favorita dalle costituzioni delle doti.[14]
Così troviamo donne proprietarie e conduttrici di attività mercantili e

[9] Luciano Allegra, op. cit., p. 74.
[10] *Ivi*, p. 63.
[11] *Ivi*, p. 73.
[12] Ariel Toaff, "Mogli violente e mariti picchiati nell'Italia ebraica del Rinascimento" in Claire E. Honess, Verina R. Jones (a cura di), *Le donne delle minoranze* (Torino, 1999), p. 74.
[13] Avraham Grossman ritiene che le donne ebree a confronto con le cristiane godessero di una posizione migliore all'interno della famiglia, anche perché la violenza maschile nella famiglia veniva generalmente condannata. Cfr. *"The Status of Jewish Women in Germany (10th-12th Centuries)"* in Julius Carlebach (a cura di), *Zur Geschichte der Jüdischen Frau in Deutschland* (Berlin, 1993), pp. 17-35.
[14] Angela Groppi, op. cit., p. 159.

finanziarie - e non solo come vedove continuatrici dell'attività del marito[15] - e nell'ambito dell'istruzione ed educazione, spesso assunte come istitutrici in famiglie cristiane (il caso più celebre è quello di Bienvenida Abravanel, istitutrice a Napoli di Eleonora da Toledo, futura sposa di Cosimo I de Medici). Questa propensione educativa deriva dalla formazione professionale domestica, tanto importante nella famiglia ebraica quanto più alti erano i rischi di rovesci di fortuna. L'addestramento delle figlie alle arti "femminili"; cucito, filatura e ricamo, rispecchia sia i dettami rabbinici - secondo i quali la madre è la prima insegnante dei figli e le sue attività si devono svolgere nello spazio della casa - sia l'opportunità di allevare le donne a mestieri da cui trarre un reddito lavorando a domicilio. Quella nell'ambito dell'abbigliamento, nuovo ed usato, è una tradizionale attività degli ebrei italiani, e le donne ne sono la base. Tornando all'istruzione data dalla madre, essa è colei che insegna a leggere e a scrivere ai figli, rendendoli in ciò indipendenti dalla possibilità di frequentare scuole interdette a non cristiani. Il buon livello di istruzione degli ebrei è testimoniato dai dati sull'analfabetismo della popolazione italiana all'Unità nel 1861: il 5,8% degli ebrei era analfabeta – in quote pressoché uguali nei due sessi - mentre nel resto della popolazione gli analfabeti rappresentavano il 64%, con picchi dell'81% fra le donne.
Vale la pena menzionare i dati sulle lauree femminili conseguite tra il 1877 e il 1900, che riguardano anche alcune delle donne di cui parleremo in seguito. Furono conferite 257 lauree a 224 donne, 21 di queste a ebree, una percentuale assolutamente sproporzionata alla popolazione effettiva, che non raggiungeva lo 0,2%.[16]

La posizione delle donne ebree nella società cattolica

Che le ebree italiane si sentissero relativamente soddisfatte del loro ruolo e della loro posizione all'interno della comunità è confermato dalla scarsa propensione alle conversioni al cattolicesimo, che sono

[15] *Ibidem*
[16] Marino Raicich, "Liceo, università, professioni: un percorso difficile" in Simonetta Soldani (a cura di), *L'educazione delle donne* (Milano, 1989), p. 168.

testimoniate come numericamente molto inferiori a quelle maschili.[17] Certamente le donne, le cui attività professionali si svolgevano prevalentemente in ambito domestico, erano meno esposte alla tentazione di procurarsi posizioni lavorative ed economiche più favorevoli, come solitamente avveniva in seguito alla conversione. I padrini di battesimo erano, infatti, per ragioni di prestigio e di pubblicità che si volevano dare a una conversione, persone altolocate, spesso di nobili natali e facoltose, che erano poi tenute a provvedere al convertito, dandogli la possibilità di condurre un'esistenza decorosa, a testimonianza del *"favor fidei"* e in sostanza della migliore vita in seno al cattolicesimo, come compenso per aver abbandonato l'"errore". Le donne erano meno esposte nella sfera pubblica, perché meno presenti. D'altro lato la Chiesa aveva grande interesse alla loro conversione, essendo esse potenzialmente madri di futuri cristiani, e si serviva di un particolare strumento a questo scopo e cioè dell'"offerta" di parenti, che ogni catecumeno poteva fare e sulla cui liceità il clero giudicava con diversa indulgenza, a seconda delle direttive in vigore nella rispettiva Casa dei catecumeni e dei regolamenti via via emanati dai pontefici su questa materia.

La procedura era la seguente: ogni sposa, fidanzata o figlia "offerta" (ma anche ogni ebreo, di cui un cristiano segnalava la volontà alla conversione) veniva esaminata per quaranta giorni nella casa dei catecumeni in cui veniva rinchiusa d'autorità, e poi ne usciva battezzata; oppure, se insisteva a permanere nell' "errore", ritornava nel ghetto. Unica eccezione erano le donne incinte, per le quali i quaranta giorni incominciavano dalla nascita del bambino. Poiché in questi casi spesso il bambino veniva battezzato, il che era lecito se si trovava in pericolo di vita - e capitava quasi sempre che lo fosse - la madre aveva l'alternativa di rinunciare al figlio o di convertirsi, dato che un bambino battezzato non veniva restituito a genitori infedeli.[18]

[17] Marina Caffiero, *Battesimi forzati. Storie di ebrei, cristiani e convertiti nella Roma dei papi* (Roma, 2004), p. 221; Luciano Allegra, *Identità in bilico. Il ghetto ebraico di Torino nel Settecento* (Torino, 1996), pp. 115-127.

[18] A questo proposito Marina Caffiero osserva che l'interesse della Chiesa al bambino "non nato" di un'ebrea, in quanto possibile battezzando, è il primo passo della separazione tra corpo della madre e feto. Per la prima volta nella storia, al diritto della madre viene contrapposto il diritto di quello che verrà successivamente chiamato "cittadino non nato". Cfr. il capitolo *"Bambini non nati. Il battesimo e lo statuto dei feti"* in Caffiero (op. cit.), p. 265-271. Su questo tema: Barbara Duden, *Il corpo della donna come luogo pubblico* (Torino, 2003) e Nadia M. Filippini, *La nascita straordinaria.*

In simili casi seguivano le conversioni delle madri, con la successiva offerta degli altri figli.
Altrimenti le conversioni femminili erano tuttavia rare, anche perché le donne si sentivano ed erano protette dalla famiglia d'origine e non avevano nessun interesse a emanciparsi da questa come invece poteva essere il caso degli uomini, come in precedenza esposto più a lungo tenuti in posizione subalterna.

Dopo l'emancipazione

Partendo quindi da una posizione famigliare e sociale delle ebree italiane "forte" rispetto alla generalità della popolazione femminile, è interessante osservare quale sia l'impatto dell'unità della nazione e dell'estensione dell'emancipazione a tutti gli ebrei italiani sulle donne.
All'indomani dell'emancipazione, si apre nell'ebraismo italiano un dibattito sul problema della conservazione e della trasmissione del proprio patrimonio culturale e religioso.[19] Gli ebrei avevano partecipato attivamente al Risorgimento, si sentivano ed erano recepiti come "patrioti" della "risorta" nazione. I movimenti che portano all'unità nazionale in Italia si sviluppano prevalentemente in uno strato sociale colto, liberale e per lo più laico, in cui gli ebrei trovano spazio e clima favorevoli. È quindi naturale che gli ebrei intendessero partecipare alla vita politica, sociale e culturale italiana nel contesto di parità, che il nuovo Stato non metteva più in discussione. Ma come preservare allora la propria specificità e trasmetterla ai figli?
Il pericolo dell'assimilazione totale e della conseguente perdita dell'identità collettiva è immediatamente sentito e oggetto di

Tra madre e figlio la rivoluzione del parto cesareo. Secoli XVIII-XIX (Milano, 1995). Che bambini battezzati debbano essere allevati esclusivamente da cristiani viene ancora documentato da una lettera del 1946, che il Santo Uffizio manda all'allora "nunzio" in Francia Angelo Roncalli, poi papa Giovanni XXIII. La lettera è stata pubblicata dal Corriere della Sera del 28.12.2004 e risponde alla questione di come ci si dovesse comportare nel caso in cui bambini ebrei, nascosti in famiglie o istituzioni francesi durante la seconda guerra mondiale, fossero reclamati dai genitori o parenti sopravvissuti allo sterminio o da organizzazioni ebraiche. Vi si dice che, se i bambini sono stati affidati alla Chiesa dai loro genitori e i genitori li reclamano, possono essere restituiti, "purché non abbiano ricevuto il battesimo".

[19] Monica Miniati, "Tra emancipazione ebraica ed emancipazione femminile: il dibattito della stampa ebraica dall'Unità alla grande guerra" in "Storia contemporanea" 20, 1989, pp. 45-78.

discussione prima in Piemonte, dove la definitiva emancipazione arriva nel 1848, e poi in tutto il paese.
La risposta è quasi ovvia. La famiglia, da sempre luogo di educazione e di culto, deve assumersi questo compito e all'interno di essa la donna. "Date alle madri il sacerdozio delle anime" scrive Giuseppe Levi sulle pagine de "L'Educatore Israelita" nel 1860.[20] Questo è il tenore della stampa ebraica dall'Unità in poi e la donna vi diviene oggetto di particolare attenzione. Si sostengono politiche di intervento per migliorare l'istruzione religiosa e civile della donna e metterla in grado di adempiere a quei compiti di azione filantropica già da sempre presenti nell'ebraismo, atti a risollevare la parte povera della popolazione israelita e specificamente mediante l'impegno a favore delle bambine e delle giovani in asili, scuole e istituti di formazione professionale, dato che ad una loro migliore istruzione corrisponderà un più alto livello di educazione dei figli.
Le ebree di fine Ottocento arrivano a far parte della società italiana proprio nel momento in cui si formano movimenti femminili che hanno come fine l'emancipazione della donna e la sua partecipazione alla vita politica, sociale e professionale del Paese e la loro presenza numerica non permette un impegno separato dalle altre italiane per questi scopi. Tanto più questo non avviene a causa dello spirito conservatore della stampa e, diciamo pure, del mondo ebraico del tempo, che assegnava alla donna esclusivamente la missione materna e coniugale. "Lasciate pure a noi, o donne, il faticoso lavoro del pensiero: voi educatevi il pensiero all'amore, ai dolci, ai santi affetti" ribadiva Giuseppe Levi sempre su "L'Educatore Israelita".[21] D'altro canto tra le intellettuali che si impegnano per i diritti della donna, la compagine femminile ebraica è particolarmente ampia. La stessa continuità nell'impegno filantropico tradizionale - il dovere di aiutare le persone rendendole capaci di provvedere autonomamente a se stesse, quel ripristino della giustizia *(zedaqah)* che è propriamente la carità ebraica - porta numerose ebree ad aderire a organizzazioni emancipazioniste per la promozione culturale della donna. L'Unione Femminile Nazionale, su cui torneremo in seguito, viene fondata da cattoliche ed ebree, ambedue per lo più laiche e borghesi, e ne farà parte una cospicua rappresentanza ebraica dalla sua fondazione nel

[20] Giuseppe Levi, "L'ebreo del passato e l'ebreo del presente" in "L'educatore israelita", 1860, p. 166.
[21] Giuseppe Levi, "L'anima della donna" in "L'educatore israelita", 1864, p. 328.

1899 a oggi.[22]

Tradizione ed emancipazione: Anna Kuliscioff, Paola e Gina Lombroso, Margherita Sarfatti

In questo panorama e nell'ambiente dell'Unione Femminile si trova ad agire Anna Kuliscioff, nata a Simferopol in Crimea nel 1854 come Anna Rozenstein, figlia di un ricco commerciante ebreo. Già studentessa a Zurigo, tornata in patria svolge un'intensa attività di propaganda rivoluzionaria, in seguito alla quale è costretta a lasciare per sempre la Russia, perché ricercata dalla polizia zarista. Ripara in Svizzera dove, fra gli esuli anarchici, conosce Andrea Costa. I due si innamorano e vivono tra Svizzera, Italia e Francia, braccati dalla polizia e nel 1878 incarcerati, lei a Firenze e lui a Parigi. In questi anni di dure repressioni divengono assertori e promotori del socialismo internazionale. Nel 1881 nasce la figlia Andreina, ma nel frattempo finisce lentamente il loro legame. Andrea Costa è diventato parlamentare e Anna studia medicina, prima in Svizzera e poi in Italia. Nel 1884 Anna conosce Filippo Turati. Da allora nasce un sodalizio sentimentale, culturale e politico, che sarà fondamentale per la nascita e lo sviluppo del Partito Socialista Italiano.

A Milano essi fonderanno "Critica sociale", giornale che elabora, discute e diffonde la teoria socialista, documento essenziale della storia del movimento operaio e socialista. La sede è la loro abitazione in galleria Vittorio Emanuele con le finestre sulla piazza del Duomo, prestigioso indirizzo, ancora oggi ricordato dalla targa ivi apposta dal sindaco nel 1948: "In questa casa dal 1892 al 1925 due vite intrecciate Filippo Turati e Anna Kuliscioff irradiarono sui lavoratori la luce e la fede nel socialismo". Gli avversari politici lo chiamano "il salotto di Anna Kuliscioff" e vi passeranno i maggiori esponenti del Partito Socialista ma non solo. Sarà il centro della Milano intellettuale e progressista, vi si incontreranno artisti e scrittori, le emancipazioniste dell'Unione Femminile e molti personaggi che influenzeranno i destini d'Italia, da Mussolini a Margherita Sarfatti.

Rari sono gli interventi in prima persona di Anna su "Critica sociale", tredici in tutto in trentacinque anni di vita della rivista, la maggioranza firmati da "Noi" o da "T. e K." Turati stesso confesserà poi di non

[22] Su 86 socie fondatrici, undici erano ebree.

saper "scernere dove l'un pensiero finisca e l'altro incominci".[23] Se però si legge il voluminoso carteggio, che accompagna la vita parlamentare di Turati e con cui viene quotidianamente seguito da Anna, vi si trovano consigli e ancor più lodi e biasimi in un tono che rivela un rapporto quasi materno. "Bravo, bravo, tre volte bravo! ...hai detto delle cose scottanti [...] Oh, Filippin, Filippin! Sono proprio contenta […] mi piacerebbe che tutto il partito, e lo stesso vostro gruppo, assomigliasse a questo discorso". [24] Oppure: "La tua replica è vibrata, vivace e buona, ma cosa vuoi... oggi sono tutta compresa di ammirazione per la sig. Giovanna, e tu passi in seconda linea."[25] Paola Lombroso, che conobbe bene entrambi, scrisse "Fu veramente Anna Kuliscioff che dalla pallida crisalide di un poeta nevrastenico trasse l'ardito leader dei socialisti italiani, che con l'intuito femminile seppe risvegliare tutte le energie magnifiche che giacevano sonnecchianti e inutilizzate nell'anima di Filippo Turati".[26]

Paolo Treves dirà più tardi che Anna "vide molti problemi più chiaramente di lui".[27] Alla luce di questo commento si ricordino due sue osservazioni, una nella lettera dell'11 marzo 1919: "Le condizioni della pace che vogliono imporre alla Germania sono una tale infamia, una vera turpitudine [...] Io spero ancora che i vincitori siano toccati dalla grazia divina, e si avvedano a tempo verso qual abisso spingono l'umanità."[28] Allo scoppio della rivoluzione russa, in una conversazione con lo scrittore Luigi Brocchi, assiduo frequentatore del "salotto", osservò: "In Russia, se un dittatore assumerà il potere sia pure in nome del proletariato, siate certi che boiardo o plebeo, rosso o nero, sarà sempre uno zar. E il peggio sarà per noi che se questo accadrà in Russia ci sarà qualcuno che in Italia raccoglierà l'esempio del colpo di Stato".[29]

[23] Paolo Pillitteri, Anna Kuliscioff, *Una biografia politica* (Venezia, 1986). Su Anna Kuliscioff: Marina Addis Saba, *Anna Kuliscioff: Vita privata e passione politica* (Milano, 1993); Anna Grazia Pinna, *Anna Kuliscioff. La politica e il mito* (Milano, 2001); Claudia Dall'Osso (a cura di), *Turati e Kuliscioff: Amore e socialismo. Un carteggio inedito* (Milano, 2001).

[24] Paolo Pillitteri, op. cit., p. 160.

[25] *Ivi*, p. 161. La "signora Giovanna" è il presidente dei ministri Giovanni Giolitti.

[26] Giorgio Boatti, "Preferirei di no: le storie dei dodici professori che si opposero a Mussolini" in Franco Giustolisi, *L'armadio della vergogna* (Roma, 2004), p. 287.

[27] Paolo Pillitteri, op. cit., p. 81.

[28] *Ivi*, p. 213.

[29] *Ivi*, p. 219.

Essendo Anna Kuliscioff prima di tutto una socialista essa vede l'emancipazione delle donne nel più vasto contesto dell'emancipazione generale e in questa luce si deve leggere oggi il suo appello "Alle donne italiane" del 1897, in cui invoca il diritto di voto anche per le donne e le esorta a partecipare attivamente alla lotta politica.[30] La sua è una battaglia per l'istruzione gratuita, per la salute e migliori condizioni di vita per le lavoratrici e le operaie. Si batte per le leggi di tutela del lavoro delle donne e dei fanciulli, varate poi nel 1902, e per il cui sostegno sarà aspramente criticata da Anna Maria Mozzoni, femminista milanese fondatrice della Lega per gli interessi femminili. La Mozzoni avanza il timore che leggi speciali in favore delle donne le ricacceranno a casa.[31] I fatti sembrano darle ragione, anche se la flessione del lavoro femminile dopo l'avvento della legge pare oggi imputabile ad altre cause e specificamente ai cambiamenti introdotti nei procedimenti di lavoro dell'industria all'inizio del XX secolo.[32] Certamente la sensibilità di Anna Kuliscioff è acuita dalla sua professione di medico e una riduzione dell'orario di lavoro le sembra l'unica via per salvaguardare la salute delle operaie. L'appoggio del partito socialista a questa legge non esclude il sospetto che un rientro in casa delle operaie, che, costando di meno degli uomini, rappresentavano una temibile concorrenza, non fosse poi così sgradito, tanto più che solo gli uomini avevano il diritto di voto.
Lo stesso Turati ritiene che le donne non siano mature per godere del diritto di voto, come sostiene in una polemica pubblicata su "Critica sociale" in risposta ad Anna, nota come la "polemica in famiglia", esempio di un rapporto paritario di coppia all'alba del secolo XX.[33] Quando Anna Kuliscioff muore tra il cordoglio generale nel 1925, "Critica sociale" non le sopravviverà neanche di un anno e in quello stesso anno Filippo Turati, oramai messo fuori legge dal fascismo, prenderà la via dell'esilio.

Anna Kuliscioff frequentò le università di Berna, Pavia, Torino e Padova, dove nel 1887 si laureò in ostetricia e ginecologia. A Torino

[30] *Ivi*, pp. 103-106.
[31] Anna Maria Mozzoni, *La liberazione della donna* (Milano, 1975), pp. 198-199.
[32] Franca Pieroni Bortolotti, *Socialismo e questione femminile in Italia 1892-1922* (Milano, 1974), p. 107; Annarita Buttafuoco, *Cronache femminili. Temi e momenti della stampa emancipazionista in Italia dall'Unità al fascismo* (Arezzo, 1988), p. 66.
[33] Mimma De Leo, Fiorenza Taricone, *Le donne in Italia* (Napoli, 1992), pp. 167-175.

frequentò spesso la casa di Cesare Lombroso, scienziato ebreo allora titolare della cattedra di medicina legale e di igiene pubblica presso la locale università. Torino è la città italiana in cui la cultura positivista è maggiormente diffusa, in un'interpretazione che ne sottolinea gli aspetti operativi di scienza sociale con fini riformatori. La funzione del medico vi viene vista come quella di osservatore sociale, che studia il fisico umano anche come origine di comportamenti. Cesare Lombroso, cui viene affidato il posto di medico delle carceri e nel 1890 la cattedra di psichiatria, formulerà le sue teorie sulla base dell'osservazione del fisico "criminale" e ne pubblicherà i risultati in opere divenute famose, tra cui "La donna delinquente, la prostituta e la donna normale"[34] scritto in collaborazione con Guglielmo Ferrero, suo studente e poi marito della figlia Gina. In questa opera viene affermata l'inferiorità biologica della donna ed è in una cultura, che di questa inferiorità fece uno dei suoi presupposti, che crebbero le due figlie di Lombroso, Paola e Gina.[35] Non si creda per questo che esse venissero discriminate nell'educazione rispetto ai fratelli. Il padre anzi non negò mai alle donne l'impegno nell'attività scientifica, tanto che fece di Gina la sua principale collaboratrice e segretaria. Ma la condizione di qualsiasi impegno femminile era il riconoscimento di una gerarchia di qualità intellettuali, fondata sulla differenza sessuale, quindi biologicamente invalicabile. Le sorelle Lombroso furono dunque destinatarie di un progetto pedagogico che prevedeva l'accesso delle donne al sapere, ma le destinava ad un ruolo intellettuale subalterno. Esse ebbero tutte le opportunità di istruzione che offriva il loro ambiente e il clima culturale cittadino - Torino fu per lungo tempo la città italiana dove si laureò il maggior numero di donne - e ciò permise loro di divenire due intellettuali di professione. Ma quale fu il prezzo da pagare, le contraddizioni e i conflitti, che esse dovettero affrontare per affermare il diritto a seguire interessi sociali e intellettuali, scegliendo contemporaneamente il matrimonio e la famiglia?

L'educazione famigliare era volta a stimolare nei figli l'impegno intellettuale soprattutto in ambito scientifico. L'orientamento dato da Cesare Lombroso era assolutamente laico, nonostante la madre, Nina

[34] Cesare Lombroso, Guglielmo Ferrero, *La donna delinquente, la prostituta e la donna normale* (Torino, 1893).

[35] Delfinan Dolza, *Essere figlie di Lombroso: due donne intellettuali tra '800 e '900* (Milano, 1990), pp. 19-43.

De Benedetti, avesse desiderato imprimervi i contenuti religiosi della famiglia ebraica di provenienza. Nina De Benedetti è la prima a subordinare la sua vita ai desideri del marito, facendogli da segretaria e redattrice, organizzandogli una casa "aperta" - questo sì in sintonia con l'ospitalità ebraica - in cui alla domenica si ricevevano amici e collaboratori universitari torinesi, ma anche illustri stranieri di passaggio (tra i suoi ospiti vi fu per esempio Max Weber). In questo ambiente intellettuale le figlie incominciarono prestissimo a collaborare col padre, curandogli la corrispondenza, scrivendo saggi e recensioni per le sue riviste, correggendo le bozze tipografiche dei suoi libri. Paola, che sentiva la privazione delle fiabe, proibite dal padre, si mise a inventare novelle per i fratelli minori e incominciò giovanissima a pubblicarle. Questo suo interesse per l'infanzia impostò l'azione filantropico-riformatrice di tutta la sua vita e iniziò con la fondazione di "Scuola e famiglia" nel 1896, un'istituzione di assistenza pubblica a favore degli alunni delle scuole elementari di Torino, che lei e Gina crearono su suggerimento di Anna Kuliscioff. Le grandi qualità organizzative di Paola, aiutate dalle relazioni cittadine del padre, portano al successo dell'iniziativa, che ben presto copre tutte le scuole di Torino. Inoltre, attraverso una fitta attività d'indagine condotta nei quartieri poveri della città, Paola si rese conto che era necessario analizzare la psicologia e i bisogni dei bambini del popolo, per impostare un corretto intervento pedagogico. Sostenne dunque la determinante influenza dell'appartenenza sociale sul bambino e ne derivò due tesi, che guidarono poi la sua azione: la prima, che gli unici interventi forieri di successo erano quelli sull'infanzia, la seconda, che il problema dell'istruzione non si risolveva con gli investimenti in scuole e insegnanti - necessaria premessa - ma suscitando nei ceti popolari il desiderio di istruzione, cosa assolutamente non ovvia. Nel 1899 si sposò con Mario Carrara, già assistente del padre e in seguito titolare della cattedra di medicina legale a Torino fino al gennaio 1932, quando fu destituito dall'insegnamento per non aver giurato fedeltà al regime fascista. È lei la Paola Carrara, il cui salotto antifascista viene descritto da Natalia Ginzburg in "Lessico famigliare".[36] Dopo il matrimonio diede vita ad altre importanti iniziative pedagogiche, sempre all'interno di quel programma di ripristino della giustizia di tradizione ebraica, ulteriormente confermato dall'idea di progresso del pensiero

[36] Natalia Ginzburg, *Lessico famigliare* (Torino, 1963 e 1999), pp. 87-89.

positivista. Sotto la sua organizzazione nacquero le "bibliotechine rurali" che, iniziate con la dotazione di dieci libri per ragazzi a una scuola di campagna, dovevano estendersi a tutte le scuole dei paesi d'Italia, grazie a un'azione di promozione, in cui le riuscì di coinvolgere scolari cittadini, genitori, associazioni, giornalisti e uomini politici. È fuor di dubbio che la rete delle bibliotechine favorì l'alfabetizzazione e l'amore alla lettura e creò una coscienza di solidarietà tra gli scolari che organizzavano l'azione - i quali per esempio disegnavano cartoline, la cui vendita contribuiva a finanziare le bibliotechine - e i destinatari.
Sempre per favorire l'approccio alla lettura, la Lombroso ideò il "Corriere dei Piccoli", settimanale a cura della stessa redazione del Corriere della sera e che ebbe grande fortuna, anche se la collaborazione della Lombroso cessò nel 1908 perché il direttore Albertini si rifiutava di darle l'autonomia da lei richiesta. Ancor oggi moltissimi italiani potrebbero recitare a memoria le avventure in versi di personaggi oramai leggendari del Corriere dei piccoli, come Bonaventura, Pampurio, Bibì e Bibò il cui effetto di promozione della lettura nell'infanzia fu grandissimo.[37]
Dall'entrata in guerra dell'Italia nel 1915, Paola organizza asili-ricovero per i figli dei richiamati. Oramai essa conta su una fitta rete di collaboratrici e di sostenitori e da questa esperienza nascerà, terminata la guerra, la "Casa del sole", un istituto che ha lo scopo di accogliere i figli sani di tubercolotici. Poiché si era resa conto dell'alta percentuale di questi casi e della necessità che i bambini fossero sottratti al pericolo del contagio e crescessero in un ambiente sano, la Casa del sole era situata in un grande giardino nella cintura di Torino. Fu acquistata per mezzo di sottoscrizioni di fondatori, donazioni e contributi di enti e di industriali, soprattutto della ditta di filati Leumann, tra i cui operai e operaie si segnalavano parecchi casi di tubercolosi - tipica malattia professionale del settore tessile - ed ebbe lunga vita, rinascendo dopo la pausa della seconda guerra mondiale fino a che fu assorbita dal comune e divenne una scuola a tempo pieno, quale è tuttora.

Tutti i progetti pedagogici cui Paola Lombroso diede vita, furono accompagnati da un'intensa attività pubblicistica, che perseguiva tre scopi: additare ingiustizie sociali e le loro cause, sensibilizzare

[37] Franco Caradec (a cura di), *I primi eroi* (Milano, 1962).

l'opinione pubblica a questo riguardo e avviare progetti di riforma del sistema educativo e scolastico, volti a ristabilire un più giusto equilibrio sociale. In questa ottica l'impegno per l'alfabetizzazione, l'abitudine a leggere, la salute dell'infanzia (contemporaneamente all'attenzione per le malattie professionali degli adulti) possono essere letti in chiave ebraica secondo il comandamento della *"zedaqah"*, un proseguimento della tradizione ancorata nell'ebraismo indipendentemente dalla religiosità famigliare.

L'incontro con la Kuliscioff e il suo rapporto con le sorelle Lombroso fu importante per la vita di entrambe, ma non di eguale significato.
Mentre Paola appoggiò sia il progetto di legge per la tutela del lavoro femminile, sia la richiesta del diritto di voto, Gina fu contraria a entrambe le proposte. Essa riteneva come A. Mozzoni che le donne avrebbero perso il lavoro in conseguenza di leggi a loro favore e inoltre che queste sarebbero state inutili senza la contemporanea istituzione di casse di maternità - che la legge non previde - e senza decisivi miglioramenti delle condizioni di vita e di guadagno della classe operaia. Per quanto poi riguarda l'estensione del suffragio alle donne, il discorso è più lungo, perché la netta opposizione di Gina Lombroso non è comprensibile, se non considerando la sua personalità e il suo percorso intellettuale.
Di carattere docile e insicuro, a differenza di Paola - che fu sempre ribelle a farsi plasmare da altri, tanto da non sopportare nessun curriculum scolastico - Gina era una figlia e una scolara modello. Nutriva una incondizionata ammirazione per il padre e la sorella e fece da mediatrice fra di loro, cosa che era spesso necessaria.
Per la sua arrendevolezza e modestia divenne presto la collaboratrice preferita del padre e si adeguò ai suoi desideri, tanto da rinviare il suo matrimonio con Guglielmo Ferrero - rimasero fidanzati per dieci anni - finché si sposarono sì, ma coabitando con i genitori di lei, per permetterle di lavorare insieme al padre esattamente come prima.
Studiò dapprima lettere, non osando frequentare la facoltà di medicina, che avrebbe preferito. Dopo la prima laurea, e per sua stessa ammissione sull'esempio di Anna Kuliscioff, si iscrisse a medicina e si laureò con una tesi sui vantaggi della degenerazione, che era chiaramente nel campo di interessi di Cesare Lombroso.
Morto il padre nel 1909, Guglielmo e Gina Ferrero decisero di lasciare Torino e nel 1916 si trasferirono a Firenze, dove Ferrero, che aveva

compiuto i suoi studi in Toscana, desiderava crescesse il figlio Leo. Gina aveva sperato di divenire la collaboratrice intellettuale del marito, come lo era stata di suo padre, ed egli le aveva fatto coltivare questa speranza per parecchi anni, incoraggiandola a seguire un piano organico di letture in campo economico, politico e sociologico, che avrebbe posto la base di un loro lavoro comune. Ma questo lavoro non incominciò mai ed era tutto sommato impossibile per Ferrero collaborare con una donna, anche se amava e stimava la moglie, essendo in lui radicata la convinzione dell'inferiorità intellettuale femminile. Egli continuò a scrivere e pubblicare da solo, ed essendogli preclusa la carriera accademica in Italia perché antifascista e personalmente inviso a Mussolini, accettò l'offerta di una cattedra di storia contemporanea all'università di Ginevra, dove si trasferì con la famiglia nel 1930.

Gina faticò a prendere atto di questa impossibilità, ma quando vi riuscì essa poté iniziare a lavorare autonomamente. Già a Firenze aveva fondato l'"Associazione divulgatrice donne italiane" insieme a Olga Monsani e Amelia Rosselli, scrittrice per l'infanzia e madre dei due antifascisti Carlo e Nello Rosselli, che furono poi assassinati in Francia da sicari di Mussolini. Fu in questi anni che essa incominciò a occuparsi della condizione femminile, prima come terreno di indagine e poi sviluppando la sua costruzione teorica. Partendo dalla propria esperienza personale, essa riflette sulle contraddizioni tra la sua formazione culturale e i suoi comportamenti: "Pensavo alla ragione per la quale io, allevata al di fuori di ogni religione [...] avevo sempre considerato come una colpa avere un desiderio, un'ambizione propria indipendente da quella degli altri, per quanto ciò fosse reputato lecitissimo a tutti quelli che componevano il mio ambiente".[38] Da queste riflessioni nasce la concezione della "donna alterocentrocentrista", elaborata nella sua opera principale, "L'anima della donna".[39] Interpretando il desiderio di collaborazione, che aveva contrassegnato per vent'anni la sua vita intellettuale, vi vide l'esigenza di comunicare i risultati del proprio lavoro e fu in grado di elaborare autonomamente il suo pensiero. Assolutamente convinta di una irriducibile differenza spirituale tra uomo e donna, essa sottolinea la specificità femminile, l'essere per gli altri, rivalutando la funzione

[38] Delfinan Dolza (v. nota 35), p. 172.

[39] Marina Beer, "L'anima della donna. A proposito del libro di Gina Lombroso" in *"Memoria"* 5, 1981, pp. 156-160.

domestica ed educatrice come sfera privata ed elevandola a pari dignità della sfera pubblica, che invece resta terreno maschile. In sostanza nega l'inferiorità della donna, ma giunge ad attribuirle le stesse funzioni che le assegnano le teorie positiviste nonché la tradizione. Il femminismo viene da lei criticato come il peggior nemico della donna, perché le impone degli obiettivi estranei al suo essere e la condanna quindi all'infelicità, impedendole di raggiungere il suo naturale compimento. In questa posizione rimane irrisolta l'intima contraddizione della donna intellettuale, quale lei è, essendo evidentemente il desiderio di comunicare il proprio pensiero un intervento nella sfera pubblica, che alla donna non compete. Poiché il presupposto de "L'anima della donna" è l'alterocentrismo, l'avere la donna la sua realizzazione fuori di sé, in un'altra persona, nel marito, nei figli, non c'è soluzione alla tragedia dell'esistenza femminile. "Per questo suo fatale amore per gli altri, la donna dipende fatalmente dagli altri".[40] Da questa posizione Gina Lombroso non può che rifiutare coerentemente il diritto di voto esteso alle donne, come un'intrusione nella sfera maschile. Mentre Paola riesce a conciliare impegno intellettuale e vita familiare senza vedervi un'irrimediabile opposizione, anche convogliando la sua attività nella pedagogia socialfilantropica - terreno femminile in ambito ebraico ma anche in modi diversi nella più recente tradizione cattolica delle "dame di beneficenza" - questo non riesce a Gina. La sua vita, segnata dalla mancata collaborazione con il marito e dalla precoce morte del figlio Leo, è una conferma dell'intrinseca infelicità femminile.

Tra i frequentatori del salotto di Anna Kuliscioff vi furono anche Margherita Grassini e suo marito Cesare Sarfatti, che si trasferirono a Milano nel 1902, dove lui continuò la sua attività di avvocato e lei quella pubblicistica.
Margherita Grassini Sarfatti, di ricca famiglia ebraica veneziana, fu donna di grande cultura. Nata nel 1880 - ma lei preferì datare la sua nascita nel 1883, anno in cui nacque Mussolini - fu allevata in un clima di intenso impegno politico e culturale e già nella casa paterna conobbe scrittori, artisti e uomini politici[41]. Suo padre fu nominato

[40] Gina Lombroso, *L'anima della donna* (Bologna, 1921), p. 197.
[41] Su Margherita Sarfatti: Philip V. Cannistraro, Brian R. Sullivan, *Il Duce's other Woman* (New York, 1993). Ed. it.: *Margherita Sarfatti: L'altra donna del duce* (Milano, 1993); Simona Urso, *Margherita Sarfatti* (Venezia, 2003).

consigliere comunale di Venezia su proposta del patriarca cardinale Sarto, che divenne poi papa Pio X e fu ospite frequente del Vaticano. Diversamente dal padre, nemico dichiarato dei socialisti, Margherita e suo marito appartennero alla cerchia dirigente del moderato socialismo milanese per tutta l'età giolittiana. Margherita collaborò all'Unione Femminile, per cui scrisse varie inchieste sulle lavoratrici, divenne redattrice dell'Avanti e fu promotrice della "Difesa della lavoratrice". Era soprattutto interessata alle arti figurative e fu tra i più importanti critici d'arte italiani. In questa qualità appoggiò il movimento pittorico "Novecento" e organizzò mostre e vernissage. Probabilmente al congresso del partito socialista del 1910 a Reggio Emilia vide per la prima volta Mussolini e lo incontrò più tardi nel salotto di Anna Kuliscioff. Quando, messa in minoranza la frazione moderata di Turati, viene offerto a Mussolini di diventare redattore capo dell'Avanti, Margherita propone le sue dimissioni dal giornale, ma Mussolini le chiede di restare. Nella redazione lavorava Angelica Balabanoff, ebrea russa che Mussolini aveva conosciuto nel suo periodo svizzero, e che fu la sua prima "musa", che cioè si occupa della sua lacunosa istruzione sia generale sia politica. Margherita diverrà la seconda e più importante costruttrice dell'uomo politico Mussolini e tra i due nascerà un rapporto in cui si combinano e sommano svariati elementi.

Quando diviene acuto lo scontro fra pacifisti e interventisti, Mussolini rompe definitivamente con il partito socialista, lascia l'Avanti e fonda "Il popolo d'Italia".

Margherita Sarfatti lo segue - non sarà la sola - e collabora divenendone redattrice. Insieme a Mussolini fonda poi "Gerarchia", che sarà l'organo teorico del partito nazionale fascista, da lei diretto dal 1924 al 1934. Da grande organizzatrice culturale, la sua ambizione è di fondare la base intellettuale del nuovo movimento, favorendone l'incontro con la borghesia colta, gli artisti del gruppo "Novecento" e usando anche i suoi rapporti internazionali, che non erano di poco rilievo. Il suo ruolo di legittimatrice del fascismo rispetto alla cultura tradizionale fu rilevante, e il fascismo, che soprattutto all'inizio ne aveva bisogno per consolidarsi, se ne servì appoggiando le sue iniziative e conferendole un potere - anche se non ufficiale - che nessun'altra donna ebbe durante il ventennio. Per esempio l'idea dell'Accademia d'Italia, sul modello dell'*Academie française*, nasce dal suo salotto romano. In questo senso il legame tra Sarfatti e Mussolini

serviva a soddisfare l'ambizione di entrambi.
L'utilità non fu però l'unico elemento a unirli e i due furono anche amanti per molti anni.
Il grande amore nasce alla fine della prima guerra mondiale. Margherita vi aveva perso il figlio Roberto, andato volontario diciassettenne e caduto nel 1918. La morte di Roberto commuove Mussolini, che è comunque affascinato dalla bellezza di Margherita - famosi i suoi capelli color Tiziano - e dalla sua cultura raffinata, quella che manca a lui. In Mussolini essa vide l'uomo d'azione capace di guidare un movimento di massa e il ritratto che essa ne fece nella biografia "Dux"; il suo libro più famoso, tradotto in 18 lingue, spiega anche il fascino che egli ebbe su di lei. L'interventismo e le sue preferenze artistiche la avevano avvicinata temporaneamente al futurismo e l'essere diventata la madre di un eroe le procurò la simpatia dei patrioti e degli "arditi". Questa fu la base dei "fasci", cui aderirono molte donne di cultura, che si illusero di poter avere un ruolo non secondario nel fascismo. Esse furono invece messe da parte, appena il PNF si sentì sufficientemente forte per fare a meno di loro. La più nota vittima di questa politica fu Elisa Mayer Rizzioli, anch'essa di ricca famiglia ebraica veneziana, già fondatrice dei Fasci Femminili. Una delle priorità del fascismo era di "ricondurre la donna sotto la sudditanza dell'uomo", come ebbe a dire il teorico del partito Loffredo,[42] e a Mussolini, a partire dal discorso dell'Ascensione del 1927 sul problema demografico, la donna italiana interessava principalmente come madre prolifica. Che Margherita Sarfatti accetti questo programma, o perlomeno che non lo critichi, si spiega con la sua coscienza elitaria. Essa non è come le altre donne, non si sente parte delle masse, che bisognava anzi guidare verso il proprio bene, se necessario - sosteneva - anche con la violenza.[43]
Ciò nondimeno anche la sua stella comincia a tramontare negli anni '30. I gerarchi del partito non sopportano la sua arroganza e il suo intellettualismo, anche perché la loro cultura è generalmente scarsa, Mussolini stesso è stanco di lei e del suo ambiente: forse si rammarica anche di essere stato in qualche modo da lei plasmato e vuole liberarsi da un legame che assomiglia a una tutela. Il fascismo si rivela sempre più provinciale e il cosmopolitismo di M. S., che fa numerosi viaggi all'estero e ha importanti contatti internazionali, la rende sospetta.

[42] Piero Meldini, *Madre e sposa esemplare* (Rimini / Firenze, 1975), pp. 253-259.
[43] Philip V. Cannistraro, Brian R. Sullivan, op. cit., pp. 103, 111, 321.

Quando poi si profila un'alleanza con la Germania nazista, Margherita non nasconde la sua disapprovazione. La sua origine ebraica, nonostante si fosse convertita da anni al cattolicesimo, diventa una macchia, soprattutto dopo i fatti di Ponte Tresa del 1934.
Alla frontiera svizzera erano stati fermati Mario Levi e Sion Segre, nella cui auto erano stati trovati volantini antifascisti. Dopo l'arresto di Segre - Mario Levi riesce a fuggire - gli amici e i parenti dei due vengono arrestati e indagati. Sono tutti torinesi frequentatori del salotto di Paola Lombroso Carrara e i giornali parlano di una congiura ebraica.[44] In effetti vengono incarcerati gli ebrei Giuseppe Levi, padre di Mario, Gino Levi, il fratello, e successivamente, in seguito alle informazioni dello scrittore Pitigrilli - al secolo Dino Segre, cugino di Sion e agente segreto dell'OVRA – anche Leone Ginzburg, Vittorio Foa e Carlo Levi. Tra gli indagati ci sono Giulio Einaudi e Cesare Pavese. Natalia Ginzburg, nel "Lessico famigliare", racconta come il padre andò a Roma per ottenere lo scarceramento del figlio Alberto, anch'egli più tardi arrestato come antifascista, e gli si raccomandò di chiedere l'intervento di Margherita Sarfatti, che era sua cugina. Giuseppe Levi, acceso antifascista (in casa sua fu ospitato Turati prima della fuga di questi in Corsica) se ne guardò bene, ma probabilmente un intervento di Margherita non avrebbe cambiato la situazione.[45]
Nel 1934 Margherita Sarfatti viene sostituita nella direzione di "Gerarchia" da Vito Mussolini, fratello di Benito, e gli incontri con il duce sono sempre più rari. A Mussolini non mancano altre amanti molto meno impegnative di lei. Nel 1938, emanate le leggi razziali, M. S. emigra in Argentina. La protezione di Mussolini le serve solo a portare con sé i suoi beni, gioielli, quadri e pellicce. Non prese mai le distanze dal fascismo, sostenne soltanto che ne erano stati traditi i principi.

Le ebree che hanno avuto un ruolo significativo nella cultura italiana sono molte. Penso alle scrittrici, ad Annie Vivanti, Natalia Ginzburg, Elsa Morante, e alle numerose triestine, Emma e Carolina Luzzatto, Ida Finzi (in arte Haydee), Pia Rimini e Willy Dias (al secolo Fortuna Morpurgo) a donne della politica come Rita Montagnana e della

[44] Natalia Ginzburg, op. cit.; Sullo stesso fatto rinvio al saggio di Alberto Cavaglion in questo volume.
[45] *Ivi*, p. 106.

scienza come Rita Levi Montalcini.

Anna Kuliscioff, le sorelle Lombroso e Margherita Sarfatti vivono in un periodo storico di transizione per tutte le donne, ma particolarmente per le donne ebree. Per la loro posizione sociale e famigliare, per la loro cultura, per l'atteggiamento critico rispetto alla società che ha chi appartiene ad una minoranza, e quindi per la spinta innovativa che tutte vorrebbero dare, esse sembrano essere le più adatte a recepire le nuove opportunità che sullo scorcio del secolo si offrono alle donne. Mentre il percorso di Anna Kuliscioff va decisamente in questa direzione, per le altre non è così. L'infelicità senza scampo di Gina Lombroso, la capacità di Paola Lombroso di inserirsi nell'unico campo - quello filantropico - in cui alle donne è concessa una certa autonomia d'azione, e infine la schizofrenia di Margherita Sarfatti, che pretende per sé un ruolo culturale, ma accetta tranquillamente che venga precluso alla generalità delle donne, mi sembrano esemplari. Esemplare mi sembra anche la tendenza a forgiare un uomo, come fecero sia la Kuliscioff che la Sarfatti, che va molto oltre al ben noto mammismo italiano. È inoltre comprensibile la difficoltà a distaccarsi da una domesticità e da un ruolo educativo, quale tante donne ebree ebbero, gratificante per il rilievo e il riconoscimento che esse ricevevano sia in famiglia sia nella comunità.

In questa ottica non sorprende che vi sia una fitta schiera di scrittrici per l'infanzia. Oltre alle già nominate Paola Lombroso e Amelia Rosselli - ma anche Gina Lombroso scrisse per i suoi figli "le commedie di Leo e Nina", Virginia Tedeschi Treves, Laura Cantoni Orvieto, Ida Finzi, Lina Schwarz, Luisa Cohen Enriquez, Marta Ottolenghi Minerbi e Clara Ventura[46]. Quanti italiani, il cui amore per la lettura incominciò sui loro libri, sanno che le autrici erano ebree? E possiamo rilevare una loro particolare qualità, un loro segno ebraico, oltre all'evidente coscienza del compito educativo delle donne?[47] Questa domanda implica che l'appartenenza all'ebraismo vada oltre l'identità religiosa. A. Kuliscioff e le sorelle Lombroso non erano credenti e la conversione al cattolicesimo di M. Sarfatti non sembra abbia rappresentato una particolare cesura nella sua vita. Tuttavia l'educazione e la posizione famigliare e sociale "forte", che

[46] Alberto Cavaglion, *Ebrei senza saperlo* (Napoli, 1999), pp. 99-100.

[47] Annamaria M. Piussi (a cura di), *Presto apprendere, tardi dimenticare: L'educazione ebraica nell'Italia contemporanea* (Milano, 1996).

distingueva l'appartenenza ebraica di una donna, indirizzò indubbiamente la loro azione. È forse azzardato affermare che le ebree nella società italiana liberale all'inizio del 1900 - all'interno della quale esse potevano ritenersi integrate e sicure da attacchi antisemiti - fossero coscienti del proprio ebraismo come di una particolarità che le contraddistingueva.

Al più tardi nel 1938 furono costrette a prenderne atto.

III
Gli ebrei nel fascismo

Gli italiani e le leggi razziali

Amedeo Osti Guerrazzi

Dall'Italia, durante il periodo dell'occupazione tedesca, furono deportati o uccisi circa 8566 ebrei[1] su una popolazione complessiva che superava i 40.000. Il numero relativamente basso (comparabile con quello della deportazione dalla Danimarca), e l'alto numero di vite salvate è stato spiegato dalla storiografia italiana e internazionale con i valori persistenti nell'antica civiltà italiana, oppure con la tradizione umanitaria cattolica,[2] declinata dalla memoria pubblica italiana nel mito degli «italiani brava gente».[3] Il massimo interprete di questa narrazione, e soprattutto il massimo divulgatore, è stato lo storico Renzo De Felice, che nel 1987, nell'introduzione all'ultima edizione del suo lavoro "Storia degli ebrei italiani durante il fascismo", parlò dell'Italia come di un paese «fuori dal cono d'ombra dell'Olocausto».[4] Da una ventina d'anni tale mito, soprattutto per quanto riguarda la *Shoah*, è stato smantellato dalle ricerche del CDEC,[5] e da una nuova corrente di studi storici, che hanno sottolineato non solo le responsabilità italiane, ma anche e soprattutto la pesantezza delle leggi

[1] Giuseppe Mayda, *Storia della deportazione dall'Italia. Militari, ebrei e politici nei lager del Terzo Reich* (Torino, 2002), p. 85. Secondo il sito del CDEC di Milano, il numero è più basso. Gli arrestati e deportati identificati furono 6806, gli arrestati e morti in Italia 322; gli arrestati e scampati in Italia 451, per un totale di 7579.

[2] Tra gli studiosi Leon Poliakov, Hannah Arendt, Rau Hilberg «Fortunatamente, nella repubblica di Mussolini la popolazione simpatizzava con gli ebrei, e la maggioranza degli impiegati pubblici e delle autorità locali si opponevano alle persecuzioni». Richard Lamb, *War in Italy 1943-1945. A brutal Story* (London, 1993), p. 54.

[3] Sulla creazione di questo mito esiste una notevole bibliografia. Il lavoro migliore è quello di Filippo Focardi, *Il cattivo tedesco e il bravo italiano. La rimozione delle colpe della Seconda Guerra Mondiale* (Roma / Bari, 2013). Dello stesso autore, in inglese, Filippo Focardi and Lutz Klinkhammer, *"The question of fascist Italy's war crimes: the construction of a self-acquitting myth (1943-1948)"* in *"Journal of Modern Italian Studies"*, volume 9, n.3, Fall 2004, pp. 330-348.

[4] Renzo De Felice, *Storia degli ebrei italiani sotto il fascismo* (Torino, 1993).

[5] Michele Sarfatti, *Gli ebrei nell'Italia fascista. Vicende, identità, persecuzione* (Torino, 2000); Liliana Picciotto Fargion, *Il libro della memoria. Gli ebrei deportati dall'Italia* (Milano, 2002); Liliana Picciotto Fargion, *L'Alba ci colse come un tradimento. Gli ebrei nel campo di Fossoli. 1943-1944* (Milano, 2010).

razziali in vigore dal 1938 al 1944.[6]

Tuttavia, il caso italiano rimane piuttosto peculiare: è un paese che ha dato i natali al fascismo, che è stato per alcuni anni il *senior partner* dell'Asse, che ha collaborato, durante l'occupazione, in maniera parziale ma convinta, con i nazisti; ha emanato le leggi razziali nel 1938, in autonomia e senza alcuna pressione da parte dei tedeschi.[7] Il suo regime ha condotto guerre coloniali e brutali politiche di occupazione in Africa, nei Balcani, in Grecia. Le sue forze armate e in generale la sua società non hanno avuto problemi a utilizzare la violenza - anche estrema - contro coloro che consideravano nemici. Tuttavia, la società italiana e in parte anche le sue istituzioni (esercito e forze dell'ordine) hanno permesso, talvolta con rischio della vita, la salvezza di decine di migliaia di ebrei.

Come si spiega tutto questo? Come interpretare l'atteggiamento di una società in gran parte permeata da una dittatura che, è bene ricordarlo, ha plasmato due generazioni d'italiani e che è durata un decennio più di quella hitleriana? Come spiegare l'atteggiamento di ufficiali che nei Balcani si opposero alle stragi compiute dagli ustascia croati mentre nello stesso tempo ordinavano la deportazione di civili jugoslavi in campi di concentramento? Come spiegare il comportamento di carabinieri e poliziotti che torturavano e fucilavano i partigiani e si voltavano dall'altra parte quando si trattava di arrestare gli ebrei?

La penetrazione dell'antisemitismo tra la popolazione durante il fascismo è stata oggetto di dibattito tra gli storici. In Italia correnti antisemite sono sempre esistite. L'antigiudaismo di matrice cattolica era diffuso tra alcuni ordini religiosi, in particolare tra i gesuiti, ed ovviamente l'influenza del cattolicesimo non può essere sottostimata. Tuttavia, non esisteva un antisemitismo di massa nel XIX e XX secolo, paragonabile a quello francese, russo o polacco.[8] In età

[6] Ilaria Pavan, *Tra indifferenza e oblio. Le conseguenze economiche delle leggi razziali in Italia 1938-1970* (Firenze, 2004); Marie-Anne Matard-Bonucci, *L'Italia fascista e la persecuzione degli ebrei* (Bologna, 2008); Simon Levis Sullam, *I carnefici italiani* (Milano, 2015); Enzo Collotti, *Il fascismo e gli ebrei. Le leggi razziali in Italia* (Roma / Bari, 2003).

[7] È stato Renzo De Felice il primo ad affermare, nel 1961, che non vi è alcuna prova di pressioni tedesche: Renzo De Felice, *Storia degli ebrei italiani sotto il fascismo*, op. cit., p. 192. I suoi giudizi sono stati ripresi dalla storiografia successiva. Ad esempio Meir Michaelis, *Mussolini e la questione ebraica. Le relazioni italo-tedesche e la politica razziale in Italia* (Milano, 1982), p. 136.

[8] Daniel Carpi, *Between Mussolini and Hitler. The Jews and the Italian Authorities in France*

liberale, fino alla Prima guerra mondiale, l'Italia ebbe due presidenti del consiglio di origine ebraiche, Sidney Sonnino (due volte, nel 1905 e nel 1911), e Luigi Luzzatti (nel 1911). Colui che è rimasto impresso nella memoria pubblica dei romani come il miglior sindaco della sua storia, Ernesto Nathan, era ebreo. Guido Bedarida, in una sua ricerca del 1950, ha contato 770 ebrei "vissuti tra il 1848 e il 1948 segnalatisi nelle arti, lettere e scienze".[9] Nel 1904 il re Vittorio Emanuele III volle andare personalmente a visitare la nuova Grande sinagoga di Roma appena inaugurata. Sempre a proposito di sinagoghe e di simboli, l'edificio che rappresenta Torino, la Mole Antonelliana, iniziata nel 1863, nacque come tempio della Comunità ebraica di quella città e per alcuni decenni fu l'edificio in muratura più alto d'Europa. Soprattutto in Italia non esistevano gruppi, istituzioni, associazioni, club o circoli che escludessero gli ebrei, né formalmente né informalmente. Nel 1848 il re di Sardegna Carlo Alberto abolì ogni legge discriminatoria contro gli ebrei (e i valdesi). A mano a mano che il Regno d'Italia, erede di quello di Sardegna, si espandeva, fino alla presa di Roma (XX settembre 1870), le leggi sabaude venivano estese ai nuovi territori e con esse l'emancipazione degli ebrei. Come per il Risorgimento, anche durante la prima guerra mondiale l'apporto degli ebrei allo sforzo bellico e politico non si differenziò da quello di tutti gli altri italiani.[10] Non solo non ci fu alcun "censimento" degli ebrei alle armi durante la Grande Guerra, ma tra i generali italiani v'era il pluridecorato generale ebreo Morpurgo.

Gli ebrei erano perfettamente inseriti nella società, partecipavano attivamente alla vita, politica, economica e culturale esattamente come gli altri italiani, senza dover nascondere la propria origine o la propria religione, e senza dover minimamente temere alcuna discriminazione legale o isolamento sociale, e meno che mai violenza. In altri termini, in Italia non esisteva una *Judenfrage*, né a livello istituzionale, né a livello sociale.

Con questo non si vuole negare l'esistenza di correnti e gruppi

and Tunisia (Hannover / London, 1994), p. 241.

[9] Guido Bedarida, *Ebrei d'Italia* (Livorno, 1950), p. 295.

[10] "Italiani insieme agli altri", è il titolo di una bella mostra curata da Lia Toaff sugli ebrei nella prima guerra mondiale, esposta nel Museo ebraico di Roma nel 2015 e in parte inserita nella esposizione permanente di tale museo. Sul rapporto tra esercito ed ebrei, Marco Mondini, *"L'identità negata: materiali di lavoro su ebrei ed esercito dall'età liberale al secondo dopoguerra"* in Ilaria Pavan, Guri Schwarz (a cura di), *Gli ebrei in Italia tra persecuzione fascista e reintegrazione post bellica* (Firenze, 2001), pp. 141-171.

antisemiti in Italia. Persisteva un tradizionale antigiudaismo religioso e a livello popolare un atteggiamento antisemita dovuto a ignoranza, diffidenza e invidia verso qualsiasi gruppo sociale percepito come "diverso". Inoltre gli ebrei erano un gruppo sociale in chiara ascesa,[11] e alcuni ritenevano che questa avvenisse mediante metodi corporativi, sleali e poco chiari.[12] Ma un antisemitismo di tipo moderno, ossessionato dai fantasmi della "congiura ebraica mondiale" ai danni della cultura e della società occidentale, nacque soltanto dopo la Prima Guerra Mondiale ed era rappresentato da una piccola minoranza di intellettuali che si raccoglievano attorno al periodico "La Vita italiana". Su questo periodico, fondato nel 1915 e diretto dall'ex prete Giovanni Preziosi,[13] scrivevano politici come Maffeo Pantaleoni e altri, accomunati dall'odio verso l'ebraismo e il bolscevismo.[14]
Per costoro l'ebraismo non era altro che la "potenza" alla base di ogni movimento che intendeva cambiare la società ed era responsabile di tutti i problemi della società italiana. In una raccolta di articoli pubblicata nel 1940, Preziosi indicava nell'ebraismo la causa occulta delle Rivoluzioni francese, russa, ungherese, turca, portoghese e tedesca, nonché delle leghe per il voto alle donne.[15] Sempre Preziosi pubblicò per primo nel 1921 i "Protocolli dei Savi Anziani di Sion" sulle colonne della "Vita italiana" e li stampò poi in volume. Tuttavia Preziosi, Pantaleoni e poi Julius Evola,[16] un altro intellettuale ossessionato dalla "congiura ebraica",[17] non ebbero alcuna influenza

[11] Sulla comunità di Roma Claudio Procaccia (a cura di), *Ebrei a Roma tra Risorgimento ed emancipazione. 1814-1914* (Roma, 2013).

[12] In un libro del 1901 (Eugenio Righini, *Antisemitismo e semitismo nell'Italia politica moderna* (Milano / Palermo, 1901), l'autore indicava nella capacità negli affari sia la ragione dell'ascesa sociale degli ebrei, sia l'ostilità dei cristiani nei loro confronti.

[13] Maria Teresa Pichetto, *Alle radici dell'odio. Preziosi e Benigni antisemiti* (Milano, 1983).

[14] «Il bolscevismo non può vivere se non continuando le sue conquiste. Sono i bolscevichi un'orda di nomadi, costretti a cambiare sito, perché soltanto devastatori. Dopo di aver sterilizzata una regione, occorre loro di vivere delle risorse di altra attigua, come fiamma d'incendio che si spegnerebbe se non potesse propagarsi». Maffeo Pantaleoni, *Bolscevismo italiano* (Bari / Roma, 1922), p. VI. Sull'ebraismo, complice del bolscevismo, si veda il capitolo X.

[15] Giovanni Preziosi, *Come il giudaismo ha preparato la guerra* (Roma / Milano, 1940), pp. 26-29.

[16] Francesco Cassata, *A destra del fascismo. Profilo politico di Julius Evola* (Torino, 2003).

[17] Su Evola si veda la biografia intellettuale di Francesco Cassata, *A destra del fascismo*, Evola scrisse, nel 1937, l'introduzione alla seconda edizione dei "Protocolli" sempre pubblicati dalla tipografia della "Vita italiana".

sulla cultura italiana. Non esistono studi sulla diffusione del periodico di Preziosi, né sulle copie pubblicate e vendute dei "Protocolli": i problemi che assillavano la società italiana erano altri e un "problema ebraico" non era avvertito e non se ne trova traccia nel dibattito politico del primo dopoguerra.[18]

Nella Germania del dopoguerra di contro esistevano associazioni, istituzioni, circoli e club, che si rifacevano all'ideologia *völkish*, che escludevano per statuto gli ebrei e moltissime richiedevano l'esclusione degli ebrei da tutta la società tedesca.[19] Secondo Peter Longerich «È cruciale soprattutto il fatto che l'esclusione degli ebrei dai diritti civili sia stata un'idea sempre più popolare, dagli anni Venti, nell'ambiente socio-culturale dei conservatori, i futuri partner di governo dello NSDAP».[20] L'antisemitismo era diffuso anche a livello di massa.

Per Yehuda Bauer «L'antisemitismo moderato di larga parte della popolazione tedesca, o anche la nausea che molti, se non tutti, i tedeschi provavano quando entravano in contatto con gli ebrei, fu assolutamente cruciale. Impedì ogni efficace opposizione all'uccisione di una minoranza impopolare».[21]

Durante gli anni di Weimar a fare dell'antisemitismo uno degli aspetti centrali del discorso politico in Germania fu un'*élite* d'intellettuali marginalizzati (*Lumpen Intellectuals*), cui fecero da "catena di distribuzione" il ceto accademico e gli studenti, un'*élite* convinta che gli ebrei rappresentassero «*the major threath to German, Nordic, Aryanmankind*».[22]

Questa la sintesi di Bauer «sembra che un'*élite* politica di *Lumpen*

[18] Tra le pubblicazioni: Fabio Fabbri, *Le origini della guerra civile. L'Italia dalla Grande Guerra al fascismo, 1918-1921* (Torino, 2009); Roberto Vivarelli, *Storia delle origini del fascismo. L'Italia dalla grande guerra alla marcia su Roma*, vol. III (Bologna, 1991-2012).

[19] La diffusione dell'antisemitismo tra gli studenti non era una caratteristica solo tedesca. In Austria, alcune delle leghe studentesche erano ancora più radicali di quelle tedesche. Bruce F. Pauley, *From Prejudice to Persecution. A History of Austrian Anti-semitism* (Chapel Hill / London, 1992) p. 32. Ma in tutta l'Europa centro-orientale gli studenti erano in prima fila nel combattere "l'invadenza giudaica" nelle università e nella società in generale. Per la Croazia, un caso particolarmente evidente: Rory Yeomans, *Visions of Annihilation. The Ustasha Regime and the Cultural Politics of Fascism. 1941-1945* (Pittsburgh, 2013).

[20] Peter Longerich, *Holocaust. The Nazi Persecution and Murder of the Jews* (Oxford, 2010), p. 19.

[21] Yehuda Bauer, *Rethinking the Holocaust* (New Haven / London, 2002), p. 36.

[22] *Ivi*, p. 31.

Intellectuals, che aveva assunto il potere per motivi che avevano poco a che fare con il loro razzismo, che erano ossessionati da concetti pseudo-messianici di salvare l'umanità dagli ebrei, abbiano utilizzato un più ampio strato dell'*intelligentsia*, persone che sostenevano completamente le utopie naziste, per eseguire il programma genocidario. Questo programma non trovò opposizione soprattutto perché le tendenze anti semite, nella popolazione in generale, spaziavano da una moderata antipatia nei confronti degli ebrei a un aperto, ma non letale, antisemitismo. Entrambe le tendenze prepararono il terreno per forme estreme e micidiali di antisemitismo e impedirono ogni efficace opposizione al genocidio».[23]
Una *élite* politica decisamente antisemita nel fascismo italiano non ci fu, anche se secondo Giorgio Fabre ("Mussolini razzista") il dittatore fu per tutta la sua vita un convinto antisemita.[24]
L'enorme numero di fonti utilizzate dallo storico italiano avvalorano la sua ipotesi; tuttavia l'antisemitismo mussoliniano non ebbe, almeno fino al 1938, alcun influsso sul movimento. Il cosiddetto programma di Piazza San Sepolcro, pubblicato nel 1919, non aveva alcun germe antisemita. Tra i fondatori, dirigenti e seguaci dei fasci di combattimento e poi nel partito e governo fascista vi furono alcuni ebrei che ricoprirono cariche di primo piano. Tra questi Aldo Finzi, sottosegretario all'interno fino alla crisi seguita all'omicidio del deputato socialista Giacomo Matteotti (1924); Guido Jung, ministro delle finanze e fondatore dell'IRI, il più importante organo di gestione pubblica dell'economia italiana, e centinaia di quadri locali. Una parte consistente dell'ebraismo italiano guardava al fascismo con simpatia, tanto che negli anni Trenta venne fondato da ebrei di Torino il giornale "La Nostra bandiera", dichiaratamente filo fascista ed anti sionista.[25]
Mussolini ebbe per anni come amante l'influente intellettuale ebrea Margherita Sarfatti (e prima di lei l'ebrea russa Angelica Balabanoff). Nel 1934 egli pronunciò un celebre discorso, in cui dichiarò, riferendosi al razzismo tedesco: "trenta secoli di storia ci permettono

[23] *Ivi*, p.37.
[24] Giorgio Fabre, *Mussolini razzista. Dal socialismo al fascismo: la formazione di un antisemita* (Milano, 2005).
[25] Celeste Pavoncello Piperno, "La Nostra Bandiera: l'adesione agli 'ideali' fascisti di un gruppo di ebrei italiani" in "La Rassegna mensile di Israel", vol. 48, n. 7/12, 1982.

di guardare con sovrumana pietà ad alcune teorie d'oltralpe". I grandi gerarchi, l'*élite* del partito, non erano antisemiti. Bottai, Grandi, Federzoni, Ciano padre e figlio, Balbo, De Bono non avevano alcun risentimento nei confronti degli ebrei. Galeazzo Ciano nel suo diario nel dicembre 1937 annotava «E poi gli ebrei non bisogna mai perseguitarli come 'tali'. Ciò provoca la solidarietà di tutti gli ebrei del mondo. Si possono colpire con tanti altri pretesti. Ma, ripeto, il problema da noi non esiste. E forse in piccole dosi gli ebrei sono necessari alla società come il lievito è necessario alla pasta del pane».[26] Soltanto Farinacci, a partire dal 1938 e durante l'occupazione tedesca, si mostrò antisemita, ma più per motivi di politica estera, in quanto si considerava il *Gauleiter* d'Italia, che per profonda convinzione. Insomma, la classe dirigente fascista era molto diversa rispetto a quella nazista, anche perché era meno compatta dal punto di vista ideologico rispetto a quella nazista. Federzoni, Rocco e Grandi provenivano dal nazionalismo, un movimento ultra conservatore ma profondamente monarchico dal quale trassero il culto per lo Stato, che doveva prevalere rispetto allo stesso partito. De Vecchi e De Bono, due dei "quadrumviri" della "Marcia su Roma", erano ufficiali dell'esercito, monarchici convinti. Bottai e Balbo, più giovani e notevolmente cinici, erano disposti ad accettare e sposare qualsiasi posizione, che favorisse il loro personale potere: questo ne fece sicuramente dei volenterosi antisemiti dopo la svolta mussoliniana.

La svolta antisemita di Mussolini risale a dopo la guerra d'Etiopia, sia per motivi di politica estera sia interna.[27] La nascita della legislazione contro gli ebrei è avvenuta nel contesto dell'espansione coloniale africana voluta dal fascismo, che prevedeva da una parte un aumento della popolazione italiana "bianca" nell'ambito di una politica di potenza, e dall'altra la "tutela della purità della razza" e del "prestigio" della "razza italiana" come conseguenza della conquista dell'impero d'Etiopia.[28] Come si leggeva in un articolo del "Popolo d'Italia" del

[26] Galeazzo Ciano, *Diario 1937-1943*, a cura di Renzo De Felice (Milano, 1990), p. 64.

[27] Di diverso parere è Michele Sarfatti, che parla di una continuità dell'antisemitismo fascista. Michele Sarfatti, *Gli ebrei nell'Italia fascista*, op. cit., cap. III.

[28] Enzo Collotti, *Il fascismo e gli ebrei. Le leggi razziali in Italia* (Bari / Roma, 2003), p. 22. Questa fu, d'altronde, l'interpretazione di Giuseppe Bottai dell'agosto 1938. Nella lettera al Presidente della Giunta centrale per gli studi storici, nella quale presentava la rivista "La Difesa della razza", Bottai scrisse: «Era naturale e logico, era necessario che, dopo aver considerato l'aspetto quantitativo del problema e

primo agosto 1938, non appena cominciata la campagna di stampa sul "problema razziale": «l'Europeo deve avere in Africa solo funzioni dirigenti e organizzative, deve solo comandare».[29] Sicuramente i vertici del fascismo percepirono l'antiebraismo come una parte di una politica più generale volta a fare degli italiani un "popolo imperiale". I diari di Ciano[30] e di Bottai,[31] su questo punto, sono espliciti. Non vi fu alcuna pressione da parte della Germania affinché il Regime fascista adottasse provvedimenti anti ebraici. Lo stesso Mussolini era particolarmente indispettito dalle voci asserenti che il fascismo avesse "imitato" la Germania.[32] Secondo Enzo Collotti tuttavia, all'interno della costruzione politica dell'Asse e dell'avvicinamento alla Germania l'allineamento ideologico in senso antisemita tra le due dittature ebbe un ruolo non trascurabile.[33] È anche plausibile che il fascismo avesse bisogno di un "nemico" interno, contro il quale mobilitare e compattare la popolazione.[34] Dal 1919 il fascismo aveva avuto

tracciato il piano della battaglia demografica, la politica del DUCE passasse ad impostare e a definire l'aspetto qualitativo dello stesso problema, ora che con la creazione dell'Impero la razza italiana è venuta a contatto con altre razze e deve perciò essere tutelata da ogni pericolosa contaminazione di sangue». Acs, Segreteria particolare del Duce, Carteggio riservato, b. 145, lettera di Bottai del 6 agosto 1938. Un'opinione diversa è stata recentemente proposta da Francesco Germinario, *Fascismo e antisemitismo. Progetto razziale e ideologia totalitaria* (Bari / Roma, 2009).

29 C. Giglio, *Prestigio di razza*, "Il Popolo d'Italia", 1 agosto 1938. Thomas Schlemmer e Hans Woller, in un loro recente saggio, hanno parlato di sistema di *apartheid* in Abissinia. Thomas Schlemmer und Hans Woller, *"Essenz oder Konsequenz?"* in Thomas Schlemmer, Hans Woller (a cura di), *Der Faschismus in Europa. Wege der Forschung* (München, 2014), p. 131.

30 Nella nota del 30 luglio 1938 Ciano scrive: «In seguito al discorso del papa, violentemente antirazzista, convoco il Nunzio e lo metto sull'avviso; se si continua su questa strada, l'urto è inevitabile perché il Duce considera la questione razziale come fondamentale, dopo avvenuta la conquista dell'Impero». Galeazzo Ciano, *Diario 1937-1943*, op. cit., p. 162.

31 Giuseppe Bottai, *Diario 1935-1944* (Milano, 1994), pp. 132-133.

32 Il 30 luglio 1938, visitando un campo di "avanguardisti" a Forlì, Mussolini disse a un gruppo di "Federali": «Sappiate ed ognuno sappia che anche nella questione della razza noi tireremo diritto. Dire che il Fascismo ha imitato qualcuno o qualcosa è semplicemente assurdo». "Il Popolo d'Italia", 31 luglio 1938. "L'originalità" del razzismo fascista venne ribadita da Mussolini nel discorso di Trieste del 18 settembre 1938. "Il Popolo d'Italia", 19 settembre 1938.

33 Enzo Collotti, *Il fascismo e gli ebrei*, op. cit., p. 59.

34 Marie-Anne Matard-Bonucci parla dell'antisemitismo come di un "mito per l'azione". Marie-Anne Matard-Bonucci, *L'Italia fascista e la persecuzione degli ebrei*, op. cit., p. 117.

successo quando era riuscito a scatenare campagne di odio contro un nemico interno: i disfattisti, i rinunciatari, i bolscevichi, i fuoriusciti, i comunisti. Nel 1936-1937, mandati in esilio o in carcere tutti gli oppositori pericolosi per il Regime, il fascismo ebbe bisogno di trovare un altro "nemico" da combattere e contro il quale scatenare una nuova campagna di odio capace di mobilitare la sua base di massa. Gli ebrei erano vittime ideali e politicamente opportune: ideali perché erano una minoranza innocua e perché l'antiebraismo poteva comunque far leva sull'antigiudaismo cattolico di antica memoria e su pregiudizi e antipatie facilmente trasformabili in aperta ostilità, opportune perché la politica estera fascista di costruzione dell'Asse ne veniva facilitata.

Quale fosse l'opinione pubblica riguardo le leggi razziali, non è storicamente accertabile, per il semplice fatto che in una dittatura esprimere liberamente la propria opinione non è consentito. Le risultanti storiografiche sono parziali.[35] Questo perché l'unica fonte disponibile, che riferisce le opinioni espresse in maniera più o meno libera, le carte della Polizia politica, sono poche e contraddittorie. Nelle relazioni degli informatori della polizia, infatti, si parla sia di "atteggiamento favorevole" nei confronti dei provvedimenti, sia di "diffuso pietismo", soprattutto per quanto riguarda gli ambienti cattolici. Gli episodi di violenza nei confronti degli ebrei furono molto pochi. Michele Sarfatti, per i primi anni, ha parlato di "episodi isolati di schiaffeggiamenti e percosse", probabilmente perché le violenze erano scoraggiate dal potere, ed anche perché gli aggrediti evitavano di denunciare le violenze,[36] ma anche perché, in fondo, gli ebrei erano profondamente inseriti nella società. Nella memorialistica ebraica, le leggi razziali sono ricordate soprattutto per la cacciata degli studenti dalle scuole, provvedimento estremamente traumatico, ma gli episodi di violenza, di isolamento sociale, di ostilità o di freddezza da parte dei vicini di casa, dei conoscenti, degli amici, si contano sulle dita di una mano, almeno per quanto riguarda Roma.[37] Non c'è paragone con

[35] Mario Avagliano, Marco Palmieri, *Di pura razza ariana. L'Italia "ariana" di fronte alle leggi razziali* (Milano, 2013); Simona Colarizi, *L'opinione degli italiani durante il regime* (Bari, 2009).

[36] Michele Sarfatti, *Gli ebrei nell'Italia fascista*, op. cit., p. 201.

[37] Un caso a parte è rappresentato dalla città di Ferrara, dove episodi di violenza nei confronti degli ebrei si verificarono anche prima delle leggi razziali. Michael A. Livingston, *The Fascists and the Jews of Italy. Mussolini's race laws* (Cambridge, 2014), p. 182.

quello che fu la *Kristallnacht* (notte dei cristalli), il gigantesco *pogrom* nazionale in Germania.[38]

Per quanto riguarda i cattolici, le gerarchie ecclesiastiche erano preoccupate principalmente per il Concordato tra lo Stato italiano e il Vaticano, dato che le leggi razziali colpivano anche gli ebrei battezzati.[39] Un atteggiamento che rispecchiava una mentalità diffusa anche fuori da Roma, come ha scritto Renato Moro, analizzando la posizione dei nunzi pontifici «è necessario chiedersi se la diplomazia vaticana abbia usato davvero tutto il suo peso in difesa degli ebrei. Raramente essa intervenne in difesa degli ebrei in quanto ebrei, e in questo caso solo per singoli individui. I nunzi manifestarono spesso parole di simpatia per gli ebrei, ma la loro azione fu assai limitata. Se intervennero con continuità, fu in difesa degli ebrei battezzati».[40]

Elena Mazzini ha analizzato la stampa diocesana, trovando una "ostilità convergente" con quella fascista dei giornalisti cattolici nei confronti degli ebrei. Gli stereotipi antigiudaici religiosi si intrecciavano infatti con l'antisemitismo politico dei fascisti, con un insieme di argomentazioni che partivano dal "popolo deicida" per arrivare al complotto mondiale riportato nei "protocolli". «L'ebreo [è] raffigurato - scrive Mazzini commentando un brano di un settimanale cattolico - in una duplice chiave che attinge tanto al canone antiebraico antico quanto a quello moderno, creando un mix fecondo di contaminazioni reciprocamente travasate ora nell'uno ora nell'altro ambito».[41]

Tuttavia tra i comuni credenti vi erano motivi di ostilità verso una politica che colpiva delle persone solo sulla base del loro credo religioso. Le relazioni della Polizia politica, sulle reazioni dell'opinione pubblica italiana relativamente al razzismo, sono piuttosto contraddittorie. Si parla di "soddisfazione" per la persecuzione ma anche di "ondate di pietismo". Sono però complessivamente coerenti nel descrivere una generale ostilità dei cattolici nei confronti dei provvedimenti antiebraici.[42]

38 Un libro recente sulla "notte dei cristalli" è di Martin Gilbert, *9 novembre 1938, la notte dei cristalli* (Milano, 2008).

39 Elena Mazzini, *Ostilità convergenti. Stampa diocesana, razzismo e antisemitismo nell'Italia fascista. 1937-1939* (Napoli, 2013), p. 115.

40 Renato Moro, *La Chiesa e lo sterminio degli ebrei* (Bologna, 2009), p. 171.

41 Elena Mazzini, *Ostilità convergenti*, op. cit., p. 158.

42 Si veda Acs, Ministero della cultura popolare, b. 158, e Acs, Ministero dell'interno, Polizia politica, b. 219.

È certo che le leggi razziali furono una grande occasione, sfruttata da una fetta consistente della società italiana, per fare carriera, occupare posti di lavoro, acquisire clientela, arricchirsi. Uno degli esempi più clamorosi di corruzione fu l'ufficio proposto alle "discriminazioni" e alle "arianizzazioni", la direzione del Ministero dell'Interno per la Demografia e la Razza (vulgo "Demorazza"), che doveva accertare le "benemerenze" militari o fasciste, o le "ascendenze ariane" di chi voleva essere "discriminato", cioè quelle persone che nonostante fossero di origini o religione ebraiche, potevano non essere colpite dalle "leggi razziali". Come si legge in una relazione stesa dall'Ucii[43] nel dopoguerra «l'operato della Commissione per la discriminazione degli ebrei fece addirittura mercimonio delle sue attribuzioni concedendo la discriminazione a chi fosse disposto a pagare forti somme (richieste a mezzo di organi non ufficiali) e negandola a coloro che ne avevano maggior diritto solo perché non potevano o non volevano subire il loro ricatto».[44]

Oltre alla corruzione, la cacciata degli ebrei dalla pubblica amministrazione garantì il "posto" a migliaia d'italiani. Secondo la ricostruzione di Tommaso Dell'Era, soltanto nell'Università di Roma furono cacciate 108 persone, tra docenti e personale amministrativo.[45]

Anche nel settore privato l'occasione di acquisire i clienti degli oramai ex concorrenti ebrei era piuttosto ghiotta. Ad esempio una notizia fiduciaria del 15 agosto 1938 diceva: «Molti negozianti cattolici, specie in articoli di tessuti, mercerie, calzature, mobili, ecc., sarebbero felicissimi se venissero adottate delle restrizioni al commercio degli ebrei, così vedrebbero affluire una maggiore quantità di compratori nei loro negozi».[46]

Gli intellettuali e i giornalisti, inoltre, si distinsero nella campagna

[43] Unione delle Comuntà Israelitiche Italiane, che nel 1987 prese il nome di Unione delle comunità ebraiche italiane, Ucei.

[44] Archivio Ucei, "Ucei dal 1934", b.11, fasc. "Promemoria relativo alle persecuzioni subite dagli ebrei in regime nazi-fascista con particolare attenzione alla città di Roma", dattiloscritto, p.2. Ciano registrò nel suo diario le confidenze del capo della polizia Senise, secondo il quale: "Buffarini è un ipocrita e un ladro perché prende soldi per le arianizzazioni degli ebrei e ne prendeva da Bocchini, più ladro di lui se possibile". Galeazzo Ciano, *Diario 1937-1943*, op. cit., p. 553.

[45] Tommaso Dell'Era, "L'università di Roma e le leggi razziali. Il processo di epurazione di Sabato Visco" in Marina Caffiero (a cura di), *Le radici storiche dell'antisemitismo. Nuove fonti e ricerche* (Roma, 2009), pp. 189-238.

[46] Acs, Ministero della cultura popolare, Gabinetto, b. 158.

antiebraica, pubblicando centinaia di articoli e monografie dove "scoprivano" il "problema ebraico" anche in Italia.[47] A parte alcuni convinti antisemiti come Giovanni Preziosi,[48] la totalità di questi pubblicisti utilizzò la campagna razziale come una comoda scorciatoia per mettersi in luce davanti ai "gerarchi" e far carriera più rapidamente.[49] Proprio i giornalisti ebbero la responsabilità più grave: la propaganda fascista, ripetuta ossessivamente e capillarmente su tutti i media, ebbe sicuramente influenza sulla massa degli italiani.[50]
Anche l'amministrazione pubblica diede un buon esempio di zelo, che andava talvolta anche oltre le intenzioni del legislatore. L'università di Roma applicò alla lettera le disposizioni ministeriali schedando gli studenti ebrei allo scopo di espellerli.[51] Il Ministero dell'Interno fece del suo meglio per rendere la vita impossibile agli ebrei, emanando circolari su circolari che interpretavano sempre in maniera restrittiva le disposizioni del governo.[52] Un buon esempio di questo "eccesso di zelo" fu il Ministro dell'Educazione popolare, Bottai, il quale anticipò le leggi razziali cacciando studenti e professori da scuole e università nel settembre del 1938, due mesi prima dell'approvazione delle stesse.
Le leggi razziali furono usate come una comoda scorciatoia per dimostrare la propria "intransigenza" fascista e in definitiva per fare carriera, un esempio per tutti fu il ministro Bottai. Oltre ad aver anticipato le leggi razziali, questi, in sede di Gran Consiglio del

47 "Giornalisti, intellettuali e disegnatori sempre in prima linea", hanno intitolato il paragrafo dedicato a questi personaggi Marco Avagliano e Marco Palmieri nel loro libro *Di pura razza italiana,* op. cit., p. 237.

48 Su Giovanni Preziosi: Romano Canosa, *A caccia di ebrei. Mussolini, Preziosi e l'antisemitismo fascista* (Milano, 2006). Su Preziosi durante la RSI, Michele Sarfatti (a cura di), *La Repubblica sociale italiana a Desenzano: Giovanni Preziosi e l'Ispettorato generale per la razza* (Firenze, 2008).

49 Ad esempio nel novembre del 1938 il presidente dell'Istituto di cultura fascista, prof. De Francisci, tenne una dotta conferenza sulla decadenza dell'Impero romano a causa della degenerazione razziale, alla presenza di Bottai, Adelchi Serena, senatori, deputati e "numerose autorità e gerarchie". Un'occasione per mettersi in mostra di fronte ai massimi esponenti del Regime. "I problemi della razza in una conferenza dell'on. De Francisci all'Istituto di cultura fascista di Roma" in "Il Popolo d'Italia", 27 novembre 1938.

50 Un'antologia della propaganda razzista è stata pubblicata da Manfredi Mantelli, *La propaganda razziale in Italia 1938-1943* (Rimini, 2005).

51 Acs, Min. Int., Dir. Gen. Ps., Dagr 1939, b.7/f, fasc. "Razzismo. Roma".

52 Stefano Caviglia, "Un aspetto sconosciuto della persecuzione: l'antisemitismo 'amministrativo' del Ministero dell'interno", in "La Rassegna mensile di Israel", agosto 1938.

fascismo, non aveva speso una parola per difendere gli ebrei, a differenza di Balbo e di De Bono. Per questo motivo, secondo quanto da lui stesso scritto nel suo diario «Cini mi dava ragguagli sulla mia "impopolarità", pei provvedimenti contro gli ebrei nella scuola; e mi riferiva il giudizio scandalizzato di Balbo, che avrebbe desiderato da me non so quale eroica opposizione. Risposi, che in un regime com'il nostro le direttive del Capo si accettano o non si accettano; che per non accettarle occorrono motivi di irresistibile resistenza morale; che a tanto non arrivano le riserve secondo me possibili sul "metodo" della lotta antisemita. Aggiunsi e conclusi, che se un giorno dovessi trovare il motivo dell'opposizione irrimediabile, non esiterei ad affrontare rischi e sacrifici».[53]
Bottai non aveva nessun motivo ideologico per appoggiare o promuovere l'antisemitismo. Non credeva alla propaganda e alla "scienza" razziale. Ne è riprova il suo stesso antisemitismo, che variava dal "biologico" al "culturale", a seconda dei momenti e dell'opportunità. Nel suo "Diario" non c'è alcun accenno alla "questione razziale" neanche durante la Guerra d'Etiopia e neppure dopo il crollo del fascismo. Insomma un antisemitismo di facciata, che servì a Bottai, da sempre in odore di "eresia", per rinforzare la sua posizione presso Mussolini nei confronti degli altri gerarchi.
Se è vero che la maggioranza degli italiani accolse le leggi razziali con indifferenza e una parte cercò di sfruttarle, una minoranza invece le accolse con favore. Si trattò in maniera particolare degli studenti universitari e, in generale, dei "giovani", cioè di una generazione nata e cresciuta nel fascismo, e che vedeva nelle leggi razziali e nel corporativismo due aspetti "rivoluzionari" del regime che avrebbero potuto rinnovare veramente la società italiana. In particolare, per gli studenti universitari, il razzismo era un modo per "capire" le inadeguatezze della cultura fascista.[54] Il razzismo e l'antisemitismo furono soprattutto un fattore di forte radicalizzazione per gli studenti universitari, che presero molto sul serio la campagna antiebraica, anche inneggiando alla violenza.[55] Per dare un esempio di tale radicalizzazione, questa è la lettera di un ignoto "studente

[53] Giuseppe Bottai, *Diario 1935-1944*, op. cit., p. 133.
[54] Renzo De Felice, *Storia degli ebrei italiani sotto il fascismo*, op. cit., p. 397.
[55] Amedeo Osti Guerrazzi, "Il nemico perfetto. Il Guf di Roma e l'antisemitismo" in Marina Caffiero (a cura di) *Le radici storiche dell'antisemitismo. Nuove fonti e ricerche* (Roma, 2009).

universitario" a Mussolini alla fine del 1938: «Caro Duce. Il popolo italiano attende con spasimo atroce che venga definitivamente eliminata la stirpe ebraica dal sacro suolo della Patria. Il popolo italiano ti scongiura di affrettare la estirpazione ricordandoti, o Duce inesorabile, che gli ebrei hanno trionfato sopra il massacro degli italiani in cento anni di guerre di liberazione. In nome di tutti i nostri morti abbi il coraggio di imitare Hitler alla lettera e sino alla fine. Eia! Eia! Eia! ALALA!!!».[56] Lo studente aveva interiorizzato il pensiero antisemita nazista, fino ad accusare gli ebrei della morte degli italiani sui campi di battaglia, un argomento tipico del nazismo.

Un'altra categoria che si scagliò con violenza contro gli ebrei furono gli iscritti al partito. Come si è detto, gli episodi di violenza, fino allo scoppio della guerra, furono relativamente pochi, ma quei pochi furono causati dai fascisti. In un'informativa della Questura di Roma, ad esempio, dell'ottobre 1939, si legge che alcuni fascisti avevano iniziato una serie di azioni di tipo squadristico, con manganelli e olio di ricino, contro gli ebrei del centro.[57] Sempre a Roma Guglielmo Pollastrini, un vecchio squadrista della prima ora e noto come uno dei più violenti della Capitale, capitanò una protesta di commercianti ambulanti contro i concorrenti ebrei, ai quali era stata rinnovata la licenza.[58]

Sia per gli studenti universitari che per gli squadristi l'antisemitismo fu un modo per "mettersi in mostra" e mentre per i primi poteva essere un primo passo per una futura carriera, per i vecchi squadristi era un modo per "tornare sulla breccia". Si trattava di due categorie "naturalmente" radicali ed escluse dal potere. I giovani per ovvie ragioni anagrafiche. I vecchi squadristi perché spesso marginalizzati. I giovani quindi videro nell'antisemitismo un'occasione per vivere le gesta eroiche del fascismo delle origini e per trovare nello stesso tempo un posto in un regime imborghesito e sostituire una classe politica sclerotica e invecchiata. Le stesse motivazioni si possono ipotizzare per i vecchi squadristi, marginalizzati definitivamente dopo il consolidamento del regime. Anche per loro era da una parte un

[56] Segreteria particolare del duce, Carteggio riservato, b. 141.

[57] Acs, *Ministero dell'Interno*, *Direzione Generale di Pubblica Sicurezza*, *Divisione Affari generale e Riservati*, 1941, b. fascicolo K18/15, sotto fascicolo "Roma".

[58] Su Guglielmo Pollastrini: Amedeo Osti Guerrazzi, "Fascisti repubblicani a Roma" in Sergio Bugiardini (a cura di) *Violenza tragedia memoria della Repubblica Sociale Italiana* (Roma, 2006), pp. 159-184.

ritorno alle origini, e dall'altra, come per i giovani, un modo per dare sfogo alle proprie frustrazioni. Si tratta d'ipotesi, che però furono in parte confermate dal comportamento di queste due compagini durante l'occupazione tedesca.

Il comportamento della società italiana durante il conflitto, fino all'armistizio, continuò con le stesse caratteristiche contraddittorie e con le stesse ambiguità che la avevano contraddistinta fin dal 1938. Primo tra tutti a seguire una politica ambigua e ondeggiante fu Mussolini, che si trovò sottoposto a fortissime pressioni perché "risolvesse" il problema ebraico nelle zone di occupazione, Croazia e Francia meridionale innanzitutto.[59] Anche in questo caso la politica del dittatore è estremamente complessa da spiegare. Innanzitutto non si sottolineerà mai abbastanza che conosceva perfettamente ciò che i tedeschi (e i croati), stavano facendo al popolo ebreo. I rapporti dei suoi generali dalla Jugoslavia, dei suoi diplomatici in Germania, del segretario del Partito, dopo un suo viaggio in Russia, erano chiarissimi.[60] Il "Popolo d'Italia", all'inizio della campagna di Russia, pubblicò un reportage nel quale erano descritti i massacri di Jasi, anche se il numero delle vittime era decisamente sottostimato.[61] Mussolini, nell'ottobre del 1942, incontrò Himmler a palazzo Venezia. Durante questo incontro il *Reichsführer* delle SS lo informò, *apertis verbis*, che in Russia gli ebrei, uomini, donne e bambini, venivano sterminati in quanto complici dei partigiani.[62]

Mussolini, non solo non ebbe nulla da obiettare, ma rispose che gli sembrava l'unica misura possibile. Eppure Mussolini diede carta bianca ai suoi uomini nei territori occupati, lasciando che fossero loro a sbrigarsela e a decidere se e come consegnare gli ebrei che si erano rifugiati nelle zone occupate dal Regio esercito per sfuggire alla

[59] Ad esempio il colloquio tra l'ambasciatore tedesco Mackensen e Mussolini, riportato nel telegramma mandato dal primo all'*Auswärtiges Amt* del 18 marzo 1943. Yad Vashem Archives, Tr. 3 - 456.

[60] Le notizie dalla Russia sono in Acs, Min. Int., Polizia politica, "Materie 1926-1944", b. 253, fasc. Germania/Russia; Un rapporto di Dino Alfieri, ambasciatore a Berlino, diretto a Galeazzo Ciano, del 3 febbraio 1943, parlava apertamente di "sterminio totale", R. De Felice, *Storia degli ebrei italiani sotto il fascismo*, op. cit., pp. 601-605.

[61] F. Trandafilo, "Pronta reazione romena a bieche manovre giudaico-comuniste. Cinquecento ebrei traditori fucilati a Jasi (Nostro servizio particolare)" in "Il Popolo d'Italia", 1 luglio 1941.

[62] *Der Dientskalender Heinrich Himmlers 1941/42*, 1999, pp. 148-151. L'incontro è commentato anche in Wolfgang Schieder, *Mythos Mussolini*, pp. 148-151.

persecuzione.[63] Anche in questo caso l'ambiguità caratterizza le decisioni del dittatore. Schiacciato dall'enormità dei fatti (milioni di persone uccise senza alcun motivo) e le pressioni dei tedeschi,[64] Mussolini scelse di non decidere. Non diede ordine di consegnare gli ebrei ai tedeschi, ma non si oppose al fatto che i militari italiani lo facessero. Non si oppose mai ai tedeschi apertamente, ma continuò a lasciare che alcuni dei suoi soldati e dei suoi funzionari lo facessero, atteggiamento che conservò finché fu al comando di una nazione non occupata.

Di contro, il Ministero dell'Interno si distinse per la decisione con la quale intensificò i provvedimenti contro gli ebrei, andando forse anche oltre la volontà politica del governo. Tra il maggio e giugno 1940 furono preparate le circolari che prevedevano l'internamento in campi di concentramento o in piccoli comuni del centro-sud di quei civili considerati "pericolosi nelle contingenze belliche". In tutto furono costruiti una cinquantina di campi di concentramento, tra i quali il più noto fu quello di Ferramonti di Tarsia.[65] Secondo un pro memoria preparato da un funzionario del Ministero dell'interno, al 30 giugno 1940 gli arrestati italiani da internare furono 1024 "ariani" ed 80 ebrei. Gli stranieri furono 434 "ariani" e 537 ebrei.[66]
In totale, secondo le ricerche di Mario Toscano, gli ebrei italiani internati durante tutta la guerra furono circa quattrocento.[67] La percentuale di ebrei fu molto più alta rispetto a quella sulla cittadinanza complessiva, cosa che conferma l'attenzione particolare che gli ebrei ricevevano da parte dei solerti funzionari del Ministero. Lo stesso Sottosegretario, Guido Buffarini Guidi, diede prova del

[63] Il libro di Steinberg è stato pubblicato anche in italiano con il titolo *Tutto o niente. L'Asse e gli ebrei nei territori occupati, 1941-1943* (Milano, 1997).

[64] Sulle manovre diplomatiche tedesche e la pressione dei vertici del Reich nei confronti di Mussolini e degli italiani in generale Meir Michaelis, *Mussolini and the Jews*, op. cit., capitolo IX.

[65] Una storia del campo di Ferramonti è quella pubblicata da Franco Folino, *Ebrei destinazione Calabria. 1940-1943* (Palermo, 1988). Sui campi di concentramento Carlo Spartaco Capogreco, *I campi del duce. L'internamento civile nell'Italia fascista* (Torino, 2004).

[66] Acs, Min. Int., Dir. Gen. Ps, Dagr, cat. A5G (II Guerra mondiale), b.115, fasc. "Prospetto numerico degli arrestati da internare".

[67] Mario Toscano, "L'internamento degli ebrei italiani 1940-1943: tra contingenze belliche e politica razziale" in Costantino Di Sante (a cura di), *I campi di concentramento in Italia. Dall'internamento alla deportazione* (Milano 2001), p. 107.

proprio antisemitismo emanando, nel 1941, la seguente circolare: «Dalle osservazioni di questi ultimi tempi risulta inequivocabilmente che non pochi Ebrei hanno ancora una volta dimostrata la loro più ottusa incomprensione di fronte agli eventi politici et storici confermandosi costituzionalmente avversi ad ogni sentimento Nazionale. Occorre pertanto che la politica Razziale contro gli ebrei venga sempre più energicamente perseguita. Esaminate pertanto l'opportunità di inviare ai Campi di concentramento gli elementi locali Ebraici che più danno luogo at sospetti con i loro sentimenti et la loro condotta».[68]

Nel marzo del 1943 il Dr. Grosser, un funzionario della DELASEM, l'organizzazione di soccorso e di aiuto all'emigrazione degli ebrei italiani si presentò alla questura di Genova presentando un dettagliato rapporto sulle atrocità antiebraiche in Slovacchia. Il rapporto era stato portato in Italia da due ebrei (forse marito e moglie), a loro volta arrivati nel nostro paese a bordo di un treno militare italiano proveniente dalla Polonia. I due ebrei erano riusciti ad arrivare perché travestiti l'uno da ufficiale e l'altra da crocerossina, con divise fornite dagli ufficiali presenti sul treno. Grosser pregava il questore di far arrivare il rapporto al Ministero dell'Interno, per cercare di ottenere una qualche reazione da parte del Governo. Il Prefetto di Genova, dopo aver sintetizzato la vicenda, così concludeva il suo rapporto al Ministero: «Se ne informa per opportuna conoscenza ed anche per gli eventuali provvedimenti che si ritenesse adottare nei confronti della Delasem, potendosi dubitare che la stessa, che ha filiali nei più importanti centri italiani, dove ha la possibilità di raccogliere notizie di tutti i generi, possa svolgere propaganda ed attività non chiare».[69]

Insomma il Prefetto, come tutta risposta, proponeva di sciogliere la DELASEM oppure di arrestarne i membri, ignorando completamente il grido di aiuto degli ebrei.[70]

Eppure, anche nel caso dei funzionari del Ministero dell'Interno, non si può generalizzare e vanno citati casi che contrastano con i precedenti e dimostrano quanto il caso italiano sia difficile da

68 Asr, Prefettura, Gabinetto, b.1515, telegramma di Guido Buffarini Guidi ai prefetti del 14 gennaio 1941.

69 Acs, Ministero dell'Interno, Direzione generale di Ps, Divisione affari generali e riservati, cat. G1, b. 13.

70 Acs, Min. Int. Dir. Gen. Ps., Dagr, cat. A5G, (II Guerra Mondiale), b. 146, fonogramma del questore del 10 settembre 1943.

catalogare. Il dottor Lospinoso, ad esempio, inviato personalmente da Mussolini nella zona francese occupata dalle truppe italiane, fece letteralmente impazzire i suoi omologhi tedeschi che premevano per far arrestare e deportare gli ebrei scappati sulla Costa Azzurra. Lospinoso attuò una tattica dilatoria, fatta di rinvii e scuse, che gli permise di evitare la deportazione di migliaia di persone. Anche tutta la vicenda dei campi d'internamento italiani rivela le contraddizioni della società italiana. Molti ebrei furono internati nei campi perché ebrei, non perché pericolosi, dunque ingiustamente. Tuttavia, la vita nei campi era tollerabile, nonostante tutte le ristrettezze imposte, oltre che dall'amministrazione, dalle condizioni oggettive del paese dovute alla guerra. Inoltre i direttori dei campi, funzionari di PS, si comportarono in maniera generalmente civile.[71]Un paragone con i campi di concentramento nazisti è improponibile.

La guerra radicalizzò l'atteggiamento anche degli studenti e dei fascisti, le categorie che abbiamo visto essere in prima fila nel richiedere un inasprimento delle leggi contro gli ebrei. A Ferrara, ad esempio, la Sinagoga fu attaccata e saccheggiata nel 1941, mentre a Torino, sempre nello stesso anno, fu dato fuoco al portone del tempio.[72] Anche a Trieste, città che non conosceva l'antisemitismo, la Sinagoga, sempre da parte di giovani fascisti, fu oggetto di atti di vandalismo.[73] Nel giugno del 1941, a Spalato, un gruppo di camicie nere si scatenò contro la popolazione civile locale. Il 12 giugno il generale comandante il corpo d'armata che controllava la Dalmazia riferì che «una ventina di militi, al comando di un ufficiale, penetrava nella Sinagoga della comunità ebraica e bastonava a sangue gli astanti che pare fossero ivi convenuti per assistere a riti religiosi. I mobili e le tappezzerie della Sinagoga venivano bruciati nella vicina piazza dei Signori dagli stessi militi, coadiuvati da agenti di P.S. [polizia] colà presenti. Dalla Sinagoga i militi asportavano anche l'archivio, entro il quale erano riposti, sembra, documenti di grande valore storico, e ornamenti con stemmi massonici [sic]; il tutto consegnavano alla Federazione [fascista]. Anche molti negozi di ebrei venivano

[71] Amedeo Osti Guerrazzi, "I direttori dei campi di concentramento per civili durante la Seconda Guerra Mondiale" in *"Quellen und Forschungen aus italienischen Archiven und Bibliotheken"*, vol. 84 (2004), pp. 437-463.

[72] Michele Sarfatti, *Gli ebrei nell'Italia fascista*, op. cit., p. 201.

[73] Maura E. Hametz, *"The ambivalence of Italian Antisemitism. Fascism, nationalism and racism in Trieste"* in *"Holocaust and Genocide Studies"*, vol. 16, n. 3 (2002), pp. 376 - 401.

manomessi e danneggiati».[74]
Anche la stampa si scatenò contro gli ebrei. In prima linea, come al solito, Giovanni Preziosi e la "Vita italiana", con articoli che svelavano i veri motivi del conflitto.[75]
Parlando della stampa, non si può non citare la rivista "La Difesa della razza", organo ufficiale del razzismo italiano, che radicalizzò ulteriormente le sue posizioni durante la guerra.[76]
In guerra la "congiura ebraica mondiale" era un argomento perfetto per spiegare le ragioni della coalizione internazionale contro le potenze dell'Asse. Che cosa, se non l'ebraismo, poteva tenere insieme l'Impero britannico, gli Stati uniti d'America e l'Unione sovietica? Per persone abituate a pensare in termini manichei, e a non esercitare il pensiero critico, come i giovani cresciuti nel regime fascista e i vecchi squadristi, gli ebrei erano il nemico perfetto sul quale gettare la colpa di una guerra che non riuscivano a spiegare altrimenti. I continui fallimenti delle forze armate su tutti i fronti (dalla Francia, all'Africa, alla Grecia), creavano un senso di frustrazione e di panico, e gli ebrei, ancora una volta, rappresentavano il bersaglio ideale sul quale sfogare la propria frustrazione.
Il quadro sembrerebbe quindi abbastanza chiaro: una società in guerra, che vede fallire tutti i suoi sforzi, circondata da nemici potentissimi, cerca nella persecuzione di una minoranza già stigmatizzata e isolata da anni la soluzione alla crisi che attraversa. Tuttavia continuano a sussistere fatti che contraddicono questa interpretazione. Il comportamento dell'Esercito italiano, infatti, non rientra assolutamente in questo quadro. Nel corso della guerra l'Italia occupò parte della Grecia, della Jugoslavia e della Francia. In queste zone, nonostante le forti pressioni esercitate dai tedeschi, e anche dagli Ustascia croati e dalla polizia di Vichy, gli ufficiali italiani sul campo si rifiutarono di consegnare gli ebrei sotto la loro giurisdizione e a volte si opposero apertamente alle deportazioni. Menachem Shelah e Renzo De Felice[77] hanno ricondotto questo atteggiamento

[74] Archivio Ufficio Storico Stato Maggiore Esercito, H8, b. 2, rapporto di Quirino Armellini del 16 giugno 1942.

[75] Giovanni Preziosi, *Come il giudaismo ha preparato la guerra* (Roma / Milano, 1940).

[76] Un'antologia della rivista "La Difesa della razza" è stata pubblicata da Valentina Pisanty, *La Difesa della razza. Antologia 1938-1943* (Milano, 2006).

[77] Renzo De Felice, *Storia degli ebrei italiani sotto il fascismo*, op. cit., p. 408; Menachem Shelah, *Un debito di gratitudine: storia dei rapporti tra l'esercito italiano e gli ebrei in Dalmazia, 1941-1943* (Roma, 1991).

all'umanità degli italiani, mentre Davide Rodogno ha sostenuto essersi trattato di un puro scontro di potere con i tedeschi e con le autorità locali.[78] Jonathan Steinberg ha sottolineato la differenza di "serietà" tra il fascismo ed il nazismo. «La lotta per salvare le vite di alcune migliaia di ebrei dipese dalle enormi differenze tra i due regimi così simili in apparenza e così differenti nelle fondamenta. Il regime di Hitler era serio allo stesso modo in cui quello di Mussolini non lo era».[79]

Questa impostazione è stereotipata: Il Regime fascista fu un regime estremamente serio e l'esercito italiano combatteva il nemico senza pietà. Il Regio esercito commise stragi anche contro donne e bambini durante le operazioni di controguerriglia nei Balcani. Basti pensare al campo di concentramento di Arbe, dove morirono migliaia di jugoslavi a causa delle terribili condizioni in cui erano tenuti dai comandi della II Armata. Viceversa gli ebrei non erano percepiti come un pericolo, non rappresentavano una minaccia per i soldati. L'esercito non fu altro che lo specchio della società italiana dell'epoca, caratterizzata in prevalenza da indifferenza nei confronti degli ebrei perseguitati, anche se tra gli ufficiali italiani c'erano degli antisemiti, come è noto.[80] Tuttavia una cosa è l'indifferenza rispetto al destino degli ebrei, altro è assistere impassibili, o addirittura collaborare, con le stragi compiute dagli Ustascia, che in Croazia avvenivano sotto gli occhi di tutti. Proteggere donne e bambini in fuga da persecuzioni e massacri fu per alcuni reparti dell'esercito un fatto di "normale" umanità.

Durante il periodo dell'occupazione tedesca per gli aderenti alla Repubblica - i nuovi fascisti - il confine tra l'umanità e il terrore cessò di esistere. Il collaborazionismo nella deportazione degli ebrei non si limitò all'esecuzione degli ordini tedeschi. I fascisti stessi lo spiegarono in altri termini: l'argomento della Repubblica Sociale come "scudo" nei confronti della vendetta tedesca venne propagandato già nell'autunno del 1943, ed è stato il *refrain* della politica della memoria dei reduci di Salò per tutta la loro vita. Tra chi tentò di difendere la memoria della Rsi, interpretando la politica fascista come un tentativo

[78] Davide Rodogno, *Il nuovo ordine Mediterraneo. Le politiche di occupazione dell'Italia fascista in Europa. 1940-1943* (Torino, 2002), p. 482.

[79] Jonathan Steinberg, *All or Nothing*. Op. cit., p. 173.

[80] Amedeo Osti Guerrazzi, *Noi non sappiamo odiare. L'esercito italiano tra fascismo e democrazia* (Torino, 2012), pp. 98-104.

di salvare gli ebrei, ci fu Glauco Buffarini Guidi, figlio del Sottosegretario agli interni Guido, i cui ordini di internamento generalizzato degli ebrei sono stati descritti come un modo per metterli al riparo dai tedeschi.[81]

Per quanto riguarda la società italiana in generale, le interpretazioni sono state, per anni, piuttosto benevole. Il fatto che dall'Italia sia stato deportati un numero minore di ebrei rispetto ad altri Paesi dell'Europa nord occidentale, la memoria di tanti sopravvissuti che hanno voluto, attraverso la loro testimonianza, ringraziare chi li aveva salvati, una cancellazione delle responsabilità del nostro paese favorita dalla politica delle istituzioni italiane e, non ultima, l'amnistia voluta dal ministro della giustizia Togliatti nel giugno del 1946, hanno praticamente sepolto sotto un velo di oblio la tragedia della *Shoah* in Italia. È vero che dall'Italia furono deportati relativamente pochi ebrei. I sopravvissuti furono circa il 75%, più che in Francia e poco meno che in Belgio e in Olanda.[82] Tuttavia, bisogna tener conto che l'occupazione del Belgio, dell'Olanda e della Francia è durata tre anni di più rispetto a quella dell'Italia settentrionale e che molti sopravvissuti italiani erano concentrati nei campi del meridione (oltre un migliaio a Ferramonti), dove vennero liberati dagli Anglo-Americani prima che potessero finire nelle mani dei tedeschi o dei fascisti repubblicani.

A conclusione del tema in esame possiamo inquadrare la società italiana dell'epoca in cinque grandi categorie: a) i *bystanders* (spettatori), b) gli attivamente contrari, c) i cooperanti, d) i collaboratori, e) i nazi-fascisti.

Per quanto riguarda i *bystanders*, si può ipotizzare che la maggior parte della popolazione rientri in questa categoria. In alcune città, soprattutto le piccole, con microscopica presenza ebraica, il problema non si poneva in quanto la deportazione non fu probabilmente ne vista né avvertita dalla stragrande maggioranza della cittadinanza. Per quanto riguarda grandi città con una importante presenza ebraica, invece, fu il contrario. Ad esempio a Roma, riguardo la razzia del 16 ottobre, per anni si è parlato della "Razzia del ghetto", come se si fosse concentrata soltanto nella zona di piazza delle Cinque Scole e

[81] Glauco Buffarini Guidi, *La vera verità* (Milano, 1970), pp. 49-50.

[82] Liliana Picciotto Fargion, *"Statistics tables on the Holocausts in Italy with an insight on the mechanism of the deportation"* in *"Yad Vashem Studies"*, n. 33 (1995), pp. 307-346. I dati alla p. 340.

del Portico d'Ottavia. Grazie alle ultime ricerche invece, sappiamo che la razzia avvenne in tutta la città, compresi i quartieri semi-periferici.[83] La razzia si svolse quindi davanti agli occhi di decine di migliaia di persone, eppure le testimonianze di non ebrei si contano sulle dita di una sola mano. In buona sostanza, decine di migliaia di persone decisero di chiudere gli occhi, di non vedere e, in seguito, di non ricordare. La stessa cosa avvenne per le deportazioni dell'autunno 1943 in altre città. Il *Kommando* di Theodor Dannecker, dopo aver portato a termine la deportazione degli ebrei dalla capitale, passò a Firenze, e a Genova, mentre a Milano una retata era avvenuta nello stesso giorno di Roma.[84] Anche di queste retate le testimonianze di non ebrei sono pochissime, e soprattutto non ci fu alcun tipo di opposizione.

Anche Pio XII, nonostante le pressioni e le richieste di aiuto presentategli tra il 16 (data degli arresti di Roma) e il 18 ottobre (data della partenza del treno con 1022 ebrei dalla stazione di Roma Tiburtina), decise di non esporsi pubblicamente.

La categoria degli "attivamente contrari" è sfuggente e, al pari, difficile da ricostruire. "I Giusti d'Italia", i riconosciuti ufficialmente, sono soltanto una piccolissima parte delle migliaia di persone che, in qualche modo, hanno tentato di aiutare i perseguitati a salvarsi. Andando a spulciare tra i processi ai collaborazionisti, avvenuti dopo la guerra, si trovano facilmente nomi di persone arrestate o denunciate perché avevano nascosto o aiutato a fuggire degli ebrei. Ad esempio a Roma tale Augusto Cortini fu arrestato dalla polizia e torturato a San Vitale per aver nascosto degli ebrei.[85] Il vice segretario di prefettura, Luigi Tedesco, fu invece arrestato e rinchiuso a Regina Coeli, nell'aprile 1944, per «favoreggiamento verso il nemico e per non aver osservato il divieto di frequentare ebrei».[86] A Milano la signora Albrighetti venne ricattata dalla moglie di un funzionario della

[83] Silvia Haia Antonucci, Claudio Procaccia, Gabriele Rigano, Giancarlo Spizzichino (a cura di), *Roma, 16 ottobre 1943, anatomia di una deportazione* (Roma, 2006); Marcello Pezzetti (a cura di), *16 ottobre 1943. La razzia degli ebrei di Roma* (Roma, 2013); Martin Baumeister, Amedeo Osti Guerrazzi, Claudio Procaccia, *16 ottobre 1943. La razzia degli ebrei romani tra storia e memoria* (Roma, 2016).

[84] Giuseppe Mayda, *Storia della deportazione dall'Italia*, op. cit.

[85] Asr, Cap, sezione speciale, Sentenze 1947, vol. I, Sentenza contro Perrone Umberto più altri.

[86] Acs, Min. Int., Segr. Capo polizia RSI, b. 46, riservatissima di Coriolano Pagnozzi al Ministero dell'interno del 27 aprile 1944.

Questura perché stava nascondendo in casa Pio Castelfranco.[87] Tra le testimonianze rese dai salvati si ne trovano molte relative a sconosciuti che, senza alcun motivo o tornaconto, aprirono una porta, diedero una indicazione, distrassero i carnefici.
Tra i più attivi nel proteggere gli ebrei ci furono sicuramente i preti e gli ordini religiosi cattolici. Anche in questo caso non è possibile generalizzare.[88] Tuttavia il numero di salvati nei conventi fu alto, e non fu un'azione priva di rischi. Se ci sia stato un ordine espresso del papa, è questione tutt'ora dibattuta. Sicuramente un ordine del genere non venne dato per scritto, e quindi non si troverà mai una "circolare" firmata Pacelli. Ma è da sottolineare, a seguito della paura e sorpresa del 16 ottobre (la razzia avvenuta "proprio sotto le sue finestre"), la pubblicazione dell'articolo del 25-26 ottobre 1943 su "L'Osservatore romano", che fu un chiaro invito a dare rifugio ai perseguitati. Il pezzo, intitolato "La carità del Santo Padre", diceva: «Con l'accrescersi di tanti mali è divenuta, si direbbe, quasi più operosa la carità universalmente paterna del Sommo Pontefice, la quale non si arresta davanti ad alcun confine né di nazionalità, né di religione, né di stirpe». L'ambasciatore von Weizsäcker commentò quest'articolo, in un suo dispaccio a Berlino, come "contorto e nebuloso", rassicurando quindi il Ministero degli esteri, che il Vaticano continuava nella sua politica di prudente riserbo.[89] Ma per il clero romano l'articolo era chiarissimo, secondo lo storico Riccardi «Qui si capiva cosa significasse che la carità non si arrestava davanti a nessun confine di nazionalità, religione o stirpe».[90]
La chiesa cattolica non è rappresentata solo dal papa. Il primate di Milano Ildefonso Schuster nel luglio 1944, dopo l'arresto di numerosi religiosi da parte delle SS italiane, che avevano scoperto degli ebrei nascosti nei conventi, decise di intervenire per chiederne il rilascio. In una lettera alle "Supreme autorità della Repubblica", scrisse «A tutti costoro [i religiosi arrestati] si attribuisce a debito l'opera della cristiana carità, da loro apprestata a dei poveri Israeliti, vecchi, infermi

87 Archivio di Stato di Milano, Corte di Assise Straordinaria, fascicolo Borgi Giuseppina.

88 Federica Barozzi, "I percorsi della sopravvivenza. Salvatori e salvati durante l'occupazione nazista di Roma (8 settembre 1943 - 4 giugno 1944)" in "La Rassegna mensile di Israel", gennaio - aprile 1998.

89 Il testo in Renzo De Felice, *Storia degli ebrei italiani sotto il fascismo*, op. cit., pp. 478-479.

90 Andrea Riccardi, *L'inverno più lungo*, op. cit., p. 139.

e oppressi dalla più tetra miseria. Abbiamo già avuto più volte occasione di spiegare alle Supreme Autorità, che se l'esercizio di tale carità è un delitto, allora siamo rei tutti quanti i cristiani, anche i protestanti, perché è il Vangelo stesso di Cristo che ci fa obbligo di soccorrere i poveri, specialmente quelli che si trovano in estrema necessità».[91]

Il Vaticano e alte gerarchie ecclesiastiche espressero apertamente la loro volontà di aiutare i perseguitati. Si trattava di una politica che in pratica lasciava libertà di coscienza ai singoli prelati, che decisero autonomamente come muoversi. Alcuni lo fecero assumendosi rischi, altri lo fecero per denaro, altri ancora per cercare di convertire al cattolicesimo i rifugiati, e infine alcuni sbarrarono i portoni e scelsero di girarsi dall'altra parte. Come per tutte le istituzioni molto grandi, anche la Chiesa cattolica rappresenta uno spaccato della società, al cui interno vi erano eroi, persone normali dotate di coscienza, pavidi, avari e antisemiti.

«Isaiah Trunk - scrive Yehuda Bauer - differenzia due tipi di reazione sottomessa alle politiche naziste: cooperazione è il termine che egli usa per descrivere la involontaria adesione a una forza superiore, spesso avvenuta di concerto con il tentativo di proteggere il popolo che lo Judenrat si supponeva dovesse rappresentare; collaborazione è il termine usato per descrivere la collusione basata su identiche premesse ideologiche o sulla convinzione che i tedeschi avrebbero vinto la guerra».[92]

Questa descrizione si adatta anche ad alcune categorie d'italiani. Tra i cooperanti ci furono i funzionari ministeriali che rimasero al loro posto di lavoro, e scelsero così non solo di mantenere lo stipendio, ma di cooperare con la Repubblica sociale e con gli occupanti tedeschi. Furono decine di migliaia, e ovviamente non rientrano in questa categoria i postini o gli insegnanti, ma sicuramente rientrano quei burocrati che lavoravano all'EGELI, l'ente istituito per spogliare gli ebrei dei loro beni, o al Ministero dell'Interno, ancora una volta il protagonista di queste vicende. Direttamente sottoposti al ministero, infatti, erano gli agenti di pubblica sicurezza e la Guardia nazionale repubblicana, erede della Milizia e dei carabinieri. Furono questi

[91] Asm, Prefettura, Gabinetto, b.365, lettera di Ildefonso Schuster "alle supreme autorità" del 24 luglio 1944. Questo documento non venne citato tra quelli pubblicati dal cardinale nel suo libro *Gli ultimi tempi di un regime* (Milano, 1946).

[92] Yehuda Bauer, *Rethinking the Holocaust*, op. cit., p. 148.

funzionari a dover mettere in pratica le leggi antiebraiche dei fascisti, ad arrestare, concentrare e deportare gli ebrei. Ci fu una minoranza di convinti e una grande maggioranza che cercò di barcamenarsi, un termine italiano che indica chi tenta di svolgere il proprio dovere senza compromettersi troppo. Un caso tipico è rappresentato dal Questore di Modena, il quale fu processato nel dopoguerra per aver trasformato il campo di concentramento di Fossoli da campo per prigionieri di guerra a campo per l'internamento per gli ebrei in transito per Auschwitz. Paolo Magrini, questo il suo nome, al processo riuscì a dimostrare di aver costruito il campo nella maniera migliore possibile, affinché i reclusi non patissero troppo durante il periodo di internamento, ma anche di aver fatto fuggire numerosi ebrei arrestati nella sua città.[93]

Casi come questo furono centinaia, forse migliaia in tutta Italia. Funzionari che volontariamente mantennero la loro posizione, ma tentarono di svolgere il loro lavoro nella maniera peggiore possibile. Spesso i poliziotti avvertivano gli ebrei prima dell'arresto, confondevano le carte in modo che gli ordini andassero persi, si recavano nelle case degli ebrei e, se nessun altro controllava, evitavano di entrare, tornando poi in ufficio con un rapporto d'irreperibilità del reo; tattiche dilatorie che qualsiasi burocrate conosce perfettamente. In molti casi la necessità di "salvare la faccia" di fronte ai propri superiori portava i poliziotti a compiere delle vere e proprie retate che, va ricordato, portavano direttamente ad Auschwitz. Un caso clamoroso fu quello della Guardia di finanza, la polizia economica, sottoposta teoricamente al Ministero dell'economia. La Guardia rimase al suo posto ed è passata alla storia come un corpo antifascista, sempre in contatto con la Resistenza. Ebbene, a Roma la Guardia arrivò a estremizzare talmente tanto il suo "doppio gioco" da fornire gli uomini per i plotoni di esecuzione degli antifascisti.[94] Essendo poi responsabile della sorveglianza dei valichi di frontiera, soprattutto con la Svizzera, la guardia arrestò e consegnò ai tedeschi numerosi ebrei che tentavano di scappare nella Confederazione.[95] Ci furono moltissimi casi, inoltre, di cooperanti che salvarono degli ebrei

93 Archivio di Stato di Milano, Corte di Assise Speciale, fascicolo "Magrini Paolo". Per la cronaca Magrini era sposato con un'ebrea.

94 Archivio Ufficio Storico Stato Maggiore dell'Esercito, H8, b. 2.

95 Archivio Centrale dello Stato, Ministero dell'Interno, Direzione generale della PS, Segreteria particolare del Capo della Polizia RSI, b. 75.

solamente per costruirsi un alibi per il dopoguerra. Un caso particolarmente noto è quello del commissario Alianello, della Questura di Roma, ufficiale di collegamento con Kappler. Come tale, Alianello fu sicuramente tra i responsabili degli arresti e delle deportazioni degli ebrei di Roma, ma al processo per la strage delle Fosse Ardeatine il commissario si difese dicendo di aver salvato otto ebrei levandoli dalla lista dei condannati. Una pagina di Debenedetti rende molto bene la rabbia che gli ebrei provarono, nel dopoguerra, nei confronti di questi personaggi. «Non solo i signori dell'Alta Corte e i pochi invitati seguono il processo del mio ex capo Caruso, ma l'opinione pubblica di tutto il mondo. Quanti occhi abbiamo addosso. E il guaio è che in questi giorni gli affari vanno male: oggi è il campo di concentramento, e domani chi sa. Forza, cerchiamo di renderci benevoli tutti questi occhi, di impressionarli favorevolmente. Un'occasione come questa è difficile che si ripeta. [...] Mostriamo di esser stati pietisti, di avere avuto questo coraggio, e risulteremo senz'altro iscritti, iscritti d'ufficio, senz'ombra di contestazione, nei ranghi dell'antifascismo. Dai, giovinotto, attaccati agli ebrei, e tutto fa brodo, anche la carne sbattezzata. Fai vedere di aver deviato a favore degli ebrei il cavo della benevolenza».[96]

Per capire invece il comportamento dei collaborazionisti e dei nazisti italiani, può essere utile comparare la situazione italiana del settembre 1943 con quella della Germania del 1919. Come in Germania il crollo del *Reich* aveva significato lo sfacelo di un intero mondo, così per i fascisti l'arresto di Mussolini il 25 luglio, e poi l'armistizio dell'otto settembre successivo, furono la fine di un'intera epoca. Per chi aveva creduto nel fascismo, durante il Regime, quelle settimane rappresentarono una tragedia epocale, causata, voluta e portata a compimento dal male assoluto. Come scrisse il federale di Milano, Vincenzo Costa, nelle sue memorie: «I traditori avevano vinto, i codardi avevano vinto [...] aveva vinto Satana».[97]

Come per parte della società tedesca del 1919, anche per gli italiani ci fu bisogno di trovare una spiegazione a un tale crollo, e per molti fascisti, come per molti tedeschi, gli ebrei furono il capro espiatorio perfetto per "spiegare" il loro dramma. Un antisemitismo di tipo "redentivo", ovvero la distruzione di un nemico attraverso la quale il

[96] Giacomo Debenedetti, *16 ottobre 1943* (Torino, 2001), p. 56.

[97] Vincenzo Costa, *L'ultimo federale. Memorie della guerra civile 1943-1945* (Bologna, 1997), p. 11.

popolo avrebbe ritrovato la sua "purezza" ed eliminato i motivi della sua sconfitta. Tra i collaboratori più entusiasti si trovano i fascisti *hard core*, gli squadristi della prima ora, che si sono già incontrati, assieme ai ragazzi delle scuole superiori e delle università, anch'essi fortemente influenzati dalla propaganda antisemita del regime, e che adesso tentavano di reagire al dramma incombente anche andando a caccia di ebrei. Le motivazioni di altri collaborazionisti non furono ideologiche. Moltissime spie che si misero al servizio dei tedeschi (tra queste anche alcuni ebrei), lo fecero soprattutto per denaro, altre invece perché erano ex collaboratrici della polizia politica fascista e continuavano il loro "lavoro" di sempre. Tuttavia vi fu anche un numero consistente di fascisti che collaborò con i tedeschi, mettendo a disposizione tutto, informazioni ed energia, per la convinzione che perseguitare gli ebrei avrebbe contribuito a salvare la patria. Basti pensare che il punto 7 della "Carta di Verona", il manifesto programmatico del Partito fascista repubblicano, fu approvato il 14 novembre per acclamazione durante il congresso del Pfr. Come spiegare, altrimenti la politica seguita dal Ministero dell'Interno, guidato dal Sottosegretario Guido Buffarini Guidi, che il 30 novembre emanò l'ordine di polizia n. 5, con il quale imponeva ai prefetti l'apertura di campi di concentramento provinciali per rinchiudervi tutti gli ebrei, "anche se discriminati"? La collaborazione dei vertici della Rsi arrivò a un accordo, che prevedeva l'arresto degli ebrei da parte italiana e la loro consegna ai tedeschi, i quali avrebbero provveduto alla deportazione nei campi di sterminio.[98]

A livello delle prefetture, questi ordini furono messi in pratica senza discussioni. I prefetti fascisti, assieme ai questori, eseguirono con disciplina arresto, concentramento e consegna degli ebrei ai tedeschi. Il 2 febbraio 1944 il Capo della provincia di Genova telegrafò al Ministero dell'interno dicendo di aver disposto il trasferimento di tutti

[98] «Lo svolgersi dei fatti [...] consente invece di delineare un'ipotesi che, pur rimanendo priva di una vera e propria "certificazione" documentaria, ha la caratteristica di essere l'unica coerente con tutti gli avvenimenti e con tutti i documenti noti: in un momento probabilmente posteriore ai documenti berlinesi [del dicembre 1943] sopra citati e sicuramente anteriore al 6 febbraio 1944, i governi del Terzo Reich e della RSI pervennero a un accordo per la consegna ai tedeschi e la conseguente deportazione (e uccisione) degli ebrei arrestati dagli italiani». Michele Sarfatti, *Gli ebrei nell'Italia fascista,* op. cit., p. 263. L'ipotesi di Sarfatti è stata confermata anche dallo studio di Giuseppe Mayda, *Storia della deportazione dall'Italia,* op. cit., pp. 150-154.

gli ebrei a Marassi, «a disposizione del Comando S.S. di Genova».[99] Pochi giorni dopo, l'11 febbraio, il Capo della Provincia di Ferrara Vezzalini comunicava di aver preso accordi con il comando tedesco per il trasferimento degli ebrei della sua provincia nel campo di concentramento di Fossoli.[100]

Possiamo soltanto proporre delle ipotesi sui motivi che spinsero Mussolini (che sicuramente approvò questo accordo, probabilmente trattato dal Ministero dell'Interno con Rahn o Harster) a consentire di consegnare gli ebrei italiani. Le pressioni tedesche in questo senso erano certo forti, ma anche la volontà di essere "preso sul serio" dai nazisti deve aver convinto il dittatore a consegnare i "suoi" ebrei. La sua indifferenza nei confronti degli ebrei, la volontà di far sapere non solo ai tedeschi, ma anche ai fascisti, che questa volta il fascismo "faceva sul serio" contro i nemici interni, furono spinte forti verso la radicalizzazione dell'antisemitismo mussoliniano.

Anche il Partito vero e proprio fu in prima linea nella persecuzione. Le Brigate nere, l'organo militare del Pfr, nate nell'estate del 1944, si distinsero per la decisione con la quale si misero alla ricerca degli ebrei nascosti. Assieme alla *leadership* governativa e politica, furono numerosi gli italiani che collaborarono spontaneamente con i tedeschi. Le "bande di polizia", ovvero gruppi informali di italiani che si organizzarono per collaborare con la Gestapo nella ricerca e nell'arresto di ebrei, fiorirono in tutte le città italiane. La "banda Carità", a Firenze e a Padova; la "Legione Autonoma Ettore Muti", a Milano e a Torino; la "Banda Koch", a Roma e Milano, furono soltanto le più note tra le decine e decine di organizzazioni che diedero un grande contributo alla deportazione dall'Italia. Oltre alle bande, la delazione da parte di singoli individui divenne una prassi abbastanza diffusa. Alcuni di questi diventarono dei veri e propri professionisti. È noto il caso di Mauro Grini, un ebreo triestino che si arricchì grazie alla delazione degli ebrei nascosti. Altri furono dei veri campioni della materia. Giorgio Pini, un fascista genovese che lavorava come autista per l'*Aussenkommando* locale, si specializzò

[99] Acs, Min. int., Dir. Gen. Ps., Dagr., A5G (II Guerra mondiale), b.151, telegramma del Capo della provincia di Genova al Ministero dell'interno del 2 febbraio 1944. Il telegramma fa riferimento a un'altra circolare telegrafica del 24 gennaio, che non si è ritrovata.

[100] Acs, Min. int., Dir. Gen. Ps., Dagr., A5G (II Guerra mondiale), b. 151, telegramma di Vezzalini al Ministero dell'interno dell'11 febbraio 1944.

nell'arrestare ebrei, che poi faceva evadere (sicuramente dietro compenso) e poi arrestare nuovamente.[101]

In sintesi il quadro che si delinea per il collaborazionismo fascista è il seguente: il regime fascista aveva fatto dell'espansionismo e del militarismo il fulcro del proprio essere. Sconfitti gli avversari interni, il fascismo si era lanciato in una politica di potenza, che aveva trasformato il regno d'Italia in un Impero. Nel giro di pochi mesi il sogno dei fascisti di avere un ruolo di primo piano nel "Nuovo ordine Europeo" e mondiale, si trasformò nell'incubo di trovarsi alla mercé delle orde multirazziali agli ordini delle demoplutocrazie occidentali alleate dei bolscevichi sotto il controllo dell'ebraismo mondiale. Questo incubo radicalizzò i fascisti, che cercarono nelle congiure e nel tradimento i motivi del fallimento del regime. Gli ebrei diventarono così il nemico ideale sul quale sfogare la rabbia, la frustrazione e la voglia di rivincita, ma anche il nemico necessario da eliminare per evitare il ripetersi del crollo del 25 luglio.

Ai repubblichini vanno aggiunti anche i nazisti italiani, cioè quegli italiani che andarono oltre la collaborazione con i tedeschi, che ritenevano la politica della Rsi troppo "morbida" nei confronti degli ebrei, e tentarono di mettere in atto politiche che superavano la collaborazione per arrivare a una autonoma politica di persecuzione degli ebrei. Tra questi il più noto è sempre Giovanni Preziosi, il quale assillò Mussolini e i tedeschi con le sue teorie di congiure mondiali e con la necessità di eliminare in maniera radicale qualsiasi "elemento ebraico" dalla vita della nazione. Ossessionato dalle congiure, Preziosi propose una super polizia razziale che doveva scovare i traditori ovunque, anche in seno al governo e ai vertici del partito, traditori che ovviamente erano ebrei nascosti infiltrati nella *leadership* della Repubblica. Preziosi peraltro non fu il solo ad andare oltre alle richieste tedesche. Come si può definire il prefetto di Grosseto, che decise di aprire di sua spontanea volontà un campo di concentramento per ebrei a Roccatederighi, quattro giorni prima dell'ordine di polizia del 30 novembre?[102] Oppure quelle migliaia di italiani che aderirono alle *Waffen SS*, e con quella divisa furono tra i

[101] Archivio Centrale dello Stato, Casellario Politico Centrale, fascicolo "Pini Giorgio".

[102] Sul campo di Grosseto, e in generale su tutta la storia dei campi della RSI: Matteo Stefanori, *Ordinaria amministrazione. Gli ebrei e la Repubblica sociale italiana* (Bari / Roma, 2017).

più violenti e brutali nella controguerriglia nelle campagne e nella ricerca di antifascisti ed ebrei nelle città? Questi nazisti italiani, seppure minoritari anche all'interno del fascismo repubblicano, rappresentarono tuttavia un pericolo reale per gli ebrei, e diedero un contributo notevole alla loro persecuzione.

Il caso italiano rappresenta un enigma difficilmente risolvibile. Sicuramente una differenza fondamentale con il nazismo tedesco fu la mancanza di un sostrato di antisemitismo di massa, anche se il conformismo e l'indifferenza resero possibile l'applicazione delle leggi razziali senza che ci fosse alcuna opposizione. Da parte dei fascisti più convinti, e soprattutto per quelli esclusi dai privilegi e dal potere, l'antisemitismo fu accolto con favore e portò a un deciso percorso di radicalizzazione, esploso dopo l'armistizio e favorito dall'occupazione tedesca. Anche se minoritaria, questa parte della società italiana giunse al potere con la Repubblica sociale italiana, e anche se non riuscì a trascinare l'intera popolazione "nel cono d'ombra" dell'Olocausto, vi trascinò sicuramente il fascismo e la sua ultima incarnazione repubblicana.

La persecuzione di Mussolini 1938-1945: la storia

Fabio Levi

L'Italia come la Danimarca?

Sulle vicende degli ebrei italiani nel periodo fra le due guerre mondiali non è difficile trovare fra gli studiosi orientamenti simili a quello espresso da Michael R. Marrus nel suo libro *L'olocausto nella storia*, quando afferma: "La politica nazista incontrò ostacoli consistenti in due paesi: l'Italia fascista, cioè la più stretta alleata del Reich, e lo stato fantoccio di Danimarca"[1]. In particolare in Italia - sempre secondo Marrus - "l'antisemitismo apparve subito dissonante perché l'emancipazione degli ebrei italiani era riuscita molto bene ed essi erano relativamente poco numerosi e pienamente integrati. Mussolini adottò una linea ufficiale antiebraica nel 1938, nel quadro di un riavvicinamento al Reich, ma lo fece evidentemente senza convinzione e senza impegnarsi in una vasta azione contro gli ebrei. Perciò in Italia la persecuzione degli ebrei fu seria, ma limitata. E come gran parte del fascismo in genere, si svolse all'insegna della corruzione e dell'incompetenza, ciò che ne ridusse considerevolmente l'efficacia".[2]
All'origine di un tale giudizio vi è il dato indiscutibile relativo al numero degli ebrei italiani deportati negli anni dello sterminio - in tutto poco meno di 8000 - un numero incomparabilmente minore rispetto a quello di molti altri paesi, anche se esso corrispondeva a non meno del 18% di tutti gli ebrei presenti in Italia nel periodo in questione. Ma ha senz'altro influito su quel punto di vista anche la gratitudine diffusa fra molti ebrei dell'Europa centro-orientale, salvatisi da una fine sicura grazie alla disponibilità dell'Italia di Mussolini a offrire loro nel corso degli anni '30 un rifugio, precario certo ma decisivo per la sopravvivenza: una gratitudine imperitura, tramandatasi nel corso degli anni e destinata a riflettersi sulle valutazioni prevalenti in ambito storiografico[3]. Basti ricordare che fra il 1931 e il 1938, la percentuale degli ebrei stranieri sul totale di quelli

[1] Michael R. Marrus, *L'olocausto nella storia* (Bologna, 1994), p. 107.
[2] *Ivi*, pp. 107-108.
[3] K. Voigt, *"Il rifugio precario"*, Firenze, vol. I 1993, vol. II 1996.

residenti in Italia salì dal 12 al 21,5 per cento - in cifra assoluta da 5395 a 9257 unità[4] - senza contare le molte decine di migliaia che transitarono per la penisola - in particolare da Trieste - e s'imbarcarono per la Palestina o per altre destinazioni. Tutti costoro avrebbero nutrito in seguito una profonda e perenne riconoscenza nei confronti del paese e del popolo che li aveva accolti nel momento del bisogno; un paese e un popolo che, per di più, avevano mostrato nei loro confronti - almeno fino a un certo punto - una disponibilità ben diversa dall'aperta ostilità sperimentata nelle terre d'origine. Che poi nel settembre del 1938 lo Stato italiano avesse deciso di negare definitivamente l'asilo ad altri ebrei stranieri e, anzi, di togliere a molti di quelli già residenti la cittadinanza acquisita oramai da molti anni, nonché di espellerli oltre confine, non avrebbe modificato la sostanza di quell'atteggiamento.

Su un altro versante notiamo giudizi in parte simili ma profondamente radicati questa volta nel contesto politico-culturale italiano. Gli esiti del ragionamento sembrano in parte coincidere con le affermazioni citate poc'anzi: l'antisemitismo sarebbe stato non molto di più di un'operazione propagandistica; la legislazione antiebraica avrebbe rappresentato un'evidente forzatura, sostanzialmente estranea alla natura del fascismo, un regime per parte sua strutturalmente diverso dal nazismo hitleriano. Ma soprattutto - ha scritto ad esempio Nicola Caracciolo, facendosi portavoce di un'opinione abbastanza diffusa - "la legislazione razziale fu accolta sfavorevolmente dalla gran maggioranza degli italiani, sia perché urtava il loro senso di umanità, sia per l'assenza [...] di una tradizione antisemita, sia perché fu considerata il prodotto dell'alleanza con la Germania, generalmente impopolare. Anche un buon numero di fascisti l'accolse sfavorevolmente".[5] Addirittura - continua Caracciolo - "il governo fascista, che pure con le leggi razziali aveva gravemente menomato i diritti civili degli ebrei, si assunse rispetto al genocidio un po' il ruolo di loro protettore",[6] assecondando di fatto la forte solidarietà dal basso manifestata da ampi settori della popolazione. In questo avrebbe prevalso il cosiddetto "carattere" del "bravo italiano", forse un po' vacuo e scarsamente dotato di senso dello Stato, ma

[4] Si veda a questo proposito M. Sarfatti, *Gli ebrei nell'Italia fascista. Vicende, identità, persecuzione* (Torino, 2000), pp. 29 e 33.
[5] Nicola Caracciolo, *Gli ebrei e l'Italia durante la guerra 1940-45* (Roma, 1986), pp. 8-9.
[6] *Ivi*, p. 18.

certamente incapace di vera crudeltà e cattiveria[7].

Ma se i giudizi di molta storiografia in campo internazionale possono trovare un riscontro, se non una motivazione esauriente, nel ricordo di chi, grazie all'Italia, ebbe salva la vita, ben diverse sembrano essere le motivazioni che stanno alla base di punti di vista tipicamente italiani come quelli appena citati. C'è in questo caso un'aperta sottovalutazione sia del fascismo, sia delle sue conseguenze più nefaste, che non di rado sfocia nell'autoassoluzione e - invece di valorizzare e preservare il positivo ricordo dell'aiuto dato o ricevuto, e quindi anche la dimensione reale del drammatico pericolo corso allora - conduce a un vero e proprio offuscamento della memoria. In questo, i giudizi sulla persecuzione antiebraica si connettono a tutto un filone di studi sulla storia del fascismo, che ha avuto il suo principale riferimento nell'opera pur molto ricca di Renzo De Felice.

Prima però di affrontare il merito dei problemi e confrontare le diverse posizioni con la realtà dei fatti, è indispensabile stabilire alcuni punti fermi utili a dissipare sin d'ora possibili equivoci e fraintendimenti. In primo luogo: il numero di quasi 8000 deportati dall'Italia è indubitabile, tuttavia esso va confrontato non solo con le cifre dello sterminio in Germania o in Polonia, ma anche con quelle della generalità degli altri paesi dell'Europa occidentale e va altresì misurato sulla dimensione della popolazione ebraica residente nella penisola italiana, che nel 1938 - a guardare i risultati del censimento operato dal governo fascista - ammontava, compresi gli stranieri, a circa 47000 individui. In secondo luogo, non si può non rilevare che l'opinione generalmente non troppo negativa diffusasi nel corso degli anni in Europa e in America a proposito della politica antiebraica di Mussolini, si è per lo più stabilizzata - come ho già avuto modo di accennare - grazie al ricordo dei sopravvissuti transitati più o meno a lungo nella patria del fascismo e poi emigrati nelle più diverse parti del mondo; essa non ha però potuto essere messa in discussione dal punto di vista opposto: quello cioè dei molti - anche non italiani - che del regime mussoliniano sono stati vittime e, per questo, hanno perduto ogni diritto di replica. Infine, è senz'altro assai discutibile trattare di argomenti complessi e controversi come quello di cui stiamo parlando, ricorrendo a concetti scarsamente definibili e destinati a produrre innumerevoli equivoci come quello di "carattere"

[7] Per una critica a questa impostazione si veda David Bidussa, *Il mito del bravo italiano*, (Milano, 1994).

di un popolo: nel nostro caso il carattere, presunto, degli italiani.
Tutte e tre le considerazioni appena svolte convergono nel sollecitare un'attenzione puntuale e rigorosa ai fatti: allo scopo di evitare confronti superficiali, giudizi troppo legati alle differenti esperienze soggettive e categorie interpretative prive di un vero valore euristico.
A questo punto, a fronte di un dato anch'esso indiscutibile e dunque giustamente ricordato dalla generalità degli studiosi, che cioè il processo di integrazione degli ebrei dopo l'emancipazione fu in Italia il più lineare e meno contrastato rispetto a quelli di tutti gli altri paesi dell'Europa occidentale, gli approcci alla questione che ci interessa possono ridursi sostanzialmente a due: il primo - di cui già si sono presentate varie versioni - induce a pensare che la quasi secolare facilità di rapporti fra gli ebrei e gli altri italiani dovesse necessariamente ripercuotersi anche su un episodio pur in così aperta contraddizione con quella tradizione come la politica antisemita avviata da Mussolini alla fine degli anni '30, fino ad attenuarne la portata e le conseguenze; il secondo porta invece a formulare un interrogativo del tutto diverso, e cioè come sia stato possibile che, in un paese dove gli ebrei si erano integrati così facilmente, potesse prendere piede una pratica persecutoria destinata a produrre effetti tanto gravi sulla generalità della popolazione ebraica e una percentuale di vittime così consistente da reggere il confronto con realtà dove l'antisemitismo aveva una tradizione assai più radicata.

Il fascismo, la Chiesa e gli ebrei

Esaminando l'evoluzione dei rapporti fra il regime fascista e gli ebrei, Michele Sarfatti ha proposto in un suo libro di suddividere in tre fasi successive il periodo che va dall'avvento al potere di Mussolini nel 1922 alla sconfitta definitiva del dittatore italiano con la fine della seconda guerra mondiale e la nascita di un regime democratico: nella prima, dal 1922 al 1936, il governo costrinse progressivamente l'ebraismo in una condizione di inferiorità nel quadro di una tendenza più generale a voler favorire la Chiesa cattolica ed emarginare invece le religioni di minoranza; nella seconda, dal 1936 al 1943, dopo un breve periodo di incubazione, fu avviata un'azione sistematica intesa a calpestare i diritti degli ebrei attraverso l'introduzione di una legislazione duramente discriminatoria; nella terza, dal 1943 al 1945, la

persecuzione si fece ancora più dura e la posta in gioco divenne a quel punto la vita stessa degli ebrei, ormai in balia dei nazisti e delle milizie italiane della nuova repubblica fascista - la Repubblica Sociale Italiana - instaurata con il sostegno determinante delle autorità tedesche di occupazione. Come si vede, quella di Sarfatti si propone come una scansione cronologica precisa, che dà conto dei principali punti di svolta. Essa, tuttavia, non deve indurci a stabilire una connessione rigida fra i tre diversi periodi, come se l'uno dovesse necessariamente preludere a quello immediatamente successivo. L'atteggiamento del fascismo nei confronti degli ebrei subì infatti forti cambiamenti nel corso del tempo sulla base di condizionamenti diversi - di carattere nazionale e internazionale - a differenza di quanto accadde invece nel caso del nazismo, per il quale l'antisemitismo - le cui forme furono anch'esse, ovviamente, soggette all'alea delle contingenze del momento - risulta essere stato sin dalle origini parte essenziale del suo programma politico.
E per cogliere la natura e il senso di quei cambiamenti, bisogna tenere conto innanzitutto delle principali direzioni lungo le quali si sviluppò l'insieme della politica fascista. Sin dal suo avvento al potere, Mussolini procedette alla sistematica abolizione delle libertà politiche e a un drastico irrigidimento nel rapporto fra lo Stato e la società civile, puntando sulla preminenza assoluta del Partito Nazionale Fascista, sull'istituzione di sindacati rigidamente controllati dall'alto e ancorati a un impianto corporativo imposto a difesa degli interessi costituiti, nonché sull'espansione di grandi organizzazioni di massa intese a irreggimentare vasti settori della popolazione: tutto questo nel tentativo di imporre un ordine tendenzialmente totalitario e un compromesso, favorevole al nuovo regime, con la monarchia e con la Chiesa cattolica. Sul piano ideologico e nei rapporti internazionali, ebbero un peso essenziale le forti spinte nazionaliste, già fortemente presenti alle origini del movimento fascista subito dopo la Grande guerra e destinate a rappresentare un termine di riferimento costante e indiscutibile per la politica successiva, fino all'alleanza con la Germania nazista negli ultimi anni '30 e all'entrata in guerra dell'Italia contro gli Alleati nel 1940. Al nazionalismo si affiancò poi con sempre maggiore insistenza una forte impronta razzista, chiamata in particolare a legittimare prima le politiche nataliste e poi la guerra coloniale per la conquista dell'Etiopia a metà degli anni '30 e la conseguente proclamazione dell'impero. Tutto questo costituì il

contesto con il quale interagirono le diverse iniziative prese nel tentativo di ridefinire via via i rapporti con il mondo ebraico, una componente largamente minoritaria ma non insignificante della vita sociale e politica del paese; con quel quadro si dovettero anche misurare i comportamenti degli stessi ebrei, profondamente integrati nell'Italia del tempo, ma pur sempre organizzati in forma parzialmente autonoma sia a livello locale nelle loro Comunità, sia a livello nazionale nel Consorzio delle Comunità sorto sin dal 1911.

L'aspetto della politica fascista che ebbe maggior peso nel condizionare l'atteggiamento del governo verso gli ebrei nel corso degli anni '20 fu senza dubbio quello delle relazioni con la Chiesa cattolica. Sin dalla riforma della scuola del 1923 - la cosiddetta riforma Gentile - si ebbe la netta sensazione che Mussolini, per consolidare il proprio potere, volesse migliorare le relazioni con il Vaticano garantendo alle istituzioni ecclesiastiche uno spazio d'iniziativa più ampio nella vita del Paese. In questo, il fascismo intendeva proseguire e sviluppare la politica già avviata dai governi di Giolitti prima della guerra mondiale, quando con l'introduzione del suffragio universale maschile aveva offerto alla Chiesa - capace di una forte influenza soprattutto fra le masse contadine - la possibilità di far pesare la propria presenza nella politica del paese; contribuendo in tal modo a chiudere la lunga fase di autoesclusione dei cattolici avviata nel 1870 dopo la conquista di Roma da parte del Regno d'Italia e l'abolizione del potere temporale dei papi.

Da notare, dal nostro punto di vista, che il lungo periodo di distacco dei cattolici dalla vita politica del Paese, che aveva peraltro consentito il consolidamento di un regime di separazione fra Stato e Chiesa di matrice tipicamente liberale, rappresentò una delle condizioni più favorevoli a un'integrazione rapida e senza scosse degli ebrei nella società. Anzi, quel fattore - anche se non da solo - aveva contribuito largamente a produrre un risultato paradossale, e cioè che nel paese dell'Europa occidentale dove più diretta era stata da sempre l'influenza della Chiesa, principale centro di diffusione di argomenti dottrinari e di sentimenti antiebraici, più facile era stato, dopo l'emancipazione, l'ingresso degli stessi ebrei nella società accanto a tutti gli altri. Di qui anche il fatto che in Italia, la mancata saldatura fra potere religioso e potere politico nella seconda metà dell'800, aveva evitato che potessero emergere in forma dispiegata fenomeni di antisemitismo cattolico, come invece era accaduto clamorosamente

nell'Austria di Lueger e nella Francia dell'"affaire" Dreyfus[8]. Ecco allora che la svolta già avviata da Giolitti e proseguita con tanta maggior decisione da Mussolini sin dai primi anni del suo governo si presentava non solo come un significativo cambiamento negli equilibri complessivi del paese, ma anche come un passo destinato a incidere in modo consistente sulla posizione degli ebrei nella realtà della penisola.
Il passaggio cruciale della svolta avvenne, dopo un lungo lavorio diplomatico, tra il 1929 e gli anni immediatamente successivi. Il Concordato sottoscritto con la Santa Sede stabilì la cornice d'insieme: la religione cattolica era definita esplicitamente "la sola religione dello Stato" e alla Chiesa venivano garantite prerogative speciali, come ad esempio il riconoscimento del valore civile del matrimonio religioso, l'introduzione della dottrina cattolica come base dell'insegnamento nelle scuole pubbliche, una protezione particolare per il clero e uno spazio autonomo - negato a chiunque altro - per le organizzazioni dipendenti dall'Azione cattolica. Veniva insomma messo radicalmente in questione il principio della laicità dello Stato affermatosi nel Risorgimento.
Da tutto ciò derivava indirettamente un trattamento meno favorevole riservato alle religioni di minoranza, qualificate con il termine fortemente riduttivo di "culti ammessi". Non che vi fosse a quel punto una esplicita volontà persecutoria nei confronti dei non cattolici e neppure nei confronti degli ebrei; ma si faceva sempre più forte la volontà dello Stato fascista di intervenire anche nella sfera religiosa, a maggior ragione se si trattava degli appartenenti a comunità in qualche modo eccentriche rispetto all'asse centrale intorno a cui doveva ruotare il sentire comune. Così, subito dopo il Concordato con la Chiesa cattolica, si giunse a una normativa specifica intesa a regolare la vita delle istituzioni dell'ebraismo italiano. Essa aboliva ad esempio il carattere volontario dell'adesione dei singoli ebrei alle Comunità locali e, nello stesso spirito, sanciva la trasformazione del Consorzio fra le Comunità - fondato sul principio della libera associazione - in Unione nazionale, obbligatoria, strutturata in forma verticistica e sottoposta a un ravvicinato controllo da parte dello Stato.

[8] Giovanni Miccoli, "Santa sede, questione ebraica e antisemitismo fra Otto e Novecento" in Corrado Vivanti (a cura di), *Storia d'Italia.* Annali 11, Gli ebrei in Italia, tomo II, (Torino, 1997).

Gli ebrei e il fascismo

Certo, nell'Italia di Mussolini, le dimensioni del gruppo ebraico continuavano a essere molto limitate: intorno all'1 per mille della popolazione. Oltre tutto, il processo di integrazione era andato molto avanti: se il numero delle abiure continuava ad essere assai limitato, i matrimoni misti tendevano a crescere in misura molto notevole, tanto che nel 1935-37 ben "un ebreo su tre sceglieva il proprio coniuge fuori dall'orizzonte ebraico"[9]. Anche l'assiduità al tempio e la partecipazione alla vita delle Comunità tendeva a ridursi senza che tuttavia, anche nei casi di maggior distacco, venissero meno molti dei legami che avevano garantito nel passato la coesione del gruppo: la percezione soggettiva di condividere una storia e una tradizione comuni, il senso della famiglia ben oltre i confini del nucleo più ristretto, la preferenza quasi naturale per i rapporti all'interno del gruppo in molte occasioni importanti della vita quotidiana quali la ricerca del medico, dell'avvocato, del consulente professionale, e così via.

Alla limitata forza numerica e al progressivo appannamento dell'identità di gruppo facevano però da contrappunto altri dati, che attribuivano pur sempre agli ebrei una visibilità e una rilevanza sociale non proprio trascurabile. La loro concentrazione nelle maggiori città del Centro-Nord ne faceva una componente significativa delle realtà più sviluppate e più vivaci del paese. La prevalenza fra di loro di alcune professioni rispetto ad altre, come conseguenza del processo di integrazione dei decenni precedenti, contribuiva d'altra parte a connotarne la presenza nella società: molti ad esempio continuavano ad essere i commercianti sia al dettaglio sia all'ingrosso con una preferenza per il settore tessile; numerosi erano anche quelli che lavoravano nell'amministrazione pubblica e nelle libere professioni con un'attenzione particolare al mondo della scuola e a quello dei libri. Ai due estremi della stratificazione sociale, il peso degli appartenenti al gruppo era invece molto più limitato: così, ad esempio, fra i banchieri e gli industriali da un lato e, dall'altro, nel commercio ambulante - più presente soprattutto a Roma - o nel lavoro operaio - diffuso in misura rilevante quasi solo a Livorno.

Da notare inoltre che gli ebrei erano l'unica minoranza non esclusivamente definibile su base religiosa che non fosse concentrata

[9] Michele Sarfatti, op. cit., p. 36.

in aree ristrette del territorio italiano. Questo contribuì a sollecitare il costante interesse del vertice fascista per i loro comportamenti e, a maggior ragione, a esaltare il loro ruolo e la loro presunta importanza quando, a partire dalla fine degli anni '30, ragioni esterne fecero della loro sorte una posta cruciale della politica nazionale e internazionale. Anche se, a questo riguardo, non sono mancati nella ricostruzione degli storici le reticenze e gli equivoci interpretativi, ha pesato in primo luogo la tendenza di molti - anche fra gli studiosi più autorevoli - ad ascrivere gli ebrei italiani nella loro generalità al fronte dell'antifascismo, per il solo fatto che essi erano stati vittime del fascismo, con il risultato di non voler ammettere per molto tempo e contro ogni evidenza la forte adesione al regime, diffusa fra molti di loro fino a ridosso delle leggi razziali del 1938 e, in numerosi casi, anche successivamente. E questo si andava ad aggiungere alle esplicite ripulse con cui molti storici - soprattutto di orientamento democratico e di sinistra - hanno accolto per lungo tempo l'idea stessa che, soprattutto negli anni '30, il fascismo avesse goduto di un vasto consenso di massa, ancor prima che fra gli ebrei, nell'insieme della popolazione del paese.

Oggi finalmente la situazione sta cambiando. Si discute non tanto se vi fu o meno consenso al regime, ma su quali furono gli atteggiamenti concreti dei diversi settori della popolazione e - per quel che ci riguarda qui - dei vari ambiti del mondo ebraico. A tale riguardo risulta chiaramente che, per tutto il ventennio, gli organi dirigenti delle Comunità e dell'Unione mantennero nella loro generalità un atteggiamento di fattiva e subalterna collaborazione con le autorità di regime e, anzi, accolsero molto favorevolmente il nuovo ordinamento sancito nel 1930-31, perché grazie alla tutela dello Stato esso conferiva maggiore stabilità - anche economica - alle istituzioni dell'ebraismo italiano. In quell'atteggiamento non sembrava esservi soluzione di continuità con la lealtà dimostrata in passato nei confronti della monarchia sabauda, cui veniva attribuito il grande merito di aver concesso l'emancipazione, e dello Stato liberale, che aveva fatto della laicità il baluardo contro la tradizionale ostilità della Chiesa nei confronti degli ebrei. Invece la discontinuità c'era nei fatti e, prima di tutto, nella politica condotta dalla classe dirigente italiana, che stava tradendo sempre più clamorosamente i principi del liberalismo. Se i dirigenti del mondo ebraico parevano non accorgersi del cambiamento in atto era per non perdere il contatto con le sedi del potere politico, ritenute in ogni caso l'unica vera garanzia per il futuro, in un mondo percepito come sempre più confuso e gravido di minacce.

Il comportamento dei gruppi dirigenti si radicava peraltro in un atteggiamento assai diffuso fra gli iscritti alle Comunità, appartenenti nella grande maggioranza agli strati medi e medio-alti della popolazione italiana. Essi partecipavano in pieno dei sentimenti e delle opinioni diffuse nel resto della popolazione: così, ad esempio, in occasione della proclamazione dell'Impero nel 1936, anche nelle Comunità ebraiche si levarono plausi entusiastici alla grandezza dell'Italia e del "duce". Non mancavano però alcune particolarità significative. La presenza, come si è visto, di molti israeliti nell'amministrazione pubblica e nel lavoro autonomo accresceva le ragioni di debolezza e di ricattabilità che andavano ad aggiungersi al senso di precarietà connesso alla condizione dell'ebreo in un mondo dove l'antisemitismo sembrava riaffacciarsi con prepotenza. Tutto ciò poteva facilmente condurre i più a una passiva accettazione dell'esistente o, addirittura, ad affidare ancor più incondizionatamente il proprio futuro a chi allora pareva detenere un potere quasi indiscutibile. Viceversa, la convinta partecipazione nei decenni precedenti di molti ebrei all'universo della cultura liberale e socialista, i forti legami internazionali di molte famiglie e quindi la maggiore possibilità di accedere alle informazioni su quanto accadeva allora in Europa, contribuì ad accrescere in una significativa - anche se assai ridotta – minoranza, la consapevolezza sulla reale natura del regime fascista e su quanto si stava preparando.

La forte ondata di propaganda antisemita - poi subito rientrata - alimentata da Mussolini nel '34, dopo l'arresto di un gruppo di antifascisti di Giustizia e Libertà fra cui vari ebrei, fu la prima occasione in cui le diverse posizioni interne al mondo ebraico di cui si è appena detto, dovettero misurarsi con le potenzialità peggiori insite nel fascismo e nel contesto in cui esso operava. Ebbene, proprio allora trovò modo di esprimersi una componente ulteriore del ventaglio di posizioni presenti in ambito comunitario. A Torino, intorno al periodico "La Nostra Bandiera", si costituì un gruppo di ebrei "fascistissimi", smaniosi di proclamare la loro fede antisionista e la loro assoluta fedeltà alla patria e al "duce": cercando in tal modo di contrastare preventivamente eventuali pulsioni persecutorie di cui si potevano chiaramente vedere le prime forti avvisaglie, soprattutto all'estero ma non solo. Un simile intento sarebbe potuto essere perseguito solo a costo di una dura battaglia all'interno dell'ebraismo italiano, che conducesse alla sconfitta delle correnti sioniste - peraltro tradizionalmente assai deboli - e la sostituzione del gruppo dirigente dell'Unione con esponenti della nuova corrente. Lo scontro ci fu ma non fu risolutivo, anche perché il regime non aveva interesse a favorire l'insediamento al vertice degli ebrei italiani di un gruppo così apertamente fedele da rendere più difficile la sua drastica emarginazione nel momento in cui si fosse deciso di passare ad atti di vera e propria persecuzione contro gli ebrei. È un fatto in ogni caso che il gruppo "La Nostra Bandiera", pur minoritario ed estremo, seppe sviluppare una politica capace di entrare in consonanza con sentimenti assai radicati nell'insieme del mondo ebraico italiano che, proprio per questo, si sarebbe venuto a trovare particolarmente impreparato al momento della svolta antisemita di Mussolini.

La svolta di Mussolini

Fino alla metà degli anni '30, non risulta vi fossero state nel pensiero e nella politica di Mussolini spiccate tendenze antisemite. Certo, verso gli ebrei egli nutrì sempre una qual diffidenza di matrice tipicamente nazionalista, che si espresse con toni e modalità tutt'altro che estranee a una mentalità assai diffusa in quel tempo: "era la diffidenza tipica del provinciale insofferente per tutto ciò che sapeva di cosmopolita e di internazionale, per tutto ciò che, in un modo o in un altro, costituiva un legame che non fosse quello meramente nazionale. L'*alta banca* e l'*internazionale ebraica* erano per lui una *realtà*, una realtà con la quale tuttavia non voleva scontrarsi e che, in ogni caso, non riteneva avesse in Italia agganci molto potenti"[10]. Egli sapeva bene quanti ebrei fossero stati buoni italiani e ardenti patrioti durante la prima guerra mondiale, quanti ancora avessero abbracciato il fascismo sin dalle sue origini. Proprio per questo, per quasi quindici anni, egli non aveva in alcun modo pensato di trattare gli israeliti diversamente dal resto della popolazione italiana. Quanto agli ebrei stranieri, si era mostrato favorevole in più occasioni a concedere loro asilo ben più che non altri capi di Stato europei. Verso il sionismo non aveva mai mostrato né una spiccata ostilità e neppure una particolare simpatia,

[10] Renzo De Felice, *Storia degli ebrei italiani sotto il fascismo* (Torino, 1988), pp. 235-236.

considerandolo piuttosto come una pedina fra le altre della sua politica mediterranea, oscillante fra il tentativo di accreditare l'Italia come possibile alternativa all'Inghilterra per il mandato sulla Palestina e la tentazione prevalsa alla fine per una politica filoaraba. Da segnalare infine le critiche espresse in forma assai esplicita nei primi anni del nazismo contro l'antisemitismo tipicamente "biologico" di Hitler, giudicato come radicalmente estraneo alla tradizione italiana.

Ciò non significa tuttavia che le idee antiebraiche fossero del tutto estranee al movimento fascista nel suo insieme. Anzi, si può dire che sin dalle origini in esso fu sempre presente una componente, minoritaria ma non trascurabile, chiaramente orientata in senso antisemita. L'esponente più radicale di tale tendenza fu Giovanni Preziosi, il quale, sulla sua rivista "La vita italiana" sin dall'immediato dopoguerra, aveva attinto ampiamente a fonti internazionali - in particolare ai *Protocolli dei Savi Anziani di Sion* - nel tentativo di convogliare in una prospettiva antisemita le profonde frustrazioni suscitate in Italia dalla "vittoria mutilata" del 1918. Successivamente, Preziosi aveva perseverato nei suoi intenti intrattenendo strette relazioni con i nazisti, di cui soprattutto dopo il 1933 aveva mostrato di condividere molte idee riguardo agli ebrei, e manifestando con continuità il proprio pensiero in numerosi articoli su "Il regime fascista". Via via egli aveva anche cercato di portare dalla propria parte altri personaggi di spicco del fascismo italiano, riuscendo nel suo intento in primo luogo con Farinacci, divenuto favorevole a iniziative antiebraiche soprattutto per favorire la convergenza politica con la Germania di Hitler. Con il passare del tempo, Preziosi ebbe poi modo di allargare la propria influenza entrando in parziale consonanza con alcuni fra i più importanti esponenti dell'*entourage* di Mussolini, soprattutto quando lo stesso "duce" cominciò anch'egli a maturare l'idea di un'operazione in grande stile contro gli ebrei italiani.

A favorire tali esiti contribuì, su un altro versante, lo sviluppo delle idee razziste connesso all'evolversi della politica coloniale del fascismo e in particolare alla guerra d'Etiopia. Il "mito della razza", in un'accezione però ben diversa da quella accolta dai nazisti, era stato proposto nel pensiero e nell'opera di Mussolini sin dal periodo immediatamente successivo alla marcia su Roma. Ma "gli scopi e i limiti del 'razzismo' mussoliniano non andarono mai, sino alla conquista dell'Etiopia, oltre la realizzazione di una politica sanitaria, demografica ed eugenetica. E, più latamente, oltre l'aspirazione di sostituire negli italiani alla coscienza 'borghese dell''Italietta' una coscienza 'imperiale' di Roma, non oltre - insomma - la *vitalizzazione* ed il *potenziamento* fisico e morale degli italiani"[11]. Quando si trattò di consolidare la conquista dei nuovi possedimenti coloniali, le cose tuttavia cambiarono. La presenza in Etiopia di un gran numero di militari e di coloni fece nascere la preoccupazione che rapporti troppo ravvicinati con la popolazione indigena alimentassero il fenomeno del meticciato. Fu per combattere un tale pericolo che Mussolini sollecitò un'azione volta a dare agli italiani una "coscienza" e una "dignità" razziali. Per combattere l'"irresistibile fame sessuale dei nostri nazionali" non ci si limitò soltanto alle campagne di opinione dai toni duramente razzisti; nel 1937 vennero anche presi alcuni provvedimenti intesi a limitare i rapporti fra "razze" diverse e a punire le trasgressioni. Lo Stato, insomma, decideva di intervenire direttamente a difesa della "razza" superiore, quella italiana, stabilendo con questo un precedente destinato a pesare non poco in un futuro non lontano.

Un altro fattore che contribuì a spingere il "duce" verso una esplicita politica antiebraica fu il progressivo avvicinamento alla Germania, sino alla decisione di stipulare con essa una solida e irrevocabile alleanza. Non è un caso infatti che, mentre alla fine del '36 si apprestava ad annunciare al mondo la nascita dell'Asse fra Berlino e Roma, Mussolini avviò contemporaneamente diverse iniziative intese a dare al suo regime una chiara impronta totalitaria: imponendo un ancor più duro giro di vite contro gli oppositori, rinforzando il controllo sulla gioventù, abolendo definitivamente la Camera dei deputati e sostituendola con quella dei fasci e delle corporazioni, dando fiato a un ampio sforzo propagandistico intorno al mito della "nuova civiltà" che il fascismo avrebbe dovuto instaurare.

Per Mussolini, il nazismo non fu però principalmente un modello di antisemitismo da imitare: certo, alla Germania era importante guardare, come sarebbe emerso in particolare dopo il viaggio in terra tedesca condotto nell'ultimo scorcio del '37, ma più che altro per la capacità dimostrata da Hitler di garantirsi un controllo totalitario sulle masse e di mobilitarle volta per volta su obiettivi determinati dall'alto.

Questo, a maggior ragione dopo la conquista dell'Etiopia e la proclamazione dell'impero, quando il capo del fascismo percepì un netto calo di tensione nella popolazione italiana, dimostratasi sino a

[11] *Ivi*, p. 236.

quel momento così entusiasticamente coinvolta nell'avventura africana del regime. Un calo di tensione che la partecipazione dell'Italia alle operazioni militari a sostegno di Francisco Franco in Spagna non pareva poter compensare. Sembrava perciò necessario cercare una nuova occasione per mobilitare il paese, magari inventando una nuova guerra.

Il regime reggeva male i momenti di stasi e, dopo ben due conflitti armati uno dopo l'altro, pareva che fosse la pace ad alimentare un clima d'inquietudine e insoddisfazione. Per distrarre gli italiani da sentimenti che avrebbero potuto minare l'unità della nazione intorno al suo capo e per evitare che le tante difficoltà quotidiane li facessero sentire sudditi impotenti, sarebbe dunque stato opportuno - o almeno così riteneva Mussolini - concentrare la loro attenzione su qualche nuova impresa. Impresa di cui il protagonista assoluto avrebbe dovuto essere ancora una volta il "duce" del fascismo, ma nella quale ogni singolo individuo avrebbe potuto riconoscersi come parte di un grande popolo, offrendo magari un proprio specifico contributo in prima persona. "Quando finirà la Spagna inventerò qualche altra cosa, ma il carattere degli italiani si deve creare nel combattimento"[12] affermò non a caso Mussolini nel '37, come risulta dai diari di Galeazzo Ciano. E questa volta pensava di mobilitare il popolo italiano contro un avversario diverso e ben più minaccioso: contro un nemico interno subdolo e difficile da riconoscere, per smascherare e colpire il quale sarebbe stato richiesto a tutti e a ognuno uno sforzo straordinario; perché chiunque avrebbe potuto essere vittima in ogni momento delle sue azioni proditorie.

In quella formidabile tenzone si sarebbe forgiato una volta di più il carattere degli italiani, in evidente continuità con la sfida lanciata sin dalle sue origini dal fascismo: la sfida contro la borghesia, timorosa, malthusiana, edonista, decadente, alla quale andavano contrapposte viceversa le qualità dell'"uomo nuovo", intrepido e pronto alla lotta per il bene della patria e la potenza dell'impero. Quintessenza della borghesia erano gli ebrei - il vero nemico contro il quale sollevare il paese - depositari di tutte le qualità negative da estirpare definitivamente e bersaglio indiscutibile del legittimo odio dei veri italiani; anzi l'Ebreo, in tutta la sua potenza corruttrice e negatrice di ogni principio di umanità.

[12] Galeazzo Ciano, *Diario 1937-1943*, a cura di Renzo De Felice, (Milano, 2000), p. 56.

L'Ebreo, gli ebrei, dovevano dunque diventare l'obiettivo privilegiato di una nuova mobilitazione generale. Ma, proprio in quanto obiettivo da individuare e colpire senza esitazione, essi avrebbero dovuto essere lo strumento di una operazione politica di impronta totalitaria rivolta a condizionare tutto il paese. Come dire che la campagna lanciata nel '38 da Mussolini non può essere vista soltanto come un conflitto fra il fascismo e la minoranza ebraica, come una sorta di scontro a due tanto odioso quanto - in fin dei conti - non troppo originale, visti i precedenti della tradizionale ostilità dell'Europa cattolica contro gli ebrei. Essa deve piuttosto essere ricompresa in una prospettiva più ampia, capace di misurarsi con l'insieme della realtà italiana del periodo. Obiettivo da colpire erano sì gli ebrei, senza alcun dubbio, ma non meno di quanto fossero da sottomettere a un dominio totalitario tutti gli altri italiani.
La decisione di imporre anche in Italia una legislazione discriminatoria contro gli ebrei va inquadrata in quel contesto. Fu dunque il frutto di una scelta eminentemente politica, coerente con gli orientamenti d'insieme della politica mussoliniana.

Le leggi razziali e l'Italia

Decisa la svolta, la gestazione della normativa contro gli ebrei fu piuttosto complessa[13]. Si trattava di scegliere fra diverse possibilità: l'adozione di una qualche forma di *numerus clausus* che puntasse a contenere sulla base di un criterio "oggettivo" la partecipazione degli ebrei alla vita sociale, come si stava facendo nello stesso periodo in alcuni paesi dell'Europa centro-orientale, oppure l'applicazione di provvedimenti di limitazione dei diritti a tutti gli ebrei senza distinzioni, oppure ancora una politica di emarginazione limitata esclusivamente a una porzione di essi scelta in base a criteri di minore affidabilità politica e patriottica. Dopo un lungo lavorio si decise alla fine per una soluzione ibrida. A essere colpiti sarebbero stati tutti gli ebrei, a parte una limitata attenuazione delle misure persecutorie nei confronti di chi avesse dimostrato nel passato una particolare fedeltà al fascismo e all'Italia. Ma quel che più conta è che la legislazione varata fra il settembre e il novembre del 1938 agì da subito a vasto

[13] Si veda in proposito Michele Sarfatti, *Mussolini contro gli ebrei. Cronaca dell'elaborazione delle leggi del 1938* (Torino, 1994).

raggio, includendo tutte in una volta misure che altrove e nella stessa Germania erano state emanate gradualmente in un lasso di tempo di anni.

Le leggi colpirono gli ebrei in tutti gli aspetti della loro vita. I *Provvedimenti per la difesa della razza* del 17 novembre 1938 proibirono in primo luogo il matrimonio con "ariani"; gli ebrei furono anche esclusi da tutti gli uffici pubblici e parapubblici, dal Partito Nazionale Fascista, dall'esercito e dalla scuola di Stato. Furono stabilite forti limitazioni alla possibilità di possedere immobili e di svolgere attività economiche. Degli ebrei stranieri venne decretata l'espulsione; a molti di loro fu ritirata la cittadinanza italiana pur regolarmente acquisita in anni precedenti. Si intendeva insomma minare in profondità le basi di sussistenza di tutta la minoranza ebraica e, dopo averla colpita su quel terreno, costringerla in una condizione di grave emarginazione: un'emarginazione non più - come nel ghetto - garantita fisicamente dalla presenza di muri e cancelli, ma non per questo meno dura da sopportare. Va segnalato peraltro che i criteri sulla base dei quali si era stabilito chi fosse da considerare ebreo contraddicevano apertamente l'impostazione "spiritualista" cui Mussolini, sulla base di teorie come quelle di Julius Evola, diceva di volersi rifare. Infatti, l'impianto delle leggi aveva una base in larga prevalenza "biologica": ci si rifaceva cioè quasi sempre a criteri di discendenza, riprendendo in tal modo molto da vicino il principio ordinatore alla base del modello tedesco e smentendo, nel contempo, la pretesa originalità dell'antisemitismo italiano tanto sbandierata da Mussolini e dalla propaganda fascista di allora.

Anche alcuni storici hanno ritenuto di dover sottolineare la distanza del razzismo italiano da quello tedesco[14], ma, da quando - negli ultimi quindici anni - gli studiosi hanno potuto misurare le opzioni ideologiche a lungo prevalse nel dibattito politico-storiografico del dopoguerra su una documentazione più ricca e circostanziata, quella tesi si è dimostrata assai meno convincente ed è stata anzi fortemente criticata perché finiva per appannare le effettive responsabilità del fascismo[15]. Discussioni analoghe si sono sviluppate a proposito dell'atteggiamento degli altri italiani al momento in cui fu emanata la legislazione razziale. È prevalsa per molti anni non solo l'idea che il vertice fascista, anche nei suoi atti più odiosi e crudeli, risentisse in

[14] Renzo De Felice, op. cit.

[15] Michele Sarfatti, op. cit.

qualche modo di un clima di maggiore tolleranza e apertura attribuito alla tradizione culturale italiana, ma che, a maggior ragione, l'insieme della popolazione non fosse disposto ad avallare politiche discriminatorie ritenute profondamente contraddittorie con il presunto "carattere" nazionale. Ad esempio è stato più volte ribadito che in occasione delle leggi razziali si sarebbero verificati i primi episodi di visibile scollamento fra il regime e l'opinione pubblica e che pertanto gli ebrei perseguitati avrebbero potuto percepire sin dal primo momento intorno a loro un'atmosfera di crescente comprensione e solidarietà.

Un'analisi più attenta della situazione ha in realtà dimostrato che le cose andarono assai diversamente. Le leggi razziali caddero per lo più nell'indifferenza generale. Degli ebrei, la generalità della popolazione sapeva assai poco e le era quindi difficile misurare, sulla base dell'esperienza diretta, la congruenza delle accuse loro rivolte dalla propaganda fascista. Ma soprattutto pesava il diffuso clima di acquiescenza e di consenso che il regime era riuscito a creare in particolare dopo la conquista dell'Etiopia e la proclamazione dell'impero. La campagna antisemita scatenata su tutta la stampa nazionale, in particolare a partire dalla pubblicazione, il 14 luglio 1938, del *Manifesto* compilato dai cosiddetti "scienziati razzisti", suscitò sentimenti contrastanti: da un lato se ne percepì con timore il contenuto gravemente intimidatorio nei confronti non solo degli ebrei ma di tutto il Paese; dall'altro essa venne presa con scetticismo e rassegnazione come l'ennesima alzata d'ingegno di un regime che aveva abituato da tempo gli italiani a sempre nuove invenzioni propagandistiche.

Più di tutto valsero però gli effetti concreti prodotti nella società dalla prima applicazione dei provvedimenti antiebraici. Nulla infatti si rivelò più efficace per paralizzare qualsiasi reazione, della concreta dimostrazione che alle parole seguivano i fatti. A quel punto, il fatto che gli ebrei fossero pochi, integrati nella società e quindi difficilmente riconoscibili, anziché smorzare l'impatto della campagna razziale sulla società, finì per alimentare un clima crescente di diffidenza e di sospetto: e se il vicino di casa, il medico di famiglia o il socio in affari fosse stato un ebreo? Fu proprio quel clima a creare le condizioni perché ai perseguitati potesse essere imposto un isolamento sempre più pesante: perso un lavoro era difficile trovarne un altro, i ragazzi espulsi dalle scuole raramente venivano salutati per strada dai loro excompagni di classe, ognuno era sempre più costretto a rinchiudersi nell'ambito ristretto dei legami famigliari.

Un contributo determinante ad accentuare quella distanza e quell'isolamento venne dall'atteggiamento della Chiesa, per il ruolo decisivo che essa aveva nella vita del Paese, grazie alla sua capillare presenza nella società e all'influenza che i suoi ministri esercitavano a tutti i livelli, compresi - tanto più dopo il Concordato del 1929 - i vertici del regime. Quando Mussolini fu sul punto di varare la normativa antiebraica si preoccupò di verificare in anticipo le possibili reazioni di due istituzioni fondamentali per l'Italia del tempo: la monarchia - che dimostrò subito la propria disponibilità ad allinearsi senza grandi problemi - e appunto la Chiesa, con la quale si svolse una breve e intensa trattativa. Non che il Vaticano mettesse in discussione la sostanza della normativa antiebraica, che peraltro Mussolini aveva cercato di modellare tenendo conto il più possibile del tradizionale antiebraismo cristiano[16]; più che altro i rappresentanti della Santa Sede pretendevano di difendere le prerogative del Vaticano in tema di matrimonio: essi ritenevano che l'annullamento di unioni contratte da ebrei convertiti - considerati ebrei secondo le nuove norme - rappresentasse un grave *vulnus* al patto stipulato con lo Stato italiano quasi dieci anni prima. Fatto sta che alla fine, malgrado Mussolini si fosse rifiutato di dare piena soddisfazione alla controparte, la Chiesa si impegnò ugualmente, nell'agosto del 1938, a mantenere il silenzio di fronte alla campagna in atto e soprattutto alle leggi che di lì a poco sarebbero state emanate. Fu quella una vittoria considerevole per il regime che, da allora, poté agire liberamente, senza dover subire alcun fattore frenante: né all'interno delle proprie fila dove il seme a lungo coltivato da Preziosi aveva dato ormai frutti copiosi, né nella generalità della popolazione incapace di reazioni significative e neppure nella Chiesa in quanto istituzione, agli occhi della quale - malgrado le contrarietà di Pio XI, espresse in un progetto di enciclica mai pubblicato - la svolta di Mussolini non era per lo più percepita come una rottura con il passato, viceversa come la ripresa e la riproposizione di una tradizione antiebraica consolidata da lungo tempo.

[16] Giovanni Miccoli, "Santa Sede e Chiesa italiana di fronte alle leggi antiebraiche del 1938" in *La legislazione antiebraica in Italia e in Europa* (Roma, 1989).

L'applicazione delle leggi

Oltre il 1938 la legislazione antiebraica rimase poi in vigore per sette anni, fino alla sconfitta definitiva del fascismo nel 1945. Che cosa accadde in quel periodo? La persecuzione fu effettivamente attuata o il regime si limitò a un'applicazione blanda e contraddittoria della normativa antisemita, confermando lo stereotipo di un'Italia capace solo di gridare e mai di fare? Non è un caso che proprio gli storici più solleciti nel sottolineare la minore durezza delle leggi italiane rispetto a quelle di altri Paesi siano gli stessi che tendono a ridimensionarne gli effetti concreti: risulta quindi particolarmente necessario non solo analizzare i contenuti e le implicazioni delle varie norme ma anche il loro effettivo impatto sulla società.

Negli ultimi anni sono state svolte ricerche molto puntuali, situazione per situazione, in certi casi istituzione per istituzione nel tentativo di delineare un quadro quanto più possibile esauriente, dal quale emergono alcuni dati certi. Il censimento degli ebrei del 22 agosto 1938[17], concepito ed attuato come una vera e propria schedatura individuo per individuo, famiglia per famiglia, risulta ad esempio essere stato condotto con straordinaria efficienza, a dimostrazione che quando i vertici dello Stato emanavano ordini tassativi la macchina burocratica sapeva rispondere adeguatamente. Un discorso analogo si può fare a proposito delle espulsioni degli ebrei dalla scuola e dall'esercito, le istituzioni cui Mussolini attribuiva una particolare importanza: tutto avvenne con rapidità e capillarità eccezionali. Così pure la "bonifica" della cultura, con la cancellazione dei libri e degli autori ebrei, fu condotta con inedita sollecitudine facendo leva essenzialmente sull'autocensura di quasi tutti gli operatori del mondo del libro[18]. Quanto ai licenziamenti dall'amministrazione, essi richiesero forse un tempo maggiore, ma vennero operati con non minore efficienza. Era come se lo Stato, per volontà del governo fascista, avesse avviato un'opera di vera e propria automutilazione, privandosi di una parte oramai tutt'altro che trascurabile dei propri funzionari: quella costituita dai numerosi ebrei che avevano scelto l'amministrazione pubblica come luogo privilegiato per la propria integrazione e per la propria ascesa sociale.

[17] In proposito si veda in particolare Fabio Levi, *L'ebreo in oggetto; L'applicazione della normativa antiebraica a Torino 1938-1943* (Torino, 1991).

[18] Giorgio Fabre, *L'elenco, Censura fascista, editoria e autori ebrei* (Torino, 1998).

Più complesso è il discorso relativo all'esproprio dei beni ebraici e all'emarginazione degli ebrei dalla vita economica del paese. Le ricerche sin qui condotte hanno dimostrato che le disposizioni in merito, contenute nelle norme del 1938 e del 1939, rimasero in una certa misura inapplicate. Ma esse dimostrano anche che a questo si arrivò non perché fosse mancata l'intenzione, e neppure il tentativo concreto di dare seguito alla normativa in vigore, ma perché lo Stato dovette fronteggiare la resistenza passiva dei diretti interessati, i quali si valsero di tutti i mezzi possibili per ridurre gli effetti della politica decisa dal governo[19]. I *Provvedimenti per la difesa della razza* avevano rappresentato una drastica rottura con la tradizione liberale perché, fra le altre cose, ne avevano messo in questione uno dei capisaldi: la difesa cioè del diritto di proprietà e della libera iniziativa. Malgrado questo il regime fascista non aveva esitato a mobilitare le istituzioni in quella direzione. D'altra parte però la minoranza ebraica, pur assai limitata nel numero e senza che i suoi esponenti di punta detenessero posizioni di eccezionale potere nella vita economica italiana, era collocata per lo più - come già si è visto - ai livelli medi e medio-alti della stratificazione sociale: in tal modo erano molti gli ebrei che vivevano dall'interno le vicende del commercio e della produzione nazionale, che quindi ne conoscevano le regole e i meccanismi e che anche avevano rapporti particolarmente stretti con i settori dell'amministrazione pubblica istituzionalmente più vicini a quel mondo. Ecco allora che per il regime, decisosi a intervenire in forma chirurgica sul tessuto sociale contravvenendo a una tradizione fortemente consolidata, non fu così facile ottenere velocemente risultati tangibili senza incontrare imprevisti e difficoltà. Tuttavia, alla lunga, la resistenza passiva degli ebrei più integrati nella vita economica sarebbe in ogni caso riuscita soltanto a rallentare il generale processo di emarginazione e impoverimento voluto da Mussolini.

La pressione persecutoria si fece infatti sempre più forte con il passare del tempo, nella prospettiva esplicitamente dichiarata di arrivare al più presto all'espulsione forzata della maggioranza degli ebrei dai confini del paese. La normativa iniziale già ad ampio spettro fu via via arricchita da una miriade di circolari e di altre minute disposizioni emanate da questa o da quella amministrazione. Bastava che un ebreo

[19] Fabio Levi, *Le case e le cose. La persecuzione degli ebrei torinesi nelle carte dell'EGELI 1938-1945* (Torino, 1998).

chiedesse una qualsiasi autorizzazione a un'istanza periferica dello Stato perché essa scaricasse ogni responsabilità sulla Direzione generale per la demografia e la razza, la quale a sua volta coglieva l'occasione per aggiungere divieto a divieto. Non era più possibile frequentare località di villeggiatura, avere imbarcazioni da diporto, pubblicare necrologi sui giornali, possedere apparecchi radio e via di questo passo. Il clima era reso oltre tutto sempre più irrespirabile dall'aggravarsi della situazione internazionale e della condizione degli ebrei nel resto d'Europa. E a patirne erano tanto gli ebrei stranieri ancora in Italia, quanto quelli italiani ai quali il regime decise di imporre nel '42 il lavoro obbligatorio e per i quali meditava, più o meno nello stesso periodo e con sempre maggior convinzione, di istituire vere e proprie forme di internamento.

Sia nel caso del lavoro obbligatorio, sia rispetto all'internamento non si giunse tuttavia a soluzioni estreme: non ci fu il tempo, perché il 25 luglio del 1943 il Gran consiglio del fascismo decretò la caduta di Mussolini, o forse vennero al pettine nodi e difficoltà che già nel passato avevano reso tutt'altro che lineare la gestione della politica antiebraica. Non erano infatti mancate evidenti contraddizioni fra i vari apparati e i vari livelli dell'amministrazione. Sarebbe comunque sbagliato attribuire tutto questo a mere ragioni di inefficienza o magari al contrasto fra un vertice particolarmente duro e determinato e viceversa un'amministrazione periferica più permeabile alle istanze di maggiore apertura e tolleranza attribuite alla società. La realtà era assai più complessa. Accadeva a volte che le istanze intermedie o di livello basso dell'apparato fossero più rigide nell'applicare la legge che non i vertici; dipendeva molto dalle strutture, dagli uomini o dalle situazioni. Non c'era in ogni caso una società migliore dei suoi dirigenti; c'era piuttosto una lunga tradizione di manipolazione delle leggi e delle istituzioni - dall'esterno e dall'interno - che rendeva difficilmente prevedibili i comportamenti delle autorità e dunque tanto più incerta la posizione delle vittime.

Delle varie forme assunte storicamente dall'antisemitismo quella italiana, oltre a essere di matrice eminentemente politica, si era certo sviluppata in primo luogo per un'iniziativa venuta dall'alto. Ma quella spinta si era poi rivelata capace di investire le istituzioni e, da quelle, di penetrare progressivamente nella società, senza incontrare altri ostacoli se non quelli - piuttosto deboli - frapposti dalle vittime, decise, più che a ribellarsi a mantenere lo *status quo ante*, o quelli derivanti dalla scarsa coesione strutturale dell'apparato pubblico, molto spesso in balia di personalismi e clientele.

Le deportazioni

La caduta di Mussolini e la sua sostituzione alla guida del governo con il generale Badoglio il 25 luglio del 1943 aprì una breve parentesi di speranze e di aperture - in tutto quarantacinque giorni - che tuttavia non diede luogo ad alcun miglioramento sostanziale della condizione degli ebrei. La legislazione razziale non venne abrogata se non in alcuni aspetti secondari e non solo per ragioni di tempo. Era come se oramai, dopo cinque anni dalle leggi del 1938, l'apparato dello Stato nelle sue diverse istanze - prime fra tutte quelle politiche - avesse metabolizzato la pratica della discriminazione e non considerasse come una priorità ineludibile l'eventualità di cancellarla. A questo contribuiva anche la Chiesa, la quale ebbe modo di manifestare, attraverso autorevoli prese di posizione, la sua contrarietà a che agli ebrei venisse restituita la piena parità di diritti e, viceversa, la sua preferenza per un regime che si richiamasse alle antiche interdizioni.
Il breve periodo di sollievo succeduto alla caduta del fascismo produsse però almeno un risultato importante: quello di rendere ancora più incerta, disorientata e quindi vulnerabile la minoranza ebraica di fronte alla drammatica svolta che di lì a poco si sarebbe prodotta. L'8 settembre fu, infatti, reso pubblico all'improvviso l'armistizio stipulato con gli Alleati dal re e da Badoglio, fuggiti nel frattempo nel Sud del Paese per mettersi sotto la protezione delle truppe angloamericane che stavano risalendo la penisola. A quel punto l'Italia si trovò spaccata in due: il Sud, oramai liberato, e invece il Centro-Nord, controllato dai tedeschi divenuti tutt'a un tratto da forza alleata dell'Italia esercito di occupazione. A parte un gruppo consistente di ebrei stranieri, concentrati nel campo di Ferramonti di Tarsia in Calabria, che vennero anch'essi subito liberati, la gran parte degli ebrei italiani si trovava nella zona controllata dai nazisti. Per loro il trauma fu improvviso e drammatico. Già nel 1938, la piena fiducia nutrita da molti di loro nei confronti di Mussolini aveva fatto sì che essi vivessero le leggi razziali come un fatto del tutto imprevisto e imprevedibile o addirittura come un vero e proprio tradimento. Ora, a maggior ragione, la repentina decisione del re di chiedere la pace agli

Alleati, se provocò lo sbandamento più totale dell'esercito italiano (tenuto all'oscuro di tutto fino all'ultimo momento) fu tanto più deleteria per gli ebrei - trovatisi improvvisamente non più solo nella condizione di perseguitati ed emarginati - ma in quella di facile preda della caccia all'uomo scatenata dai nazisti. La situazione peggiorò ulteriormente quando, dalla Germania dove si era rifugiato, Mussolini diede il primo annuncio della costituzione del nuovo Stato fascista repubblicano - la Repubblica Sociale Italiana - nel tentativo di riorganizzare quel che era rimasto dell'apparato statale e di metterlo al servizio dell'occupante tedesco.

A quel punto, dopo le emigrazioni all'estero degli anni precedenti, gli individui considerati per legge "di razza ebraica" - non importa ovviamente che fra di loro vi fossero anche dei convertiti al cattolicesimo e degli agnostici - furono direttamente minacciati di deportazione nel numero di 43.000, di cui 8.000 stranieri e 35.000 italiani. Sul totale, nel corso dei mesi successivi, 500 poterono rifugiarsi nelle regioni meridionali della penisola, mentre altri 5000-6000, di cui circa un quinto stranieri, riuscirono ancora a entrare clandestinamente in Svizzera, esclusi però 250-300 circa che furono arrestati prima di superare il confine o dopo essere stati respinti. Dei rimanenti, 7700-7900 furono presi e deportati: in tutto il 18 per cento dei presenti in Italia all'8 settembre del '43.

La maggioranza degli ebrei aveva esitato a rendersi conto della nuova situazione venutasi a creare dopo l'armistizio. Essi si erano trovati a condividere con il resto della popolazione il profondo disorientamento provocato dall'improvviso collasso dello Stato e dall'assenza di qualunque guida. A differenza degli altri italiani, essi avevano però dovuto fronteggiare, in una condizione di diffusa inconsapevolezza e quindi privi di un'adeguata preparazione, un immediato pericolo per la propria vita; va inoltre rilevato che dopo ormai cinque anni di crescente isolamento ed emarginazione essi erano costretti in una situazione di accresciuto impoverimento e nella necessità di dover proteggere se stessi, ma anche i propri famigliari fra cui molti bambini e molti anziani. Allontanarsi dalla propria casa diventava a quel punto un'impresa tutt'altro che facile.

Così, già nelle prime settimane da quando era iniziata la caccia all'ebreo, poté essere perpetrata dai tedeschi senza alcuna reazione apprezzabile la razzia più terribile fra quelle compiute in Italia in tutto il periodo di guerra. A Roma, il 16 ottobre del 1943, la sezione B4 dell'Ufficio IV della polizia di sicurezza tedesca operò 1259 arresti di ebrei; dopo il rilascio di 237 tra ebrei stranieri a quel momento esentati, ebrei con un coniuge o un genitore ariano e non ebrei arrestati per sbaglio insieme a famigliari o conviventi ebrei, i 1037 rimasti furono caricati sui treni e deportati ad Auschwitz il 18 dello stesso mese. Roma allora era in una posizione molto particolare: era la città con la comunità ebraica più numerosa d'Italia, l'unica, dove una gran parte degli ebrei abitasse ancora in una zona definita - l'antico ghetto - ma soprattutto quella dove aveva sede il papato. La razzia del 16 ottobre assunse dunque un'importanza tutta speciale: Hitler aveva deciso di sfidare la Chiesa nel luogo a essa più sacro ed ebbe alla fine partita vinta perché il pontefice Pio XII non alzò la sua voce in difesa degli ebrei.

Le razzie, peraltro già avviate subito dopo l'8 settembre, poterono a quel punto continuare indisturbate. In un primo tempo esse furono opera essenzialmente dei tedeschi che assolsero in prima persona al compito di "ripulire" degli ebrei la penisola italiana. Poi via via, nelle zone sotto l'autorità della Repubblica Sociale, le deportazioni furono il frutto della collaborazione fra i nazisti e le milizie della RSI. Gli italiani, grazie alla loro struttura più capillare e alla loro conoscenza del territorio, si preoccuparono di compiere gran parte degli arresti e di concentrare i prigionieri nel campo di Fossoli, situato vicino a Modena nel centro del paese - più tardi in quello di Bolzano - di lì le SS organizzavano i trasporti verso i campi di sterminio e in particolare verso Auschwitz. Al riguardo non ci sono per ora testimonianze dirette sull'esistenza di un esplicito accordo fra la RSI e le autorità di occupazione, ma la realtà dei fatti, oltre a permettere di ipotizzare con un buon grado di sicurezza un patto in tal senso, consente di affermare senza ombra di dubbio la piena corresponsabilità della repubblica di Mussolini nello sterminio degli ebrei italiani.

Una tale affermazione, comprovata da un'analisi minuziosissima delle modalità con cui vennero operati gli arresti e del meccanismo dei trasporti[20], contraddice non già giudizi opposti fondati eventualmente su dati diversi, quanto piuttosto opinioni fortemente consolidate ma prive di un supporto fattuale adeguato: opinioni pregiudizialmente fondate sull'idea che degli italiani molto difficilmente avrebbero potuto macchiarsi di delitti così gravi. E a prova indiretta di questo

[20] Liliana Picciotto Fargion, *Il libro della memoria. Gli ebrei deportati dall'Italia 1943-1945* (Milano, 1991).

sono stati addotti i comportamenti assunti fino al 25 luglio del '43 dalle autorità di occupazione agli ordini di Mussolini nella Francia meridionale, in Croazia, in Jugoslavia e in Grecia, accreditate di un'opera sistematica di protezione degli ebrei - non solo italiani - dalla pretesa dei tedeschi di deportarli verso i campi di sterminio. In realtà il quadro è assai meno lineare. Pesò, nelle zone di occupazione militare italiana, la chiara sfasatura fra i contenuti della politica "razziale" di discriminazione, e non ancora di annientamento, condotta dal governo fascista fino al momento della sua caduta nel '43 e la brusca accelerazione verso la "soluzione finale" imposta invece da Hitler sin dall'estate del '41 alla politica antisemita della Germania. Quella sfasatura finì per creare delle vere e proprie zone franche controllate dagli italiani proprio sotto gli occhi dei militari tedeschi, delle quali approfittarono ebrei di molte nazionalità. Essa d'altra parte finì anche per tradursi necessariamente in evidenti differenze nei comportamenti soggettivi ascrivibili alle istituzioni e ai funzionari dei due alleati dell'Asse: più duri e crudeli i tedeschi chiamati ad organizzare in prima persona le deportazioni, più disponibili e legalitari gli italiani contrari ad assoggettarsi ai diktat nazisti. In proposito, si può probabilmente concordare con l'affermazione di Poliakov secondo cui l'azione del governo di Roma sarebbe stata dettata da più di una ragione. Fra le altre una persistente difesa degli interessi nazionali, una vaga ricerca di riassicurazione per il futuro agli occhi dei probabili vincitori della guerra o ancora una certa qual germanofobia latente; meno condivisibile sembra invece essere il giudizio proposto subito dopo dallo stesso autore in base al quale sarebbe stato in ogni caso l'atteggiamento più aperto del popolo italiano nel suo insieme a determinare la posizione adottata dal governo[21].

Quale solidarietà?

Le azioni delle autorità italiane di occupazione come il rimpatrio di migliaia di ebrei dalla Francia meridionale nei primi mesi del 1943 vanno ovviamente considerate e interpretate nel quadro delle alterne vicende della guerra. Lo stesso vale per l'evolversi dei rapporti fra la generalità degli italiani e gli ebrei da quando il persistente e diffuso atteggiamento di appoggio della popolazione al regime subì una

[21] Léon Poliakov, Jacques Sabille, *Gli ebrei sotto l'occupazione italiana* (Milano, 1956).

drastica cesura proprio in conseguenza della sciagurata decisione di Mussolini di coinvolgere nel conflitto un paese poco convinto e scarsamente preparato come l'Italia. L'impegno diretto e subalterno accanto all'alleato tedesco e, di lì a poco, gli esiti poco incoraggianti delle prime operazioni belliche condotte dalle truppe italiane contribuirono a svelare molti aspetti del fascismo che, fino a quel momento, si era preferito non vedere. Tutto questo non comportò subito e necessariamente un rapido superamento dell'indifferenza mantenutasi a lungo di fronte all'emanazione e all'applicazione delle leggi razziali, ma contribuì almeno a creare le condizioni perché un tale superamento potesse prodursi più avanti.
Il vero punto di non ritorno nel progressivo distacco di vasti settori del paese dal regime si ebbe soltanto con il trauma dell'8 settembre. Il crollo del fascismo divenne a quel punto irreversibile, anche perché esso coincise con il collasso delle istituzioni dello Stato. Fu così che la RSI non fu, né poté apparire allora, come il semplice prodotto dell'evoluzione del regime precedente, e questo non solo perché si era spezzato il legame con la monarchia, ma perché la sopravvivenza della nuova repubblica dipendeva oramai essenzialmente dalla presenza in Italia delle truppe tedesche di occupazione. Così pure l'aggravamento estremo della posizione degli ebrei, ormai integralmente espropriati di ogni bene materiale e avviati a essere presi e deportati senza più alcuna distinzione fondata sul grado di fedeltà dimostrata in passato alla patria e al fascismo (che pure aveva avuto come necessaria premessa la legislazione razziale emanata a partire dal 1938) si presentava ora come il frutto velenoso della sudditanza al prepotere nazista. Non che mancassero del tutto i giovani convinti - per lo più dalla minaccia di essere mandati a lavorare in Germania e dall'inganno di un malinteso senso dell'onore - ad arruolarsi nelle varie milizie repubblicane o i delatori e le spie disposti per denaro o per altro a denunciare gli ebrei nascosti: non erano cioè del tutto assenti i legami fra il debole apparato della nuova repubblica e limitati settori della società. Il clima generale stava però mutando rapidamente: la resistenza, al di là delle sue debolezze militari e politiche, cominciava a rappresentare un vitale punto di riferimento alternativo.
Ma soprattutto, dal nostro punto di vista, si posero le condizioni perché, nella coscienza di molti, la solidarietà nei confronti delle vittime delle persecuzioni razziali potesse soppiantare l'indifferenza prevalsa fino allora. A parte gli emigrati e i deportati, tutti gli altri

ebrei riuscirono infatti a trovare la salvezza celando la propria identità grazie all'aiuto di non ebrei disposti a rischiare per loro. Quanto a questi ultimi, essi offrirono il proprio sostegno per un insieme complesso di ragioni: la guerra - peraltro oramai perduta per l'Italia - aveva creato una condizione comune di solitudine e di pericolo di fronte alla quale ognuno era costretto ad assumersi le proprie responsabilità di fronte agli altri, ma ancor più di fronte a se stesso; d'altra parte risultava sempre più evidente che il pericolo per gli ebrei era immediatamente un pericolo di vita; in quelle condizioni, tendevano a crescere gli atti di solidarietà gratuita e imprevedibile, ma forse ancor più di questo si riattivavano molti rapporti preesistenti, riconvertiti ora al fine di proteggere e salvare delle vite. Ad esempio, persone di servizio o impiegati d'azienda si dimostravano disposti ad aiutare i vecchi padroni ebrei, più raramente padroni o capiufficio manifestavano la loro disponibilità a offrire soccorso e copertura ai propri dipendenti perseguitati.

Gli atti di solidarietà si diffusero a quel punto in tutti gli ambiti della società; per lo più essi erano però vissuti come gesti di aiuto rivolti alle vittime di abusi insopportabili perpetrati in quel preciso momento, non tanto a quegli stessi ebrei che da anni erano stati oggetto di una persecuzione sistematica. Questo non toglie nulla alla sincerità e allo slancio crescenti della solidarietà prestata, ma permette di interpretare meglio le modalità con cui tale aiuto venne offerto ad esempio in ambienti come quelli ecclesiastici. Dopo l'8 settembre, il contributo degli uomini e delle donne di Chiesa fu infatti decisivo per la salvezza di molti ebrei, ricoverati nei conventi o comunque protetti e difesi da numerosi preti e suore; quello che mancò tuttavia furono le iniziative dell'istituzione in quanto tale, rimasta prigioniera per tutto il periodo di una mentalità e di una prassi tradizionale profondamente condizionata dal secolare antiebraismo cattolico, da una concezione conservatrice e gerarchica dei rapporti dentro e fuori dalla Chiesa e da un rapporto privilegiato con i livelli più alti del potere civile. Proprio tali fattori sono stati addotti di recente per spiegare il comportamento delle varie istanze vaticane di fronte alla persecuzione e allo sterminio in forma più efficace e convincente di quanto non si possa fare riferendosi semplicemente al carattere e alla biografia personale di Pio XII[22].

[22] Giovanni Miccoli, *I dilemmi e i silenzi di Pio XII, Vaticano, Seconda guerra mondiale e Shoah* (Milano, 2000).

Dopo l'8 settembre la società italiana cominciò dunque a produrre anticorpi sempre più efficaci nel tentativo di arginare e debellare il virus che la svolta antisemita del 1938 aveva cominciato a inocularle. Rimaneva però un problema non da poco. L'antisemitismo era stato nella penisola prima di tutto antisemitismo di Stato; era penetrato dall'alto, attraverso le istituzioni pubbliche, sulla base di una precisa iniziativa politica e potendo contare sul silenzio - o tacita approvazione - della Chiesa di Roma. Di lì aveva poi cominciato a investire la società: la quale nei decenni precedenti, più che dimostrare una particolare tolleranza nei confronti degli ebrei, aveva avuto la fortuna di non dover subire importanti sollecitazioni a sviluppare pulsioni ostili contro di loro; e ora invece, per impreparazione sulla questione specifica e per inveterata acquiescenza al regime di Mussolini, aveva fatto dell'indifferenza il suo modo proprio per lasciarsi condizionare e coinvolgere. Si era trattato di un'operazione di avvelenamento voluta e guidata alla quale si contrapponeva dal '43 in avanti un processo di maturazione in senso opposto, ma sorto dal basso in forma spontanea e largamente inconsapevole.
Mancava, infatti, nel movimento antifascista e nella resistenza una sensibilità diffusa e un'attenzione specifica alla questione delle persecuzioni di razza che andasse al di là della pur decisiva solidarietà con le vittime. Mancava anche un'idea precisa della reale dimensione delle deportazioni e dello sterminio, che per forza di cose sarebbe venuta solo dopo la fine della guerra, la liberazione dei campi della morte da parte delle truppe alleate e il ritorno dei pochissimi sopravvissuti. Fu così che il processo di metabolizzazione del veleno antisemita instillato dal fascismo nelle sue varie fasi risultò privo di una guida sia nei venti mesi dell'occupazione nazista e della resistenza, sia dopo, negli anni della restaurata democrazia e della ricostruzione del Paese. A quel punto gli ebrei poterono sì uscire dai loro nascondigli, poterono verificare a proprie spese la profondità delle ferite che avevano subito, per essere stati emarginati nel corso di sette anni dalla vita del paese, per essere stati offesi e martoriati dagli arresti e dalle deportazioni. Tuttavia, il loro reinserimento nella vita normale, accanto magari a chi nel '38 aveva girato lo sguardo dall'altra parte, fu il frutto quasi esclusivo dei loro sforzi individuali, della solidarietà interna ai gruppi famigliari. Non certo di un intervento esterno e tanto meno di un eventuale sostegno offerto loro dalle istituzioni del nuovo Stato sorto dopo la liberazione.

La persecuzione degli ebrei e il collaborazionismo nella Repubblica di Salò

Sara Berger

"Gli italiani sono estremamente blandi nel trattamento degli ebrei. Proteggono gli ebrei italiani sia a Tunisi sia nella Francia occupata e non consentono che vengano arruolati per il lavoro obbligatorio oppure costretti a portare la Stella di Davide. Questo dimostra una volta ancora che il fascismo non osa, in realtà, andare fino in fondo alle questioni, ma è assai superficiale per quanto concerne i problemi più importanti. La questione ebraica ci procura un monte di complicazioni. Dovunque, anche tra i nostri alleati gli ebrei hanno amici che li aiutano, il che prova che sostengono ancora una parte importante anche nei paesi dell'Asse" [1]

Questo scrisse nel suo diario nel dicembre 1942 il ministro della propaganda Joseph Goebbels, furioso con l'Italia, partner nell'Asse, che proteggeva gli ebrei nelle zone da essa occupate e non permetteva di includere gli ebrei italiani residenti fuori dei confini italiani nella "soluzione finale della questione ebraica". La valutazione di Goebbels, condivisa da altri dirigenti nazionalsocialisti,[2] coincide con l'opinione diffusa fino ai giorni nostri in Italia e in Germania sull'atteggiamento dello Stato fascista nei confronti degli ebrei. Prima del film di grande successo mediatico "La vita è bella" di Roberto Benigni, gran parte dei tedeschi non era consapevole che anche in Italia gli ebrei fossero stati perseguitati, quando non deportati e uccisi.

Delle 39.000 persone definite di "razza ebraica" che nell'autunno 1943 si trovavano nell'Italia sotto occupazione tedesca, all'incirca 7.500 furono deportate nei campi di sterminio e di concentramento di Auschwitz-Birkenau, Bergen-Belsen, Ravensbrück, Buchenwald e Flossenbürg. Più di 300 ebrei furono uccisi in Italia o spinti al suicidio.[3]

[1] Joseph Goebbels, *Diario intimo* (Milano, 1948), pp. 328-329; Jonathan Steinberg, *Tutto o niente. L'asse e gli ebrei nei territori occupati. 1941-1943* (Milano, 1997).

[2] Kilian Bartikowski, *Der italienische Antisemitismus im Urteil des Nationalsozialismus 1933-1943* (Berlin, 2013); Meir Michaelis, *Mussolini and the Jews: German-Italian Relations and the Jewish Question in Italy 1922-1945* (Oxford, 1978), pp. 107-341.

[3] 837 persone sopravvissero ai *lager* fino alla liberazione. In particolare: Liliana

Mediante l'eccessiva enfasi data all'aiuto offerto da singoli italiani alla popolazione ebraica dopo il 1943 e alla resistenza antifascista, nella memoria italiana della persecuzione antiebraica si era consolidato il mito degli "italiani brava gente" contrapposti ai "cattivi tedeschi".[4] Tuttavia, già da alcuni decenni molti storici fanno notare che questo mito va corretto, soprattutto relativamente al periodo della Repubblica di Salò (1943-1945). Il regime fascista-repubblicano, chiaramente razzista, era intriso di antisemitismo e, benché la responsabilità delle uccisioni sia senza dubbio da attribuire principalmente ai nazisti, va pur sempre tenuto presente che le autorità italiane, le organizzazioni fasciste-repubblicane, così come numerosi cittadini comuni, collaborarono con la potenza occupante diventando quindi corresponsabili della persecuzione, della deportazione e quindi dell'uccisione di migliaia di ebrei.

Gli italiani si dimostrarono "estremamente blandi" - come sottolineò Goebbels - soltanto nei confronti del modo di agire tedesco, perché la politica dell'Italia fascista non può sicuramente essere definita "filoebraica" nemmeno nel periodo che precedette l'occupazione tedesca. La politica italiana mirava a una completa esclusione degli ebrei dalla società civile: ciò ebbe inizio con il censimento, su basi razziste, degli ebrei residenti nella penisola, quindi con l'introduzione nel 1938 della legislazione antiebraica, infine con l'internamento degli ebrei stranieri dal 1940, quando l'Italia entrò in guerra. Poi, durante la Repubblica di Salò, l'unità d'intenti con la potenza occupante tedesca andò ben oltre. Si sviluppò una collaborazione[5] che si manifestò in

Picciotto Fargion, *Il libro della memoria. Gli ebrei deportati dall'Italia (1943-1945)* (Milano, 2002), p. 28, 60; Michele Sarfatti, *Gli ebrei nell'Italia fascista. Vicende, identità, persecuzione* (Torino, 2000); Klaus Voigt, *Il rifugio precario. Gli esuli in Italia dal 1933 al 1945*, 2 volumi (Firenze, 1996); Renzo De Felice, *Storia degli ebrei italiani sotto il fascismo*, (Torino, 1961); Giuseppe Mayda, *Ebrei sotto Salò. La persecuzione antisemita 1943-1945* (Milano, 1978); Susan Zuccotti, *L'Olocausto in Italia* (Milano, 1995); Sara Berger, Sanela Schmid, Erwin Lewin e Maria Vassilikou, *Die Verfolgung und Ermordung der europäischen Juden durch das nationalsozialistische Deutschland 1933-1945*, vol. 14: *Besetztes Südosteuropa und Italien, a cura di Bundesarchiv, Institut für Zeitgeschichte München-Berlin e Lehrstuhl für Neuere und Neueste Geschichte der Universität Freiburg* (Berlin, 2017); Carlo Moos, *Ausgrenzung, Internierung, Deportation. Antisemitismus und Gewalt im späten italienischen Faschismus. 1938-1945* (Zürich, 2004). Finora manca uno studio esteso sul collaborazionismo.

[4] Filippo Focardi, *Il cattivo tedesco e il bravo italiano. La rimozione delle colpe della seconda guerra mondiale* (Bari / Roma, 2013).

[5] Amedeo Osti Guerrazzi, *Caino a Roma* (Roma, 2005), p. 106.

discriminazioni normative, saccheggi, maltrattamenti, arresti e internamenti autonomi, assistenza nelle deportazioni, delazioni, singoli omicidi, servizi vari svolti da segretarie, interpreti o autisti, senza dimenticare lo squallido tentativo di arricchirsi, da parte di singoli che applicarono prezzi esorbitanti per aiuti offerti agli ebrei ormai privi di diritti, in particolare a quelli che tentavano una fuga disperata come ultima possibilità di salvarsi, aiuti che in molti casi si rivelarono delle vere e proprie vendite delle vittime ai nazisti.

La persecuzione degli ebrei nella Repubblica di Salò può essere suddivisa grosso modo in quattro fasi, che saranno descritte qui di seguito. In ognuna di queste fasi è documentabile la collaborazione tra le autorità tedesche di occupazione, le istituzioni italiane e parte della popolazione locale. Nelle prime due fasi questa si caratterizzò come sporadica, mentre dopo l'emanazione dell'ordine di polizia n. 5, a fine novembre del 1943, essa divenne sistematica.

I. I primi passi della persecuzione degli ebrei prima del 1943

Dopo un biennio d'inedita ma incessante campagna propagandistica, nel 1938 il governo italiano pose le basi giuridiche per la futura persecuzione degli ebrei. In estate furono costituite parallelamente due istituzioni: in luglio la "Direzione generale per la demografia e la razza" in seno al Ministero degli Interni, col compito di elaborare e coordinare la legislazione antiebraica; in agosto l'"Ufficio studi del problema della razza" presso il Ministero della Cultura Popolare.

Gravi conseguenze per la futura persecuzione degli ebrei in Italia derivarono anche dalla registrazione e dal rilevamento demografico della popolazione ebraica, attivati dai prefetti nel mese di agosto su iniziativa e incarico del Sottosegretario presso il Ministero degli Interni, Guido Buffarini Guidi. Le liste compilate in quest'occasione, che contenevano informazioni sulle persone e sui rispettivi domicili, vennero poi depositate presso i comuni, le prefetture nonché presso la "Direzione Generale della Pubblica Sicurezza" e continuamente attualizzate.[6]

Alcune riviste antiebraiche, come "La Difesa della Razza" diretta da Telesio Interlandi, e altri scritti di propaganda assicurarono la diffusione e il consolidamento degli stereotipi antiebraici in seno alla

[6] Michele Sarfatti (v. nota 3), pp. 143-169.

società italiana.[7]
La concreta esclusione degli ebrei dalla vita professionale, economica, civile e sociale iniziò nel mese di settembre, quando vennero emanati i primi decreti antiebraici sull'espulsione degli ebrei stranieri e sull'esclusione degli ebrei dalle scuole e dalle università, seguiti due mesi dopo dall'esteso decreto legge "per la difesa della razza". Voluti da Mussolini, tali provvedimenti furono approvati dal Consiglio dei Ministri del Governo fascista del Regno d'Italia, controfirmati da Vittorio Emanuele III di Savoia il 17 novembre e convertiti in legge dalla Camera e dal Senato in dicembre.
Un'ulteriore misura gravida di deleterie conseguenze fu l'internamento degli ebrei stranieri e apolidi nei comuni e nei campi di internamento, ordinato dal Capo della Polizia Arturo Bocchini il 15 giugno 1940, poco dopo l'ingresso in guerra dell'Italia.[8]
Quando, il 25 luglio 1943, Benito Mussolini fu destituito dal Re e dal "Gran Consiglio Fascista" e fu istituito un governo militare sotto la guida del Generale Pietro Badoglio come nuovo capo di governo, la legislazione antiebraica rimase in vigore, le liste con le informazioni sugli ebrei in Italia non vennero distrutte e gli ebrei stranieri rimasero internati.

II. Prima fase: le azioni sporadiche (settembre - novembre 1943)

Immediatamente dopo l'annuncio della tregua tra l'Italia e gli Alleati, l'8 settembre 1943, la *Wehrmacht* iniziò l'occupazione della penisola e già l'11 settembre ottenne il controllo del territorio che andava dalle Alpi alla linea del fronte "Salerno-Benevento-Eboli". Contemporaneamente, il Sud del Paese fu occupato dalle truppe angloamericane. In tal modo gli ebrei che risiedevano nell'Italia meridionale, tra cui i tanti stranieri rinchiusi nel più grande campo di internamento, quello di Ferramonti di Tarsia in Calabria, si trovarono nella zona controllata dagli Alleati, mentre quelli internati nei campi del centro e del nord, come Urbisaglia o Civitella del Tronto, caddero

[7] Per la propaganda vedere il catalogo della mostra della Fondazione Museo della *Shoah*: Sara Berger e Marcello Pezzetti (a cura di), *La razza nemica. La propaganda antisemita nazista e fascista* (Roma, 2017).
[8] Carlo Spartaco Capogreco, *I campi del duce. L'internamento civile nell'Italia fascista. 1940-1943* (Torino, 2004); Klaus Voigt (v. nota 3) Vol. 2.

nelle mani dei nazionalsocialisti.[9]

Tra il 10 e l'11 settembre il territorio occupato dalle truppe tedesche fu suddiviso in "zone di operazione" create secondo criteri militari e in un ampio territorio definito dagli stessi tedeschi "restante territorio occupato".[10] Le province di Udine, Gorizia, Trieste, Pola, Fiume e Lubiana divennero "Zona di operazione del Litorale adriatico" *(Operationszone Adriatisches Küstenland)*; quelle di Bolzano, Trento e Belluno costituirono la "Zona di operazione delle Prealpi" *(Operationszone Alpenvorland)*. Mentre queste "zone di operazione" rimasero sotto il dominio tedesco, Mussolini, liberato dalla prigionia il 12 settembre per opera di paracadutisti tedeschi, poté costituire in gran parte del Nord e del Centro dell'Italia occupata dai vecchi alleati una sorta di "stato fantoccio". Sempre in settembre egli formò un nuovo governo con sede a Salò e in altri centri ubicati nei pressi del Lago di Garda. Agli inizi del mese di dicembre questo "stato" fu denominato "Repubblica sociale italiana". Qui i tedeschi diedero alla luce un nuovo apparato amministrativo militare, diplomatico e di polizia.[11]

Al "Capo della Polizia di sicurezza e del Servizio di sicurezza" (*Befehlshaber der Sicherheitspolizei und des SD*, BdS) Wilhelm Harster, di stanza a Verona, venne affidato il comando di una neo-istituita rete di "comandi esterni" *(Außenkommandos, AK)* nelle maggiori città e di una serie di "postazioni esterne" *(Außenposten)* nei centri minori.

Quest'organizzazione, formata da reparti della *Gestapo*, della polizia criminale e del SD (Servizio di Informazione), ricalcava la suddivisione amministrativa dell'organizzazione madre, ovvero l'"Ufficio Centrale per la Sicurezza del *Reich*" (*Reichssicherheitshauptamt*, RSHA).[12] La "Zona di operazione delle Prealpi" (*Alpenvorland*) venne connessa con la rete di polizia. Successivamente, tali strutture furono utilizzate in modo sistematico per la persecuzione degli ebrei. La polizia nel "Litorale adriatico" fu invece sottoposta a un apparato a sé.

[9] Liliana Picciotto Fargion (v. nota 3), p. 871.

[10] Lutz Klinkhammer, *L'occupazione tedesca in Italia. 1943-1945* (Torino, 2007), p. 53.

[11] A capo della gerarchia di polizia si trovava, in quanto rappresentante di Himmler, il Capo supremo delle SS e della polizia (Höchster SS- und Polizeiführer), Karl Wolff.

[12] Organigramma in Picciotto (v. nota 3), pp. 862, 864 s. Lutz Klinkhammer/Carlo Gentile, "L'apparto centrale della Sicherheitspolizei in Italia: struttura, uomini e competenze" in Sara Berger (a cura di), *I signori del Terrore. Polizia nazista e persecuzione antiebraica in Italia. 1943-1945* (Verona, 2016), pp. 37-68.

Qui la persecuzione degli ebrei non fu quindi collegata a quella della Repubblica di Salò.[13]
Nel caos iniziale dell'occupazione, membri della *SS-Leibstandarte Adolf Hitler*, una delle divisioni della *Waffen-SS*, in settembre e agli inizi di ottobre trucidarono autonomamente 54 ebrei sul Lago Maggiore.[14] Nello stesso periodo iniziarono nel nord dell'Italia due azioni di rastrellamento che vanno collegate al contesto delle deportazioni dall'Austria e dalla Francia. Il 16 settembre 1943 alcune dozzine di ebrei di Merano e Bolzano vennero arrestate da uomini della polizia di sicurezza e del SD sotto il comando di Alfons Niederwieser. In questa azione, le autorità tedesche ricevettero un valido sostegno da cittadini italiani: poliziotti locali e membri del *Südtiroler Ordnungsdienst* (Servizio d'ordine sudtirolese, SOD). Le persone arrestate furono trasportate dall'Italia prima in Austria, nel campo d'internamento di Reichenau; da lì, gran parte di esse venne poi deportata nel 1944 ad Auschwitz-Birkenau.[15] Nel corso della seconda azione di arresto, iniziata il 18 settembre 1943, centinaia di profughi ebrei - che in seguito al collasso della zona italiana di occupazione in Francia erano fuggiti da Saint-Martin-Vésubie verso l'Italia - vennero catturati a Borgo San Dalmazzo da uomini appartenenti alla *SS-Leibstandarte Adolf Hitler* e internati nella Caserma degli Alpini, adibita a "campo di detenzione

[13] Il comandante supremo delle SS e di polizia di Trieste, Odilo Globocnik aveva precedentemente diretto l'uccisione degli ebrei nel Governatorato generale (Polonia), nell'ambito della cosiddetta *Aktion Reinhardt.* Responsabili per la persecuzione degli ebrei furono inizialmente la polizia di sicurezza di Trieste; dalla fine del 1943 tre reparti speciali, definiti R1, R2 e R3, sotto il comando di Christian Wirth - precedentemente "ispettore" dei tre campi di sterminio della *Aktion Reinhardt* - e dopo la morte di questi sotto il comando di Dietrich Allers. Prima della deportazione gli ebrei vennero concentrati nella prigione triestina del Coroneo e più tardi nel campo di detenzione di polizia (*Polizeihaftlager*) Risiera di San Sabba a Trieste. Nella Risiera venivano eliminati prevalentemente i cosiddetti avversari politici, soprattutto slavi; tuttavia furono uccisi anche alcuni ebrei la grande maggioranza dei quali venne deportata nel campo di sterminio di Auschwitz-Birkenau e, nella fase finale, nel campo di concentramento di Ravensbrück.

[14] Marco Nozza, *Hotel Meina. La prima strage di ebrei in Italia* (Milano, 1993); Aldo Toscano, Mario Camiglio e Teresa Gattico, *Lago Maggiore: Settembre 1943* (Novara, 1993); Lutz Klinkhammer, *Stragi naziste in Italia. La guerra contro i civili. 1943-44* (Roma, 1997), pp. 55-80.

[15] Federico Steinhaus, *Ebrei/Juden. Gli ebrei dell'Alto Adige negli anni trenta e quaranta* (Firenze, 1994), pp. 93-104; Cinzia Villani, *Ebrei fra leggi razziste e deportazioni nelle province di Bolzano, Trento e Belluno* (Trento, 1996); Sabine Mayr, Joachim Innerhofer, *Quando la patria uccide. Storie ritrovate di famiglie ebraiche in Alto Adige* (Merano, 2016).

della polizia". Su incarico di Alois Brunner, capo dell'ufficio antiebraico *(Judenreferat)* della *Gestapo* di Nizza, il 21 novembre 1943 i 328 ebrei prigionieri furono deportati inizialmente nel campo di transito a Drancy e più tardi da lì ad Auschwitz.[16] Solo pochi giorni prima di questa deportazione, a Ferrara, dopo l'assassinio del federale Ghisellini, il 15 novembre squadre di brigatisti fascisti uccisero per rappresaglia 14 persone, tra cui anche degli ebrei.[17]

III. Seconda fase: le deportazioni eseguite dall'*Einsatzkommando Italien* con l'assistenza sporadica da parte delle autorità italiane (ottobre 1943 - gennaio 1944)

Le deportazioni sistematiche ebbero inizio con l'arrivo di Theodor Dannecker[18] che, in qualità di *Judenberater* (consigliere per le questioni ebraiche), era subordinato all'ufficio IV B4 del RSHA presieduto da Adolf Eichmann. Gli *"Judenberater"* venivano inviati, dal settembre 1940 in poi, nei Paesi alleati o occupati al fine di organizzarvi la privazione dei diritti, l'isolamento, la registrazione, l'arresto, e, dal 1942, anche la deportazione degli ebrei europei. In Italia, Dannecker incontrò un terreno già preparato. Senza dover fare grandi lavori preliminari, egli poté immediatamente passare all'arresto degli ebrei, dal momento che le autorità italiane avevano registrato, isolato e privato dei diritti i loro concittadini ebrei fin dal 1938.
Il modo di procedere di Dannecker in Italia può essere descritto come segue: egli operò con una squadra mobile, composta da meno di dieci membri, denominata *Einsatzkommando Italien* (squadra d'intervento speciale Italia), che attuò retate in varie città trattenendo gli ebrei arrestati nelle prigioni cittadine fino al raggiungimento del numero necessario per formare un trasporto per Auschwitz-Birkenau. Per rinforzare la sua squadra, composta da un numero troppo esiguo di collaboratori, Dannecker dovette affidarsi al personale della polizia tedesca d'ordine e di sicurezza presente in loco, in modo da garantire il successo dell'azione. In singoli casi ricevette assistenza anche dalla

16 Alberto Cavaglion, "La Deportazione dall'Italia. Borgo S. Dalmazzo" in Rinaldo Falconi (a cura di), *Spostamenti di popolazione e deportazione in Europa* (Bologna, 1987), pp. 356-381.
17 Per le uccisioni: Liliana Picciotto Fargion (v. nota 3), pp. 818-826.
18 Claudia Steur, *Theodor Dannecker. Ein Funktionär der "Endlösung"* (Essen, 1997).

Questura italiana, pur in assenza, in tal periodo, di un rapporto formale di collaborazione sistematica tra questa e le forze occupanti.
Il modo di procedere qui descritto brevemente (retate/razzie - detenzione - trasporto) fu collaudato il 16 ottobre 1943 durante un incontro tra il Consigliere di Legazione Eberhard von Thadden, capo del Reparto *Inland* IIa, l'ufficio del Ministero degli Esteri tedesco responsabile fra il 1943 e il 1945 per tutte le questioni che riguardavano gli ebrei e il capo della *Gestapo* nel RSHA, Heinrich Müller. L'obiettivo di tale incontro era quello di coordinare l'implementazione della "soluzione finale" nei territori occupati dalla Germania. Müller osservò che, date le insufficienti forze di polizia tedesche in Italia, sarebbe stato necessario «cominciare ad affrontare la questione ebraica direttamente dietro la linea del fronte e spingere le azioni di pulizia gradualmente verso nord».[19]
Contemporaneamente al colloquio tra Müller e von Thadden, che indicava la strada da seguire, l'*Einsatzkommando Italien* il 16 ottobre mise in atto la prima retata a Roma.[20] Uno spiegamento di 365 uomini della polizia d'ordine, della polizia di sicurezza e dell'SD[21] sbarrò all'alba l'antico ghetto di Roma e arrestò in questo e in altri quartieri della capitale 1259 ebrei che furono portati al Collegio militare, un edificio dell'esercito italiano situato nelle vicinanze del carcere di Regina Coeli. Per compiere questa "azione" vennero probabilmente utilizzati i registri prodotti dal Ministero degli Interni in occasione del Censimento del 1938. Successivamente più di 200 persone furono liberate in quanto giudicate appartenenti alle categorie dei non-ebrei, o degli ebrei con un genitore o coniuge "ariano", oltre a poche altre eccezioni. Il 18 ottobre 1943, due giorni dopo il loro arresto, i restanti 1021 ebrei e un bambino nato il giorno precedente al Collegio militare furono deportati da Roma ad Auschwitz-Birkenau. Per preparare la retata, nei giorni precedenti la Questura romana mise a disposizione

[19] Archivio Politico dell'*Auswärtiges Amt* (= PAAA), R 99419, pubblicato in Liliana Picciotto Fargion nell'appendice di *L'occupazione tedesca e gli ebrei di Roma* (Roma, 1979), documento n. 2.

[20] Per la razzia, vedere il catalogo della mostra: *16 ottobre 1943. La razzia di Roma*, a cura di Marcello Pezzetti (Roma, 2016) e Martin Baumeister, Amedeo Osti Guerrazzi e Claudio Procaccia (a cura di), *16 ottobre 1943. La deportazione degli ebrei romani tra storia e memoria* (Roma, 2016).

[21] Sara Berger, "I persecutori del 16 ottobre 1943" in Martin Baumeister, Amedeo Osti Guerrazzi e Claudio Procaccia (a cura di), *16 ottobre 1943. La deportazione degli ebrei romani tra storia e memoria* (Roma, 2016), pp. 21-40.

delle forze naziste oltre una dozzina di suoi poliziotti che conoscevano bene il posto. A differenza di altri paesi europei, come la Francia, dove la deportazione di ebrei nativi fu inizialmente rimandata per timore di proteste da parte della popolazione o delle autorità locali, Dannecker in Italia non esitò a includere nel progetto di deportazione innanzitutto gli stessi ebrei italiani.
Nelle settimane successive al 16 ottobre, Dannecker e i membri dell'*Einsatzkommando Italien* proseguirono con le deportazioni soprattutto a Firenze, Siena, Bologna e Montecatini Terme. A tal fine organizzarono già il 9 novembre 1943 un trasporto a Bologna e Firenze con 400 ebrei, per lo più stranieri. Le vittime vennero arrestate prevalentemente nelle sinagoghe e negli uffici delle comunità ebraiche, ma anche nei conventi fiorentini dove si erano nascoste. Insieme alle unità dell'*Einsatzkommando Italien* parteciparono all'azione uomini della Polizia di sicurezza tedesca e, alla razzia di Siena di inizio novembre, furono presenti anche membri delle milizie fasciste-repubblicane.[22] Prima di essere deportati, gli ebrei venivano rinchiusi nelle prigioni locali, dove spesso subivano maltrattamenti. In alcuni casi, come nel carcere di S. Vittore a Milano, singoli prigionieri furono uccisi dal personale tedesco. Gli arresti continuarono fino alla fine di novembre, in particolare a Torino, Genova, Milano e lungo la costa ligure. Il 6 dicembre 1943 un ulteriore trasporto, composto da 350/400 ebrei, lasciò la stazione ferroviaria di Milano e poi di Verona in direzione Auschwitz-Birkenau.[23]

IV. La decisione del governo italiano di collaborare e la reazione dei nazionalsocialisti

Nel mese di novembre 1943 il governo fascista-repubblicano prese un'iniziativa autonoma riguardo alla persecuzione degli ebrei, allineandosi così alla politica dell'occupante e insieme alleato tedesco.[24] Già nella prima riunione di Verona, il 14 novembre 1943, il neo costituito Partito fascista repubblicano dichiarava al punto 7 del cosiddetto manifesto di Verona che "gli appartenenti alla razza ebraica

[22] Michele Sarfatti (v. nota 3), p. 243.
[23] Liliana Picciotto Fargion (v. nota 3), pp. 44-55; 867-932.
[24] Matteo Stefanori, *Ordinaria amministrazione. Gli ebrei e la Repubblica sociale italiana* (Bari / Roma, 2017).

sono stranieri, durante questa guerra appartengono a nazionalità nemica". Ciò ebbe come conseguenza quella di privare gli ebrei italiani della protezione che avevano sempre ricevuto in quanti cittadini del Paese. Coerentemente con tale disposizione, il 30 novembre seguì l'ordine di polizia n. 5, emesso dal Ministero degli Interni, guidato da Guido Buffarini Guidi, che decretava l'arresto e l'internamento di tutti gli ebrei: «Tutti gli ebrei, anche se discriminati, a qualunque nazionalità appartengano, e comunque residenti nel territorio nazionale devono essere inviati in appositi campi di concentramento[25]». L'estrema durezza di tale ordine venne in parte attenuata quando, il 10 dicembre, una nuova disposizione previde che i malati e gli ultra settantenni, i "misti" e le "famiglie di matrimonio misto" sarebbero stati esclusi dalla persecuzione.[26]

L'esecuzione dell'intera normativa venne affidata alla Direzione Generale della Pubblica Sicurezza sottoposta al capo di polizia Tullio Tamburini e, a partire dall'aprile 1944, ai suoi successori. Tramite i prefetti, gli ordini passavano da questa istituzione alle questure che, a loro volta, procedevano agli arresti, in collaborazione con le varie unità di polizia: Carabinieri, Guardia Nazionale Repubblicana, Polizia dell'Africa Italiana (PAI) e Polizia dello Stato. Queste nuove disposizioni furono messe in pratica per la prima volta con l'arresto di 150 ebrei a Venezia all'inizio di dicembre 1943, pianificato e realizzato da forze italiane. Entro la fine della guerra delle unità italiane arrestarono autonomamente o insieme ai colleghi tedeschi ben oltre duemila ebrei.[27]

Per l'internamento degli ebrei, il Ministero degli Interni previde l'istituzione di campi nelle province, sotto la guida dei "Podestà", oppure di funzionari della "Pubblica Sicurezza". L'ex-campo per prigionieri di guerra a Fossoli, nei pressi di Carpi (Modena), sufficientemente capiente, situato tra l'Italia settentrionale e quella centrale e ubicato non lontano dalla stazione ferroviaria di Carpi, sulla linea diretta al passo del Brennero, venne destinato a campo principale a livello nazionale. In una parte di questo campo, chiamata "Campo

[25] Archivio Centrale dello Stato (ACS), Roma, MI, DGPS, AGR, cat. A5G, II guerra mondiale, busta 151, f. 230, sf. 3, telegramma di Buffarini-Guidi ai capi delle province, cifrato 1 dicembre 1943.

[26] Cfr. i documenti contenuti in ACS, MI, DGPS, AGR, cat. A5S, II guerra mondiale, busta 151, f. 230. 3 e MI, DGPS, AGR, Massime, R9, busta 183, fasc. 19; Picciotto, *Il libro della memoria*, p. 897.

[27] Liliana Picciotto Fargion (v. nota 3), p. 29.

Nuovo", il 5 dicembre 1943 fu installato il Campo concentramento ebrei, che, sottoposto al Prefetto di Modena - prima Bruno Calzolari e poi Pier Luigi Pansera - venne posto sotto la direzione del vicecommissario di Pubblica Sicurezza Domenico Avitabile, seguito dal commissario Mario Taglialatela, e sorvegliato dai Carabinieri.[28]
Oltre all'arresto e all'internamento degli ebrei, nei vari decreti era prevista anche la confisca delle loro proprietà. L'esecuzione era affidata al Ministero delle Finanze insieme all'Ente Gestione e Liquidazione Beni Ebraici (EGELI).[29]
A tutt'oggi non sono sufficientemente chiariti i motivi esatti per il radicale cambiamento della politica del regime fascista-repubblicano nei confronti della popolazione ebraica, come emerge proprio dalla disposizione sull'internamento e sulla confisca dei beni degli ebrei. Com'era avvenuto in occasione dell'introduzione della legislazione antiebraica del 1938, anche per l'inasprimento delle misure antiebraiche del 1943 non è documentata alcuna richiesta diretta da parte delle autorità tedesche. La disposizione d'internamento può tuttavia essere interpretata come concessione agli occupanti tedeschi che, al tempo stesso, doveva servire a ostentare nei confronti dei propri sostenitori una presunta autonomia e capacità di agire. L'ordine di polizia fu anche una conseguenza dell'ideologia della RSI, caratterizzata da un sempre più radicale antisemitismo in base al quale "l'ebreo" era diventato il "nemico numero uno".[30] Il governo di Salò, comunque, rimase sempre relativamente indifferente nei confronti della sorte degli ebrei, più sensibile, invece, ai vantaggi finanziari che portava la persecuzione.[31]
Dato che l'ordine di polizia n. 5 intaccava, modificandolo, il sistema persecutorio antiebraico, relativamente alle deportazioni dall'Italia i

[28] Liliana Picciotto Fargion, *L'alba ci colse come un tradimento. Gli ebrei nel campo di Fossoli 1943-1944* (Milano, 2010); Anna Maria Ori, *Il Campo di Fossoli. Da campo di prigionia e deportazione a luogo di memoria. 1942-2004* (Carpi, 2004).

[29] Oltre ai rispettivi reparti del Ministero degli Interni e del Ministero delle Finanze continuavano a occuparsi degli "Affari Ebraici" *(Judenangelegenheiten)* il Ministero della Cultura Popolare e il Ministero della Giustizia nonché l'Ispettorato Generale per la Razza *(Generalinspektorat für die Rasse)* diretto da Giovanni Preziosi; cfr. Picciotto (v. nota 3), pp. 889-899.

[30] Cfr. per esempio l'articolo "Il nemico numero uno" uscito lo stesso giorno della razzia a Roma, il 16 ottobre 1943, in prima pagina sul Messaggero o "La razza nemica", pubblicato in contemporanea con la retata antiebraica di Firenze, il 6 novembre 1943 sul periodico cittadino "La Repubblica".

[31] Klaus Voigt (v. nota 3), vol. 2.

tedeschi avviarono a loro volta un cambio di strategia. Per determinare il futuro modo di procedere, agli inizi di dicembre del 1943 si tenne a Berlino una riunione tra il *RSHA* ufficio *IV B4*, rappresentato da Theodor Dannecker e Friedrich Boßhammer, e l'ufficio *Inland II* del Ministero degli Esteri, rappresentato dal Consigliere di Legazione Eberhard von Thadden. Questi "esperti" antiebraici furono concordi nel ritenere che la prassi fino ad allora utilizzata non aveva portato ad alcun "risultato significativo", anzi aveva lasciato alle vittime troppe possibilità di evitare la sorte loro riservata e che ora quindi per deportare gli ebrei andava sfruttata l'occasione della promulgazione dell'ordine di internamento appena deciso da parte italiana. Le autorità presenti alla riunione convennero unanimemente che la polizia italiana avrebbe dovuto procedere in modo autonomo agli arresti. Boßhammer propose di spingere subito il governo italiano a consegnare gli ebrei, una volta arrestati, alle autorità tedesche per la deportazione. Il Ministero degli Esteri tuttavia, impose momentaneamente la propria strategia, ovvero ritardare la richiesta di estradizione, per motivi tattici, fino a quando la procedura di arresto degli ebrei non fosse stata conclusa. In questa maniera si sarebbe potuto sostenere di fronte alle autorità italiane che la *Endlösung* (soluzione finale) sarebbe consistita nell'internamento e non nella deportazione e successiva uccisione degli ebrei. Le stesse autorità naziste, che continuavano a nutrire nei confronti delle autorità italiane una certa diffidenza, si accordarono per integrare nelle strutture del governo della Repubblica di Salò una parte dei membri dell'*Einsatzkommando*, camuffati da "consulenti" al fine di poter meglio controllare l'arresto e l'internamento della popolazione ebraica da parte delle questure italiane.[32]

Dopo poco tempo questo accordo fu modificato in due punti, che certo non mettono in buona luce l'atteggiamento delle autorità di governo italiane nei confronti delle deportazioni compiute dai nazionalsocialisti. Le due modifiche dimostrano che, contrariamente alla sfiducia nei confronti degli italiani che era emersa nella riunione di Berlino, la collaborazione - almeno a livello ufficiale - con il vecchio e nuovo alleato era priva di complicazioni. In primo luogo, gli

[32] Nota della riunione di Horst Wagner, 4 dicembre 1943. PAAA, Berlin, R 100872, ff. 347-348, pubblicato in: United Restitution Organisation (a cura di), *Judenverfolgung in Italien, den italienisch besetzten Gebieten und in Nordafrika* (Frankfurt am Main, 1962), pp. 201-202.

Judenberater (consiglieri per le questioni ebraiche) non vennero integrati nell'apparato italiano, e ciò indica che, in fondo, i tedeschi non ritennero necessario sorvegliare le autorità italiane. Furono invece istituiti, contemporaneamente all'arrivo di Boßhammer, alla fine del gennaio 1944, degli *Judenreferate* (reparti per le questioni ebraiche) in seno agli uffici del BdS (Capo della Polizia di Sicurezza e del Servizio di Sicurezza) e degli *Außenkommandos* (comandi subordinati al BdS). In secondo luogo, la tattica proposta dall'*Auswärtiges Amt* (Ministero degli Esteri tedesco), ovvero quella di dilazionare la richiesta di estradizione, non fu applicata. Già nel trasporto di più di 600 ebrei del 30 gennaio 1944 a Milano e Verona si trovavano anche gli arrestati da poliziotti italiani e internati nei campi provinciali di Tonezza del Cimone, Bagno a Ripoli, Calvari di Chiavari e Forlì, subordinati all'amministrazione italiana. Per l'estradizione, alcuni prefetti che si erano rivolti agli uffici centrali del Ministero degli Interni ricevettero istruzioni per prendere accordi con i tedeschi, ossia consegnare gli ebrei.[33] La responsabilità per questo trasporto andò però al di là dell'arresto e dell'internamento degli ebrei: alcuni Carabinieri accompagnarono il treno insieme ad agenti tedeschi della polizia d'ordine e di sicurezza fino ad Auschwitz.[34]

Con l'ordine di polizia n. 5 di fine novembre 1943 e la decisione dei nazionalsocialisti di sfruttare effettivamente l'ausilio offerto dalla polizia italiana si concluse il periodo della collaborazione sporadica. Seguirono due fasi di collaborazione sistematica.

[33] ACS, MI, DGPS, AGR, Massime, R 9, fasc. 19.
[34] Liliana Picciotto Fargion (v. nota 3), p. 39.

La sinagoga di Ferrara poco dopo essere stata distrutta dai fascisti antisemiti il 21 settembre 1941

V. Terza fase: la deportazione via Fossoli e la collaborazione sistematica tra l'ufficio IV B4 e le autorità italiane (febbraio - agosto 1944)

La terza fase delle deportazioni ebbe inizio alla fine di gennaio 1944, quando arrivò in Italia Friedrich Boßhammer, il successore di Dannecker. In questa fase il sistema di arresto e deportazione in Italia raggiunse il più alto grado di sistematicità, che può essere così caratterizzato:

1. Per internare gli ebrei arrestati prima che fossero deportati, in aggiunta alle prigioni furono utilizzati i campi provinciali e il campo di concentramento nazionale di Fossoli, istituiti sulla base dell'ordine di polizia n. 5.
2. Ci fu una maggiore collaborazione tra gli occupanti tedeschi e le forze fasciste repubblicane, che ora arrestavano e internavano autonomamente gli ebrei, che potevano essere catturati persino nei più piccoli villaggi.
3. Al posto dell'*Einsatzkommando* che passava da una città all'altra, esisteva ora uno *Judenreferat IV B4* (ufficio per le questioni ebraiche)

integrato nella struttura dell'apparato della polizia del *BdS* (capo della Polizia di sicurezza e del Servizio di sicurezza), che tuttavia continuava a ricevere gli ordini dallo *Judenreferat* del *RSHA* (Ufficio per le "questioni ebraiche" in seno all'Ufficio Centrale per la Sicurezza del Reich).
4. L'impiego degli *Judenreferenten* (consiglieri per le questioni ebraiche) negli *Außenkommandos* (*AK*, Comandi subordinati al *BdS*) permetteva di arrestare gli ebrei contemporaneamente in varie città, aumentando così notevolmente il numero delle vittime.

Il capo dello *Judenreferat* Friedrich Boßhammer e gli *Judenreferenten* (consiglieri per le questioni ebraiche) nei singoli comandi subalterni al *BdS* davano ordini alle prefetture italiane su come ottimizzare la caccia agli ebrei e con esse concordavano anche alcuni dettagli delle operazioni, come la regolamentazione dell'arresto di ebrei figli e coniugi di "matrimoni misti". L'ufficio *IV B4* a Verona coordinava tutti gli arresti - di cui poi riceveva comunicazione da parte della polizia italiana e degli AK - e organizzava il trasferimento degli ebrei a Fossoli.[35]

Oltre a persecuzione e arresto da parte di unità di polizia tedesche e italiane, la popolazione ebraica era colpita anche da aggressioni da parte di bande locali, come a Roma la "Banda di Palazzo Braschi", oppure la "Squadra speciale" di Pietro Koch, sempre a Roma e più tardi a Milano. Questi gruppi erano in parte autonomi, in parte - come quello di Pietro Koch - collaboravano con la polizia italiana e tedesca. In molti casi, mentre andavano a caccia di membri della resistenza antifascista e di ebrei, sfruttavano gli arresti come pretesto per saccheggiare.

Va sottolineata, inoltre, la piaga delle delazioni da parte della popolazione civile. Nella sola Roma sono documentati, sulla base degli atti dei processi avviati nell'immediato dopoguerra, centinaia di delazioni e arresti compiuti da membri delle stesse bande.[36] Se non ci

[35] Sara Berger, *"Il BdS, Friedrich Boßhammer e la persecuzione degli ebrei"* in *I signori del terrore. Polizia nazista e persecuzione antiebraica in Italia. 1943-1945* (Sommacampagna, 2016), pp. 93-118.

[36] Osti Guerrazzi (nota 4), pp. 78-83, 212-221; Mimmo Franzinelli, *Delatori. Spie e confidenti autonomi: l'arma segreta del regime fascista* (Milano, 2001), pp. 161-196; Massimo Griner, *La "Banda Koch". Il Reparto speciale di Polizia 1943-1944* (Torino, 2000); Amedeo Guerrazzi, "La persecuzione degli ebrei a Roma. Carnefici e vittime" in Silvia Haia Antonucci e Claudio Procaccia (a cura di), *Dopo il 16 ottobre. Gli ebrei a*

fossero state le delazioni, numerosi ebrei non sarebbero stati arrestati, sostiene Giacomo Moscato, ebreo romano, sopravvissuto ad Auschwitz-Birkenau:
«Io e mio fratello, sedici e quindici anni circa, eravamo inconsapevoli della gravità della situazione [...] Un giorno decidemmo di andare alle corse dei cavalli, che io ero un grande appassionato ...e viziato. [...] E purtroppo lì hanno fatto una spiata che noi eravamo ebrei, perché mica avevo scritto in fronte che io ero ebreo! [...] Ci portarono all'ottavo centro, una vecchia caserma militare, in via Lepanto, dove si era rifugiato un comando tedesco. [...] Ci hanno venduto ai tedeschi come carne da macello. Questa è la pura verità».[37]

L'avidità era la principale motivazione che stava alla base di gran parte delle delazioni. La ricompensa per gli ebrei maschi raggiungeva a volte le 5.000 Lire; per le donne e i bambini tra le 1.000 e le 3.000 Lire; per i rabbini e le personalità di spicco delle comunità ebraiche 10.000 Lire. Non vanno tuttavia dimenticate le motivazioni ideologiche, che erano connesse allo stereotipo del ricco ebreo capace di ogni sorta di cospirazione e responsabile dello scatenamento del conflitto mondiale. La propaganda antiebraica, che era stata estremamente rafforzata a partire degli anni '30, aveva subito un ulteriore inasprimento con la campagna mediatica della stampa della Rsi, nella quale i pregiudizi, uniti alle invidie personali, trovavano il loro sistematico sfogo, come è evidente nel testo di questa delazione:
«L'ebreo Benedetto Veneziano ricchissimo mercante di stoffe e proprietario terriero possiede le seguenti automobili [...] Queste macchine non sono state consegnate come di dovere. Al contrario: grazie ai trucchi e alla corruzione di cui sono capaci solo gli ebrei, il proprietario ha ottenuto dal Comando tedesco il permesso di guidarle.

Roma tra occupazione, resistenza, accoglienza e delazioni. 1943-1944 (Roma, 2017), pp. 35-272.

[37] Intervista a Giacomo Moscato realizzata da Marcello Pezzetti e Liliana Picciotto Fargion (Archivio della Memoria, Centro di Documentazione Ebraica Contemporanea, CDEC). L'"Archivio della Memoria" del CDEC di Milano è un Oral-History-Project, iniziato nel 1992, che ha raccolto le testimonianze - riprese nei luoghi d'infanzia, nelle prigioni, nei campi di transito e ad Auschwitz - di oltre 100 sopravvissuti ebrei alla deportazione dalla penisola e da Rodi. Tali testimonianze hanno fornito la base del film *Memoria* (1997) di Pezzetti, Picciotto e Gabbai, così come del volume Marcello Pezzetti, *Il Libro della Shoah italiana. I racconti di chi è sopravvissuto* (Torino, 2009), qui p. 77.

[...] Un amico della Germania».[38]

A causa di questa insistente propaganda, la popolazione ebraica venne sempre più vista come capro espiatorio, responsabile della guerra e delle sofferenze connesse. Aldo Zargani, che insieme ai genitori è sopravvissuto alla persecuzione rifugiandosi in vari nascondigli, descrive nella sua autobiografia come i genitori Mario ed Eugenia Zargani furono catturati a Torino da un membro dell'UNPA (Unione nazionale protezione antiaerea), ubriaco, che li seguiva già da vari giorni. Ecco come il padre di Aldo raccontò l'episodio:
«Quell'uomo sconosciuto mi teneva per il cappotto. Per la manica mi teneva e la mamma gli ha detto: "Che cosa vuole da noi?". Io ho cercato di liberare il braccio, ma lui mi teneva la manica, non mi lasciava e diceva: "Lo so che siete ebrei, ebrei, dovete andare in campo di concentramento. Voi, siete voi, fate bombardare Torino, siete voi che chiamate gli inglesi. Con le luci chiamate gli inglesi, tutti muoiono voi no, mia mamma è morta, l'avete uccisa voi e adesso pagate. Avete ucciso mia madre e adesso andate in campo di concentramento, non dovevate chiamare gli inglesi"».[39]

Abbastanza tipico fu anche il comportamento del comandante della caserma, dove l'arrestatore ubriaco portò gli Zargani. Molto controvoglia questi chiamò dei poliziotti che condussero altrettanto di controvoglia - un ordine è sempre un ordine - i due ebrei davanti al questore nella prigione torinese Le Nuove:
«Avete telefonato e sapete che non dovete, lo sapete, e adesso li portiamo via. Tu, eroe, che li hai presi, passa poi a ritirare le tue cinquemila lire della taglia. Anzi, sono diecimila, ne hai presi due. Bravo!».[40]

Gli Zargani furono fortunati: passarono alcuni mesi in prigione, ma poi tornarono in libertà grazie all'aiuto di un poliziotto antifascista, dell'arcivescovo di Torino, di una suora e del medico della prigione "Le Nuove", i quali, facendo riferimento alle disposizioni italiane

[38] Fausto Coen, *16 ottobre 1943. La grande razzia degli ebrei a Roma* (Firenze, 1993), p. 122.
[39] Aldo Zargani, *Per violino solo. La mia infanzia nell'Aldiqua 1938-1945* (Bologna, 1995), pp. 96-97.
[40] *Ivi*, p. 98.

sull'internamento, dichiararono che a causa di malattia non li si poteva tenere in carcere.

Sconcertanti i casi di denunce da parte di vicini di casa, conoscenti, spesso ex dipendenti. Una domestica, per esempio, che aveva lavorato per più di quaranta anni presso la famiglia genovese di Natalia Tedeschi, rivelò alle SS italiane dove i suoi datori di lavoro - in precedenza arrestati - avevano nascosto i loro beni preziosi. I Tedeschi, che avevano trovato riparo a Casteldelfino (Cuneo), erano stati prima denunciati da una guardia di finanza alle unità tedesche, che in seguito li arrestarono.[41]

Diamantina Vivante e le sue sorelle, che a Trieste dovettero lavorare duramente per un sarto che aveva messo a loro disposizione un nascondiglio, furono poi tradite dalla moglie di questi, probabilmente invidiosa della giovane età di queste due ragazze ebree perseguitate e indifese.[42]

Significativo è il caso dei cosiddetti "passatori", ovvero di quei contrabbandieri che guidavano gli ebrei - perlopiù dietro notevoli ricompense - alla frontiera italo-svizzera, poiché conoscevano punti di passaggio non sorvegliati. Questi a volte consegnavano i loro "clienti" alle guardie di frontiera. Elena Kugler parla di un simile episodio, che si verificò poco prima di giungere alla frontiera italo-svizzera: «Ero rimasta l'ultima, e nell'ultimo tratto ho chiesto alla guida, un ragazzo giovane: "Com'è che non sei militare?" E lui: "Lavoro per i tedeschi." Avevo cominciato a ridere… e invece era vero».[43]

Buona parte della popolazione italiana non ebraica si rivelò generalmente indifferente alla persecuzione degli ebrei. Tuttavia ci furono italiani che possono a buon diritto essere definiti "brava gente": diversi "passatori" accompagnarono effettivamente degli ebrei in territorio svizzero passando per sentieri segreti, rischiando in alcuni casi anche la vita. In molti uffici pubblici vennero prodotti passaporti o tessere alimentari falsi, e si fece anche finta di non vedere "furti" di passaporti ancora intonsi. Chiese, conventi e singole famiglie offrirono nascondigli e collaborarono con le organizzazioni assistenziali ebraiche, in particolare la Delasem, che operava illegalmente, e procurarono per mesi interi i viveri necessari. In alcune

[41] Intervista a Natalia Tedeschi realizzata da Pezzetti e Picciotto (Archivio della Memoria, CDEC).

[42] Intervista a Diamantina Vivante Salonnicchio, *Ivi*.

[43] Intervista a Elena Kugler, *Ivi*.

località, come Olevano Romano o Assisi, il numero degli ebrei nascosti fu alto. Poliziotti italiani misero in guardia diverse famiglie ebraiche, in modo che queste potessero nascondersi in tempo.[44] Molti ebrei devono quindi la vita a italiani che furono disposti ad aiutarli.
Gli ebrei caduti invece in mano ai fascisti o ai nazisti non avevano più molte possibilità di essere liberati. Concentrati a Fossoli, furono periodicamente deportati. Nonostante che all'inizio del 1944 Fossoli si trovasse ufficialmente ancora sotto amministrazione italiana, lo *Judenreferat* organizzò già in gennaio e febbraio dei trasporti verso il Reich, con partenza dalla stazione di Carpi. I primi due trasporti con ebrei libici di cittadinanza inglese finirono a Bergen-Belsen; un altro lasciò Fossoli il 22 febbraio con circa 650 ebrei, perlopiù italiani, fra cui Primo Levi, diretto ad Auschwitz-Birkenau.
Il 15 marzo 1944 il *BdS* di Verona assunse l'amministrazione di una parte del campo, il cosiddetto "campo nuovo", facendo diventare Fossoli ora anche ufficialmente - come Drancy, Malines o Westerbork - un "campo di polizia e di transito". Nell'area attigua al settore ebraico, definito "campo vecchio", sempre gestito dalla questura di Modena, vennero internati i prigionieri degli italiani come gli antifascisti, i partigiani o i civili stranieri provenienti da Paesi nemici. L'esterno del *lager* era sorvegliato da carabinieri. Comandante del settore tedesco divenne Karl Titho, il quale per la custodia dei prigionieri politici era sottoposto al capo della *Gestapo* del *BdS (Uff. IV)*, Fritz Kranebitter, mentre per quella degli ebrei all'*Ufficio IV B4* guidato da Boßhammer.
Il 24 marzo 1944 quasi 80 ebrei, carcerati nelle prigioni romane in attesa di essere condotti a Fossoli, vennero inclusi nell'esecuzione di massa di 335 persone compiuta alle Fosse Ardeatine e ordinata dall'*Außenkommando Rom* gestito da Herbert Kappler. L'esecuzione fu la reazione a un attacco di partigiani perpetrato il giorno prima a Roma in Via Rasella, durante il quale erano morti 33 membri della Polizia d'ordine sudtirolese della II compagnia del III battaglione del Reggimento "Bozen".[45]
Il 5 aprile 1944 venne effettuato un altro trasporto, che partì sempre

[44] Israel Gutman, Bracha Rivlin, Liliana Picciotto Fargion (a cura di), *I giusti d'Italia. I non ebrei che salvarono gli ebrei. 1943-1945* (Milano, 2006); Liliana Picciotto Fargion, *Salvarsi. Gli ebrei d'Italia sfuggiti alla Shoah. 1943-1945* (Torino, 2017).
[45] Alessandro Portelli, *L'ordine è già stato eseguito. Roma, le Fosse Ardeatine, la memoria* (Roma, 1999); Lutz Klinkhammer, *Stragi* (v. nota 15), pp. 3-22.

da Fossoli per Auschwitz-Birkenau. A Mantova e Verona furono aggiunti altri vagoni; in tutto furono deportati più di 600 ebrei. Un terzo trasporto con destinazione Auschwitz-Birkenau lasciò Fossoli il 16 maggio 1944 con oltre 580 ebrei. Un mese dopo, il 26 giugno 1944, fu assemblato, per la stessa destinazione, un quarto trasporto con più di 500 persone. Nel frattempo altri due trasporti con cittadini di nazioni neutrali lasciarono l'Italia: il 16 maggio partì un trasporto con 166 persone, per lo più ebrei libici, da Fossoli per Bergen-Belsen; il 19 maggio almeno 37 ebrei, prevalentemente turchi, furono deportati da Milano a Bergen-Belsen.

Nel mese di luglio le vittorie degli Alleati cominciarono ad avere effetto sulle deportazioni dall'Italia. In maggio, a partire dallo sfondamento della Linea Gustav, che andava da Gaeta, via Cassino, fino all'estuario del fiume Sangro a sud di Pescara, il fronte iniziò a spostarsi sempre di più verso nord. Di conseguenza il *BdS* chiuse il campo di Fossoli e istituì come nuovo "campo di polizia di transito" nella "Zona d'operazione delle Prealpi", il *lager* Bolzano-Gries.

All'inizio di agosto, prima dello scioglimento del campo di Fossoli e del trasferimento dei prigionieri politici verso Bolzano, tutti gli ebrei che vi si trovavano furono deportati. A causa dei bombardamenti che avevano distrutto gran parte dei ponti sul Po, il trasporto non poté partire direttamente dalla stazione di Carpi; il primo agosto perciò gli ebrei furono messi su dei camion e portati fino al Po, che venne attraversato poi su delle barche. Raggiunta la riva nord del fiume, le persone furono fatte salire su altri camion, portate a Verona e da lì deportate il giorno dopo. Tra gli oltre 300 ebrei si trovavano anche ebrei "misti" e "coniugi di matrimonio misto" che fino allora erano stati risparmiati dalla deportazione. Il luogo di destinazione non fu lo stesso per tutti. Il trasporto venne, infatti, suddiviso alla partenza in base ai seguenti criteri: gli ebrei cosiddetti "puri", tra cui anche quelli che avevano contratto un "matrimonio misto", furono inviati ad Auschwitz-Birkenau; i maschi cosiddetti "misti" finirono a Buchenwald; le donne cosiddette "miste" a Ravensbrück; gli ebrei cittadini di paesi neutrali o nemici non occupati furono mandati a Bergen-Belsen. In alcuni casi, tuttavia, questa suddivisione non venne seguita, sicché anche delle persone con un solo genitore ebreo furono deportate ad Auschwitz-Birkenau, destino che non avrebbe dovuto toccarli a causa del loro legame con la popolazione non ebraica.[46]

[46] Soprattutto a causa della violazione di questa regola, nel 1972 a Berlino

Facendo deportare ad Auschwitz anche ebrei di "matrimonio misto", Boßhammer non osservò quindi la prassi usata nel Reich tedesco e in altri paesi occupati. Va sottolineato il fatto che la maggior parte degli ebrei che furono deportati dal campo di transito di Fossoli verso i campi di sterminio e di concentramento del Reich vennero catturati da poliziotti italiani.[47]

VI. Quarta fase: la continuazione della collaborazione (agosto 1944 - maggio 1945)

Nella quarta fase, durata dall'agosto 1944 fino alla definitiva liberazione dell'Italia, all'inizio del maggio 1945, apparve sempre più chiaro il graduale sgretolamento del regime nazionalsocialista. L'organizzazione dei trasporti seguì all'incirca lo stesso schema usato durante la terza fase e anche la collaborazione con la polizia italiana continuò come prima. Il ruolo che aveva avuto il "campo di polizia e di transito" di Fossoli, chiuso agli inizi di agosto, venne ora assegnato al "campo di transito" di Bolzano-Gries. Come a Fossoli, il comando di questa struttura venne affidato a Karl Titho, mentre il personale dirigente, amministrativo e di sorveglianza, composto prevalentemente da guardie tedesche e italiane che erano già state in servizio a Fossoli, venne integrato da alcuni ausiliari sudtirolesi e ucraini.

In questo campo furono imprigionate circa 11.000 persone, soprattutto arrestate per motivi "politici". I nazisti fecero in tempo a inviare tredici treni nei *lager* ubicati all'interno del territorio del Reich, tre dei quali trasportavano ebrei: si tratta del trasporto con oltre 130 ebrei partito il 24 ottobre 1944 per Auschwitz-Birkenau e di quelli partiti il 14 dicembre 1944 con oltre 80 ebrei per Ravensbrück e per Flossenbürg. Alcuni ebrei morirono di stenti e maltrattamenti durante

Boßhammer fu condannato all'ergastolo; egli morì però prima che la condanna diventasse definitiva. Fu l'unico condannato da un tribunale tedesco per la deportazione degli ebrei dall'Italia. Cfr. la sentenza contro Boßhammer, 11.04.1972, in: C. F. Rüter, D. W. De Mildt (a cura di), *Justiz und NS-Verbrechen* (Amsterdam / München, 2007), vol XXXVII, pp. 143-174; Sara Berger, *"Selbstinszenierung eines 'Judenberaters' vor Gericht. Friedrich Boßhammer und das funktionalistische Täterbild"* in *"Jahrbuch für Antisemismusforschung"*, 17 (208), pp. 343-268.

[47] Liliana Picciotto Fargion, *Libro della Memoria* (v. nota 3).

la prigionia in loco.[48] A causa della mancanza di documenti non si sa chiaramente chi fosse responsabile di quelle deportazioni. Boßhammer aveva già lasciato l'Ufficio IV B4 di Verona ed era diventato capo dell'*AK* (comando subordinato al BdS) di Padova. Insieme con lui avevano lasciato l'ufficio anche due dei suoi collaboratori, Albin Eisenkolb e Wilhelm Berkefeld, mentre Hans Arndt rimase nel reparto veronese.

Le ultime vittime della Repubblica di Salò furono cinque ebrei stranieri che poco prima della liberazione del Paese vennero uccisi, il 26 aprile 1945, da membri della Brigata Nera "Ettore Muti", in provincia di Cuneo. Le "brigate nere", fondate nel giugno 1944, agirono non solo contro partigiani o alleati, ma perpetrarono anche numerosi crimini di guerra nei confronti di civili.

Con la liberazione, la persecuzione degli ebrei ebbe termine. Per molti tra quelli liberati dagli alleati nei tanti *lager* del Reich l'aiuto arrivò troppo tardi. Non è possibile conoscere il numero di coloro che morirono di stenti subito dopo la liberazione o ancora mesi dopo per le malattie contratte a causa delle condizioni disumane e le violenze subite. Il vuoto che hanno lasciato i morti è ancora oggi una ferita aperta nel corpo di tutta la società italiana.

Traduzione di Dorothee Wolff

[48] Su Bolzano-Gries v. Leopold Steurer, "La deportazione dall'Italia" in Rinaldo Falconi (a cura di), *Spostamenti di popolazione e deportazione in Europa* (Bologna, 1987), pp. 417-424; Dario Venegoni, *Uomini, donne e bambini nel lager di Bolzano* (Milano, 2005); Carla Giacomozzi (a cura di), *L'ombra del buio. lager a Bolzano. Schatten, die das Dunkel wirft. lager in Bozen* (Bolzano, 1996).

IV
Il presente nel passato

Gli ebrei in Italia dopo il fascismo

Guri Schwarz

Per fare la storia degli ebrei nel secondo dopoguerra non si può che partire dalle conseguenze più drammatiche ed evidenti della persecuzione, ovvero dal computo delle perdite subite dalla comunità oppressa. Gli ebrei in Italia erano circa 47.000 prima delle persecuzioni, mentre dopo la seconda guerra mondiale si ridussero a meno di 30.000 e, *grosso modo*, attorno a quest'ultima cifra si sarebbe stabilizzata la popolazione ebraica nell'Italia repubblicana. In appena sette anni l'ebraismo italiano perse il 40% dei suoi componenti, ma tra guerra e dopoguerra ne accolse però altri, giunti dall'estero, 5000 dei quali si sarebbero poi fermati stabilmente. Una tale trasformazione è ascrivibile a una varietà di cause; bisogna considerare le circa 4000 abiure, maturate dopo il 1938 e delle quali solo una piccola parte fu ritrattata dopo la guerra, l'emigrazione di circa 11000 ebrei stranieri e di quasi 6000 ebrei italiani, nonché le oltre 8000 morti (sia ebrei stranieri che italiani) provocate dalle persecuzioni e dalla guerra.[1]

Quelle alterazioni demografiche portarono a una complessiva ridistribuzione geografica dell'ebraismo italiano. Per effetto delle persecuzioni, il processo di migrazione della popolazione ebraica dai paesi e dalle piccole città verso i maggiori agglomerati urbani, già in atto dall'Ottocento, subì un'accelerazione; a fronte di 87 comunità ebraiche registrate nell'Italia del 1840, nel secondo dopoguerra se ne contavano poco più di 20. La presenza ebraica si concentrò sempre più nelle principali città e così molte delle comunità più piccole e periferiche, che spesso erano state centri attivi della vita ebraica italiana, persero irrimediabilmente la loro vitalità.[2] Crebbero le comunità più grandi, tra le quali si affermarono come centri principali, per dimensione e importanza, quella di Roma, che rimase sempre la

[1] Eitan F. Sabatello, "Le conseguenze sociali ed economiche delle persecuzioni sugli ebrei in Italia" in AA. VV., *La legislazione antiebraica in Italia e in Europa* (Roma, 1989), p. 80. Sulle abiure: Dante Lattes, "Coloro che sono partiti" in "RMI", nn. 8-9, (1960), pp. 347-350; *idem*, "Problemi e polemiche" in "RMI", n. 2 (1961), pp. 51-56. Per i dati sulle deportazioni e le uccisioni: Liliana Picciotto Fargion, op. cit., p. 27.

[2] Sullo stato di abbandono e inerzia che caratterizzava, a diversi anni dalla Liberazione, i centri più piccoli cfr. la relazione, datata 4 settembre 1952, stesa da Settimio Sorani in AUCII, pp. 30-34, fasc. 34.

più numerosa e sede delle più importanti istituzioni ebraiche, e quella di Milano. Una fotografia chiarificatrice la forniscono i numeri della relazione presentata dal Consiglio uscente al V Congresso dell'Unione delle Comunità Israelitiche Italiane (giugno 1956): due comunità superavano le 6000 unità (Roma e Milano), sei avevano oltre 1000 aderenti (Firenze, Genova, Livorno, Torino, Trieste, Venezia), due più di 500 membri (Napoli e Pisa), nove erano costituite da oltre 100 individui (Alessandria, Ancona, Bologna, Modena, Ferrara, Mantova, Padova, Vercelli, Verona) e infine se ne contavano altre quattro con meno di 100 iscritti. Un quadro desolante; solo Roma (12000) si mantenne su posizioni simili a quelle dell'anteguerra e Milano (6000) crebbe lievemente; nei decenni successivi la popolazione della prima sarebbe aumentata soprattutto per via della sua crescita naturale, mentre la seconda sarebbe cresciuta notevolmente in breve tempo, per lo più grazie alla sua capacità d'attrazione di nuclei ebraici provenienti dall'estero[3].

Questi dati costituiscono un imprescindibile punto di avvio per la nostra riflessione, ma certo la questione non si risolve in quelle cifre; per una piena comprensione del fenomeno, agli effetti più immediati e visibili della persecuzione ne vanno aggiunti altri. Vi furono significativi mutamenti nell'autocoscienza dei perseguitati che i dati illustrati possono a volte suggerire, ma non illuminare pienamente. Per la stragrande maggioranza degli ebrei italiani l'ostracismo fascista costituì un trauma gravissimo ed eccezionalmente penosi furono gli anni che seguirono il 1938, perché ogni scelta era foriera di sofferte lacerazioni interiori, oltre che di divisioni dei nuclei famigliari. La tragedia appare in tutta la sua drammaticità nelle parole di Renzo Segre:

[3] "Israel", n. 38, 7 giugno 1956. Dati organizzati in modo differente sono stati proposti da Attilio Milano, il quale ha affermato che circa un decennio dopo la fine della guerra vi erano 12000 ebrei a Roma, 6000 a Milano, 3000 a Torino, 1500 a Trieste, 1400 a Firenze e 1100 a Venezia. Ottocento ebrei risiedevano invece, (sempre secondo il Milano) a Genova e Livorno, 500 a Napoli e Pisa, 400 ad Ancona e Bologna, circa duecento a Padova, Ferrara, Modena e Mantova, mentre sparsi po' dovunque nei vari centri minori ve ne erano circa un migliaio. Attilio Milano, *Storia degli ebrei in Italia* (Torino, 1992), pp. 410-11. Sulle dinamiche socio-demografiche: Sergio Della Pergola, *Anatomia dell'ebraismo italiano* (Assisi / Roma, 1976), pp. 59 e segg.; *idem*, "Precursori, convergenti, emarginati. Trasformazioni demografiche degli ebrei in Italia 1870-1945" in AA. VV., *Gli ebrei nell'Italia unita (1870-1945)*, IV convegno Italia Judaica (Roma, 1993), pp. 48-69, in particolare pp. 65-67.

«Eravamo sfiniti, stanchi dal 15 luglio '38, in cui, per la prima volta, dopo una lunga, subdola campagna, ci fu detto in modo ufficiale che non eravamo più considerati cittadini italiani come gli altri; dal novembre in cui si fu in malo modo cacciati dall'impiego; sfiniti dai tentativi di difesa contro tutte le angherie fatteci, con uno stillicidio continuo, quasi quotidiano, durante sei anni. [...]
Siamo morti dentro. Le tremende angosce sopportate e che ancora ora ci travagliano nel pensiero dei molti cari che certo più non troveremo, ci hanno trasformati fisicamente a psichicamente, sino a renderci altri individui».[4]

La campagna razzista stravolse le vite di migliaia di cittadini; subirono danni irreversibili anche coloro che erano riusciti a scampare la deportazione e la morte. A guerra finita, con l'animo ancora gonfio di sofferenza e di tristezza, i sopravvissuti si trovarono a percorrere un impervio, incerto e scosceso cammino verso la reintegrazione sociale, economica, civile.

La sfida della reintegrazione

Per tutti gli italiani, le prime fasi del periodo postbellico furono caratterizzate dal ritorno a casa di sfollati, militari e deportati, dalla riunione delle famiglie, dal luttuoso computo dei caduti. L'obiettivo di rintracciare amici e parenti di cui si era persa ogni traccia mosse all'azione anche gli enti comunitari ebraici romani, che già nel luglio 1944 si attivarono, istituendo un Comitato Ricerche Deportati Ebrei. Non senza una qualche ingenuità, i promotori del Comitato si ripromettevano di ritrovare e di portare assistenza ai deportati, rapiti dai tedeschi - grazie anche alla collaborazione delle autorità italiane - con la razzia del ghetto romano del 16 ottobre 1943: «vecchi, donne e bambini, partiti privi dei necessari indumenti, [che] si trovano nei campi di concentramento tedeschi da quasi un anno, fra cui tutto il periodo invernale e si suppone quindi si trovino in pessime condizioni fisiche e morali».[5] Non può non colpire questa riflessione, che

[4] Renzo Segre, *Venti mesi* (Palermo, 1995), pp. 51 e 37.

[5] Liliana Picciotto Fargion, "La liberazione dai campi di concentramento" in Michele Sarfatti (a cura di), *Il ritorno alla vita: vicende e diritti degli ebrei in Italia dopo la seconda guerra mondiale* (Firenze, 1998), p. 19.

testimonia l'incapacità a concepire le dimensioni e la natura degli eventi trascorsi. Ci volle diverso tempo perché tutti accettassero qual era stata la sorte di chi aveva subito la deportazione verso Est. Da lunghe e strazianti attese, nella maggior parte dei casi senza esito felice, furono segnati i primissimi anni di libertà: appena 831 su oltre 7000 ebrei italiani deportati sarebbero tornati a casa.[6]
I sopravvissuti dovettero affrontare un processo di reintegrazione che si rivelò tutt'altro che immediato e indolore. Sul piano giuridico la cesura fu nettissima: nonostante qualche incertezza iniziale, durante il primo governo Badoglio, e nonostante le resistenze provenienti dalla Santa Sede che nell'estate 1943 segnalava al Governo come nei provvedimenti persecutori non mancassero elementi «meritevoli di conferma»[7], il processo d'abrogazione della legislazione razziale imposto dagli alleati con l'art n. 31 dell'Armistizio Lungo firmato a Malta il 29 settembre 1943, portò entro il 1947 a un inequivoco superamento della normativa razzista ed alla restituzione della pienezza dei diritti civili e politici agli ex-perseguitati.[8]
L'abrogazione delle leggi discriminatorie non purificava però gli spiriti corrotti dalla propaganda del regime. L'antisemitismo fascista non aveva riguardato la sola minoranza perseguitata e i rapaci avvoltoi che avevano profittato della sua fragilità, ma aveva coinvolto la riscrittura dei codici della cittadinanza e la formulazione - anche tramite la raffigurazione di un controtipo negativo - di una diversa concezione dell'identità nazionale, che acquisiva carattere prescrittivo. A riconoscerlo, a fare i conti con tutte le implicazioni del progetto razzista, furono in pochi. Tra i rari segnali di avvedutezza si deve citare un importante articolo apparso nel settembre 1944 su "La Nazione del Popolo", organo del Comitato Toscano di Liberazione Nazionale:
«Si è tanto parlato, in tempo fascista, sui giornali, sulle riviste e sui muri, del cosiddetto problema della razza, e quelle parole si sono accompagnate ad azioni così feroci e così profondamente offensive del senso civile degli italiani, che l'improvviso silenzio sull'argomento

6 Liliana Picciotto Fargion, *Il libro della memoria*, op. cit., p. 27.

7 La citazione è dalla relazione, datata 29 agosto 1943, di Padre Tacchi Venturi al Cardinale Maglione, Segretario di Stato Vaticano, in *Actes et documents du Saint Siège relatifs à la Seconde Guerre Mondiale*, vol. IX, *Le Saint Siège et les victimes de la guerre* (Città del Vaticano, 1975), p. 459, per la citazione: pp. 458-462.

8 Mario Toscano (a cura di), *L'abrogazione delle leggi razziali in Italia (1943-1987)* (Roma, 1988).

viene accolto, in generale, con sollievo. [...] Se le leggi e le persecuzioni razziali fossero state un episodio occasionale nella lunga storia dei misfatti fascisti, il silenzio sarebbe giustificato. Se le rovine causate da queste leggi riguardassero soltanto coloro che ne furono colpiti, non avremmo da fare altro che abolirle, cercando di sanare per quanto è possibile, con spirito di fraterna solidarietà, i danni e i lutti dei perseguitati. [...] Ma la politica razziale non fu un episodio occasionale e le sue presenti rovine hanno travolto non i soli perseguitati, ma la vita intera del nostro Paese [...] Non potremo dirci veramente liberati dall'ombra funesta del fascismo fino a che non avremo spazzato dalle nostre anime e dai nostri costumi fin l'ultimo ricordo della distinzione razziale. Il problema coinvolge tutta la nostra civiltà, e non deve, oggi, essere taciuto, né ridotto a una semplice questione di giustizia e di rivendicazione».[9]

Quell'invito non fu raccolto, e ciò è tanto più significativo se si tiene conto del fatto che non mancarono le occasioni. Non solo per via del lento rientro degli scampati ai campi della morte - cui pochi prestavano attenzione[10] - né solo in relazione al dibattito, invero scarno, sulla legislazione reintegratrice, ma anche perché l'Italia del dopoguerra fu direttamente coinvolta dalle tribolazioni di circa 30.000 ebrei stranieri che, in fuga dai territori inospitali dell'Europa orientale, sarebbero affluiti nella penisola tra il 1945 ed il 1948. La maggioranza di quei profughi tentò di violare il blocco navale inglese e di recarsi in Palestina/Israele; tuttavia per mesi, talora anni, alcuni di loro si fermarono in Italia, trovando momentaneo asilo in appositi campi d'accoglienza sparsi in varie regioni. È stato giustamente notato come la stampa, la politica e più in generale l'opinione pubblica dell'epoca non abbiano saputo riflettere criticamente e approfonditamente su questi sviluppi, e in generale sul delicato processo che portò alla nascita dello Stato d'Israele.[11]

9 N. 18-19 settembre 1944. Sul testo e sulla sua importanza ha richiamato l'attenzione Michele Sarfatti, "Nota introduttiva" in *idem*, *Il ritorno alla vita*, op. cit., pp. 8-9.

10 Per alcuni cenni sull'atteggiamento della grande stampa: Marie-Anne Matard-Bonucci, "*La libération des camps de concetration et le retour des déportés à travers la presse quotidienne italienne*" in Annette Wiewiorka, Claude Mouchard (a cura di), *La Shoah: témoignages, savoirs, oeuvres* (Orléans, 1999), pp. 101-114.

11 Mario Toscano, *La "porta di Sion". L'Italia e l'immigrazione clandestina ebraica in Palestina* (Bologna, 1990), p. 318 e segg.

Fatalmente, in assenza di un'adeguata riflessione critica, echi e strascichi della tragedia consumatasi in Europa avrebbero condizionato a lungo non soltanto la sensibilità dei perseguitati, ma anche quella di coloro che erano stati attivi persecutori o semplici spettatori. Per lunghi anni dopo la fine del conflitto, almeno sino agli anni Sessanta, in nessun'area d'Europa si fecero approfonditamente e serenamente i conti con il significato e la natura dello sterminio degli ebrei. Nell'Europa orientale - in particolare in Polonia, cuore geografico della catastrofe - dopo il 1947 la natura specificamente razziale e antisemita della persecuzione fu negata e occultata, inserendo gli ebrei sterminati nel computo dei cittadini vittime della guerra nazista. Fu impedito così, e fino a giorni assai recenti, che fosse analizzata la vera natura di quella tragedia, stendendo peraltro un velo censorio sulle responsabilità delle popolazioni locali nell'assistere i nazisti nel loro piano di sterminio. Il campo di Auschwitz poté esser monumentalizzato, divenendo luogo di una memoria ideologizzata che negava alle vittime la loro identità e, puntando sul loro anonimato, celebrava i polacchi oppressi da un generico fascismo, considerato il frutto degenerato del capitalismo.[12] In Occidente spirava un vento diverso, eppure questo non comportò una chiara presa di coscienza, almeno non nei primi decenni del dopoguerra; la tragedia non fu occultata, come accadeva a Est, ma non ottenne nemmeno il livello di attenzione critica che meritava. Accadde così che i segni della classificazione razzista operata dai nazisti continuarono a gravare sull'Occidente post-bellico: i reduci dei campi di sterminio, passati sotto l'ala protettrice degli Alleati, furono identificati ancora in funzione della classificazione razziale imposta loro dai persecutori, erano "ebrei", piuttosto che polacchi, italiani, tedeschi, francesi, ungheresi e così via, anche nei documenti rilasciati dalle nuove autorità.[13] Una volta insinuata nelle menti dei cittadini, come nei meandri della burocrazia, l'idea della separazione del genere umano in "razze" si sarebbe rivelata difficile da estirpare. La vischiosità delle categorie razziste avrebbe consentito loro di resistere al lavacro antifascista; così poteva accadere che nell'Italia del 1946 un magistrato si riferisse alle vittime di una strage compiuta due anni prima,

[12] Carla Tonini, *Operazione Madagascar. La questione ebraica in Polonia 1918-1968* (Bologna, 1999), pp. 160-164, 229-233, 252-256.

[13] Pieter Lagrou, *The Legacy of Nazi Occupation. Patriotic Memory and National Recovery in Western Europe* (Cambridge, 2000), p. 255.

distinguendo tra "ebrei" e "ariani";[14] che sempre nel 1946 una guardia di frontiera chiedesse notizie sulla "razza" di un cittadino che stava rientrando nel Paese;[15] che nel 1948 fossero eseguiti mandati di cattura spiccati nel 1944 per motivi razziali dalle autorità della Repubblica Sociale Italiana;[16] oppure che ancora nei primi anni Cinquanta persistesse l'abitudine a riportare l'indicazione della "razza" nei certificati anagrafici emessi dal Comune di Roma;[17] come ultimo esempio si può ricordare il tono con cui un anonimo rapporto della Direzione Generale di Pubblica Sicurezza segnalava con allarme l'intervento di alcuni ebrei nell'azionariato di alcuni gruppi industriali del Nord, osservando che «agli ebrei vengono in genere attribuite mire più profonde dei semplici investimenti di capitali; prevale il sospetto che essi abbiano in mente di esercitare un diretto controllo sulla nostra produzione».[18] Si tratta di piccole spie, esempi tra i tantissimi che si potrebbero citare, segnali di come si faticasse a liberarsi da una prassi e da una visione del mondo che era ormai divenuta consuetudine.

Sebbene le norme razziste fossero state eliminate e le manifestazioni di concreto antisemitismo nell'Italia del dopoguerra abbiano avuto per molti anni scarso rilievo, configurandosi sino agli anni Sessanta quale «funzione residuale e secondaria del neofascismo e del tradizionalismo cattolico»,[19] periodiche eruzioni di antisemitismo tradizionale o di nuove forme di giudeofobia, legate all'evolversi della crisi mediorientale, hanno costellato il dopoguerra italiano, come del resto

[14] Carla Forti, *Il caso Pardo Roques. Un eccidio del 1944 tra memoria e oblio* (Torino, 1998), p. 176.

[15] Vedi la testimonianza resa da Amos Luzzatto, "Autocoscienza e identità ebraica" in Corrado Vivanti (a cura di), *Gli ebrei in Italia,* in Storia d'Italia, Annali, vol. XI/2, Torino, 1997, p. 1869.

[16] Accade a Firenze, stravolgendo il viaggio di nozze di una coppia. Cfr. AUCII, "Manifestazione di antisemitismo e stampa", in particolare la lettera di protesta inoltrata dal Vice Presidente dell'Unione al Ministro dell'Interno il 17 giugno 1948.

[17] Proteste dell'Unione segnalate in UCII, V Congresso delle Comunità (1956-5716): Relazione del Consiglio (Roma, 1956), p. 14.

[18] Archivio Centrale dello Stato, Ministero dell'Interno, A16, b. 21, f. 71805, rapporto 5 dicembre 1947.

[19] Mario Toscano, "L'antisemitismo nell'Italia contemporanea: note, ipotesi e problemi di ricerca" in "Zakhor", 6 (2003), p. 31. Per un primo sintetico profilo dell'antisemitismo nella storia repubblicana: Adriana Goldstaub, "L'antisemitismo in Italia" in Léon Poliakov (a cura di), *Storia dell'antisemitismo 1945-1993* (Firenze, 1996), pp. 425-471; Alfonso M. Di Nola, *Antisemitismo in Italia 1962/1972* (Firenze, 1973).

quello europeo. La tendenza a separare gli ebrei dal resto del corpo sociale ha fatto capolino più volte nel corso della storia dell'Europa post-bellica;[20] il dato non va enfatizzato eccessivamente, tuttavia segnalarlo ci consente di superare l'idea diffusa secondo cui, una volta abbattuti i regimi autori della persecuzione, gli ebrei d'Occidente ebbero modo di reintegrarsi senza fatica, come se da un giorno all'altro si potessero cancellare, nella società come nelle menti degli individui, gli effetti di anni d'indottrinamento e di concreta pratica razzista.

Su questo tema gli sviluppi recenti della storiografia consentono di tratteggiare un quadro ricco di chiaro-scuri: il processo di reinserimento degli ex-perseguitati fu spesso lento, doloroso, accidentato; fu segnato dalle resistenze di alcuni limitati settori del corpo sociale e dall'incomprensione dei più, da grande indifferenza e disattenzione che solo raramente si traduceva in aperta ostilità. I sopravvissuti, scampati alla caccia all'uomo, non furono riaccolti con un abbraccio festoso, ma spesso guardati con sospetto, trattati con insofferenza, quasi fossero illegittimi usurpatori coloro che reclamavano la casa o i beni rubati, il lavoro da cui erano stati allontanati, i diritti e la dignità loro strappati.

Esemplarmente agghiacciante è in proposito la riflessione condotta, tra dicembre e gennaio 1945-46, da una figura di rilievo nello scenario politico-culturale antifascista quale Cesare Merzagora, uomo che conosceva bene gli effetti avuti dalla persecuzione razziale giacché la sua carriera nella Pirelli era stata velocizzata dalle dimissioni imposte per motivi razziali al direttore centrale amministrativo Ugo Tagliacozzo. Dopo l'8 settembre Merzagora aveva aderito alla Resistenza, divenendo membro del Comitato di Liberazione Nazionale Alta Italia. Si lanciò così verso una brillante carriera politica nelle fila liberali che l'avrebbe condotto sino alla Presidenza del Senato della Repubblica (1963-1967). All'indomani della Liberazione intervenne sullo spinoso tema della reintegrazione dei perseguitati: movendosi sul filo di un registro comunicativo tipico di una certa retorica sfociante nell'antisemitismo, cominciò premettendo che "quasi tutti" i suoi "più cari amici" erano ebrei, per poi muovere un duro attacco, proponendo un inquietante decalogo di suggerimenti agli ex-perseguitati. Al punto primo intimò a coloro che rientravano dall'esilio che "non si lamentino troppo". Al punto terzo sostenne che

20 Léon Poliakov (a cura di), *Storia dell'antisemitismo 1945-1993*, op. cit.

«coloro che tornano ai loro commerci devono comprendere che se vogliono contribuire all'auspicata fusione nazionale non devono riprendere gli antichi sistemi per i quali chi entrava in un negozio o in un ufficio il cui titolare era israelita difficilmente vi trovava dei non correligionari all'infuori del fattorino». La sua critica si fece sempre più aspra, in un crescendo intimidatorio: «Bisogna - recita il quinto punto - che gli israeliti che ritornano si controllino. L'Italia è cambiata sotto molti aspetti. Essi devono abituarsi a star seduti attorno al tavolo non sopra e neanche sotto, come è un po' loro abitudine». Al decimo punto invitò coloro che si erano battezzati a non tornare sui loro passi. Infine non mancò di rammentare ai perseguitati «i loro atavici difetti», la cui esistenza era a suo dire innegabile, altrimenti «come si spiegherebbero le persecuzioni di cui sono vittime da duemila anni?». Quest'intervento infelice apparve originariamente - con una nota critica della redazione che prendeva le distanze - sul foglio liberale "La Libertà", ma sarebbe poi stato ristampato in un più ricco *pamphlet* intitolato "I Pavidi", che poté fregiarsi di una discussa prefazione di Benedetto Croce.[21]

L'intellettuale napoletano, che durante la persecuzione aveva tenuto un atteggiamento indiscutibilmente nobile, invitava ora gli ebrei a «fondersi sempre meglio con gli altri italiani; procurando di cancellare quella distinzione e divisione nella quale hanno persistito nei secoli e che, come ha dato occasione e pretesto in passato alle persecuzioni, è da temere ne dia ancora in avvenire». La soluzione del "problema ebraico" non poteva che coincidere - per Croce - con la completa assimilazione e la perdita definitiva dell'identità di minoranza. Una posizione che non mancò naturalmente di suscitare vivaci quanto inefficaci reazioni da parte delle istituzioni ebraiche,[22] e che - più ancora delle dichiarazioni aggressive e volgari di Merzagora - ben ci introduce alla comprensione del clima delicato in cui l'eredità della persecuzione razziale venne soppesata. Arnaldo Momigliano, estimatore di Croce, attribuì un tale atteggiamento alla «mancanza di

[21] Cesare Merzagora, "Un problema attuale" in "La Libertà", 19 dicembre 1945 e *idem*, "Ancora sul problema attuale" in *ivi*, 3 gennaio 1946; poi in *idem*, *I Pavidi: dalla cospirazione alla Costituente*, prefazione di Benedetto Croce (Milano, 1946), pp. 43-55.

[22] Sulla polemica intervenne Dante Lattes, rinvio in proposito a Ferruccio Pardo, *L'ebraismo secondo B. Croce e la filosofia crociana* (Firenze, 1948), che raccoglie tutti i testi del dibattito e che fu stampato per iniziativa dell'UCII. Si segnala peraltro che le osservazioni di Croce sono confluite in *idem*, *Scritti e discorsi politici*, v. II (Roma / Bari, 1963).

qualsiasi contatto con la cultura ebraica», ricollegando la sua posizione a una più generale inadempienza della cultura italiana, ossia alla «straordinaria incapacità degli intellettuali non ebrei a riconoscere la tradizione ebraica, che pure è stata una componente della cultura italiana dalle origini del cristianesimo».[23] Ampi settori della cultura italiana del dopoguerra - furono coinvolti trasversalmente liberali, marxisti e cattolici - si mostrarono largamente incapaci, o indisponibili, a confrontarsi con i problemi posti dall'ebraismo e dalla condizione ebraica in Occidente. In gioco, dopo la seconda guerra mondiale, vi era la riformulazione della condizione della minoranza nello stato nazionale. Mancando di riconoscere - sartrianamente - come il moderno antisemitismo andasse letto tenendo conto dei bisogni e dei processi culturali autonomi di chi guarda, identifica e perseguita l'«ebreo», la cultura italiana - pur condannando il fenomeno - si dimostrava incapace di reagire a esso. Imputando l'antisemitismo a presunte caratteristiche storiche o a comportamenti della minoranza oggetto di odio, finiva col negare agli ebrei il diritto alla conservazione della loro identità peculiare. Si tratta di gravi tare strutturali, destinate a far sì che la Repubblica fosse incapace di reintegrare gli ebrei senza - al contempo - rigettarli.[24]

È anche in relazione a quest'orizzonte culturale che si debbono leggere l'insieme di incidenti e di scogli contro i quali si infransero molte delle aspettative dei reintegrandi. La legislazione riparatoria sancì indubbiamente il ritorno a sacrosanti principi d'uguaglianza, ma l'applicazione di quelle norme fu tutt'altro che semplice e immediata. Gli studi condotti negli ultimi anni sul mondo universitario hanno ben evidenziato difficoltà e incongruenze che contrassegnarono le tortuose pratiche di riammissione di coloro che erano stati cacciati dagli impieghi nel 1938. Nel dopoguerra gli ex-perseguitati si trovarono spesso in condizione d'inferiorità rispetto ai colleghi che avevano occupato il loro posto, incontrando scarsa solidarietà e ben poca comprensione da parte di un'istituzione che, come tutto il Paese del resto, calava un imbarazzato velo sui trascorsi razzisti.[25] Seppure

[23] Arnaldo Momigliano, *Pagine ebraiche*, a cura di Silvia Berti (Torino, 1987), p. 147. Per una documentata messa a fuoco della riflessione crociana sul problema ebraico rinvio a Gennaro Sasso, *Per invigilare me stesso. I taccuini di lavoro di B. Croce* (Bologna, 1989), pp. 170 e segg.

[24] Roberto Finzi, *L'Università italiana e le leggi antiebraiche* (Roma, 2003), pp. 135-144.

[25] Gabriele Turi, *Lo stato educatore: politica e intellettuali nell'Italia fascista* (Roma / Bari, 2002), pp. 121-145, in particolare sul dopoguerra p. 141 e segg.; Francesca Pelini,

con le dovute cautele, il dato può essere esteso al di fuori della realtà accademica: coloro che avevano fatto applicare o che avevano profittato delle leggi razziste proseguirono generalmente indisturbati le loro attività, mentre per meschino interesse o per scarsa sensibilità la vita dei reintegrandi fu spesso più grama di quanto suggerirebbe la sola lettura delle norme emanate a loro favore. L'atmosfera assai cupa che contrassegnò il reinserimento sociale degli ebrei è stata descritta con grande efficacia dal giurista Andrea Tabet, il quale ha segnalato come presso molte amministrazioni «pubbliche o private» all'indomani dell'espulsione dei cittadini di "razza ebraica" erano state compiute opportune sostituzioni cosicché «quel fantasma, sfuggito per caso alla deportazione, che si presentava dopo sette anni per reclamare un posto che gli spettava, non era facile né comodo, reinserirlo nei propri organici. Talune amministrazione trattarono in termini assai chiari: la legge mi obbliga a riassumerti, non a mantenerti in servizio. Quindi io ti assumo, ti licenzio e ti liquido *ex novo*. Era una proposta tanto brutale quanto logica per chi l'avanzava. E il cittadino reintegrando se ne andava deluso, con un piccolo gruzzolo che la svalutazione monetaria ben presto gli avrebbe polverizzato. Altri enti resistettero ancor più duramente, costringendo il postulante a lunghe, costose, incerte controversie giudiziali».[26]

Anche in assenza di cattive intenzioni da parte dei datori di lavoro, la condizione socio-economica dei perseguitati si era oggettivamente deteriorata e il reinserimento, lungi dal rappresentare un'occasione per il recupero delle condizioni di partenza, finiva col sancire il danno, l'arretramento subito nell'indifferenza generale. Così il momento del reingresso nel posto di lavoro perduto e a lungo rimpianto poté rappresentare un'ennesima umiliazione, come si evince dalla testimonianza di Lia Levi, che così ricorda il reinserimento professionale del padre:

Nella sua timidezza schiva, più di tutto [papà] temeva che lo attendesse qualche forma di ufficialità, tipo discorsi o ostentate strette di mano. «Che non dicano niente...» brontolava camminando su e giù

"Appunti per una storia della reintegrazione dei professori perseguitati per motivi razziali" in Ilaria Pavan, Guri Schwarz (a cura di), *Gli ebrei in Italia tra persecuzione fascista e reintegrazione postbellica* (Firenze, 2001) pp. 113-139; Roberto Finzi, *L'Università italiana e le leggi antiebraiche*, op. cit., pp. 109 e segg.

26 A. Tabet, "Venticinque anni di libertà costituzionale" in "RMI", 1970, n. 6, pp. 293-294.

per la stanza. «Che almeno abbiano il pudore di restarsene zitti...»
E la mamma lo tranquillizzava: «Ma sì, vedrai che non ti diranno niente [...]» Ma ci faceva un cenno con l'occhio per farci capire che diceva così solo per non fare agitare papà.
Invece non gli hanno veramente detto niente. Si può dire che non l'hanno nemmeno guardato.
[...]
Che nessuno lo aveva salutato ce l'ha raccontato come prima cosa, ma poi ha detto che gli avevano dato lo stesso posto e grado di sei anni prima, di quando cioè l'avevano cacciato [...] quelli della sua età erano tutti capi-ufficio o direttori o altro, e certo lo guardavano con sufficienza [...]
Nel suo lavoro di un tempo, oggi ridiventato suo, papà non ci si è più trovato.[27]

Le indagini dei demografi indicano che i traumi indotti dalla persecuzione e dall'incerta reintegrazione determinarono durevoli alterazioni dell'assetto socio-professionale della minoranza; vi fu un brusco calo nel numero degli ebrei impiegati nella pubblica amministrazione o inseriti nelle gerarchie militari, una lieve riduzione della presenza ebraica si registrò anche nell'ambito delle professioni liberali, mentre subì un considerevole incremento il numero di cittadini ebrei impegnati in attività commerciali. Queste ultime avevano costituito una sorta di rifugio per le vittime della legislazione razziale e, una volta ripiegato su tali attività, larghe fasce della popolazione ebraica vi restarono anche dopo la fine della guerra.[28]
Cacciati con ignominia i loro padri da quei posti così legittimamente conquistati - commentò Andrea Tabet - i figli non se la sentivano di affrontare le fatiche di concorsi, di tirocini e di studi per reinserirsi come un tempo nell'organismo statuale. Le toghe, le divise, le insegne accademiche e le onorificenze, non avevano infatti evitato ai padri neppure l'oltraggio supremo della deportazione, delle torture, della morte.[29]
La maturazione di un senso di diffidenza verso l'apparato pubblico compromesso con il regime e direttamente coinvolto nell'applicazione

[27] Lia Levi, *Se va via il re* (Roma, 1996), pp. 26-27.
[28] Eitan F. Sabatello, *Le conseguenze sociali ed economiche delle persecuzioni sugli ebrei in Italia*, op. cit., pp. 80 e segg.
[29] A. Tabet, *Venticinque anni di libertà costituzionale*, op. cit., p. 293.

delle leggi razziali può aver influenzato gli orientamenti della minoranza ebraica,[30] ma forse andrebbero considerati anche altri fattori, tra cui l'infragilirsi delle impalcature dello Stato laico e l'affermazione del partito cattolico, che in breve tempo raggiunse «un livello formidabile di fusione» con gli apparti statali.[31]

Notevoli difficoltà per la ripresa dell'attività lavorativa furono incontrate anche da commercianti e imprenditori, che avevano perduto il controllo delle proprie attività per effetto della persecuzione. I tentativi di rientrare in possesso di quanto sequestrato o forzatamente ceduto produssero estenuanti scontri legali che si protrassero a lungo nel dopoguerra. Si erano venuti a creare numerosi casi controversi in conseguenza della stipulazione di accordi di comodo, stretti per lo più nel disperato tentativo di tutelare le attività imprenditoriali che dovevano essere alienate in base alla normativa persecutoria: non sempre i patti, stesi in un momento di emergenza e di estrema debolezza, furono rispettati. A complicare ulteriormente una situazione già eccezionalmente ingarbugliata, vi erano leggi riparatorie, emanate dai governi di coalizione antifascista, formulate talora in modo troppo vago e generico. Ciò complicò fortemente l'attuazione di quelle norme da parte di vari apparati dello Stato come di enti privati, nonché da parte della magistratura che, per rispettare la forma, finì in molti casi con il tradire lo spirito autentico della legge.[32]

Sui modi in cui andasse affrontato lo spinoso problema della

[30] Secondo Sabatello questo sentimento fu in qualche misura tramandato alle generazioni successive, contribuendo così a una durevole alterazione delle caratteristiche socio-professionali della minoranza ebraica. *Ivi*, p. 87.

[31] Paul Ginsborg, *Storia d'Italia dal dopoguerra a oggi. Società e politica 1943-1988* (Torino, 1989), p. 204.

[32] Ilaria Pavan, "Gli incerti percorsi della reintegrazione. Note sugli atteggiamenti della magistratura repubblicana 1945-1964" in Ilaria Pavan, Guri Schwarz (a cura di), *Gli ebrei in Italia tra persecuzione fascista e reintegrazione postbellica* (Firenze, 2001), pp. 85-107. A lungo la storiografia italiana ha teso a celebrare un legislatore benevolo e illuminato, cui è stata contrapposta una magistratura cieca e insensibile, rappresentata come incapace di interpretare correttamente l'autentico spirito delle leggi varate dalla coalizione antifascista. Superando con documentate ricerche questa visione, lo studio citato di Ilaria Pavan, come quelli condotti su altri temi da Mirco Dondi, *La lunga liberazione* (Roma, 1995), p. 65 e segg., hanno messo in evidenza la formulazione di per se poco chiara e potenzialmente ambigua delle leggi promosse dai governi del dopoguerra. Mostrando come, se l'interpretazione delle norme fu, in effetti, talora parziale e deformante, questo fu causato anche dalla genericità dei testi legislativi.

reintegrazione dei perseguitati per motivi razziali non vi era chiarezza tra gli intellettuali - come abbiamo già visto - né tra i magistrati - che proponevano sovente letture contrastanti dei medesimi decreti - né vi era tra i membri della coalizione governativa, che quei decreti ebbe modo di disegnare. Pare significativa in proposito la discussione tenutasi nel Consiglio dei Ministri il 4 aprile 1945: oggetto del dibattito era la delicata vicenda della "T.e.c.o.e.l.", azienda del settore tessile originariamente di proprietà di un cittadino considerato di "razza ebraica", che dopo il 1938 era stata rilevata e gestita in forma cooperativa dagli operai. Il Presidente Bonomi espose al Consiglio la richiesta formulata dagli operai, i quali chiedevano che «nei casi in cui le aziende di proprietà di persone colpite dalle leggi razziali [fossero] state rilevate dalle maestranze, non ven[isse] ammessa la retrocessione a favore dei titolari alienati o espropriati». Mentre i Ministri Brosio, Cevolotto, Gasparotto, Rodinò e Ruini manifestarono la loro contrarietà alla proposta, il Ministro delle Finanze Pesenti - esponente del PCI - si espresse favorevolmente. Come Merzagora, che sarebbe intervenuto pochi mesi dopo, il dirigente comunista riteneva che si stesse «esagerando con le previdenze a favore degli ebrei».[33] La singolarissima vicenda della T.e.c.o.e.l. ben illustra quanto fossero estesi e ramificati i fraintendimenti che improntavano la riflessione pubblica sulla delicata questione. In tale contesto caotico era difficile che maturasse una politica coerente e soprattutto equa. A questo proposito è importante rimarcare che la legislazione e la giurisprudenza dell'Italia repubblicana, in aperta contraddizione con quanto avveniva nel resto d'Europa, avrebbero teso a sancire la piena legittimità dei contratti di vendita di beni e imprese stipulati dai perseguitati razziali dopo il 1938, in circostanze per lo meno sospette.[34]

Quanto sin qui osservato riguarda in particolare le attività economiche, in vario modo alienate a partire dal 1938. Più in generale, riguardo ai danni arrecati dal sequestro dei beni, operato a due riprese nel 1938 e nel 1943, è stato appurato che ciò che venne confiscato e

[33] *Verbali del Consiglio dei Ministri*, a cura di A. G. Ricci, vol. III (Roma, 1995), pp. 529-541.

[34] Per un'analisi approfondita del problema delle restituzioni e dei risarcimenti nel dopoguerra, che confronta la normativa italiana con quelle europee: Ilaria Pavan, *Tra indifferenza e oblio. Le conseguenze economiche delle leggi razziali in Italia 1938-1970* (Firenze, 2004). Ringrazio l'autrice per avermi concesso di visionare il manoscritto.

poi affidato all'EGELI (Ente Gestione e Liquidazione Immobiliare) fu restituito, non senza costi e perdite di tempo, nella quasi totale interezza,[35] ma per un bilancio completo dei danni economici e materiali subiti dai perseguitati bisognerebbe prendere in considerazione, oltre ai beni distrutti dalla guerra, la sorte di quei beni che furono oggetto di furti o rapine - operate dai fascisti, dagli occupanti tedeschi, o da semplici cittadini - e che avevano scarsissime probabilità di essere recuperati, nonché quanto speso per pagare ospitalità e protezione tra il 1943 ed il 1945, negli anni bui della caccia all'uomo.

Il quadro risulta variegato e composito, a tratti confuso e difficile da leggere nel suo insieme. Le variabili in gioco erano molte, se per alcuni i danni, in termini di amici e parenti perduti, di traumi psicologici e infine anche di perdite economiche, poterono esser limitati, per altri furono enormi e irreparabili. Estremamente variabili erano non solo i dati oggettivi ma anche le reazioni soggettive di ciascuno agli eventi. Tutto ciò rende molto arduo delineare sinteticamente natura ed esiti del processo di reintegrazione. A quasi dieci anni dalla Liberazione, la valutazione dei diretti interessati, o meglio dei rappresentanti degli ebrei italiani, non era del tutto positiva. In un documento interno del 1954 Giorgio Zevi, Presidente dell'Unione delle Comunità Israelitiche Italiane, osservava:

«da lungo tempo sono stati richiesti provvedimenti legislativi atti a riparare, anche se parzialmente, i danni subiti dagli ebrei a seguito delle misure razziali, provvedimenti che per altro non sono stati emanati se non in piccolo numero e in misura inadeguata perché la norma riparatrice effettivamente controbilanciasse i danni subiti a suo tempo».[36]

[35] Su cui si rinvia a Commissione per la ricostruzione delle vicende che hanno caratterizzato le attività di acquisizione dei beni ebraici da parte di organismi pubblici e privati, *Rapporto Generale,* Presidenza del Consiglio dei Ministri, Dipartimento per l'informazione e l'editoria (Roma, 2001); Michele Sarfatti, *Gli ebrei nell'Italia fascista. Vicende, identità, persecuzione* (Torino, 2000), pp. 189-194. Per un caso di studio locale: Fabio Levi (a cura di), *Le case e le cose. La persecuzione degli ebrei torinesi nelle carte dell'EGELI 1938-1945* (Torino, 1998).

[36] Giorgio Zevi, "Promemoria", 28 novembre 1954 in AUCII, B. 65a. Ringrazio Ilaria Pavan per avermi segnalato il documento. Tra le misure di cui lamentava il mancato accoglimento da parte dei Governi repubblicani, Zevi elencava la mancata corresponsione degli assegni per il periodo trascorso forzatamente lontano dal lavoro per effetto delle norme antiebraiche, il rifiuto all'elevazione dei limiti di età per il collocamento a riposo, il mancato riconoscimento di punteggio, ai fini dei

Preso atto della delusione dei dirigenti delle comunità israelitiche e delle lungaggini burocratiche e ostacoli di varia natura incontrati dagli ex-perseguitati nel reinserirsi, bisogna però ricordare che quello fu un periodo estremamente travagliato per tutta la nazione, ferita, umiliata e impoverita dalla dittatura e da una guerra perduta. Gli anni della ricostruzione furono durissimi per tutti gli italiani e questo aiuta forse a comprendere come mai vi fu poca attenzione e comprensione per i particolari drammi vissuti dalla popolazione ebraica.[37] Il processo di reintegrazione non fu né semplice né lineare, tuttavia in Italia vi erano condizioni assai migliori che in molte altre aree d'Europa; nelle regioni orientali il reinserimento fu spesso impossibile e decine di migliaia di ebrei continuarono a fuggire da quei territori sino alla fine degli anni Quaranta.[38] Tutto sommato, nella neonata Repubblica Italiana sussistevano le condizioni perché molti, moltissimi, la maggioranza degli ebrei italiani, sentissero di poter riprendere la propria vita, sforzandosi per quanto possibile di dimenticare le offese subite e cercando di ricominciare quanto forzatamente interrotto nel 1938.

A orientare le scelte d'individui e famiglie che vollero fortemente restare nella penisola, non furono solo i problemi pratici cui abbiamo fatto riferimento, ma anche - e forse soprattutto - questioni di natura culturale e spirituale. La reintegrazione fu possibile per via della capacità dimostrata da tanti ebrei italiani di riconoscersi nei sistemi culturali dominanti nell'Italia del dopoguerra. Non fu, né del resto poteva essere, un banale ritorno alla realtà pre-1938; il razzismo di Stato aveva determinato una vera e propria crisi d'identità e il dopoguerra fu il momento in cui si fece fronte alla stessa, procedendo alla ridefinizione del proprio ruolo, del proprio posto, in seno alla comunità nazionale. Con il 1938 si era aperta per gli ebrei italiani una stagione nuova, che con il suo carico d'interrogativi e turbamenti si sarebbe protratta ben dentro il lungo dopoguerra:

«in realtà, ciascuno di noi - è scritto in uno dei più interessanti testi di memorie ebraiche - continuava una guerra lacerante alla quale la

concorsi pubblici, per il periodo di forzoso allontanamento dal servizio.

[37] Per un efficace affresco generale: Ennio Di Nolfo, *Le paure e le speranze degli italiani 1943-1953* (Milano, 1986).

[38] Per un sintetico quadro d'insieme delle condizioni relative alla reintegrazione nell'Europa occidentale e in quella orientale: Bernard Wasserstein, *Vanishing Diaspora. The Jews in Europe since 1945* (Cambridge, 1996), rispettivamente pp. 58-83 e pp. 36-56.

cessazione delle ostilità militari non aveva posto fine».[39]

Nell'arco di pochi anni, il mondo ebraico italiano parve cambiar volto: dal 1947 una classe dirigente parzialmente rinnovata prese saldamente le redini dell'Unione delle Comunità Israelitiche, ente creato nel 1930 dal fascismo per governare e controllare la minoranza. Un gruppo di uomini già attivi all'interno delle istituzioni ebraiche di soccorso ai profughi ebrei tedeschi prima, e anche agli italiani poi, orientati in senso antifascista ed esplicitamente filosionista[40] (attenti però a non entrare in urto con la politica italiana) diresse da allora e almeno fino alla fine degli anni Cinquanta la vita istituzionale dell'ebraismo italiano. Autentico leader fu Raffaele Cantoni, che si appoggiò fortemente ai superstiti di quel ristretto nucleo di sionisti italiani che da prima dell'avvento del fascismo avevano speso le proprie energie per un rinnovamento e un'autentica rigenerazione del nucleo ebraico.[41] Ciò ebbe evidenti ricadute sulle attività culturali ed educative: furono mantenute in piedi, ove i numeri lo rendevano possibile, le scuole create in conseguenza della persecuzione razziale; queste furono trasformate da scuole per ebrei in vere e proprie scuole ebraiche, curando l'insegnamento della lingua e della cultura ebraica così come stimolando un orientamento marcatamente pro-sionista. Uomini come Carlo Alberto Viterbo, direttore del settimanale *"Israel"*, una delle voci storiche del sionismo italiano che riprese a uscire dal 1945, e Dante Lattes, che dal 1946 fu chiamato a coordinare le attività culturali dell'UCII e che poi ricoprì a lungo incarichi di responsabilità nella Giunta dello stesso ente, contribuirono a una mutazione della subcultura ebraica d'Italia. Le correnti esplicitamente anti-sioniste, che anche dopo l'avvio della campagna persecutoria avevano esercitato una discreta influenza sulle istituzioni comunitarie, risultarono palesemente sconfitte; l'unica opposizione interna fu rappresentata dai movimenti giovanili che sorsero - anche grazie al sostegno dei soldati della Brigata

39 Augusto Segre, *Memorie di vita ebraica*, prefazione di Renzo De Felice (Roma, 1979), p. 372.

40 Tra le iniziative più significative a sostegno della causa sionista vi fu l'impegno in favore dei profughi ebrei, circa 30.000, che tra il 1945 ed il 1948 attraversarono la penisola cercando di imbarcarsi ed emigrare in Palestina forzando il blocco navale britannico. In proposito cfr. la documentata analisi di Mario Toscano, *La "porta di Sion". L'Italia e l'immigrazione clandestina ebraica in Palestina 1945-1948* (Bologna, 1990).

41 Sulla figura di Cantoni: Sergio I. Minerbi, *Un ebreo tra D'Annunzio e il Sionismo: Raffaele Cantoni* (Roma, 1992).

Ebraica - all'indomani della Liberazione. Una straordinaria varietà di movimenti, religiosi e laici, sportivi e culturali, sionisti e asionisti, mobilitò ben presto diverse migliaia di giovani ebrei italiani, alterando durevolmente le forme della sociabilità intracomunitaria.[42]
L'interazione con lo scenario politico che si andò strutturando dopo l'avvio della guerra fredda fu complessa e segnata da tensioni gravi all'interno dello stesso nucleo direttivo comunitario. Da un lato permaneva una certa insoddisfazione per l'attenzione prestata dallo Stato per il dramma vissuto dai perseguitati razziali, dall'altra erano forti i condizionamenti che impedivano a un ente posto sotto il controllo governativo di scontrarsi con le autorità dello Stato. Ciò emerse con grande evidenza nel corso degli anni Cinquanta, quando in Italia e in Europa si discuteva della formazione della Comunità Europea di Difesa e del riarmo tedesco. Ambienti giovanili, particolarmente vicini alla sensibilità e alle rivendicazioni politiche della sinistra, tentarono di provocare una discesa in campo dell'UCII, che però - nonostante gravi conflitti interni che portarono anche alle dimissioni del Presidente Renzo Bonfiglioli nel 1952 - riuscì a evitare di lasciarsi trascinare sul piano dello scontro politico. Per quanto riguarda invece i rapporti con il neonato stato di Israele, l'UCII si sforzò di sostenerlo con la raccolta di fondi tra i suoi iscritti e con iniziative volte a sensibilizzare l'opinione pubblica e il mondo politico. Sotto questo profilo, come per quanto concerneva la memoria della stagione razzista, gli ebrei svolsero un vero e proprio ruolo di mediazione culturale, aprendo importanti spazi di discussione e confronto.
Ciononostante, la società, la cultura e la politica italiana faticarono ad avviare una seria riflessione sulla questione ebraica e sulle sue diverse implicazioni per quanto concerneva da un lato l'eco della *Shoah* e dall'altro le vicende mediorientali. In particolare i modi in cui la società italiana fece i conti con le sue azioni antiebraiche furono assai deludenti, impostati soprattutto in chiave autoassolutoria e volte a scaricare ogni responsabilità sulla Germania.[43]

[42] In proposito rinvio al mio *Ritrovare se stessi. Gli ebrei nell'Italia postfasicsta* (Roma / Bari, 2004), capitoli II e III.
[43] Sul problema della memoria si veda in particolare la seconda parte del libro.

Testimonianze della *Shoah* di ebree italiane (1946-1947)[1]

Gudrun Jäger

Per Liana Millu (1914-2005)

La letteratura della *Shoah* - intesa come l'insieme delle testimonianze autobiografiche dei superstiti ai *lager* nazisti - è un genere letterario internazionale. Dato il carattere collettivo della catastrofe, è nata in molti Paesi europei e in molte lingue.

Sono due gli autori italiani, la cui elaborazione letteraria della propria esperienza di *lager* ha avuto un impatto che va oltre i confini nazionali. L'autore di gran lunga più famoso e influente è Primo Levi: il suo racconto autobiografico "Se questo è un uomo", uscito per la prima volta nel 1947, rimase allora senza risonanza degna di nota. La situazione cambiò nel 1958 quando il libro venne ripubblicato in edizione ampliata presso l'editore Einaudi.[2] Nello stesso anno apparve la traduzione del libro in francese e inglese, infine nel 1961 in tedesco,[3] nel 1962 in finlandese e nel 1963 in olandese. Da questo

[1] Questo saggio è uscito in tedesco nel 2007 ed è stato leggermente ridotto nella traduzione italiana. Da allora sono stati pubblicati su Liana Millu i seguenti studi: Marta Baiardi, Adriana Lorenzi (a cura di), *Presente come vita. Liana Millu, scrittrice e testimone* (Torino, 2017); Dennis Bock, *Literarische Störungen in Texten über die Shoah. Imre Kertész, Liana Millu, Ruth Klüger* (Frankfurt am Main, 2017); Elizabeth R. Baer, *"Rereading Women's Holocaust memoir: Liana Millu's Smoke over Birkenau"* in Doris L. Bergen, *Lessons and Legacys VIII. From Generation to Generation* (Evanston, 2008), pp. 157-144.

[2] Per la pubblicazione e ricezione dell'opera di Levi in Italia: Marco Belpolito, *Primo Levi* (Milano, 1998); Ernesto Ferrero, "La fortuna critica" in Ernesto Ferrero, *Primo Levi. Un'antologia della critica* (Torino, 1997), pp. 303-386; Ernesto Ferrero "Primo Levi in Italia" in Giovanni Tesio, *Diffusione e conoscenza di Primo Levi nei paesi europei,* (Torino, 2005), pp. 23-31; Robert S. C. Gordon, *"Primo Levi's, If this is a Man and Responses to the lager in Italy 1945-47"* in *"Judaism. A Quarterly Journal of Jewish Life and Thought"*, n. 189, 1999, pp. 49-57.

[3] Nella Repubblica Democratica Tedesca nei primi anni '80 fu proibita la pubblicazione del libro per ragioni ideologiche, nonostante Levi avesse autorizzato le modifiche di alcuni passi, come richiesto. Contro l'opinione di parecchi noti sostenitori della pubblicazione fu proprio il "Comitato della Resistenza antifascista"

momento in poi il libro ebbe una fortuna internazionale che dura fino a oggi e fu tradotto in più di 20 lingue. Dopo la caduta del muro negli anni '90 seguirono le traduzioni in ungherese, ceco, bulgaro e turco. Nel 2001 apparvero le traduzioni in russo e due anni dopo in lituano. Solo in Italia vennero venduti più di tre milioni di copie. "Se questo è un uomo", quindi è considerato un classico del genere, un testo letterariamente pregevole, scritto da un testimone importante dell'olocausto. Imre Kertéz annovera Primo Levi con Paul Celan, Tadeusz Borowski e Ruth Klüger tra gli autori che «dall'esperienza dell'olocausto hanno fatto nascere una letteratura davvero grande a livello mondiale».[4]

"Il fumo di Birkenau" di Liana Millu è un testo meno famoso e meno noto. L'autrice come Primo Levi partecipò alla Resistenza e per questo motivo fu arrestata dai nazisti; accertata la sua identità ebraica, in seguito fu deportata per motivi razziali ad Auschwitz-Birkenau.[5] Anche la Millu, subito dopo il ritorno dal *lager* mise per iscritto le sue esperienze, sicché nel 1947 per una casa editrice scolastica milanese apparvero i suoi sei racconti autobiografici sul *lager* femminile di Auschwitz-Birkenau. Una seconda edizione invariata fu pubblicata da Mondadori nel 1957, quasi contemporaneamente alla seconda edizione di Levi con Einaudi. Al contrario di Levi, il cui libro ebbe gran successo a livello nazionale e internazionale negli anni successivi alla pubblicazione, la Millu dovette ancora aspettare per vedersi riconosciuta. Solo con la terza edizione nel 1979, "Il fumo di Birkenau" in Italia entrò a far parte dei classici del genere, venne molto letto nelle scuole, mentre il successo internazionale arrivò solo negli anni '90. La prima traduzione uscì in inglese nel 1991, nel frattempo fu tradotto in sei altre lingue europee e oggi viene considerato sempre di più dalla critica letteraria.[6]

(*Komitee der Antifaschistischen Widerstandskämpfer*) a imporre la proibizione. Cfr. la relazione di Joachim Meinert in "*Sinn und Form*", vol. 2, 2000, pp. 149-165.

[4] Imre Kertész, "*Wem gehört Auschwitz?*" in "*Die Zeit*", n. 48, 19.11.1998.

[5] Sulla biografia di Liana Millu: David Dambitsch, *Im Schatten der Shoah. Gespräche mit Überlebenden und deren Nachkommen* (Berlin / Wien, 2002), pp. 67-77; Gudrun Jäger, "Che bella camicia di seta che avevo! Un'intervista-ritratto a Liana Millu" in "Qualestoria", n. 2, dicembre 2005, pp. 53-67; *idem.* "Realtà e immaginazione: l'esperienza del campo di lavoro di Malchow" in "Resine. Quaderni liguri di cultura", n. 103, gennaio-marzo 2005; pp. 19-22; *idem*, "Millu: ebrea, partigiana, paleofemminista" in "VS la rivista", Anno I, n. 2, 2005, pp. 56-51.

[6] Ancora prima che in Inghilterra, i diritti erano stati venduti in Germania all'editore

Liana Millu e Primo Levi sono tra i 4300 italiani e italiane sopravvissuti ai *lager* nazisti, di origine ebraica e non ebraica.[7] La loro memorialistica fa parte di un corpo letterario ben documentato dagli storici torinesi Anna Bravo e Daniele Jalla: per i 50 anni (1944-1993) presi in considerazione dalla loro ricerca risulta che sono 148 le monografie pubblicate, a cui si aggiungono 488 testi brevi non monografici, pubblicati in riviste ed antologie e poi altri 50 manoscritti che sono stati trovati durante la ricerca.[8] Le 148 monografie sono state scritte da 108 autori, di cui dodici donne, otto delle quali erano ebree perseguitate solo per motivi razziali; due di loro, Liana Nissim e Liana Millu, facevano anche parte della Resistenza.

Tra gli autori la situazione è diversa, se non opposta. Dei novantasei autori uomini solo tre sono di origine ebraica, tra cui Primo Levi. In altre parole: la maggioranza schiacciante della memorialistica è prodotta da uomini non-ebrei che facevano parte della Resistenza e che erano stati deportati per motivi politici.

Il fatto che le donne che hanno scritto e pubblicato i propri ricordi siano così poche non è solo dovuto allo scarso numero di donne

Ullstein di Berlino. L'uscita del libro era prevista per il 1989, ma subì un ritardo per ragioni editoriali. Dopo la riunificazione, l'editore della destra conservatrice Herbert Fleissner impedì la cessione dell'opera, sicchè i diritti tornarono all'editrice italiana Giuntina, cfr. Gudrun Jäger, "Nessuna pagina gloriosa per l'editoria tedesca: perché Il fumo di Birkenau è apparso così tardi in Germania" in "Qualestoria", n. 2, dicembre 2005, pp. 163-164.

[7] Dei più di 41.000 civili deportati dall'Italia, 8566 erano ebrei. La maggior parte, circa 6000, giunse ad Auschwitz; di questi ne sopravvissero 1009. I 33.000 deportati politici erano per lo più antifascisti e appartenenti alla Resistenza, ma anche tutti i civili che avevano disobbedito alle leggi degli occupanti e quindi erano considerati nemici dello Stato. La maggior parte di essi, cioè 18.000 persone, furono deportati nei *lager* di Dachau e Mauthausen. Ne sopravvissero il 10 per cento, cioè circa 3300. Cfr. Giuseppe Mayda, *Storia della deportazione dall'Italia 1943-1945. Militari, ebrei e politici nei lager del Terzo Reich* (Torino, 2002).

[8] Anna Bravo e Daniele Jalla (a cura di), *Una misura onesta. Gli scritti di memoria della deportazione dall'Italia 1944-1993* (Milano, 1994). Un terzo gruppo di prigionieri italiani erano i 600.000 militari internati, che avevano uno status intermedio tra prigionieri di guerra, come in realtà erano, e prigionieri politici - a causa del loro rifiuto ad entrare nell'esercito della Repubblica di Salò. Anche di loro esiste una tradizione memorialistica, di cui però non riferiscono Bravo e Jalla. Sugli internati militari: Anna Rossi Doria, *Memoria e storia: il caso della deportazione* (Catanzaro, 1998), p. 39.

partigiane;[9] è dovuto anche all'immagine negativa che avevano le donne deportate nell'Italia del dopoguerra. Una donna indipendente e autonoma che s'impegnava politicamente non corrispondeva ai ruoli tradizionali dei sessi e quindi era malvista da molti. L'ex-partigiana Lidia Beccaria Rolfi racconta che si presentò al ministero dell'istruzione per riavere il suo posto da insegnante in una scuola pubblica, ruolo che aveva ricoperto prima della sua deportazione. Dovette però rendersi conto che gli aiuti statali per il reinserimento erano previsti solo per uomini, ma non per donne. Inoltre, l'attività politica di una donna, ma anche la sua prigionia e il fatto di aver trascorso del tempo all'estero, da molti furono interpretati come un pretesto per una forma di libertinaggio femminile. Non solo Beccaria Rolfi[10] ma anche Liana Millu e altre donne hanno testimoniato questo tipo di discriminazioni sessiste.[11]

Gli uomini invece venivano visti e considerati con altri criteri. Bravo e Jalla fanno capire che nella consapevolezza pubblica rispetto al rapporto tra deportazione e Resistenza esisteva una gerarchia: il vero eroe era il resistente antifascista che aveva combattuto con le armi in montagna per la libertà. Essere arrestati e deportati in un *lager* era già qualcosa di meno onorevole, come se un fatto di questo tipo fosse stato colpa della persona stessa o come se questa si fosse sottratta al suo vero compito. «Difficile non pensare al posto di secondo piano che viene assegnato agli ex-deportati nell'immaginario comune, e all'incapacità dello stesso schieramento antifascista a passare la visione dualistica in cui il primo attore è il combattente in armi, tutti gli altri semplici comprimari».[12] Da questo atteggiamento furono colpiti

9 La percentuale di donne che parteciparono attivamente alla Resistenza è minoritaria solo tra i combattenti armati (ca.70.000 su 350.000). Poichè le donne avevano in mano tutta la sussistenza - in guerra si calcolano almeno sette persone per ogni combattente - e la comunicazione era gestita quasi esclusivamente da staffette femminili, attive nel movimento partigiano furono più di due milioni di donne. Cfr. Liana Novelli Glaab, "Le donne nella Resistenza" in *Donne varesine tra guerra e resistenza* (Varese, 2007), p. 11.

10 Lidia Beccaria Rolfi, *L'esile filo della memoria. Ravensbrück 1945: Un drammatico ritorno alla libertà* (Torino, 1996), p. 110, pp. 133 e 143.

11 Liana Millu, "Il ritorno dai *lager*" in *idem*, *Dopo il fumo. "Sono il n. 5384 di Auschwitz"* (Brescia, 1999), pp. 67-73; Cfr. anche Marta Baiardi, "La deportazione delle donne" in *Civiltà, Guerra e Sterminio. Atti dei seminari di formazione per insegnanti. 05.12.2001-29.11. e 06.12.2002* (Firenze, 2003), pp. 87-120, e p. 103.

12 Anna Bravo, "Gli scritti di memoria della deportazione dall'Italia 1944-1993. I significati e accoglienza" in Paolo Momigliano Levi (a cura di), *Storia e memoria della*

ancora di più tutti coloro che non avevano fatto parte della Resistenza, soprattutto gli ebrei, i quali nell'accezione generale furono deportati per dei motivi "solo" razziali.
La grande stima, di cui godeva la figura del partigiano, si manifestava anche nella creazione dei relativi scritti di memoria. Però gli ebrei come autori rimasero una minoranza, perché dei 108 scritti monografici di memoria solo 11 furono scritti da ebrei. Ciò nonostante, essi erano un quarto dei superstiti. Inoltre dominava un modello narrativo, di cui l'autobiografia "Si fa presto a dir fame" di Piero Caleffi è un esempio tipico: è la prima testimonianza che nel 1954 suscitò interesse a livello nazionale.
«Si apre con una storia di partigianato che sfocia poi nell'arresto e nel *lager*, si nutre di una rivendicazione forte dello statuto di militante e di combattente. Se il peso della prigionia non ne viene diminuito, è però forte l'insistenza sulla doppia identità di deportato *e* partigiano, come se la prima da sola sembrasse monca o troppo debole».[13]
Primo Levi non parla nella prima edizione di "Se questo è un uomo" della sua appartenenza al gruppo di "Giustizia e libertà";[14] ne parla invece nella edizione ampliata del 1958, anche se questa descrizione non ha nulla di eroico, anzi Levi spiega che subito dopo il suo arresto si era dichiarato "cittadino ebraico di razza italiana", nella speranza di sottrarsi in questo modo alle torture che la Gestapo prevedeva per i partigiani. Con questa seconda edizione Levi s'inserisce consapevolmente nella tradizione patriottica della Repubblica Italiana e delinea il mito fondatore del partigiano: appartenenza dalla quale era stato espulso anni prima per effetto delle leggi razziali.
Per quanto riguarda lo sviluppo della letteratura italiana sulla *Shoah* nel suo insieme bisogna constatare che più passavano gli anni, più cresceva la produzione memorialistica con l'eccezione degli anni 1945-47, cioè il periodo tra la fine della guerra e la stesura della Costituzione. In questo periodo uscì un numero significativo (28) di monografie sulla deportazione nei *lager*, la cui maggioranza era opera di scrittori ebrei.[15] Questa produzione, comunque, ebbe una scarsa

deportazione (Firenze, 1996), pp. 61-77.
[13] *Ivi*, p. 68.
[14] Robert S. C. Gordon (vedere nota 2), p. 51.
[15] Secondo Bravo e Jalla, ventidue di questi testi sono autobiografici, mentre gli altri sei non sono stati scritti dai protagonisti, ma si basano su testimonianze o narrazioni altrui. Tra i testi autobiografici, quattordici sono di deportati politici, sei di ebrei, uno di un internato militare e uno è un testo illustrato. Gordon ne fa

diffusione poiché questi testi vennero pubblicati da piccole case editrici con una distribuzione locale e non nazionale. È nota l'odissea di Primo Levi alla ricerca di un editore, dopo che il suo dattiloscritto fu respinto da Einaudi nella persona di Natalia Ginzburg. Altri, come Liana Millu, dovettero accontentarsi di edizioni scolastiche o non trovarono proprio alcun editore, come per esempio Bruno Piazza, giornalista e giurista triestino, morto nel 1946. Era ebreo, ma fu per sbaglio deportato come detenuto politico, il che lo preservò ad Auschwitz da varie selezioni. Il suo racconto molto informativo, anche se ben scritto, fu pubblicato solo postumo nel 1956 da Feltrinelli, una casa editrice non legata ad alcun partito politico.[16]

Nel periodo della guerra fredda e della ricostruzione la produzione di scritti di memoria cessò quasi del tutto. La svolta avvenne con il libro di Caleffi, noto deputato socialista, che fu pubblicato dalla casa editrice del suo partito, la quale subito dopo pubblicò altri due testi di memoria. Rispetto agli anni '40 le condizioni di pubblicazione per la memorialistica erano cambiate: l'interesse pubblico per l'argomento era sensibilmente aumentato. La pubblicazione avveniva non più soprattutto su iniziativa dell'autore stesso, ma su impulso delle case editrici e della politica. Traduzioni in italiano come quella del "Diario di Anne Frank" (1954) contribuirono a questa svolta.

Tale interesse pubblico proseguì negli anni sessanta ed ebbe ulteriore impulso da avvenimenti come l'arresto di Eichmann, che suscitò una notevole risonanza da parte dei *mass media* e da altre istituzioni. Si cominciò ad affrontare l'argomento del passato recente e dell'olocausto. Contribuivano a questo interesse mostre, convegni, ma anche un testo come "Canzone del bambino del vento" (1966) di Francesco Guccini, popolare soprattutto tra i giovani. In questo clima politicizzato, caratterizzato dalle domande critiche delle generazioni successive, aumenta l'interesse per il destino dei sopravvissuti ai campi di concentramento. Tutto ciò si ripercuote in una maggiore produzione di scritti di memoria. Con trenta titoli negli anni sessanta, di diffusione in parte nazionale e in parte solo locale, il numero di

un'altra analisi (vedere nota 2), p. 50. Per questo periodo di tempo, egli conta cinquantacinque testimonianze della *Shoah*, tra cui sono comprese anche otto traduzioni e undici testi di e a proposito di internati militari.

16 Bruno Piazza, *Perché gli altri dimenticano, un italiano ad Auschwitz* (Milano, 1995). Nel 1995 è alla quarta edizione, per la prima volta corredato di una postfazione. Il terzo autore ebreo è Bruno Jani, cantante d'opera di Trieste. La sua autobiografia *Mi ha salvato la voce* esce nel 1960.

scritti di memoria si è più che raddoppiato rispetto al decennio precedente.
Nel 1971 esce in Italia un testo forse unico a livello mondiale. Doxa, un istituto di sondaggi, che fa parte del gruppo americano Gallup, pubblica una ricerca commissionata da *ANED* (Associazione degli ex-deportati) condotta su diciassette superstiti dei campi di concentramento. Le domande del questionario si riferivano non solo alle circostanze oggettive della deportazione, ma rilevavano anche considerazioni soggettive sul vissuto dei superstiti.[17] Un'ulteriore pietra miliare della memorialistica degli anni '70 fu "Le donne di Ravensbrück" (1978) di Lidia Beccaria Rolfi,[18] lei stessa una ex-deportata, pubblicato insieme alla storica Anna Maria Buzzone. La grande importanza di questo libro sta sia nell'introduzione di una prospettiva di genere nella discussione intorno alla Resistenza e alla deportazione, sia perché fondato sul metodo della *oral history*, che negli anni successivi avrebbe fatto scuola, in modo da produrre ulteriori ricerche e testimonianze.
Mentre la tendenza di pubblicare e diffondere memorie personali sull'olocausto era in crescita,[19] la ricerca storica accademica fino ai tardi anni '80 faceva fatica ad affrontare l'argomento. Anna Bravo parla di «un abisso tra le pubblicazioni dedicate rispettivamente alla Resistenza armata e alla deportazione».[20] Le istituzioni accademiche solo su richiesta insistente da parte di organizzazioni come l'ANED o come la Comunità ebraica erano disposte a cambiare il focus delle proprie ricerche. «La storiografia italiana [...] non ha quasi studiato la guerra, concentrandosi invece sulla Resistenza e ignorando la deportazione, che veniva non solo distinta dalla Resistenza, ma spesso,

[17] *Un mondo fuori dal mondo: indagine Doxa fra i reduci dai campi nazisti* (Firenze, 1971). Cfr. le osservazioni critiche di Federico Cereja, "La deportazione italiana nei campi di sterminio: lettura storiografica e prospettive di ricerca" in F. Cereja, B. Mantelli (a cura di), *La deportazione nei campi di sterminio nazisti. Studi e testimonianze* (Milano, 1986), pp. 17-38, p. 23.
[18] Lidia Beccaria Rolfi, Anna Maria Bruzzone (a cura di), *Le donne di Ravensbrück. Testimonianze di deportate politiche italiane* (Torino, 1978).
[19] Si rimanda all'esemplare lavoro della casa editrice La Giuntina, che a partire dagli anni '80 pubblica memorie di autori ebrei e non ebrei, tra cui Liana Millu, Giuliana Tedeschi, Bruno Vasari, Lidia Beccaria, ed offre un Forum per nuovi testi, come per esempio Teo Ducci, *Un tallèt ad Auschwitz, 10 febbraio 44 - 5 maggio 45* (Firenze, 2000). L'ex partigiano Ducci viene da una famiglia ungaro-israelita emigrata a Trieste e ha scritto le sue memorie a ottant'anni passati.
[20] Anna Bravo (v. nota 12), pp. 63 e 65.

più o meno implicitamente, quasi contrapposta ad essa».[21]

II. Testimonianze di donne ebree degli anni 1946-47

È notevole che nell'"alluvione delle memorie" [22] dei primi anni dopo la liberazione e la fondazione della repubblica le uniche voci femminili siano quelle di donne ebree. Questo fatto si può spiegare: da una parte abbiamo il carattere molto conservatore della società rispetto ai ruoli dei sessi, dall'altra era presente un certo "antifemminismo" nella Resistenza, sia durante la guerra sia nel primo dopoguerra. Ciò ha presumibilmente impedito alle ex-partigiane di scrivere e pubblicare il proprio vissuto.[23] Invece, le donne ebree non erano considerate "reponsabili" del proprio arresto e non dovevano confrontarsi con il metro di giudizio dei partigiani.

Le cinque donne ebree che nel periodo in questione hanno pubblicato le proprie memorie hanno in comune una serie di dati biografici. Nel momento della loro deportazione, che avvenne sempre tra febbraio e agosto del 1944, erano tutte tra i venticinque e i trenta anni. Inoltre, nessuna di loro si trovava ancora nel campo di annientamento di Auschwitz-Birkenau alla liberazione del *lager* il 27 gennaio 1945. Prima dell'arrivo dell'armata sovietica tutte erano state trasferite dai tedeschi in campi di lavoro occidentali, il che aveva aumentato le loro possibilità di sopravvivenza. Due di loro erano laureate: Luciana Nissim era medico, Giuliana Tedeschi era professoressa, mentre Liana Millu aveva conseguito il diploma magistrale e aveva lavorato come giornalista.

Eccetto la Millu, la quale narra la propria esperienza nella forma di sei racconti, tutte si servono della forma narrativa tipica della memorialistica, che si propone in genere come cronaca.[24] Vale a dire che le memorie vengono riportate secondo un ordine cronologico incentrato sui fatti. In questo quadro, la rappresentazione del vissuto personale viene completato da episodi e descrizioni ritenute

21 Anna Rossi Doria (v. nota 8), pp. 58-59.

22 Guri Schwarz, *Ritrovare se stessi. Gli ebrei nell'Italia postfascista* (Milano, 2004), pp. 111-123.

23 A Torino, per esempio, le brigate comuniste impedirono alle donne la partecipazione al corteo partigiano.

24 Eva Lezzi, *Zerstörte Kindheit: literarische Autobiographien zur Shoah* (Köln, 2001), pp. 42.

particolarmente notevoli nella routine della vita del *lager* o rappresentativi della sua disumanità. Tutte e quattro le autrici finiscono la loro relazione descrivendo i momenti che infine portarono alla liberazione. Particolari che si riferiscono al periodo del ritorno, che durò sempre settimane o mesi, e la descrizione dei primi tempi in Italia mancano.

Non tutte però incentrano la loro scrittura come Luciana Nissim sul periodo che va dall'arresto alla vita nel *lager*. Lei era stata arrestata insieme a Primo Levi, di cui parla più volte, ma passa sotto silenzio il periodo precedente all'arresto e la sua appartenenza alla Resistenza, esattamente come Levi nella prima edizione del 1947 di "Se questo è un uomo". Il suo testo esce con il titolo "Ricordi della casa dei morti" in un contesto politicamente ben definito. In un volume dal titolo provocatorio "Donne contro il mostro" viene edito insieme alle memorie di un'antifascista polacca.[25] La prefazione è di Camilla Ravera, già allora nota antifascista e una dei fondatori del PCI. Ravera sottolinea da una parte il carattere etico della testimonianza autobiografica, dall'altra lo esalta e glorifica come documento di una lotta politica vincente che ci risolleva «alla visione della Resistenza, dell'eroismo» ridando «la fede nell'umanità e l'orgoglio della vittoria».[26]

Tralasciando simili toni, Nissim riferisce le sue esperienze in uno stile neutrale, informativo e ben leggibile, libero da ogni retorica partitica. Oltre alla routine giornaliera della vita in *lager* descrive la sua situazione particolare come medico nel blocco dei malati di Birkenau, nel quale usufruiva di molti privilegi che la aiutarono a sopravvivere. Spesso Nissim tematizza non solo gli avvenimenti esterni ma anche le sue esperienze soggettive. Parla della sua paura di morire, di finire in una selezione, dei suoi sentimenti d'impotenza di fronte alla perdita della sua migliore amica, che non aveva potuto salvare, e di fronte all'uccisione dei neonati che veniva eseguita dai medici prigionieri per salvare le madri dalla morte per gas. La narrazione di Nissim è di una testimone, che attraverso le sue esperienze vuole trasmettere la brutalità e la disumanizzazione nel *lager*. Attraverso la ricchezza dei dettagli e la precisione descrittiva, come anche nello stile oggettivo

[25] Luciana Nissim, "Ricordi della casa dei morti" in Luciana Nissim, Pelagia Lewinska, *Donne contro il mostro* (Torino, 1946), pp. 17-58. Il testo della polacca Pelagia Lewinska, tradotto dal francese, è intitolato *Venti mesi ad Oswiecim*.

[26] *Ivi*, p. 14.

della sua lingua, riesce a creare un documento storico e personale di grande intensità.

Con un ben diverso approccio di scrittura e di sentimenti Frida Misul, una cantante d'opera di Livorno, scrive le sue esperienze nel libro "Fra gli artigli del mostro nazista". Nella prefazione, spiega che con le sue pagine vuole "semplicemente narrare", senza alcuna ambizione letteraria, quello che le era successo "sotto il giogo spietato di quegli esseri demoniaci" che erano gli SS.[27] Diversamente da Nissim, Misul include il tempo precedente al suo arresto. Nonostante la legislazione razziale si era sentita sicura ed aveva avuto contatti regolari persino con fascisti. Fu particolarmente duro per lei quando, a seguito di una faccenda burocratica, fu denunziata e arrestata dagli "sbirri fascisti". Si sentì maltrattata non solo dai "carnefici tedeschi" ma anche tradita e ingannata dai suoi connazionali. Al colmo della rabbia scrive: «Maledetti i carnefici che causarono la rovina del mio popolo, maledetta la sbirraglia feroce che di questi carnefici è stato lo strumento crudele ma sopra a tutto, maledetti quegli italiani che calpestando coscientemente ogni vincolo di solidarietà nazionale ed umana consegnarono al mostruoso boia hitleriano una massa innocente di esseri che avrebbero dovuto invece proteggere e considerare fratelli!».[28]

La testimonianza di Misul è individuale, molto emotiva e scritta in uno stile estremamente figurato. Molte descrizioni risentono di un gusto teatrale, cosa che non è sempre adatta all'oggetto dello scrivere - per esempio le fiamme del camino dei crematori vengono paragonate attraverso fantasie fiabesche e infantili a dei castelli fatati che sprizzano fuoco. In ogni caso il testo di Misul - più di tutti gli altri - esprime il tentativo estetico di dare una forma linguistica all'indescrivibile.[29] Viene sottolineata come programma questa intenzione nel sottotitolo paradossale "La più romanzesca delle realtà il più realistico dei romanzi". Perenne base di queste immagini bizzarre è un atteggiamento sarcastico di fondo che ogni tanto viene esasperato in amara ironia. Solo attraverso questa prospettiva narrante

[27] Frida Misul, *Fra gli artigli del mostro nazista: la più romanzesca delle realtà, il più realistico dei romanzi* (Livorno, 1946), p. 7.

[28] *Ivi*, p. 8.

[29] Robert S. C. Gordon, "*Holocaust Writing in Context: Italy 1945-47*" in Andrew Leak, George Paizis (a cura di), *The Holocaust and the text. Spaeking the unspeakable* (London / New York, 2000), pp. 32-50, 42.

di presa di distanza l'autrice era in grado di avvicinarsi ai suoi aguzzini ed agli incredibili avvenimenti vissuti.
Anche Alba Valech Capozzi dedica un ampio spazio agli avvenimenti precedenti alla sua prigionia nel *lager* nel testo dal semplice titolo "A 24029".[30] La prima volta fu arrestata nel novembre 1943 dai fascisti insieme alla sua famiglia a Siena, ma venne rilasciata perché coniugata con un ariano. In seguito si nascose per alcune settimane a Firenze, ma ritornò poi nella sua vecchia abitazione di Siena. Lì venne arrestata per la seconda volta nell'aprile del 1944, perché aveva tentato di ricevere informazioni sulla sua famiglia presso l'autorità italiana. Fu liberata dagli americani nel maggio 1945 nel mezzo di una marcia a piedi dal *lager* di Bückenberg in direzione di Dachau. Al suo ritorno in Italia non aveva più familiari, ma era attesa dal marito.
Le memorie di Valech Capozzi sono un saggio del lutto e di elaborazione del dolore per la perdita dei suoi parenti. In un linguaggio semplice ma oggettivo e chiaro essa descrive il suo percorso di dolore, il cui *leitmotiv* è la preoccupazione per il destino dei suoi familiari. Più che del proprio dolore si occupa in prima linea delle azioni di coloro, alla cui protezione deve la sua sopravvivenza: le amiche italiane e no, che la salvarono dalle selezioni e dalle aggressività delle altre prigioniere. Con grande gratitudine ricorda anche Erika, la tedesca sorvegliante del *lager* di Melders, che aveva un debole per l'Italia e che perciò trattava meglio le prigioniere italiane. Le memorie di Valech Capozzi sono contrassegnate da un tono tranquillo, quasi rappacificante.
L'inglese Robert S. C. Gordon, studioso di letteratura che considera le prime testimonianze italiane della *Shoah* nel contesto della produzione letteraria del tempo, riconosce nella caratteristica narrazione dell'autrice la tipica maniera del neorealismo. «Alba Valech Capozzi scrive riferendosi ad alcuni scrittori sperimentali del neorealismo come Elio Vittorini e riproduce le possibilità del frammentario e del modernistico di questo stile. Le sue memorie si situano tra il prosaico e il poetico».[31]
"Questo povero corpo" è il titolo delle memorie di Giuliana Tedeschi, i cui figli sopravvissero nascosti in Italia, mentre suo marito morì nel *lager*. "Questo povero corpo" è anche il titolo del primo capitolo nel quale l'autrice introduce il lettore nel centro degli avvenimenti, brutale

[30] Alba Valech Capozzi, *A 24029* (Siena, 1946).
[31] Robert S. C. Gordon, (v. nota 29), p. 37.

iniziazione di ogni esistenza nel *lager*. «Private violentemente degli abiti, ultimo possesso e ricordo di casa, ci trovammo nude davanti a noi stesse nel locale delle docce. Fu come se qualcuno ci strappasse contemporaneamente alle vesti qualcosa del nostro bagaglio spirituale. Il pudore e la verecondia, il reciproco rispetto, le convenzioni. Frutto della "educazione" e del vivere sociale che costituivano innegabilmente una parte di noi stesse, venivano brutalmente sovvertite. La nostra nudità senza schermo e senza difesa, era doloroso impaccio. Nel momento in cui fummo obbligate a deporre i vestiti perdemmo anche ogni rapporto col mondo esterno; il nostro corpo non ci apparteneva più, esposte ad eventi sconosciuti e pericolosi».[32]
Per Tedeschi, la percezione del corpo femminile svestito a forza rappresenta l'esperienza chiave e simboleggia il passaggio in un'altra vita al di fuori di ogni civiltà e umanità. Descrive con grande intensità i sentimenti di umiliazione, la vergogna, il ribrezzo e la perdita di ogni bellezza e dignità in una visione prettamente femminile. È ben vero che tutte le autrici danno un particolare valore al proprio vissuto, che le colpiva in un campo femminile e nella loro quotidianità di donne. A ciò appartengono avvenimenti e temi come nascite nel campo, problemi della maternità, la preoccupazione per familiari deportati o il destino di quelli che erano rimasti a casa, come anche la descrizione di forme di discriminazione sessista: sia che le donne avessero particolarmente da soffrire per la crudeltà dei sorveglianti maschi, sia che si offrisse loro come possibile strategia di sopravvivenza la vita nel bordello del *lager*. Nel testo della Tedeschi il motivo costante è il tema della perdita dell'identità femminile quando per esempio esprime nostalgia per la sua vita borghese tra libri e musica, per "un mondo dove eravamo Uomini e Donne e non semplice *Mensch*".[33] Quando viene scelta da dottori che lavoravano con Mengele per esperimenti medici, cade nel panico: «Una folle disperazione si impossessò di me,

[32] Sulla biografia di Giuliana Tedeschi, *Questo povero corpo*, (Milano, 1946); Judith Kelley, "Giuliana Tedeschi" in Lillian S. Kremer, *Holocaust literature: an encyclopedia of writers and their work* (New York, 2003), Vol. 2, pp. 1259-1261; Andrew Markus, "Giuliana Tedeschi" in Thomas Riggs (a cura di), *Reference guide to Holocaust literature* (Detroit, 2002), pp. 318f. Un'edizione rivista è uscita con il titolo: *C'è un punto della terra... Una donna nel lager di Birkenau* (Firenze, 1988).

[33] *Ivi*, p. 32. La parola "Mensch" è nell'originale in lingua tedesca ed è usata evidentemente per sottolineare l'esperienza "livellatrice" del *lager*. In tedesco significa semplicemente "essere umano" e non ha nessuna connotazione negativa.

la mia più profonda, più intima femminilità si torturava e si ribellava. Pensavo al mio corpo brutalmente mutilato della sua vitalità, alla rinuncia alla funzione più femminile imposta dalla natura».[34]
Il suo modo di scrivere e la sua strategia letteraria vanno oltre alla mera documentazione. Le sue memorie non sono a tratti una relazione di vita, ma una ricerca dei perimetri di confine del femminile sotto condizioni estreme. Essa illustra il deterioramento della natura femminile, ma anche le sue grandi risorse, la forza di resistenza e la volontà di sopravvivenza. Nel capitolo "Natale ad Auschwitz", si noti il doppio senso della parola "natale" (nascita e Natale), Tedeschi descrive da una parte l'atmosfera di festa tra le donne (probabilmente assimilate) che in questa occasione cercavano spontaneamente la vicinanza delle loro connazionali alla ricerca di un senso di patria. Contemporaneamente narra che alla vigilia di Natale incomincia il travaglio dell'ungherese Edith, che partorisce un bambino. Il bambino è morto. Se il bambino è nato morto o è stato ucciso, l'autrice ce lo risparmia.

III. La tardiva ricezione del "Fumo di Birkenau"

I sei racconti autobiografici usciti sotto questo titolo rappresentano il tentativo letterariamente più ambizioso e anche più riuscito tra le memorie del campo di concentramento di Auschwitz-Birkenau di ebree italiane, qui preso in oggetto. "Il Fumo di Birkenau non deve essere considerato solo sotto l'aspetto della testimonianza, esso raggiunge una dimensione estetica: prova ne è non da ultimo la sua diffusione e il suo successo internazionale a partire degli anni novanta. Millu tace - come già Nissim e Levi - la sua appartenenza alla Resistenza, come anche la deportazione e l'iniziazione nel *lager*. Solo, lei abbandona il diffuso modello narrativo di quegli anni per cercare un proprio percorso letterario. Al posto della relazione scandita cronologicamente sceglie una forma che si è consolidata nella tradizione della letteratura italiana dai tempi del "Decamerone" di Boccaccio: il racconto, ovvero la novella. Nel senso della tradizione Millu costruisce i suoi racconti seguendo le regole dell'arte, dando dei

[34] *Ivi*, p. 51. L'immagine della donna di Tedeschi è legata a ruoli tradizionali, le soldatesse per lei sono "esseri innaturali, che la Germania nazista aveva partorito", op. cit., p. 81.

titoli densi di significato o simbolici come "Lily Marlene", "*Scheißegal*", "Alta Tensione". Narra in stile realistico come richiesto dalla definizione del genere «una storia che è al di fuori della quotidianità e che ha un risvolto sorprendente e straordinario».[35]

Dato che nei racconti di questa quotidianità la prospettiva femminile è dominante, essa può narrare la nascita di un bambino in condizioni raccapriccianti o un caso di amore e gelosia come per la bella ungherese Lily Marlene, che viene mandata nella camera a gas da una rivale, o il conflitto tra le due inseparabili sorelle Gustine e Lotti, di cui una va incontro alla morte per essere fedele ai suoi ideali religiosi e di virtù, mentre l'altra cerca di salvarsi lavorando nel bordello del *lager*.

Millu narra il suo vissuto in prima persona come le altre autrici di memorialistica. Ma diversamente da quanto è caratteristico nella scrittura autobiografica, l'autrice e l'io narrante non coincidono sempre. L'io dei suoi racconti è per lo più un io fittizio, una costruzione letteraria, la cui principale funzione non è quella di testimoniare l'autenticità dei fatti, ma di accompagnare il lettore attraverso la storia. Ciò avviene lungo un filo di racconto puntigliosamente costruito, nel quale l'azione, dopo aver toccato alcuni punti focali, si avvia al suo tragico compimento: questo è sempre - come logica conseguenza del contesto storico di Auschwitz - la morte di una o più protagoniste.

"Il fumo di Birkenau" - unico degli scritti di memoria di cui qui si tratta - è originariamente uscito senza prefazione, cosa che accentua il carattere fittizio dei racconti. Così viene a mancare un'importante "strategia di autenticità"[36] che gli autori (e le case editrici) adoperano per sottolineare la veridicità dei fatti e l'esserne stati testimoni.[37] A un lettore che non conosce approfonditamente il tema e cui il nome Birkenau nel titolo o parole come "*Kapo*", "crematorio", "*Kommando*" e "*Lager*" non sono storicamente note, i racconti di Millu possono

[35] Hermann Pongs, "*Über die Novelle*" in Josef Kunz (a cura di), *Novelle* (Darmstadt, 1968), p. 139.

[36] Phil C. Langer, *Schreiben gegen die Erinnerung? Autobiographien von Überlebenden der Shoah* (Hamburg, 2003), p. 43. A questo proposito l'autore intende il tentativo di cercare ulteriori prove degli eventi descritti mediante elementi non testuali e in parte non verbali come fotografie, lettere, documenti storici, prefazioni e così via. Da ultimo si tenta di correggere le costruzioni fittizie necessariamente presenti in ogni autobiografia.

[37] Primo Levi scrive a questo proposito nella prefazione dell'edizione del 1958: "Mi pare superfluo aggiungere che nessuno dei fatti è inventato".

sembrare brevi prose da cui lasciarsi prendere per la loro suggestione e interesse. Questa posizione tra il letterario e il reale viene relativizzata per la prima volta dalla prefazione di Primo Levi, che viene premessa all'edizione e alle traduzioni del libro a partire dal 1979. Levi, allora già internazionalmente affermato, qualificò "Il fumo di Birkenau" come una delle «più intense testimonianze europee sul *lager* femminile di Auschwitz-Birkenau; certamente fra le più toccanti fra le testimonianze italiane».[38] Garantisce quindi l'autenticità della narrazione e ne favorisce con ciò la diffusione del libro: infatti, la sua recensione, originariamente pubblicata dalla "Stampa" del 29/06/1979, diventa la prefazione che la casa editrice ebraica "La Giuntina" usa per la sua edizione, omettendone la fonte. Auschwitz come dramma letterario, cioè almeno parzialmente storia liberamente inventata, immaginaria e fittizia come si potrebbe definire l'approccio letterario di Liana Millu, non è per nulla scontato, dato il tema, e quindi accolto con riserva dal pubblico. Ne è un esempio il romanzo "Essere senza destino" di Imre Kertéz, composto coscientemente non come testimonianza autobiografica, ma paradossalmente come romanzo di formazione che non descrive la realizzazione di un individuo, ma il suo sistematico annientamento. Proprio a causa di questa qualità letteraria Kertéz non trovò un editore in Ungheria e il suo romanzo passò sotto silenzio per lungo tempo. Anche i racconti di Millu, che in parte sembrano frammenti di vissuto, sentito e inventato, non potevano - né volevano - reggere un esame storico.[39] Nel caso di Millu non è tanto significativa la misura della letterarietà, quanto il rapporto che l'autrice ha con il suo oggetto narrato: infatti lei scrive come vittima appena scampata alla *Shoah*, ancora temporalmente vicinissima all'accaduto. Diversamente da Imre Kertéz e da Ruth Klüger[40] - rispettivamente più giovani di 15 e 17 anni - Millu non scrive di avvenimenti trascorsi nella gioventù, ma racconta a 32 anni ciò che ha vissuto a 30.[41] Come sappiamo dal suo diario

[38] Liana Millu, *Il fumo di Birkenau* (Firenze, 1947), p. 7.

[39] Così la scena reale del racconto "Alta Tensione", in cui una madre ritrova il figlio nel *lager* e non riesce a salvarlo nonostante i gravi sacrifici che fa per lui, non si svolge ad Auschwitz - come nella finzione letteraria - ma nel *lager* Malchow. Infatti, soltanto lì, in una fabbrica di armi, lavorò Liana Millu insieme con altre italiane come l'io della narratrice.

[40] La prima edizione della sua autobiografia "Vivere ancora" è del 1992 e fu scritta dopo 40 anni dalla *Shoah*.

[41] Liana Millu, *Tagebuch. Il ritorno dal lager* (Firenze, 2006), p. 45. Sulla prigionia nel

pubblicato postumo, aveva già un disegno dettagliato del libro subito dopo la liberazione all'inizio di maggio 1945 nel *lager* di Malchow, molto prima del ritorno in Italia. Già allora riteneva la semplice relazione di vita "un reportage", una forma di presentazione e di rappresentazione letteraria superata. A questo proposito notò nel suo diario il 15 giugno 1944: «Mi sveglio bene. Mattinata luminosa. Mente sveglia, gran voglia di scrivere. Ma cosa? Ricordo! "I racconti di Birkenau"? Quelli sarebbero meglio di un reportage già superato. Il primo. Paula».[42]

A queste riflessioni sul genere letterario, che intendeva usare raccontando le sue esperienze vissute, segue la lista di cinque titoli in parte identici a quelli dei racconti, che Millu pubblicherà due anni più tardi in "Il fumo di Birkenau". Anche il titolo del libro viene già annotato identico a lettere maiuscole.

Nel diario è da sottolineare la decisione, in base alla quale Millu rifiuta una testimonianza diretta del suo vissuto, mentre chiaramente preferisce dare un carattere letterario alle sue esperienze di Auschwitz. A paragone della maggioranza delle testimonianze strettamente legate ai fatti, che furono pubblicate in molti Paesi europei poco dopo la guerra, i sei racconti autobiografici di Millu rappresentano una coraggiosa innovazione estetica.

Riferendo le proprie esperienze nella forma letteraria del racconto e non in maniera documentaria, come fa la maggioranza degli autori conosciuti, ella amplia il dibattito sorto sulla questione del modo di rappresentare la *Shoah*.

Resta da chiedersi quali altri motivi possono spiegare la tardiva ricezione del "Fumo di Birkenau". Sicuramente furono determinanti anche fattori individuali. Primo Levi, ebreo torinese radicato nella borghesia, poteva contare su una rete d'intellettuali contemporanei. Già la prima edizione di "Se questo è un uomo" fu recensita - benché in ritardo - da noti critici e scrittori come Italo Calvino e dall'amico Cesare Cases su quotidiani importanti.[43] Liana Millu non dispose mai di una rete paragonabile a quella che Levi aveva nel mondo culturale:

campo di Malchow - *Außenstelle* - del *lager* per le donne di Ravensbrück: Gudrun Jäger, *"Das Leben dort war eine andere Sache... Liana Millus Erinnerungen an ihre Haft im Arbeitslager Malchow"* in *"Zeitgeschichte Regional. Mitteilungen aus Mecklenburg-Vorpommern"*, anno 4, vol. 2, 2000, pp. 5-8.

[42] Liana Millu (v. nota 41), p. 45.

[43] Ernesto Ferrero (v. nota 3), 1997 e Cesare Cases, "La scoperta di Primo Levi come scrittore" in Momigliano Levi (v. nota 12), pp. 89-96.

egli infatti si poté affermare come scrittore nel 1963 con "La Tregua", sua seconda storia autobiografica sul ritorno dal *lager* e infine con un volume di racconti che hanno nulla a che fare con l'esperienza del *lager*.[44] Liana Millu invece fu da sempre una "apparizione" isolata e priva di mezzi, sprovvista di contatti nella scena culturale.[45] La sua carriera giornalistica, modestamente iniziata già durante il fascismo, allora cosa estremamente difficile per una donna, fu interrotta nel 1938 dalle leggi razziali. Dopo la guerra non le riuscì più di ricollegarsi a questa esperienza, cosa che per lei fu una delle più dolorose conseguenze della deportazione.

Che "Il fumo di Birkenau" non sia stato sostanzialmente recepito nella seconda edizione nel 1957, anche se uscito con un editore del peso di Monadadori, è da attribuirsi al disinteresse del pubblico, che all'epoca non si era ancora confrontato con questo tema.

Se consideriamo l'accoglienza del libro in una prospettiva di genere ci sono altri pesanti fattori da segnalare. La critica letteraria che si richiamava all'indirizzo crociano distingue tra "alta letteratura" e "letteratura minore": tra quest'ultima erano annoverate la memorialistica, le autobiografie e i diari, quindi proprio i generi preferiti dalla scrittura femminile erano considerati minori. I «pregiudizi correnti in Italia per cui la letteratura non doveva aver niente in comune con l'esperienza ed era faccenda esclusiva di nobiluomini, frati, proprietari terrieri»[46] hanno ostacolato a lungo il riconoscimento dello "scrittore-testimone" Levi, ma hanno colpito ancora di più la scrittura femminile e autrici come Liana Millu.

Inoltre, la situazione particolare delle donne è stata trascurata per molto tempo dall'elaborazione storica della *Shoah*. A questo proposito dice la storica Barbara Distel: «Il destino delle donne perseguitate e uccise non è stato oggetto di osservazione per decenni, sia nei processi iniziati dagli alleati che nei successivi procedimenti giuridici nazionali le donne non vennero percepite come vittime di

[44] Il volume di racconti *Vizio di forma*, che Levi pubblicò con l'appoggio e l'incoraggiamento di Italo Calvino, non ebbe un generale successo di critica letteraria. Cfr. Ernesto Ferrero (v. nota 3), 2005, p. 26.

[45] Negli anni '70 aveva lasciato gratuitamente i diritti del libro all'editore Daniel Vogelmann, titolare della casa editrice ebraica "La Giuntina" di Firenze. Perciò non ha avuto alcun profitto nella vecchiaia dal tardo successo internazionale del suo libro e Vogelmann non si è sentito in dovere di corrisponderle i proventi derivati dal maggior numero di vendite.

[46] Cesare Cases (v. nota 43), p. 90.

persecuzione specifiche di genere né si vide chiaramente la dimensione della persecuzione a loro danno. Appena negli anni 1980/90 si sviluppò un crescente interesse per le esperienze specifiche delle vittime femminili».[47] Quando nel 1983 sulla base dei *Women Studies* a New York si svolge la prima giornata di studio sul tema *"Women surviving the holocaust"* alcuni sopravvissuti presenti trovarono dissacrante trattare questo argomento sotto l'aspetto del genere, una specie di diminuzione dell'enormità delittuosa in oggetto. Tre anni più tardi Marlene Heinemann mise in dubbio la rappresentatività e conseguentemente la superiorità dell'interpretazione maschile della trasmissione storica della *Shoah*, e lo fece esaminando le testimonianze letterarie delle donne nella loro specificità di genere.[48] L'introduzione della categoria di genere, che insieme all'età, la classe sociale e l'appartenenza etnica ha determinato l'orizzonte di esperienza delle vittime guidò sempre più ad una osservazione differenziata e ad una conoscenza più precisa del genocidio.[49]

Infine, nel 1992 uscì "Vivere ancora" di Ruth Klüger, la tarda testimonianza di una sopravvissuta, nella quale il ricorso alla riflessione femminile per la prima volta era contrassegno costituente della rappresentazione autobiografica.

Incoraggiato dal pubblico discorso di genere, ma anche sotto l'impressione della sempre più prossima fine delle testimonianze, dalla metà degli anni '80 escono più autobiografie femminili della *Shoah* oppure testi, oramai dimenticati, come "Il fumo di Birkenau" vengono riletti.[50] Bisogna considerare che i racconti di Liana Millu non furono recipiti dal grande pubblico anche a causa dei loro contenuti. Infatti, uno dei motivi centrali, visto sotto diverse prospettive, è il ruolo della sessualità nella quotidianità del *lager*. Nel

[47] Barbara Distel, *"Frauen in nationalsozialistischen Konzentrationslagern - Opfer und Täterinnen"* in Wolfgang Benz, Barbara Distel (a cura di), *"Der Ort des Terrors. Geschichte der nationalsozialistischen Konzentrationslager"*, vol. 1, (München, 2005), pp. 195-209.

[48] Marlene E. Heinemann, *Gender and destiny: women writers and the Holocaust* (New York, 1986).

[49] Riguardo al dibattito sulla *Shoah* in una prospettiva femminista, cfr. l'articolo di Lilian S. Kremer, "Memorie di donne: esperienza e rappresentazione dell'Olocausto in termini di genere" in Roberta Ascarelli (a cura di), *Oltre la persecuzione. Donne, ebraismo, memoria* (Roma, 2004), pp. 151-175.

[50] Phil C. Langer sostiene con una certa plausibilità la tesi secondo cui nel periodo in oggetto avrebbero pubblicato le proprie memorie più donne che uomini. Cfr. Phil C. Langer (v. nota 36), pp. 47.

racconto *"Scheißegal"* la protagonista, che parla in prima persona, capita durante un allarme aereo nel bordello del *lager* principale di Auschwitz, dove erano incarcerati solo uomini. La protagonista descrive la vita delle donne nel cosidetto *"Puffkommando"*: da un lato esse vengono sfruttate sessualmente, ma a paragone delle prigioniere negli altri reparti di lavoro vivono e mangiano meglio. Il racconto "L'ardua sentenza" tratta della sessualità nella quotidianità carceraria, che si svolge spesso con il consenso delle donne. Lise, la protagonista del racconto, vive un conflitto di coscienza perché non sa decidere se cedere alle proposte dell'internato *Kapo* e quindi sopravvivere, perché in questo modo si procurerebbe un nutrimento maggiore, o rimanere fedele al marito che lei ama.

La grande naturalezza, con cui Liana Millu presenta diverse forme dei rapporti sessuali e il loro sfruttamento nel *lager* - vengono menzionate anche relazioni lesbiche - è un'unicità all'interno della memorialistica. Per il pubblico, questa franchezza su un tema così scabroso è difficile da tollerare soprattutto a distanza temporale dagli avvenimenti, tanto è vero che l'esistenza dei bordelli dei *lager* è stata ridimensionata sistematicamente, se non del tutto tabuizzata nel corso del processo di conservazione dei campi come luoghi della memoria.[51] Ciò è certo dovuto alla censura sociale dell'epoca: d'altra parte le donne che furono costrette a prostituirsi, connotate come "asociali" con il triangolo rosso, dopo la guerra non ebbero nessun diritto a essere riabilitate. La stigmatizzazione sociale della sessualità spinse le donne, che a queste pratiche furono costrette, a tacere le proprie traumatiche esperienze. Questo vale anche per le donne, che secondo la normale prassi acconsentirono a prestazioni sessuali per aumentare le proprie opportunità di sopravvivenza. Vergogna, sensi di colpa, timore di essere disprezzate o colpevolizzate da altri sopravvissuti, erano sentimenti particolarmente forti.[52]

"Il fumo di Birkenau" precorre il suo tempo sotto vari aspetti. Ciò

[51] Christl Wickert, *"Tabu Lagerbordell. Vom Umgang mit der Zwangsprostitution nach 1945"* in Ina Eschenbach *et al.* (a cura di), *Geschlecht und Gedächtnis. Deutungsmuster in Darstellungen des nationalsozialistischen Genozids* (Frankfurt am Main, 2002), pp. 51-58.

[52] Per esempio, la cecoslovacca Ruth Bondy riferisce che in Israele volevano sapere come aveva fatto a sopravvivere. A questo proposito fu azzardato il sospetto che potesse essere stata tra i Kapo o tra le prostitute. Cfr. Na'ama Shik, *"Weibliche Erfahrung in Auschwitz-Birkenau"* in Gisela Bock (a cura di), *Genozid und Geschlecht. Jüdische Frauen im nationalsozialistischen Lagersystem* (Frankfurt am Main, 2005), pp. 103-123.

vale per la coraggiosa rappresentazione dello sfruttamento sessuale come per la focalizzazione sugli aspetti femminili e della vita del *lager*. Anche la singolare forma letteraria in cui testimonianze e finzione s'intrecciano fa sì che ai lettori del dopoguerra fu inizialmente difficile confrontarsi senza un certo scetticismo con questo tipo di rappresentazione della *Shoah*. Dovettero passare quasi cinquanta anni prima che il libro fosse recepito e giudicato per il suo valore testimoniale e letterario.

Alcune osservazioni generali su ebrei e fascismo nella più recente storiografia italiana

Alberto Cavaglion

Premessa

Sul piano della ricerca storiografica, dopo l'uscita nel 1961 del pionieristico lavoro di Renzo De Felice, non sono stati sempre decenni d'intenso e proficuo lavoro storiografico.

Per un lungo periodo, sui territori esplorati da De Felice, non s'è visto qualcuno scegliere la persecuzione del 1938 come oggetto di un suo studio specifico[1]. Tanto persistente è stato, fino a non molti anni fa, il silenzio, che nel 1978, quando venne distribuito un fascicolo del "Ponte" a ricordare a un'Italia distratta che vi erano state delle leggi razziali, uno dei più brillanti collaboratori di quel numero unico sentì il bisogno di confidarsi così con un amico: «Bisogna rendere atto alla rivista che sembra essere l'unica ad essersene ricordata».[2]

Almeno fino al 1988-1989 quasi nulla è stata la volontà di proseguire una ricerca piegata agli usi strumentali della discussione pubblica. A questa abitudine, negli ultimi anni della sua vita, non si sottrasse nemmeno De Felice con le numerose interviste giornalistiche e le note alle numerose riedizioni del suo libro sugli ebrei italiani.

Soltanto dopo il 1988, venuta la scadenza cinquantenaria - si era ormai alla vigilia del crollo del muro di Berlino e del fatidico 1989 - la ricerca si è rimessa in movimento e le nostre conoscenze sull'antisemitismo fascista si sono fatte più precise.

È così potuto accadere che moltissimi punti deboli della impostazione di De Felice siano stati, legittimamente, contestati. Il lavoro di scavo archivistico ha finalmente ripreso a camminare con passo spedito, ma un'indagine spregiudicata su che cosa sia stata, al di là delle sue conseguenze più evidenti e tragiche, la realtà vera e intima

[1] La sola eccezione venne da uno storico israeliano da poco scomparso, il cui libro, piuttosto notevole, cadde praticamente nel silenzio: Meir Michaelis, *Mussolini e gli ebrei* (Milano, 1982).

[2] C. Cases, S. Timpanaro, *Un lapsus di Marx. Carteggio 1956-1990*, a cura di L. Baranelli, (Pisa, 2004), p. 274 (lettera di Cases del 24 dicembre 1978). A quel numero monografico Cases contribuì con un memorabile articolo: "Che cosa fai in giro?", "Il Ponte", XXXIV, 12, 1978 poi in *Il testimone secondario* (Torino, 1985), pp. 5-23.

del fascismo e in particolare il grado di compenetrazione fra ebrei e regime è questione sulla quale s'è incominciato a lavorare con serietà soltanto in questi ultimi due o tre anni. Indubbiamente va con amarezza riconosciuto che l'invito a guardare in profondità la realtà del ventennio non è stato accolto con lo stesso bellicoso entusiasmo con cui, invece, si è proceduto a infrangere altre parti.

Con la sua ricerca, Renzo De Felice ha lasciato aperte alcune questioni di fondo, due in modo particolare:

1) l'esistenza di una reazione dell'opinione pubblica davanti alla campagna del 1938, fenomeno cui De Felice attribuiva molta importanza.
2) il giudizio riduttivo dell'antisemitismo fascista.

Si tratta di due distinti problemi, che converrà adesso riprendere, confrontandoli con i notevoli passi in avanti che si sono fatti in questi ultimi anni.

1) Sulla reazione dell'opinione pubblica davanti alla campagna del 1938

Riprendendo Federico Chabod, le cui lezioni parigine dovevano averlo influenzato,[3] De Felice sosteneva che le leggi razziali avevano prodotto negli italiani un netto rifiuto a riconoscersi nel regime che le aveva emanate.
Questo argomento, con il trascorrere degli anni, si è rivelato di tutti il più debole, non suffragato da prove. Gli studi più recenti ci hanno anzi dimostrato, con abbondantissima documentazione, che nella generalità del Paese, anche fra coloro che dalle leggi razziali furono sinceramente turbati, non mancarono significative manifestazioni di solidarietà, ma non si vide da nessuna parte un rifiuto a riconoscersi in

[3] Per l'influenza di Chabod e delle lezioni parigine su De Felice, fa osservazioni molto pertinenti Guri Schwarz, *Ritrovare se stessi. Gli ebrei nell'Italia postfascista*, op. cit., p. 241. Per le diverse letture della classica opera di Renzo De Felice, cfr. adesso la puntuale rassegna di Alessia Pedio, "Renzo De Felice e i suoi interpreti" in "Passato e presente", 65, XXIII, maggio-agosto 2005, in particolare le pp. 128-129, cui si rinvia anche per le informazioni bibliografiche.

quello Stato che le leggi aveva promulgato: una riprova delle capacità di incantamento che il regime fascista seppe produrre a ogni livello sulla società italiana.

La "tavola delle assenze" è stata denunciata con giusto sdegno, in molte occasioni, anche se spesso con una buona dose di unilateralismo.[4] Non tacquero soltanto i Piero Bargellini e i Carlo Bo: a non reagire fu la maggioranza del corpo accademico, non soltanto fiorentino. Intellettuali, scrittori, poeti di alto lignaggio, storici rinomati (unica eccezione Ettore Ciccotti), esponenti di spicco del movimento femminista scrivono di tutto un po', fra il 1938 e il 1943, ma sulle leggi tacciono: si scorrono le note di taccuino redatte in quei mesi da Sibilla Aleramo e si rimane esterrefatti di fronte alla simpatia dichiarata a chiare lettere dinanzi allo spiritualismo evoliano della razza[5].

Sulla "tavola delle assenze" ci sarebbe poi da fare un discorso più ampio, se soltanto si avesse la forza di estendere la nostra curiosità, per esempio, alla stampa comunista nella clandestinità. Nell'immensa bibliografia oggi disponibile sul 1938 è una curiosa assenza: un terreno d'indagine su cui non s'è visto in azione lo stesso zelo dimostrato altrove. Con l'unica eccezione di Giuseppe Di Vittorio[6] colpisce tanta unanimità nel silenzio della stampa di partito. Altre erano, già allora, le priorità.

L'unico documento ufficiale sul razzismo del 1938, la dichiarazione del Comitato centrale del partito comunista d'Italia, andrebbe riletta con grande attenzione.[7] L'antisemitismo è l'ultima delle preoccupazioni per il Comitato centrale: tragedie umane si consumavano in Italia nell'autunno 1938, ma in quel documento si scorgono solo le preoccupazioni politiche, i tatticismi, un'interpretazione alquanto riduzionistica dell'antisemitismo, male minore rispetto all'imperialismo e alla dittatura borghese; il timore di

[4] A coniare la definizione di "tavola delle assenze" è stato G. Turi, "L'Università di Firenze e la persecuzione razziale" in "Italia contemporanea", 219, giugno 2000, p. 239.

[5] Sibilla Aleramo, *Orsa Minore: Note di taccuino e altre storie* (Milano, 1938), pp. 76-80.

[6] G. Di Vittorio, "In aiuto degli ebrei italiani!" in "La voce degli italiani", 7 settembre 1938.

[7] "Contro la lotta razziale del fascismo e per la libertà religiosa" in "Lo stato operaio", 14-15, 15 agosto 1938, pp. 243-244 ora riprodotto in *Le interdizioni del Duce. Le leggi razziali in Italia*, a c. di A. Cavaglion, G. P. Romagnani (Torino, 2002), pp. 302-305.

guastare i rapporti con i cattolici sovrasta, infatti, ogni cosa, anche in altre prese di posizione che si leggono specialmente nei primi due anni di applicazione delle leggi razziali.
Nessuno, fino a oggi, ha badato al fatto che il 1939 è “anche” per il movimento comunista internazionale - come ha scritto molto bene Carlo Dionisotti - il periodo del patto Hitler-Stalin. Fino quasi alla vigilia dello scoppio della seconda guerra mondiale, ai giovani comunisti italiani s’insegnava che Hitler e Mussolini erano diventati “improvvisamente tollerabili”. Francia e Inghilterra, stati capitalisti, erano i nemici principali.[8]

2) Sul giudizio riduttivo dell’antisemitismo fascista

Più controversa la seconda questione, lasciata aperta da De Felice, da cui discendono due ordini di problemi differenti: la presunta natura “tollerante” dell’antisemitismo fascista e, soprattutto, la sua data di nascita. Il come e il quando sono due sotto-questioni del medesimo problema che, in questa sommaria ricognizione, converrà tenere separati per cercare di essere più chiari.

Il come. A un’osservazione più attenta, “filologica” - seguendo passo dopo passo la genesi di ogni singolo provvedimento legislativo - è emerso che il sistema razziale si sviluppò in modo tutt’altro che tenue, specie nei confronti degli “ebrei stranieri”, sottoposti prima all’internamento, poi a decreto di espulsione. L’accentuazione del carattere repressivo contro gli stranieri è in particolare inquietante. Essa porta a un’ulteriore “distinzione” nel viluppo: generica pietà verso gli ebrei “di casa nostra”, crudele xenofobia pura contro gli altri. Una complicazione dentro la complicazione.
Gli studi condotti sulla cosiddetta “persecuzione dei diritti” hanno svelato i contorni di un sistema normativo stringente, collegato a una burocrazia disposta a convergere con il rigore sollecitato da Roma e con l’uso punitivo che gli stessi poteri locali facevano della discrezionalità loro concessa.
Nondimeno, pur in presenza di un quadro di tale natura, ricostruito

[8] C. Dionisotti, “Delio Cantimori” in “Belfagor”, LIII, 315, 31 maggio 1998, pp. 269-270.

con estrema dovizia di particolari, anche su scala locale, rimane da dimostrare - spesso viene data per scontata - la capacità dimostrata da quel sistema di fomentare nel paese qualcosa di paragonabile al fanatismo che, in Germania, rasentò la follia nel 1933, subito dopo l'avvento di Hitler. Spesso, per esempio, si ha la sensazione che le fonti fasciste vengano esaminate con eccessiva seriosità, dando per scontato che il regime fosse in grado di attuare, prima e dopo l'inizio della guerra, ciò che con parole roboanti scriveva nei documenti ufficiali, nei suoi proclami, nei suoi discorsi.
Le cose stanno in questi termini sia per il primo periodo, 1938-1943, sia per il secondo, 1943-1945, dell'occupazione tedesca.
Nel periodo considerevolmente lungo che va dal 1938 al 1943 quello che colpisce è proprio l'assenza di fanatismo, la mancanza di un passaggio automatico, secco e spietato, dalla "persecuzione dei diritti" alla "persecuzione delle vite".[9]
La paura "fisica" non traspare nei documenti che oggi conosciamo. Episodi di violenza contro singoli ebrei o luoghi di culto o proprietà private di ebrei sono irrilevanti: si tratta di fenomeni che fra il 1938 e il 1943 sostanzialmente non alterano la media dei decenni precedenti (e di quelli successivi).
Attacchi contro sinagoghe da segnare su una carta geografica delle persecuzioni in Italia non se ne registrano molti. Furono, i più gravi, soprattutto due: uno a Ferrara, il 21 settembre 1941, l'altro a Trieste nel luglio 1942, ambedue *dopo* l'inizio della seconda guerra mondiale.
Dal settembre 1938 almeno fino a tutta l'estate 1940 domina una surreale normalità. Si registra, nelle lettere, nei diari, un senso di solitudine, questo sì. È la malinconia di chi vede intorno a sé trionfare non la bruta violenza, ma il cinismo, appunto, di manzoniana memoria: il trionfo della ragion di stato eretta a sistema, ivi inclusa la corruzione, non la paura di chi si sente sul punto di essere aggredito sull'uscio di casa.
Si può osservare che nel quinquennio 1938-1943 a prevalere non sia stato il fanatismo, ma gli intramontabili caratteri del costume nazionale, assai tristemente noti a chi conosca la storia d'Italia: l'opportunismo carrieristico e affaristico, il culto ossessivo della burocrazia, un arco estesissimo di comportamenti, che hanno a fondamento la consueta dose di cinismo, la ricerca furbesca della

[9] Adopero qui la distinzione proposta da Michele Sarfatti, *Gli ebrei nell'Italia fascista* (Torino, 2000).

scappatoia.
Ci troviamo di fronte non a una brutalità distruttrice, ma alla classica forma d'indifferenza verso le istituzioni e i più elementari principi morali. È l'epoca dei grandi appetiti suscitati dai posti lasciati vacanti, degli affari conclusi con rapidità approfittando della debolezza oggettiva del reietto, ma anche delle situazioni più assurde.[10] La "circolazione delle *élite*", scriveva acutamente Ernesto Rossi, mette in moto meccanismi perversi: il "mercato delle indulgenze", amaramente dirà Eucardio Momigliano, ossia il pietismo.[11] Una lezione di cinismo che travalica la storia stessa del regime di Mussolini, tanto è vero che quell'ipocrisia diffusa, esonerata dal peso del fascismo, non darà affatto segno di attenuarsi dopo la Liberazione, quando gli usurpatori rimarranno indisturbati al loro posto e le vittime tollerate.[12]
Nel secondo periodo, quello dell'occupazione tedesca, la persecuzione delle vite e la deportazione degli ebrei italiani diventa centrale, ma non lo si può affrontare separandolo dall'altra metà del problema. Fu il regime fascista capace di controllare la società, l'opinione pubblica, ma anche l'esercito, i responsabili delle truppe di occupazione e le autorità locali, spesso depositarie di una tradizione storica di civiltà nella quale confluivano, non vi è nulla di male ad ammetterlo, componenti culturali fra loro, in varia guisa "avviluppate". La crudeltà non mancò e si videro in azione veri e propri carnefici locali: circa 8000 ebrei furono deportati nei campi di sterminio nazisti, con la complicità spesso diretta di italiani.
Ma gli altri? Un numero assai cospicuo di persone fu salvato. I riconoscimenti ai Giusti attribuiti dopo la fine della guerra sono stati numerosi, ma non al punto da rendere pienamente giustizia ad atti di solidarietà rimasti anonimi, senza i quali il numero di vittime italiane per la *Shoah* sarebbe stato più elevato.
Al cinismo, dunque, insegna Manzoni, in Italia sempre si affianca la pietà, che non si può escludere a priori nemmeno in funzionari della

[10] Per un esempio, quasi comico, nella sua ambiguità pirandelliana, si veda G. Fois, "Ebreo per errore. Lo strano caso del professor Luigi Pinelli, libero docente e aiuto nell'Università di Sassari" in *Dal mondo antico all'età contemporanea. Studi in onore di Manlio Brigaglia* (Roma, 2001), pp. 849-857.
[11] Ernesto Rossi, *Nove anni sono molti. Lettere 1930-1943* (Torino, 2002), p. 444 (lettera del 22 ottobre 1938); Eugardio Momigliano, *Storia tragica e grottesca del razzismo fascista* (Milano, 1946), p. 95.
[12] Ilaria Pavan, *Tra indifferenza e oblio. Le conseguenze economiche delle leggi razziali in Italia 1938-1970* (Firenze, 2004) in specie p. 23.

Repubblica sociale o in autorità responsabili nelle zone finite sotto l'occupazione italiana: lo scollamento fra militari e vertici è del resto percepibile già prima dell'8 settembre 1943. Studi recenti, soprattutto rivolti all'Italia meridionale, dimostrano inoltre che nonostante la molta propaganda di segno contrario, il fascismo, al sud, non riuscì affatto a indebolire un'antica civiltà, nella quale confluivano tradizioni popolari, fede cristiana e finanche eredità borboniche.[13]
C'è poi un secondo risvolto della questione che continua a essere causa di ulteriori complicazioni e rende pericoloso ogni semplicismo. Non è in discussione, in questo caso, l'efficacia della persecuzione, il come, ma il momento in cui questa si sarebbe messa in moto.

Il quando. Riprendendo un giudizio di Salvatorelli e Mira, De Felice insisteva molto sul fatto che l'antisemitismo sarebbe entrato tardi nel sistema totalitario fascista. Nelle successive riedizioni del suo libro questo giudizio si è radicalizzato: la svolta del regime coinciderebbe con l'avvicinamento alla Germania, diventato un punto senza ritorno all'indomani dell'invasione tedesca dell'Austria, nel 1938. Poté così accadere che le leggi razziali fossero avvertite come "un fulmine a ciel sereno" dalle vittime e da non pochi gerarchi fascisti come "un pugno allo stomaco".[14]
Su questo delicato punto, le contestazioni a De Felice sono state altrettanto severe, ma spesso hanno condotto a una pratica uguale e contraria, a una vera e propria "vulgata" di segno opposto.[15]
È stato ricordato il peso che autori come Sorel avrebbero nella formazione del ceto dirigente fascista ed è stato giustamente rilevato il ruolo che proprio certe pagine sugli ebrei di Sorel avrebbero avuto nel

[13] Il modo singolarissimo con cui, per esempio, nel "paese virtuoso" di Tora, ed anche di Piccili, nel napoletano, in favore degli ebrei nascosti si attivò una rete di solidarietà interclassista - tra retaggi della vecchia aristocrazia borbonica, piccolo clero e ceti popolari, con una predominanza di figure femminili - è la prova di una civiltà antica che le leggi razziali non erano riuscite minimamente a inquinare, come dimostra l'eccellente lavoro di G. Gribaudi, *Guerra totale. Tra bombe alleate e violenze naziste: Napoli e il fronte meridionale 1940-1944* (Torino, 2005), pp. 445 segg.
[14] Salvatorelli e Mira hanno pagine importanti che non hanno perso attualità, anche se oggi sono poco ricordate. Cito dall'edizione L. Salvatorelli, G. Mira, *Storia d'Italia nel periodo fascista* (Milano, 1972), vol. II, p. 409.
[15] A titolo di esempio, per una lettura che dà per scontata la presenza dell'antisemitismo nel patrimonio genetico fascista, si veda A. Ventura, "La svolta antiebraica nella storia del fascismo italiano" in "Rivista storica italiana", CXIII, 2001, pp. 36-65.

nazionalismo e nel sindacalismo rivoluzionario. Questo è vero, ma non si può dimenticare che dentro il nazionalismo e il sindacalismo rivoluzionario, gli stessi ebrei italiani già avevano militato, infiammandosi essi stessi per Sorel, senza accorgersi di nulla. Buone ragioni fanno supporre che nelle loro case circolassero, come circolavano del resto nella casa di Giorgio Bassani, opere dal contenuto vagamente antisemita, di ebrei anomali, alla moda all'inizio del secolo e ancora diffusi negli anni Venti e Trenta per la natura "spirituale" del loro concetto di nazione e talora anche di razza.[16]
Infine, sempre allo scopo di retrodatare il più possibile l'origine dell'antisemitismo fascista, ci si è soffermati su singoli episodi di limitazione nei diritti individuali, riscontrabili già prima del 1938 - per lo meno a partire dal biennio 1933-1934 - ma lo si è fatto con unilateralità, nella errata convinzione che l'Italia pre-1938 sia divisa in due, da una parte i fascisti persecutori e dall'altra le vittime.
Si pensi, per fare un esempio, all'attacco rivolto contro Renzo Ravenna, podestà ebreo di Ferrara nel 1934.[17] Da Roma giunsero forti pressioni per allontanarlo dalla carica. L'episodio si verificò subito dopo le inchieste riguardanti il gruppo torinese di "Giustizia e Libertà" e il conseguente arresto, l'11 marzo 1934, sul valico italo-svizzero di Ponte Tresa, di Mario Levi e Sion Segre Amar. Il comunicato del 30 marzo che dette l'elenco di tutti gli arrestati parlò di "Ebrei antifascisti al soldo dei fuorusciti". In quell'inchiesta si era trovato implicato uno stretto congiunto di Renzo Ravenna, Dino Foà. Non fu un episodio isolato. Altri casi-studio sono stati individuati e affrontati, soprattutto in lavori che hanno avuto per oggetto l'allontanamento dalle accademie scientifiche o la mancata nomina di ebrei a incarichi di rilievo nella pubblica amministrazione. Sommati

[16] Come "l'intera sezione di libri proibiti", di cui proprio Bassani ci ha fornito un elenco tanto preciso quanto eloquente: «Tutti i romanzi di Pitigrilli, il "Giardino dei supplizi" d'un autore francese di cui aveva scordato il nome, "Sesso e carattere" del Weininger e i "Promessi Sposi": non quelli del Manzoni, s'intende, che in quarta e in quinta gli avevano già rotto a sufficienza le scatole, bensì quegli altri, scritti da un mio correligionario, il Da Verona, che a suo giudizio valevano infinitamente di più». G. Bassani, *Dietro la porta* (Torino, 1964), p. 64. Su questi aspetti della cultura fascista mi permetto di rinviare al mio libro *La filosofia del pressappoco. O. Weininger e la cultura italiana del Novecento* (Napoli, 2001), pp. 73 e segg. (per Bassani pp. 56 e 156).

[17] Su questa figura, che potremmo ben definire esemplare, si veda adesso la monografia di Ilaria Pavan, *Il podestà ebreo. L'odissea di R. Ravenna dal fascismo alle leggi razziali* (Roma / Bari, 2006).

insieme - ci viene detto - questi episodi lascerebbero trasparire un più ampio disegno volto ad emarginare gli ebrei.
A ben vedere, questi stessi episodi mostrano sempre un rovescio della medaglia che non può essere eluso. Molto spesso si tratta di vicende confuse, a modo loro paradossali; di tutti il più clamoroso e quasi grottesco riguarda la prima traduzione del *Mein Kampf*, che ebbe al suo apparire assai scarsa e limitata circolazione in Italia. L'edizione italiana fu realizzata, è vero, con finanziamento di Mussolini, ma senza obiezioni da parte del finanziatore, sul fatto che il traduttore del libro fosse un ebreo.[18]
Sono episodi dove all'effettivo scopo intimidatorio si accompagna sempre qualche segno di natura opposta: all'offesa potenziale segue quasi sempre un ritorno alla normalità o l'apparire di un elemento confortante. Analogo discorso si può fare sul numero d'intellettuali e scienziati che, per una ragione o per l'altra, non ottenevano l'incarico cui aspiravano, su cui già Piero Sraffa nel 1930 aveva soffermato la sua attenzione.[19] Del resto, lo stesso Sraffa dovrà ammettere che nel 1931 Guido Jung fu fatto ministro. L'allontanamento per conseguenza di antisemitismo certo esisteva, ma non si possono per principio dimenticare quelli che invece continuavano a raggiungere posti di rilievo nelle università o in pubblici incarichi anche dopo il 1933-1934.
Il discorso, per essere convincente, deve tenere insieme i due lati: quello negativo e quello, non dico positivo - nulla vi è mai di positivo sotto una dittatura - ma, diciamo, tranquillizzante per chi quegli anni li stava vivendo giorno per giorno. Quanto si vuole dire è reso chiaro, in maniera direi esemplare, dal modo con cui si conclude l'attacco contro Ravenna nel 1934, che alla fine rimane al suo posto, con l'assegnazione di un nuovo mandato.
Confondendo i due piani - l'intenzione e il fatto - non si capirà interamente lo stato d'animo degli ebrei italiani: un sentimento d'incredulità, ma anche di sostanziale fiducia, fino a poche settimane prima del settembre 1938. Con formula efficace, migliore di quella del fulmine a ciel sereno, un grande storico ebreo, passato egli stesso attraverso quelle vicende - non come podestà, ma come docente universitario salito in cattedra nel 1936 - definirà ciò che stiamo cercando di spiegare «la misura dell'inatteso».[20]

[18] Giorgio Fabre, *Il contratto* (Bari, 2004).
[19] Piero Sraffa, *Lettere a Tania per Gramsci*, a c. di V. Gerratana (Roma, 1991), p. 52-53.
[20] Arnaldo Momigliano, "Storicismo rivisitato" in *Sui fondamenti della storia antica*

La fiducia nel fascismo non poteva essere incrinata per le più diverse ragioni. In primo luogo per il fatto che nel 1930 il fascismo aveva concesso alle comunità ebraiche notevoli privilegi, al di là di ogni aspettativa, creando così le premesse per una situazione paradossale.
Infondeva tranquillità la memoria di antiche forme di esclusione, che non erano mancate nemmeno in età liberale e non mancheranno in età repubblicana. Nel 1901 a Ferrara Eugenio Righini, direttore del principale foglio cittadino, la "Gazzetta Ferrarese", aveva dato alle stampe un libello, "Antisemitismo e semitismo", che si segnalava per un forte sentimento di avversione: generò preoccupazione certo maggiore di quella registratasi nel 1934, quando gli ebrei ferraresi nemmeno si accorsero che il mandato a Ravenna fosse in bilico.
Ogni città italiana aveva avuto, durante l'età giolittiana, il suo Righini: ancora agli albori del Novecento il pregiudizio contro gli ebrei era molto radicato, semplicemente perché troppo vicino era il tempo delle antiche interdizioni. Tenendo a mente episodi di un passato così recente, si può ben comprendere come gli ebrei italiani difficilmente seppero accorgersi, negli anni Trenta, dei segnali che qua e là si avvertivano, ma che sempre finivano superati da episodi di natura opposta, taluni molto incoraggianti.
Spesso a un'intenzione ostile, stabilita a Roma, non veniva dato riscontro. Perché la decisione veniva insabbiata, a causa della lontananza che sempre permane fra il dire e il fare, fra il centro che emana gli ordini e la periferia che deve eseguirli, o perché l'innegabile sentimento ostile di Mussolini (riconducibile alla sua origine, alla sua formazione culturale) non trovava riscontro nella cultura di un Paese in cui - può piacere o dispiacere - l'antisemitismo non ebbe mai i caratteri del furore di massa, ma solo quelli del cinismo. Pensare, o lasciare intendere, per via induttiva, che la somma di azioni singole, non sempre collegate fra loro, ricostruite con acribia degna di miglior causa, possa paragonarsi a quanto si stava verificando in Germania, è un errore pari e contrario a quello di chi volesse sostenere che l'Italia sia stata un'isola felice immune da sentimenti di odio contro gli ebrei. Trovare una via mediana è la maggiore difficoltà che possa incontrare chi si cimenti con il viluppo manzoniano di cui parlava Levi.
Anche in relazione agli arresti degli antifascisti torinesi del gruppo di "Giustizia e Libertà", cioè a un caso di eclatante antifascismo, per completezza di informazione bisognerebbe onestamente ricordare

(Torino, 1984), pp. 457 e 459.

non solo come la vicenda giudiziaria si concluse, con la riduzione di metà della pena ai condannati (Leone Ginzburg e Sion Segre Amar), effetto del recente decreto di amnistia-indulto (nascita del primogenito del principe di Piemonte), ma anche e direi soprattutto, per ciò che accadde subito dopo nella politica estera mussoliniana, sul più generale scacchiere europeo.

Nel 1934 venne il periodo di frizioni Mussolini-Hitler e non fu questo un avvenimento di breve durata o irrilevante, anche perché in quei mesi si levarono non poche dichiarazioni contro il razzismo germanico: le differenze sono ancora notevoli fra 1935 e 1937 (sin dopo la primavera del 1938): quanto bastava a far sì che la memoria degli arresti di Ponte Tresa e la campagna giornalistica contro gli ebrei torinesi legati a "Giustizia e Libertà" fosse percepita nella sua effettiva gravità solo dentro la cerchia delle persone coinvolte.[21]

Si elencano alla rinfusa questi dati non per attenuare le responsabilità del fascismo, che furono immense, ma per fare più luce di quanto solitamente non si faccia con letture unidirezionali animate dal senno del poi. Era difficile, per chi viveva dentro gli eventi, privo di contatti con il mondo della libera informazione, comprendere un atteggiamento caratterizzato da contrapposti segnali, da continue oscillazioni, da ondeggiamenti opportunistici.[22]

[21] Lo avevano già notato Salvatorelli e Mira, *Storia d'Italia* op. cit., p. 219; vi insiste Chabod nella importante replica a Momigliano: F. Chabod, *A. Momigliano, Un carteggio del 1959*, (Bologna, 2002), pp. 126-128.

[22] Sono i rilievi che si dovrebbero fare a margine per esempio di un libro, peraltro documentatissimo ma unilaterale, come quello recente di Giorgio Fabre, *Mussolini razzista. Dal socialismo al fascismo: la formazione di un antisemita* (Milano, 2005) su cui è intervenuto, con irruenza e toni sferzanti, ma con buone argomentazioni, Sergio Luzzatto, "Il giudizio universale", I, 5, (settembre, 2005), pp. 61-62. Stesso discorso si potrebbe fare a margine del precedente saggio di Annalisa Capristo, *L'espulsione degli ebrei dalle accademie italiane* (Torino, 2002). Si ha talora l'impressione che nel sostenere una tesi in modo così unidirezionale gli autori si lascino attrarre dal punto di vista, del tutto particolare e minoritario, degli antifascisti in esilio, fino a far coincidere il proprio punto di vista con quello degli oppositori, non di tutti fra l'altro. Che un sistema di potere come il fascismo, "in virtù appunto della sua logica 'totalitaria', sarebbe stato, o sarebbe tosto divenuto, anche un regime antisemita" non parve chiaro nemmeno ai fratelli Rosselli, ma forse soltanto al figlio del *leader* socialista in esilio Claudio Treves, che scrive così, parlando del caso Formiggini e comunque dopo la fine della guerra: Piero Treves, "Formiggini e il problema dell'ebreo in Italia" in AA.VV., *Angelo Fortunato Formiggini. Un editore del Novecento*, a cura di L. Balsamo e R. Cremante, (Bologna, 1981), p. 65. Non erano pensieri che avessero circolazione nella mente della stragrande maggioranza degli ebrei italiani.

3) Gli ebrei italiani e l'inizio della seconda guerra mondiale

In questa prospettiva s'inserisce il terzo e ultimo aspetto del problema che va ricordato per intendere quanto sia inesatto parlare di un'estraneità fra ebrei e fascismo. A dimostrare quanto alto sia stato il grado di compenetrazione fra ebrei e regime sovviene un ulteriore fronte della ricerca attuale che De Felice non fece in tempo a individuare: documenti che stanno dimostrandosi una fonte piuttosto utile, oltre che quantitativamente cospicua.
Si tratta delle lettere che molti ebrei, a partire dal giugno 1940, scrivono alle autorità o direttamente a Mussolini, per testimoniare il proprio attaccamento alla patria, nel momento in cui la guerra ha inizio. Essendo scritte due anni dopo l'emanazione delle leggi razziali, queste lettere dimostrano una fiducia nella nazione cui evidentemente si sentiva - o sperava - ancora di appartenere: un sentimento che neppure le leggi razziali sembrano offuscare.
Si tratta di svariate decine di lettere, partite da tutta Italia, nella maggior parte dei casi indirizzate direttamente al Duce, vere e proprie suppliche di chi chiede di poter indossare ancora la divisa e partire.[23] Senza contare le citazioni affini che si potrebbero trarre da corrispondenze private, soprattutto dai diari che furono scritti fra il 1940 e il 1943, dai quali risulta l'attaccamento all'esercito, agli alpini in particolar modo, un valore che riesce a far passare in secondo piano la stessa campagna razziale di due anni prima. L'Italia fascista e la Germania, nel giugno 1940 e pur anche negli stessi quarantacinque giorni di Badoglio, stentano ad apparire dei nemici. La Germania è considerata, pur dopo il 25 luglio, il Paese "amico": "nemici", per gli stessi ebrei perseguitati, nei 45 giorni di Badoglio sono gli alleati che bombardano le città e risalgono la penisola.[24]

[23] A quanto mi risulta la prima di queste lettere venuta alla luce, forse la più commovente, è quella pubblicata da B. Migliau, M. Procaccia, "La documentazione della scuola media ebraica di Roma del 1938" in "Italia Judaica. Gli ebrei nell'Italia unita 1870-1945", Atti del IV convegno internazionale (Siena, 12-16 giugno 1989), Roma, Ministero per i Beni Culturali e Archivistici, Ufficio centrale per i beni archivistici, 1993, pp. 461-462. Altra ricca documentazione si trova adesso in I. N. Orvieto, "Lettere a Mussolini: gli ebrei italiani e le leggi antiebraiche" in "La rassegna mensile di Israel", LXIX, 1, 2003, pp. 321-347.

[24] Non alla memorialistica scritta dopo il 1945, naturalmente, si dovrà guardare, per osservare questa curiosa percezione del conflitto in corso, ma ai diari scritti "a caldo". Di tutti, da questo particolare punto di vista, il più interessante mi sembra

Sono documenti che richiedono non un giudizio moralistico, ma profonda *pietas*, dal momento che denunciano sino a che punto le vittime stesse di una persecuzione ormai in atto fossero preda della menzogna fascista. Questo genere di documentazione richiederebbe maggiore sensibilità da parte degli storici: attraverso di esse si denuncia l'infamia di un regime che con quelle leggi tradiva la fiducia di coloro che, nel nome della patria, si erano riconosciuti fino a confonderlo con l'idea medesima di Stato.

È una decisione sofferta: decine di ebrei sottoscrivevano lettere di questo genere, indirizzandole proprio al responsabile di quella terribile confusione. Non potevano ancora capire, non riusciranno a capire compiutamente, se non dopo l'8 settembre 1943, con l'arrivo dei tedeschi.

quello di Elio Salmon, *Diario di un ebreo fiorentino 1943-1944*, a cura di A. Vivanti, (Firenze, 2002) in specie p. 49 per le riflessioni sull'andamento della guerra.

L'antisemitismo in Italia dal dopoguerra a oggi Caratteri, componenti e linee di tendenza prevalenti

Claudio Vercelli

I termini della questione

L'identificazione, la delimitazione e la definizione della natura del pregiudizio antisemita, così come delle sue manifestazioni e ricorrenze in Italia dal 1945 in poi scorre su un binario parallelo, e come tale non coincidente con l'evoluzione dell'insediamento ebraico peninsulare. Questo rivela da sempre una sua natura autonoma, trattandosi di una metanarrazione delle sorti del mondo che continua a riformularsi con costanza. Già nel 1966 lo studioso Norman Cohn, introducendo la sua ricerca sui "Protocolli dei Savi di Sion", aveva modo di affermare che:

«L'antisemitismo [...] per me non ha molto a che vedere con reali conflitti d'interesse tra persone viventi, e nemmeno con il pregiudizio razzista in quanto tale. Ha come nucleo la credenza che gli ebrei - tutti gli ebrei, e ovunque - fanno parte di una cospirazione decisa a mandare in rovina e quindi dominare il resto dell'umanità. Ora, questa credenza non è altro che una versione modernizzata e laicizzata delle rappresentazioni popolari medievali, secondo le quali gli ebrei erano un consesso di streghe usate da Satana per la rovina spirituale e fisica della cristianità».[1]

Poste queste premesse, la persistenza e la riproduzione dell'antisemitismo deve semmai confrontarsi con i soggetti che nel corso del tempo se ne sono fatti diffusori, concorrendo a riformularne i tratti e le specificità, ovvero gli *avatar* del «complotto giudaico mondiale». Sia pure sommariamente, quando si fa ricorso al termine in oggetto (inteso come un microuniverso di significati autosufficienti, tuttavia in rapporto di scambio e partecipazione con le tradizioni e le culture presenti sul mercato politico) si richiamano quindi quattro aspetti, tra di loro interconnessi.[2] Il primo di essi

[1] Norman Cohn, *Licenza per un genocidio. I "Protocolli degli Anziani di Sion". Storia di un falso* (Torino, 1969), p. 22.

[2] In accordo con l'interpretazione che dell'antisemitismo è offerta da Francesco

demanda al convincimento che la storia dell'umanità è costantemente accompagnata da una cospirazione dell'ebraismo, il cui obiettivo sarebbe quello di conseguire il controllo assoluto sui destini del genere umano. Il secondo rinvia alla convinzione che la modernità liberale, nonché l'accesso delle collettività alla partecipazione politica e la correlativa decadenza degli istituti socioculturali dei sistemi ad *Ancien Régime*, siano il prodotto del processo di decadenza del mondo, ovvero della sua "ebreizzazione", l'estensione della sfera egemonica del «giudaismo» sulle società umane a compimento dell'intendimento cospirativo. Il terzo aspetto richiama la certezza che l'ebraismo non costituisca una religione, una tradizione culturale e un insieme di relazioni tra famiglie e individui, bensì una "razza" dai caratteri storicamente immodificabili, poiché fondati su ancestrali vincoli di ordine biologico e culturali, dai quali deriverebbero, per tutti coloro che ne fanno parte, profili spirituali, opinioni e atteggiamenti concreti del tutto comuni, indipendentemente dall'estrazione sociale, dalla collocazione geografica e dalla storia personale. Un quarto passaggio sta nella natura al medesimo tempo semplificatoria, banalizzante e consolatoria che l'antisemitismo sa offrire della lettura di un mondo altrimenti complesso, presentandosi come strumento di ricostruzione di un ordine preciso di significati, nonché di razionalizzazione della storia.

Il tutto alla luce di un radicale pessimismo, che ne alimenta le fortune: leggere il trascorrere dei tempi come il prodotto del dispiegarsi di un complotto (più potere per gli ebrei, maggiori sofferenze per l'umanità) induce in quanti s'identificano in tale visione non solo un senso di falso raziocinio, ma anche un crescente auto-compatimento, generato dalla convinzione che le proprie difficoltà siano il risultato dei processi di vittimizzazione di cui sono stati resi destinatari.

Una ricostruzione storica, pur nei limiti dettati dall'impossibilità di periodizzare l'intervallo a noi più prossimo, può comunque risultare utile. L'Italia, dal 1945 in poi, si è dovuta confrontare con il lascito delle leggi razziste emanate e poi tradotte in politiche discriminatorie e persecutorie dal regime fascista fino all'estate del 1943 e successivamente dalla Repubblica sociale italiana durante i circa seicento giorni dell'occupazione nazista. Sommariamente due sono gli indirizzi da prendere in considerazione al riguardo. Il primo di essi demanda ai tempi, ai modi e ai criteri, con i quali si provvide da parte

Germinario, *Antisemitismo. Un'ideologia del Novecento* (Milano, 2013).

delle autorità alla soppressione della normativa antiebraica. Il secondo invece, ben più complesso, rinvia alla sedimentazione infraculturale che quell'intelaiatura giuridica dell'esclusione istituzionale lasciò sulla popolazione italiana nel suo insieme.[3]

Sul primo versante, tra il 1944 e il 1947 furono emanate ventidue leggi, che avevano a obiettivo l'abrogazione delle norme fasciste. Se con il 25 luglio del 1943 la situazione per gli ebrei italiani dal punto di vista giuridico non mutò, con il tardo autunno di quell'anno il governo Badoglio avviò invece l'attività per giungere alla cancellazione della legislazione persecutoria. Gli indirizzi di merito riguardavano la reintegrazione nei diritti altrimenti decaduti, la piena riacquisizione dei diritti patrimoniali, le prime azioni di risarcimento finanziario così come di riparazione economica, nonché la dichiarazione d'inefficacia giuridica di «confische e i sequestri disposti da qualsiasi organo amministrativo o politico [...] adottati sotto l'impero del sedicente governo delle repubblica sociale italiana».[4] Si trattava di regi decreti-legge, la cui funzione era quella di abolire la legislazione antecedente, che faceva espresso rimando al concetto di razza e ai trattamenti discriminatori, che a ciò si riconnettevano (così alla lettera dell'articolo 1 del regio decreto-legge 20 Gennaio 1944, n. 25: «l'abrogazione di tutte quelle disposizioni che, per qualsiasi atto o rapporto richiedono accertamento o menzione di razza, nonché ogni altra disposizione o norma, emanata sotto qualsiasi forma, che sia di carattere razziale o comunque contraria al presente decreto o con esso incompatibile»).

A fronte di ciò si statuiva la reintegrazione al pieno godimento dei diritti civili e politici. In linea di principio i provvedimenti adottati quando la guerra era ancora in corso intendevano sanare le situazioni di offesa determinate dalle leggi razziste ripristinando, se possibile, la condizione antecedente alla loro applicazione anche dal punto di vista patrimoniale. Le misure assunte dal governo Badoglio risultavano comunque insufficienti per fare fronte al problema della concreta reintegrazione dei cittadini ebrei nel tessuto civile e sociale, non

[3] Per una valutazione complessiva si veda a cura di Mario Toscano, *L'abrogazione delle leggi razziali in Italia (1943-1987). Reintegrazione dei diritti dei cittadini e ritorno ai valori del Risorgimento*, Servizio studi del Senato della Repubblica (Roma 1988). Diversi sono gli studi che negli ultimi tre decenni la più giovane generazione di storici italiani ha dedicato ai processi di reinserimento nella società nazionale degli ebrei sopravvissuti alle deportazioni.

[4] Art. 1 del decreto legislativo luogotenenziale del 5 Ottobre 1944, n. 249.

soltanto perché la liberazione del Paese si ultimò solo nella primavera del 1945, ma anche perché gli effetti delle leggi razziste del 1938 avevano inciso fortemente sulla condizione degli ebrei italiani. I due governi Bonomi succedutisi tra il 1944 e il 1945 dovettero quindi integrare la legislazione introdotta da Badoglio, potenziandone gli effetti. Il decreto legislativo luogotenenziale n. 222 del 12 aprile 1945 andava in tal senso, confrontandosi anche con lo scenario risultante dalla lunga occupazione nazifascista del centro-nord dell'Italia. Se la valutazione della situazione degli ebrei scampati alla prigionia o sopravvissuti alle deportazioni, e quindi destinati nel volgere di qualche mese a rientrare in patria, deve essere contestualizzata rispetto alla più generale condizione di grande disagio, in cui si trovavano i civili nelle aree da poco attraversate dalla guerra, non di meno il reinserimento dei perseguitati razziali presentava da subito caratteristiche sue proprie. Questi ultimi, oltre alla lesione dei più elementari diritti umani, a partire da quello alla vita, avevano subito azioni di violento e continuato esproprio patrimoniale. Inoltre le confische, soprattutto nelle zone che erano state parte della Repubblica sociale italiana, erano avvenute secondo modalità e con criteri eterogenei. Ne derivò, a guerra conclusa, l'ulteriore difficoltà nel recuperare ciò che di fatto era stato trafugato dai privati nel nome di un'autorità temporanea e priva di legittimità. Quella parte dei beni appartenuti a defunti e non rivendicabili da eredi successibili o aventi diritto fu invece trasferita all'Unione delle Comunità israelitiche italiane.

La questione dell'antisemitismo dopo la guerra

Se il superamento istituzionale della normativa del 1938 e dei suoi molteplici riflessi politici, civili, giuridici e patrimoniali si inquadra dentro una dinamica in parte prevedibile, diverso e molto più problematico è invece misurare quanto abbia inciso il lascito del razzismo di Stato sul versante sub-culturale, ovvero sul piano delle mentalità quotidiane, dei modi di pensare, di immaginare e di concepire l'ebraismo e gli ebrei in Italia. Rivendicare l'antisemitismo come parte della propria identità politica nel dopoguerra era impossibile. La cesura formale doveva essere netta. La questione riguardò da subito il Movimento Sociale Italiano, incaricatosi di recuperare ciò che restava dell'esperienza fascista per tradurla in un insediamento elettorale e parlamentare permanente. Se rimandi antisemitici potevano sussistere, questi erano comunque sottotraccia, ossia del tutto esclusi dalla comunicazione politica e semmai recuperati come un filo sottile in quella culturale. Ciò avveniva non in omaggio a una rielaborazione critica, che sarebbe comunque mancata anche in futuro, bensì a un esercizio di secca rimozione. Da quasi subito, infatti, i missini si caratterizzarono, al netto di un irrisolto nostalgismo che connotò sempre una grande parte di essi, per due indirizzi di fondo: l'anticomunismo, che concorse ad accreditarli come interlocutori politici nell'età del bipolarismo, e il rimando al cattolicesimo tradizionalista. Nell'uno e nell'altro caso poteva a volte trasparire, soprattutto tra le pieghe della pubblicistica, il riflesso dell'antiebraismo di matrice tradizionalista (con l'armamentario deicida), così come l'accusa di «giudeo-bolscevismo», quest'ultima derivata per passaggi successivi dalla politica del regime mussoliniano, ma la «questione ebraica» non doveva avervi cittadinanza. Per buona parte dei missini il problema non si poneva, posto che essi si dichiaravano estranei alla condotta criminale tedesca nei confronti degli ebrei durante la guerra. Le leggi del 1938 erano assorbite all'interno di un più generale giudizio sul regime di Mussolini, senza che di esse se ne cogliesse la radicale specificità. Di diverso spessore e sostanza invece era l'atteggiamento di quella destra radicale che non si riconosceva nel Movimento sociale. Senz'altro il titolare delle argomentazioni più corpose in materia rimaneva Julius Evola,[5] figura iconica del neofascismo italiano.[6] Il suo posizionamento antisemita, sempre rivendicato ed esibito, si differenzia dal razzismo più diffuso, poiché definisce la dimensione «spirituale» come ancoraggio prevalente, se non esclusivo, per istituire delle discriminanti tra i

[5] Al riguardo, si vedano di Francesco Cassata *A destra del fascismo. Profilo politico di Julius Evola* (Torino, 2003) e di Francesco Germinario, *Razza del sangue, razza dello spirito* (Torino, 2001).

[6] Julius Evola (1898-1974) è stato prolifico autore di numerosissimi articoli e saggi. Come tale collaborò a periodici quali il "Regime fascista" di Roberto Farinacci, la "La difesa della razza" di Telesio Interlandi, "La Vita Italiana" di Giovanni Preziosi. Le opere evoliane dedicate al razzismo sono *Tre aspetti del problema ebraico, nel mondo spirituale, nel mondo culturale, nel mondo economico-sociale* (Roma, 1936); *Il mito del sangue* (Milano, 1937); *Sintesi di dottrina della razza* (Milano, 1937); *Indirizzi per un'educazione razziale* (Napoli, 1941); *La civiltà occidentale e l'intelligenza ebraica*, in *Gli ebrei hanno voluto la guerra* (Firenze, 1942).

gruppi umani. All'ebraismo è contestata l'azione economica e sociale, attribuendogli - secondo un classico stereotipo antisemita - la responsabilità di avere deliberatamente reificato le relazioni umane. Da ciò si sarebbero generate sia l'artificiosità del materialismo capitalista che la perversione morale e culturale esercitata dal marxismo. Scrive Evola che l'elemento ebraico sarebbe:
«una delle cause principali della crescente spersonalizzazione e praticizzazione della vita sociale, dell'avvento del denaro senza volto e forza direttiva centrale, della borsizzazione della vita economica, cioè della speculazione su valori creati da altri e dei quali agli altri non resta che una minima fruizione, attraverso interessi, società anonime, prestiti non più tra persone e persone, ma fra sconosciuti, sino ad un mostruoso ingranaggio onnipotente che trascina con sé popoli e che condiziona destini».[7]
La forza di Evola nel dopoguerra e nei decenni successivi sta nel riuscire a preservare l'antisemitismo dalla detronizzazione, che la sua versione biologica subisce con la fine del regime nazista e di quelli fascisti. Significativamente, al riguardo si impegna già dal 1937 a tutelare la credibilità euristica dei "Protocolli dei Savi anziani di Sion". Ne riconosce la loro natura apocrifa, tuttavia ne rivendica la natura di manifesto dell'antiebraismo, tanto più fondato dal momento che le tesi in essi sostenute sarebbero intrinsecamente veridiche, ossia storicamente assodate. In altre parole: al riscontro della falsità dell'involucro fa corrispondere l'affermazione dell'assoluta verosimiglianza dei contenuti. I "Protocolli" quindi rivelerebbero l'autentica trama dell'"ebraismo internazionale", anche se in forma artefatta, con un espediente letterario comunque necessario per pubblicizzare la pericolosità del suo operato. Gli ebrei, secondo un tale costrutto, si starebbero adoperando come sodalizio etno-massonico, diffondendo le ideologie della modernità, che avevano portato al tramonto i vecchi e consolidati sistemi di *Ancien Régime* tra Settecento e Ottocento. La loro azione si realizzerebbe attraverso tre piani operativi intersecati: l'incentivazione e il radicamento tra popoli ingenui e subalterni di false idealità livellatrici, protese alla sovversione dei rapporti gerarchici tra superiori e inferiori; il controllo dell'informazione, che creerebbe un'unica opinione pubblica, facilmente manipolabile; l'appropriazione della finanza mondiale, vuoi

[7] Julius Evola, *Tre aspetti del problema ebraico* (Padova, 1978), p. 66.

per finalità di imperio vuoi per smodata cupidigia.[8] La connessione tra spiritualismo e razzismo permetteva di dare nuovo lustro al vero nocciolo dell'antisemitismo moderno, la visuale al medesimo tempo cospirazionista e paranoide delle relazioni sociali. Al riguardo è stato opportunamente osservato che:

«La distinzione tra il carattere "spiritualistico" del razzismo di Evola da quello biologico del nazismo fu sempre usata dai neofascisti come alibi per sminuire la caratterizzazione antisemitica delle loro tesi e come lasciapassare "scientifico" dei vari editori e diffusori di Evola. Non bisogna però dimenticare che fin dal 1937, quando si scatenò la polemica antiebraica con la pubblicazione del libro di Paolo Orano "Gli ebrei in Italia", sorse il problema di conciliare, nelle teorie della razza, le contraddittorie concezioni del materialismo biologico e dell'idealismo spiritualistico».[9]

A questo stato di cose lo stesso Evola rispose rilanciando l'aristocraticismo contenuto nella sua concezione razzista. A esso connetteva sia la visione "rivoluzionaria" dell'ordinamento razzista sia la cornice totalitaria degli ordinamenti politici e istituzionali, così come della natura umana, dentro la quale collocare la sua dottrina. La razza sarebbe l'indice di una forza profonda, a tratti insondabile, che si manifesta attraverso la condotta e i comportamenti degli individui, ma che preserva un nocciolo immodificabile e imperscrutabile. Ragione per cui:

«da questa concezione deriva che, indipendentemente dalle radici fisico-antropologiche, gli aggettivi "semita" e "cristiano" definiscono

[8] Un acuto osservatore e attento studioso della destra estrema in Italia qual è Francesco Germinario nel suo già citato *Antisemitismo* ha notato riguardo alla fortuna dei *Protocolli* che essa «è da rintracciare nel carattere "universalistico" del messaggio, ossia nella capacità del testo di farsi leggere in situazioni storiche differenti e in ambienti culturali e geografici tra loro diversi». E ancora: «Il successo editoriale e di massa dei *Protocolli* sembra trascendere l'ambito medesimo dell'antisemitismo, candidandosi a testo fondamentale per "vivere" e affrontare il Novecento da parte dei contemporanei: le troppe vicende, per lo più drammatiche [...] che caratterizzano il secolo risultano ricondotte al progetto cospirativo; e lo smarrimento che questi drammi producono e il senso d'impotenza e inanità che radicano negli individui richiedono una "consolazione gnoseologica", consistente nella rivelazione che il mondo è meno complicato di quanto appaia e che le vicende sconvolgenti che agli uomini tocca purtroppo esperire hanno una regìa occulta» (op. cit., pp. 25-27).

[9] Maria Teresa Pichetto, "L'antisemitismo nella cultura della destra radicale" in "Italia contemporanea", dicembre 1986, n. 165, p. 73.

un'unica categoria che ha come caratteristiche comuni mercantilismo, debolezza, femminilità, pietà religiosa, vigliaccheria. Questa categoria è all'origine di tutti i mali presenti, perché ha determinato la crisi dell'altra, diametralmente opposta e positiva, quella della razza spirituale "aria, olimpica, settentrionale", crisi che ha portato alla civiltà moderna, quella che si esprime oggi nella democrazia e nella libertà. L'impegno politico dei nazifascisti attuali consiste quindi nell'arginare e nel cancellare la razza "semitica", cristiana o ebraica che essa sia, per preparare la resurrezione della razza spirituale "aria o olimpica".[10]

Non per caso quindi, l'impronta evoliana fu ben presto assunta dalle componenti più radicalizzate della destra neofascista, se non altro perché concorreva a coprire il grande vuoto lasciato dalla caduta dei regimi nel 1945 e nel contempo offriva - in qualche modo - l'opportunità di una lettura in chiave risarcitoria della loro clamorosa sconfitta. Evola, infatti, rafforzava il credo nello spirito guerriero e bellicoso, così come la "modernità" veniva letta esclusivamente come percorso di decadenza delle virtù eroiche e di ibridazione tra opposti. Non di meno, essendo abituato a frequentare le culture orientali, ricavava dal deposito islamico il rimando allo "sforzo", il *Jihad*, come duplice impegno per mantenere, coltivare ed elevare le qualità morali e spirituali dell'individuo. Questi risulta "eletto" per la sua appartenenza razziale ed è fedele ai principi di riferimento, viatico per la contrapposizione, anche armata, a quelle che erano presentate come falangi dell'ontologia materialista borghese, di cui l'ebraismo sarebbe causa e prodotto. Il combattente, ai piedi della macerie e delle rovine fumanti, proseguirà nella sua lotta indomita, poiché nell'azione stessa trova la sua ragione d'essere e la sua catarsi. I regimi possono passare, la lotta razziale tra superiori e inferiori, tra sovranità e cosmopolitismo, tra identità spirituale e carattere mercificatorio, tra separazione e contaminazione, invece continua.[11]

[10] Maria Teresa Pichetto, op. cit., pp. 74-75.

[11] I riferimento di Evola a questo novero di interpretazioni sono molteplici, nei suoi tanti scritti. Basti citare, tra gli altri, articoli e saggi del medesimo usciti su in "La Difesa della razza" come "La razza e la guerra", II, n. 24, 1939; "Psicologia criminale ebraica", II, n. 18, 1939; "Gli ebrei e la matematica", III, n. 8, 1940 (entrambi poi riediti da Sentinella d'Italia, 1976 e 1978); "Mistica della razza in Roma antica", III, n. 14, 1940; "La gloria della gente aria", III, n. 15, 1940; "Le razze e il mito delle origini di Roma", IV, n. 16, 1941 ("Sentinella d'Italia", 1977); "Il triplice volto del razzismo", IV, n. 20, 1941; "La razza e i capi", IV, n. 24, 1941.

L'impronta di Evola

Il primo degli esponenti del neofascismo sensibile a questa impostazione a tratti apocalittica, fu Pino Rauti, già milite nella Guardia nazionale repubblicana, poi esponente dei Fasci di azione rivoluzionaria tra il 1946 e il 1947 e che proseguì la sua attività militante nelle organizzazioni giovanili missine. In esse, diffuse insieme a Enzo Erra le suggestioni spiritualiste, che politicamente portavano alla formulazione di una sorta di "terza via". Presupposto era che: «Il capitalismo e il socialismo [...] sono [...] nostri mortali nemici in quanto rappresentano una stessa concezione di idee della vita che è inconciliabile con quella che anima le nostre idee».[12] Tutta la traiettoria politica di Rauti, conclusasi con la sua morte nel 2012, costeggiando permanentemente legalitarismo istituzionale ed extraparlamentarismo radicale, risente inequivocabilmente delle suggestioni "rivoluzionarie" e aristocratiche evoliane. Benché si dimostri attento a non assumere le ingombranti vesti di un rigoroso antisemitismo, tuttavia nella critica da destra in chiave tradizionalista del "capitalismo", dell'"atlantismo" e dell'"americanizzazione", rimanda a una serie di elementi spuri, che sono riconducibili alla lettura razzizzante della società contemporanea. Le sue riviste "La sfida", "*Imperium*" e "Asso di bastoni", sono a tutti gli effetti laboratori pubblicistici del neofascismo più intransigente. La corrente evoliana, presente in un primo tempo all'interno del Movimento Sociale Italiano e conosciuta come «figli del sole»,[13] a sua volta si adoperò per alimentare le tematiche che le erano proprie, tra le quali anche la riformulazione, sia pure tra le righe, della "questione ebraica" come elemento di differenziazione razziale. Nel novembre del 1953 la nascita, come componente interna al partito, di quella che sarebbe poi divenuta la corrente di "Ordine nuovo", basata su posizioni di rottura con il prevalente parlamentarismo, su una maggiore intransigenza ideologica e culturale e su un rapporto più critico con il lascito del regime fascista, avviò una campagna di sensibilizzazione politica orientata nel segno delle indicazioni offerte da Julius Evola con il suo saggio "Orientamenti", già pubblicato tre anni prima da "*Imperium*". La discriminante diveniva quella della vocazione alla "rivoluzione", la

[12] Così sul periodico "La rivolta ideale" del settembre 1947, ora citato in Piero Ignazi, *Il polo escluso. Profilo del Movimento Sociale Italiano* (Bologna, 1989), p. 77.
[13] Federico Gennaccari, *Italia tricolore 1946-1989* (Roma, 2006), p. 78.

cui assenza Rauti e i suoi sodali contestavano alla classe dirigente missina. Quando, nel novembre del 1956, al V congresso nazionale del Msi Arturo Michelini venne riconfermato, si crearono le premesse per la rottura. In contrapposizione al notabilato missino, il gruppo di Ordine nuovo (nel quale figuravano esponenti del calibro di Clemente Graziani, Paolo Signorelli e Stefano delle Chiaie, tutti poi coinvolti o compartecipi a diverso titolo nelle vicende della destra radicale dei due decenni successivi) si costituì come "Centro Studi". Nel giro di un decennio, quello che era una vera e propria organizzazione politica concorrenziale al Movimento Sociale Italiano arrivò a contare alcune migliaia d'iscritti e diverse sedi in tutta Italia. Un'ulteriore frattura avvenne nel 1959 con l'uscita dal gruppo di delle Chiaie, che diede vita ad Avanguardia nazionale. Le vicende, i dissidi, i contrasti, ma anche le competizioni nella destra radicale degli anni Cinquanta e Sessanta costituiscono argomento a sé: rispetto ai temi presi in considerazione in queste pagine è rilevante esclusivamente per il tracciato antisemita in qualche modo mantenuto. Questo, per alimentarsi, necessitava non tanto del rimando al regime fascista, quanto a modelli ed esperienze eccentriche, del pari a depositi intellettuali eterogenei, come nel caso dei richiami a Corneliu Zelea Codreanu, René Guénon, ma anche all'orientalismo di Pio Filippani Ronconi e di Giuseppe Tucci. Più in generale, il tema dell'opposizione alla presenza ebraica, in quanto espressione di una modernità aborrita poiché livellatrice, si incontrava con la concezione elitaria, aristocratica ed eroica, di cui l'evolismo era l'espressione più significativa in campo neofascista. Anche il tema dell'"Europa Nazione", che sarebbe poi stato trasfuso nell'idea di "Europa dei popoli", concorreva ad alimentare un costrutto, in cui l'immagine dell'"ebreo" era parte integrante di ciò che si affermava di voler rifiutare.

Franco Freda

Molto attivo in tale ambito è stato per lungo tempo l'editore e politico Franco Freda, titolare delle "Edizioni di Ar", nonché vero e proprio esegeta di Evola e del suo lascito. Lo scarto rispetto al "maestro" sta nel fatto che Freda non solo recuperava il suo intero patrimonio, ma lo spostava verso una più ampia dimensione antisemita. Il catalogo della sua casa editrice, infatti costituisce a tutt'oggi una panoramica esaustiva degli autori che, tra Ottocento e Novecento si sono maggiormente impegnati nel dare sostanza all'antiebraismo. La contrapposizione al riguardo è netta: si contrappone l'immagine dell'"ebreo" come agente della modernità al recupero della "tradizione", ovvero l'insieme di valori morali, spirituali ma anche etno-razziali imperituri, destinati a connotare la differenza tra i gruppi (e gli individui) superiori rispetto a quelli inferiori.[14] Tale impostazione dottrinaria sarebbe proseguita nel tempo, essendo la vera e propria cornice ideologica di riferimento del radicalismo di Freda. Ancora nel 1990, all'atto della costituzione del Fronte Nazionale, movimento e "sodalizio" politico attivo fino al 1993, poi definitivamente sciolto dal ministero degli Interni nel 2000, nel sottolineare la centralità della lotta per difendere l'etnicità italiana (ed europea) a fronte dei crescenti flussi migratori "non indoeuropei" incentivati dalla globalizzazione, Freda indicava nella "razza" il fondamento dell'ordine cosmogonico. Quest'ultimo sarebbe garantito dalla coesistenza separata di gruppi originari, le razze per l'appunto, contrapposto all'universo dell'indistinto, derivante dalla sovrapposizione e della contaminazione tra appartenenti a gruppi diversi se non antitetici. L'idea del razzismo differenzialista (coesistenza in territori diversi di gruppi umani non mischiabili, destinati a vivere per sempre separati) si rivelava così il

[14] Così nel "Manifesto del gruppo di Ar" del 1963: «Noi siamo: contro i partiti politici. Dagli attuali partiti politici appaiono solo posizioni politiche al crepuscolo, che possono costituire il supporto per il successo di gruppi oligarchici, non certo inserite nel nostro modo generale d'essere. Noi siamo antidemocratici: sui feticci delle democrazie capitalistiche e bolsceviche ricade la responsabilità del crollo dei valori politici e del trauma morale che ha disintegrato degli individui alienandoli dalla vita organica dello Stato. Noi siamo contro certe esasperazioni del nazionalismo, che riteniamo aver frantumato nelle loro implicazioni storiche il substrato unitario della civiltà d'Occidente. Noi siamo antiborghesi: la borghesia, intesa come stato d'animo e prospettiva economicistica del mondo è la prima responsabile di questo clima dissolvente [...] Noi siamo per uno stile di vita che nessun partito può darci; ma solo un Ordine di idee, una Unità differenziata di istanze, il Cameratismo nella lotta contro un sistema sfaldato. Noi siamo per una Aristocrazia che è radicale rifiuto del modello egualitario. Noi assumiamo una prospettiva gerarchica e organica [...] Noi siamo per le civiltà d'Europa e d'Occidente, con i loro Miti e le loro Tradizioni, al di là degli egoismi e dei provincialismi sterili in cui si chiude l'odierna mentalità nazionalistica. Noi siamo per una concezione tradizionale dell'esistenza in cui le suggestioni esasperate e anormali della società e dell'economia cedano il posto ai valori eroici dello spirito intesi come *Onore, Gerarchia, Fedeltà*».

fondamento ultimo della visione neofascista delle relazioni sociali. Le razze ("la forma a priori di una cultura", gli idealtipi immodificabili), espressione di un'ontologia arcaica, fondativa, primigenia e adamitica, sono qui intese come una condizione data una volta per sempre, una sorta di valore astorico, che necessita di essere costantemente inverato attraverso l'azione politica. «Se denominiamo cultura la sintesi delle configurazioni politiche, estetiche, scientifiche, giuridiche, economiche in cui si manifesta un gruppo umano nel tempo, allora ciascuna cultura è simbolo di quel gruppo, espressione del suo radicale sentimento razziale ed etnico». E ancora: «Sulla razza non si deve discutere, non ci si deve confrontare: se mai specchiare. La razza è sangue, è nervo. Non pone interrogativi. È un elemento, come l'aria, come il sole, non un argomento [...] Razzismo significa non disprezzo delle altre razze ma fedeltà alla propria razza, riconoscimento della specifica forma di vita che la segna, rispetto a tutti i nessi, interiori ed esteriori, superiori ed inferiori che la ordinano»[15]. Il costrutto frediano si rifà a ciò che l'editore medesimo definisce come "razzismo morfologico", in contrapposizione a quello "integrale" di Evola. Infatti, mentre il secondo stabilisce una gerarchia tra i gruppi razziali, il primo, muovendosi in una prospettiva differenzialista, in linea di principio sembrerebbe non cristallizzarsi in criteri di primazia. Ogni razza, infatti, avrebbe un posto da occupare in un *"kosmos"* integrato. Tuttavia, una tale prospettiva è poi immediatamente smentita nel momento in cui il differenzialismo si trasforma e si riconosce nel fantasma del suprematismo, laddove viene invocato il predominio delle componenti più "civilizzate" dell'Europa, moralmente e spiritualmente superiori, per stabilire una *"Ordnung"*, un nuovo ordine che eviti la contaminazione tra diversi.

Il progetto culturale sotteso alle "Edizioni di Ar" non è solo quello di costruire e socializzare in Italia un lessico integrale dell'antisemitismo, emancipandolo dalla condanna e dal discredito nel quale era caduto con la fine della guerra, ma di riconnetterlo e fecondarlo con filoni culturali ancora inediti per una parte rilevante della destra radicale. Le date hanno allora la loro importanza. L'attività di Freda esordisce nel momento in cui il Concilio Vaticano II si avviava in quel percorso, che avrebbe poi sancito il superamento di rilevanti aspetti della dottrina antigiudaica all'interno della liturgia e della teologia cattolica. Il Gruppo di Ar, sodalizio paganeggiante, mischiava le antiche

[15] *I Lupi Azzurri. Documenti del Fronte Nazionale*, pp. 47-50.

posizioni tradizionaliste e antirivoluzionarie, ovvero l'antigiacobinismo del pensiero reazionario ottocentesco, con le suggestioni che derivavano dallo sviluppo delle scienze sociali. Il calco antropologico diveniva un aspetto preminente, proprio nel nome di una valorizzazione della differenza contro l'azione livellante del "capitalismo giudaico". Il sovrappiù che entrava pesantemente in gioco era lo stabilire un nesso di continuità tra l'impostazione culturale, ovvero il razzismo organicista, e il rimando al presente politico con l'esaltazione della lotta delle comunità nazionali oppresse, marginalizzate nello scenario internazionale. Di queste ultime si valorizzava lo spirito bellico e "guerriero", interpretandolo come espressione non solo di una legittima richiesta di diritti, ma anche e soprattutto di un'originaria disposizione collettiva al combattimento, segno di un'inclinazione razziale specifica. Particolare attenzione era quindi rivolta al patrimonio dei popoli indiani del Nord d'America, sottoposti all'etnocidio causato dall'immigrazione europea, ma anche alla Guardia di ferro romena di Corneliu Zelea Codreanu e alla guerriglia palestinese. Nel caso della Guardia di ferro, conosciuta anche come Movimento legionario, operante negli anni Trenta e ispirata ad un fervente e fanatico misticismo nazionalista, l'obiettivo di contrastare il bolscevismo si incontrava con quello di fermare il "capitalismo dei nuovi ebrei", costituito dai migranti, che dall'Europa dell'Est si erano insediati in Romania ai primi del Novecento. L'accusa mossa da Codreanu e dai suoi sodali era che il comunismo e il capitalismo sarebbero due facce della medesima medaglia, della quale beneficia il "giudaismo internazionale". L'idea ossessiva di una congiura ebraica intesa a dominare il mondo, uniformandolo e subordinandolo alla sua volontà, rimane il tratto più importante nell'identificazione ideologica con l'esperienza rumena. Per Freda era importante riconoscersi nello spiritualismo fascista, nell'anacoretismo ideologico votato al martirio di quello che si presentava come un nuovo "ordine" legionario disposto a immolarsi nella battaglia finale contro il materialismo ebraico. «Il legionario rumeno è visto [...] come un asceta che fa della morte la propria religione. Egli deve uccidere l'ebreo ma deve anche accettare la morte come catarsi».[16] L'antisemitismo è qui declinato come sostanza di una sorta di nuovo

[16] Bernardino Cocchianella, "L'antisemitismo della destra eversiva" in Giuseppe Caputo (a cura di), *Il pregiudizio antisemitico in Italia* (Roma, 1984), p. 25.

cristianesimo, che si definisce in piena opposizione allo "spirito ebraico".

L'internazionalismo nero

Continuatore di queste suggestioni è, a tutt'oggi, l'editore Claudio Mutti, saggista e filologo di formazione, già aderente al movimento Giovane Europa di Jean Thiriart[17], incubatore tra il 1962 e il 1969 di un nazionalismo rivoluzionario di matrice paneuropea, basato sulla contrapposizione dell'idea di "nazione-Europa" - intesa come terza forza tra Est (comunismo) e Ovest (capitalismo) - alla vecchia posizione a favore degli Stati nazionali. La Giovane Europa ha avuto modo di esprimere la sua vicinanza ad alcuni movimenti come l'Organizzazione per la liberazione della Palestina, i Black Panthers, i Vietcong, per poi vagheggiare la possibilità di una riconciliazione con il comunismo nel nome di un Continente europeo unito dall'Atlantico agli Urali in funzione antistatunitense. Claudio Mutti, fondatore delle "Edizioni all'Insegna del Veltro", a sua volta si è riconosciuto nell'Islam sciita. Già nel 1979 aveva dato vita all'Associazione Europa-Islam, per poi dirigere il periodico *"Jihad"*, espressione della vicinanza ai temi ideologici portati avanti dalla Repubblica islamica d'Iran. La sua casa editrice ha pubblicato a più riprese opere di autori islamici, così come del negazionista Robert Faurisson e di esponenti dell'area cosiddetta "rosso-bruna", come Costanzo Preve e Gennadij Zjuganov, soprattutto sulla rivista di geopolitica "Eurasia". Le traiettorie politiche rivolte ai movimenti di liberazione nazionale hanno permesso a una parte dell'area neofascista, a partire dalla seconda metà degli anni Sessanta, di sganciarsi dai vincoli dettati dal rapporto con il conservatorismo tradizionale, rivestendo i panni di soggetti "rivoluzionari", in concorrenza con una parte delle organizzazioni della sinistra extraparlamentare.[18] Un ingrediente

[17] Yannick Sauveur, *Jean Thiriart et le national-communautarisme européen* (Paris, 1978).

[18] Precursore di queste posizioni fu il cosiddetto "nazi-maoismo", termine di origine giornalistica, fenomeno politico diffusosi in ambito universitario romano a partire dal 1968. La sua espressione organizzata fu il movimento politico Lotta di Popolo, punto di confluenza dei movimenti di destra presenti all'Università La Sapienza (come la Caravella e Primula Goliardica) e di altri gruppi della destra extraparlamentare. Di là dalle suggestioni sincretiste, ossia di un'improbabile unione tra sinistra e destra rivoluzionarie, Lotta di Popolo non offrì mai un chiaro

imprescindibile in questa dinamica era e rimane l'aperta contrapposizione allo Stato d'Israele, che diventa ostilità di principio, poiché identifica nel "sionismo" l'espressione della volontà prevaricatrice del "capitalismo ebraico". Ancora una volta la radice di questa impostazione rimanda al lascito di Julius Evola, quando si pronunciava contro l'intero repertorio della modernità politica, dalla Rivoluzione francese in poi. È il rifiuto dell'egualitarismo, del pensiero democratico, dell'individualismo liberale (la materia e la merce contrapposte alla dimensione guerriera e spiritualista), del comunismo, ma anche del nazionalismo, soprattutto laddove quest'ultimo avrebbe spezzato le linee di continuità delle gerarchie "naturali", di cui la civiltà feudale-imperiale era espressione e organizzazione, e porta a riconsiderare con una diversa luce il ruolo (e il destino) del Continente europeo. A quest'ultimo, infatti, era demandato l'arduo compito di contrapporsi - non prima di essersi riscattato politicamente, avendo a modello l'esperienza nazionalsocialista - alla duplice morsa esercitata dalla degenerazione democratica e dal materialismo comunista.
Il testo di riferimento, in questo caso, è il volume "Gli uomini e le rovine", del 1953, che costituisce il vademecum del militante della destra radicale postbellica. Democrazia, "americanismo", indifferenzialismo, consumismo, comunismo, liberalismo, sono intesi come il prodotto dell'«internazionale ebraica», il cui fine per raggiungere il dominio del mondo è la distruzione del patrimonio gerarchico, castale, combattente, sovra-materiale e spirituale presente tra i membri delle razze superiori (o "non ebraiche"). L'attenzione, che gli apologeti e gli epigoni di Evola offrono al nesso tra "Europa", "Occidente", "civiltà spirituale" e indole combattente, soprattutto durante e dopo la lunga stagione dei movimenti degli anni Sessanta, permette di assorbire e riassumere l'antisemitismo dentro un novero di suggestioni maggiormente accettabili, comunque non in urto con il rifiuto dichiarato dalla politica parlamentare e dalle organizzazioni legalitarie. Adriano Romualdi, giovane e vivace studioso, discepolo di Evola, destinato a morire anzitempo, ne fu probabilmente l'interprete più fertile. Nel volume "La destra e la crisi del nazionalismo"[19]

contributo di ordine ideologico, cercando perlopiù di sfruttare a proprio beneficio la mobilitazione studentesca, che chiamava a raccolta sulla base di una serie di parole d'ordine di natura puramente avanguardista e ribellistica.

19 Pubblicato nel 1973 dalle Edizioni del Settimo Sigillo. Figlio di Pino Romualdi, quest'ultimo vice-segretario del Movimento Sociale Italiano, si era laureato a Roma

metteva in rilievo il declino della logica nazionale dinanzi alla forza del bipolarismo, indicando invece in una sorta di "nazionalismo continentale", basato sui caratteri più profondi e radicati della civilizzazione occidentale, l'unica risorsa alla quale fare riferimento per cercare di contrastare la rovina della spiritualità e il trionfo del materialismo. Una parte di questi richiami penetrò all'interno del dibattito delle organizzazioni giovanili missine, a partire dal Fronte universitario d'azione nazionale per arrivare prima alla Giovane Italia e al Raggruppamento giovanile studenti e lavoratori, poi al Fronte della gioventù.[20] L'edulcorazione dell'antisemitismo si realizzava dissolvendone i caratteri più aspri e pronunciati all'interno di un discorso sulla superiorità euro-occidentale, della quale i "semiti" non erano parte. La solidarietà ai popoli in lotta per la loro indipendenza nazionale (estesa quindi anche ai baschi, agli irlandesi, alle diverse comunità in conflitto con una parte dei poteri centrali, ma anche ai popoli che s'identificano con questi ultimi, quand'essi hanno un fondamento autoritario, totalitario o teocratico, come nel caso libico, iraniano e oggi siriano e russo per certuni come ucraino per altri) non era vissuta in contraddizione con la teorizzazione del declino del vecchio nazionalismo. Poiché di esso si denunciava la natura esclusivamente istituzionale, amministrativa, basata sulla creazione di confini artificiosi, non corrispondenti alla distribuzione della componente razziale e quindi incapace di rendere conto dello spirito di abnegazione e di sacrificio, invece presente nell'animo dei militanti etno-nazionalisti, come già era avvenuto con le *Waffen-SS*, le unità combattenti costituite da personale "ariano" proveniente da tutti i paesi europei occupati o collaboratori della Germania nazista. In questo quadro di riferimento le ripetute manifestazioni di solidarietà di buona parte della destra radicale nei confronti dell'articolato universo di organizzazioni di lotta palestinese hanno poco o nulla a che fare con la dimensione strettamente nazionale e molto con un duplice movente: da un lato l'esaltazione della vocazione guerriera dei *fedayin* (così come poi dei *mujaheddin* islamisti), dall'altro il secco rifiuto

con una tesi sulla rivoluzione conservatrice tedesca, grazie a Renzo De Felice e Rosario Romeo. Nella sua breve esistenza, durata trentatré anni, divenne assistente universitario in storia contemporanea presso la cattedra di Giuseppe Tricoli a Palermo. Nel 1966 pubblicò a Roma il volume *Julius Evola: l'uomo e l'opera*, testo autorizzato dal biografato.

[20] Al riguardo: Antonio Carioti, *I ragazzi della fiamma* (Milano, 2011).

d'Israele, il Paese che esprime la vera radice del "complotto giudaico". Non è un caso infatti, se spesso si parla di "sionismo mondiale", spostando per l'appunto il fuoco dell'attenzione dall'ebraismo al sionismo, che del primo sarebbe una sorta di inveramento politico, di moderna manifestazione, sempre in quella logica della ramificazione e del consolidamento della rete di potere etnico sul pianeta costantemente tessuta dagli ebrei. Anche da ciò, insieme a una vera e propria mitizzazione del combattimento (di cui i palestinesi prima e una parte delle milizie islamiste poi sarebbero i più autentici depositari), deriva la ricorrenza del termine "sionismo" in chiave detrattiva, quindi della necessità di una coscienza politica rigorosamente antisionista. Già nel 1978 c'era chi scriveva che: «la lotta per l'unità islamica contro il sionismo, nemico mondiale dei popoli, non deve essere separata dalle lotte condotte da altri popoli, perché il sionismo è letteralmente planetario ed è presente, dalla sua base geopolitica di New York, dentro tutti i bastioni dell'imperialismo».[21] In questo transito sub-culturale, segnato dall'acquisizione per parte di diverse componenti della destra radicale di temi "anticolonialisti" o comunque di opposizione all'"imperialismo" di matrice materialista (di contro a quello aristocratico, inteso come il legittimo dominio degli spiriti superiori su quelli inferiori), l'antisionismo assume una veste sua propria, non solo succedanea del vecchio antisemitismo, rinverdendone semmai l'intero corredo ideologico.

Antisemitismo e antisionismo

A tale riguardo s'impone un supplemento di analisi su un fenomeno che è piuttosto recente e che costituisce un campo d'intesa tra alcune frange opposte, confluenti nel campo dei cosiddetti "rosso-bruni".[22] Rispetto a una definizione che non sia unicamente schiacciata sull'attualità politica, che rischia altrimenti di travolgerne tutti i significati possibili, l'antisionismo può infatti essere ricondotto, nella sua essenzialità, a un ampio spettro di convinzioni e credenze, che dall'opinione possono giungere al pregiudizio e infine alla

[21] Antonio Medrano, *Islam ed Europa* (Padova, 1978), p. 134.

[22] Al riguardo, Valerio Evangelisti, "I rosso-bruni: vesti nuove per una vecchia storia" come anche, di Claudia Cernigoi, "Comunitarismo e nazimaoismo".

giustificazione di aggressioni nei confronti di cose e persone. La definizione è generica ma necessaria, poiché incorpora al suo interno la storicità sia di ciò, di cui dice di essere l'inverso, il sionismo per l'appunto, sia dei modi e delle ragioni con cui tale atteggiamento si è concretamente manifestato tra le persone, ossia con modalità, in luoghi e in tempi tra di loro diversi. Il fondamento comune, poiché irrevocabile, è l'affermazione che il movimento nazionale ebraico e ciò che da esso è nei fatti derivato, a partire dallo Stato d'Israele, costituiscano qualcosa a cui contrapporsi, poiché storicamente illegittimo o comunque privo di un reale motivo d'essere, tanto più se questo è d'ordine morale o civile. Le ragioni di tale opposizione, che in molti casi si fa da subito manifesta e ossessiva avversione, possono mutare, costituendo così la variabile dipendente dell'argomentazione antisionista, quella che cambia a seconda di chi la esprime: contro il sionismo, perché sarebbe una falsa soluzione dei problemi che accompagnano gli ebrei; contro il sionismo perché nazionalismo se non addirittura pensiero suprematista, basato su un pregiudizio razzista rivolto sistematicamente contro i non ebrei; contro il sionismo, perché sopraffazione nei confronti dei palestinesi; contro il sionismo, perché infrazione al dettato religioso e alla volontà di un Essere superiore; contro il sionismo soprattutto perché "innaturale", antistorico, fuori dalla stessa legittimazione della volontà umana. Mentre è variabile indipendente il giudizio per cui il sionismo sarebbe di per sé qualcosa da rifiutare a prescindere, oggettivandone poi le ragioni come in una sorta di razionalizzazione a posteriori: prima il diniego, poi la sua motivazione. Sull'intensità del rifiuto per l'appunto gli umori e gli atteggiamenti possono quindi differenziarsi, non invece sulla sua necessità, per chi lo fa proprio.

Allora, che cosa implica il richiamo all'antisionismo e quali possono essere i suoi nessi con l'antisemitismo? Se lo si considera come un atteggiamento che si sviluppa nel corso del tempo, quindi contestualizzandolo rispetto a circostanze diverse e a scenari storici differenziati, si possono isolare alcuni temi di fondo. A volte risultano essere differenziati, altre volte si ibridano tra di loro.

Il primo rimanda al convincimento che gli ebrei non siano un popolo, ancorché disperso o diasporico, e che in quanto tali non abbiano mai goduto del diritto ad avanzare rivendicazioni di ricomposizione nazionale. Si situa in questa vulgata parte di quel giudaismo assimilazionista che soprattutto nell'Ottocento aveva fatto proprie le istanze del liberalismo, soprattutto laddove quest'ultimo predicava la centralità dell'individuo e la necessità di superare le appartenenze di gruppo, quelle "particolariste", a favore di una cittadinanza basata esclusivamente su un legame fondato su valori repubblicani e costituzionali.

Il secondo tema rinvia all'idea, originariamente diffusa anche in una parte delle comunità ebraiche, che i problemi degli ebrei (ma anche i progetti e le identità che li accompagnavano) non siano affrontabili e risolvibili con il ricorso alla via nazionale autoctona.

Il terzo argomento, più strettamente religioso, può essere formulato come l'avversione nei confronti dell'auto-redenzione. Il tempo attuale è, e rimane, quello della dispersione. Il sionismo sarebbe solo la nuova forma di un vecchio problema, il falso messianismo, che da Gesù a oggi, passando per Shabbatai Zevi, produce illusioni e lesioni nel corpo stesso dell'ebraismo. Rientra in questo novero la manifestazione odierna più appariscente dell'antisionismo in campo ebraico, quella espressa dal movimento Neturei Karta, i cosiddetti "guardiani della città", presenti a Gerusalemme, negli Stati Uniti, in Belgio, in Gran Bretagna e in Austria. Si tratta di una costola scissionista dell'Agudat Israel, nata nel 1938 all'interno del «vecchio Yishuv», tra discendenti dell'ebraismo ungherese e lituano, le cui famiglie si erano recate nella Palestina ottomana più di un secolo prima. Al di là dei rigidi convincimenti, che li inducono a giudicare il sionismo come una perversione e un tradimento del giudaismo, il fulcro delle loro posizioni si legittima sulla base sia del rifiuto della separazione tra religione e politica, sia con l'avversione contro gli istituti e gli organismi secolarizzati dell'ebraismo così come dello stesso Stato d'Israele. La mediazione istituzionale, che ogni moderna organizzazione politica non può non mettere in atto per raccogliere e rappresentare la varietà umana, insieme alle differenze sociali, culturali e spirituali, sono da essi rifiutate laddove ritengano che possano pregiudicare il rimando ad una «purezza» originaria e a dei confini identitari molto accentuati. La forte mediatizzazione di cui questo gruppo ha goduto per l'apparente singolarità e l'eccentricità delle sue posizioni, ne ha amplificato l'impatto sul piano dell'immaginario collettivo. Tuttavia, che a essi vada conferita la palma di coloro che hanno raccolto l'opposizione religiosa al sionismo è un errore concettuale, ma anche storico. Le vicende dell'antisionismo su base religiosa sono assai più complesse, variegate e articolate, situandosi in

particolare tra il 1860 e il 1948, prima della nascita dello Stato d'Israele.
Il quarto argomento, proseguendo in questa veloce carrellata, è quello che indica in Israele una realizzazione politica che crea più problemi di quanti ne possa (e ne intenda) risolvere. Un atteggiamento, questo, che si ricollega a una visione per così dire falsamente "pragmatica", dove la questione, altrimenti basilare nella storia dell'Ottocento e del Novecento, delle identità politiche e sociali di gruppo viene ricondotta ad una sorta di prontuario di risposte usa e getta. Dal riscontro della conflittualità con le comunità arabe si è passati infatti ad affermare che la via nazionale e statuale sia di per sé a tal punto illusoria e foriera di implicazioni negative tali che l'ebraismo non avrebbe dovuto comunque farsene carico. Questo atteggiamento, radicatosi già all'inizio del Ventesimo secolo, trovava ancora un discreto seguito in una parte dell'intellettualità ebraica della Diaspora tra gli anni Quaranta e Sessanta. Un quinto elemento, assecondando un crescendo che una volta innescatosi fatica oggi a fermarsi, è quello per cui il sionismo costituirebbe invece una forma particolarmente virulenta di razzismo, quindi insidiosa. Si è qui in un ambito diverso da quelli precedenti, poiché il centro dell'argomentazione non è legato all'opportunità politica, all'efficacia concreta o alla stessa liceità storica di un progetto nazionale, bensì alla natura medesima di un'intenzione che, a detta dei detrattori, è la proiezione non solo di una calcolata malafede, ma anche la prosecuzione di una perfidia di antica radice. In questo caso quasi sempre subentra l'equiparazione, tanto bislacca e offensiva quanto di facile diffusione, tra sionismo e nazismo, come se fossero l'uno immediato sinonimo dell'altro. L'accusa mossa a partire da tale premessa è che il sionismo sia l'ideologia del suprematismo ebraico, ovvero la concezione della superiorità razziale degli ebrei, da essi stessi sapientemente coltivata ai danni del mondo intero. In questo genere di accezione si fa perno sull'interpretazione di Israele come Stato etnico, che rappresenterebbe una corruzione del principio dell'identità nazionale in quanto espressione del moderno diritto pubblico, dove le differenze di appartenenza al gruppo d'origine (qualunque esso sia) scompaiono nella comune cittadinanza. È interessante notare come in questo caso a rivolgere i propri strali polemici siano coloro che a vario titolo dichiarano sia la loro appartenenza alla sinistra anti-imperialista, sia quanti, dalla destra radicale, rivelano spesso di nutrire simpatie nei confronti del nazismo.

All'apparente contraddittorietà di tale atteggiamento si può ricollegare il fatto che i neonazisti coltivano un'idea assolutoria della propria ideologia, depurandola di tutti gli aspetti deteriori o al limite giustificandone la necessità storica. A essere "cattivi", in buona sostanza, non erano i carnefici, bensì le vittime. Segnatamente, è questo l'*imprinting* dell'hitlerismo, che conferisce agli offesi la responsabilità dell'offesa stessa. Nel caso della sinistra invece, come ha rilevato efficacemente Pierre-André Taguieff[23] l'antisionismo si presenta nella sua forma esacerbata di falso antirazzismo. Si condanna il sionismo non solo in quanto nazionalismo, ma perché espressione di un peculiare razzismo, quello degli ebrei contro i palestinesi. A destra come a sinistra opera tuttavia il medesimo *cliché*, quello che ribalta sugli accusati, in un vero e proprio gioco di proiezioni mentali, le proprie fantasie. Giunti infine a questo punto della scala d'intensità, trionfa definitivamente il pregiudizio antisemita. Israele, infatti, in quanto prodotto mefitico del sionismo, è visto come una sorta di "ebreo collettivo", sul quale scaricare le colpe attribuite agli ebrei in quanto popolo o eventualmente come individui. Gli effetti di caricaturalità, facilmente rilevabili da parte di qualsiasi occhio od orecchio ragionevole, rafforzano la diffusione, a tratti virale, dei paradigmi antisionisti. Non è un caso che soprattutto in rete, vera miniera di opportunità per chi voglia esercitarsi nella diffusione del pregiudizio, abbondino i simbolismi che evocano l'intero armamentario antisemita, a partire dall'accusa del sangue, ovvero di "nutrirsi", figurativamente o addirittura letteralmente, del sangue dei non ebrei. Così è, infatti, rappresentata la politica israeliana nei confronti dei palestinesi, soprattutto nelle diffusissime vignette che usano gli stessi stilemi in voga ai tempi del nazismo. Da questo punto di vista, di là dagli aggiustamenti grafici di circostanza, poco o nulla è cambiato rispetto al passato. Non è, infatti, un caso che in campo arabo-musulmano l'intera congerie di convincimenti, che hanno alimentato storicamente l'antigiudaismo prima e l'antisemitismo poi, sia stata ripresa *in toto* da alcuni esponenti politici e religiosi, dando linfa ad una nuova stagione del pregiudizio strutturale contro gli ebrei. In età contemporanea, di là della stessa interpretazione in chiave antiebraica del Corano (come nel caso della Sura due, detta "La

[23] Pierre-André Taguieff, *La nouvelle judéophobie* (Paris, 2002); *idem*, *L'imaginaire du complot mondial: Aspects d'un mythe moderne* (Paris, 2006); *idem*, *L'antisemitismo* (Milano, 2016).

vacca", ai versetti 75-105), peraltro rinverdita e amplificata negli ultimi decenni dai movimenti di mobilitazione islamista, l'archivio antisemita, ossia l'immaginario pregiudiziale che in Europa aveva avuto ampia diffusione, è stato acquisito e adattato a molte realtà con effetti di ritorno non sempre omogenei e quindi prevedibili a priori. La funzionalità e l'efficacia di una polemica non più religiosa, ma esistenziale *tout court* (a partire dalla negazione del diritto all'esistenza d'Israele) è quella che le deriva dal costituire una delle colonne portanti dei simbolismi che attraversano il conflitto israelo-palestinese. L'antisionismo in tale circostanza e parimenti l'antisemitismo assumono i caratteri e la natura di posizione identitaria, non contrattabile in nessuno dei suoi aspetti. Chi ne indossa i panni ritiene di non poter derogare in alcun modo da essa, pena la minaccia della sua integrità psicofisica. Le ragioni individuali e le dinamiche di gruppo all'opera in questo caso sono in più aspetti omologhe a quelle dell'antisemitismo, dei cui temi di fondo sono di fatto un'attualizzazione. Proprio la fantasia paranoide del sionismo come di un complesso unitario d'interessi e di soggetti, tra di loro uniti dall'obiettivo della congiura, alimenta un senso di oppressione, che potrà essere superato solo con la distruzione di ciò che viene tematizzato come una minaccia intollerabile.

Il lungo *excursus* serve per cercare di delimitare il tema del rapporto tra antisemitismo e antisionismo, evitando sia indebite sovrapposizioni che incongrue contrapposizioni. D'altro canto il ragionarne riconduce al presente così come interroga sulle linee di continuità e sulle faglie di discontinuità prodottesi nel corso del tempo nel reiterarsi del pregiudizio antisemitico. Tra il 1967, con la Guerra dei Sei giorni, e il 1982, con l'operazione israeliana "Pace in Galilea", condotta nel Libano meridionale, le tensioni tendono ad esacerbarsi anche in Italia, con il dirompente ingresso delle immagini (e dell'immaginario che ad esse si riconnette) del conflitto israelo-palestinese nella definizione delle identità politiche.[24] Un punto di sutura è offerto, tra gli altri, dalla pubblicazione di un periodico, peraltro di breve vita, "La lente di Marx", che a metà degli anni Novanta si propose come sintesi tra un approccio terzomondista, permutato per lo più dalla sinistra extraparlamentare, e la critica all'ebraismo nel nome della polemica

[24] Una lettura al riguardo, sia pure ancora non ultimativa, è quella proposta da Arturo Marzano e Guri Schwarz, *Attentato alla sinagoga. Roma, 9 ottobre 1982. Il conflitto israelo-palestinese e l'Italia* (Roma, 2013).

contro la società borghese (e la sinistra istituzionale e parlamentare). In particolare il secondo numero della rivista, con un dossier intitolato "ebrei brava gente", ricalcava elementi che sarebbero stati poi in parte recuperati nel decennio successivo dalla montante polemica antisionista. Identificare in ciò un principio incontrovertibile di transitività del pregiudizio dalla dimensione antisemita a quella antisionista, come se il secondo riproponesse integralmente i caratteri del primo, non è scientificamente valido. Tuttavia, come già si è avuto modo di affermare, alcuni paradigmi tendono a riproporsi nel corso del tempo. E quel che più conta, al riguardo, non è tanto la loro ripetizione quanto il contesto culturale, sociale ed economico in cui ciò avviene, che nelle società europee è caratterizzato dal mutamento. I processi migratori in atto da diversi anni sono un elemento da tenere in particolare considerazione, senza giungere ad affrettate conclusioni. La presenza di un grande numero d'immigrati musulmani, provenienti da Paesi nei quali il rapporto con la minoranza ebraica, così come più in generale con i processi di modernizzazione, ha seguito percorsi diversi da quelli delle società di accoglienza, introduce una variabile importante, la cui rilevanza è ancora tutta da misurare. Il rifiuto del "sionismo", ancora una volta inteso come una manifestazione brutale e tracotante dell'"imperialismo occidentale", il giudizio demonizzante sullo Stato d'Israele, del quale in molti casi viene rifiutata la legittimità politica e storica, l'identificazione tra ebraismo e sionismo, sono nel loro insieme fattori che entrano in gioco nella riformulazione del vecchio pregiudizio e nel suo adattamento ai tempi correnti. Se l'antisemitismo contemporaneo si presenta come denuncia del complotto ebraico e nel contempo strumento per porvi un radicale rimedio, occorre comprendere come esso possa continuare a risultare non solo accettabile, ma convincente per una parte della collettività, al di là della falsità delle sue affermazioni. Seguitare a interpretarlo come il prodotto d'ignoranza o di un difetto di conoscenza non basta per cogliere le ragioni della sua persistenza, poiché esso rivela una natura camaleontica e una notevole capacità di adattamento. L'una e l'altra cosa non sono solo il prodotto d'idee sbagliate, bensì di un'interpretazione ideologica dei rapporti sociali, operata con lenti deformanti, dove la complessità del presente viene ricondotta ad un unico indice di riferimento, la colpevolezza degli "ebrei", causa esclusiva dei mali nel mondo. Così facendo induce in quanti se ne fanno portatori l'erronea ma rassicurante convinzione di avere capito

come si possa porre rimedio ai molti problemi odierni.
Anche per questa ragione, ossia per non costituire un residuo del passato ma un sintomo evidente dei disagi dell'oggi, l'antisemitismo non è un problema solo per la minoranza ebraica, contro la quale è indirizzato, ma una questione che interroga sulle radici e sui modi in cui la moderna società riesce a garantire diritti e inclusione per tutte le componenti che ne fanno parte.

AUTORI

Sara Berger

Classe 1978, ha conseguito un dottorato di ricerca in storia sui campi di sterminio dell'"Aktion Reinhardt" alla Ruhr-Universität Bochum.
Nel 2013 ha pubblicato il libro *"Experten der Vernichtung. Das T4-Reinhardt-Netzwerk in den Lagern Belzec, Sobibor und Treblinka"* (2013), premiato nel 2015 con il *Sybil Halpern Milton Memorial Book Prize* (*German Studies Association*).
Con la Fondazione Museo della *Shoah* di Roma ha realizzato le mostre sui disegni di Aldo Gay (2007), sulle leggi razziali in Italia (2008), su Auschwitz-Birkenau (2010), sulla razzia del 16 ottobre 1943 (2013 e 2016), sulla liberazione dei campi nazisti (2015) e ha curato le esposizioni sui ghetti nazisti (2012), sulla propaganda antisemita nazista e fascista ("La razza nemica", 2017) e sulle Leggi antiebraiche ("1938. La storia", 2017) e ("1938. La memoria", 2018).
Ha curato "Lettere e pagine di diario. 1938-1946" di Gualtiero Cividalli (2016) e "I signori del Terrore. Polizia nazista e persecuzione antiebraica in Italia" (2016) ed è responsabile per la parte italiana del progetto tedesco di raccolta di documenti sulla persecuzione degli ebrei europei *Verfolgung und Ermordung der europäischen Juden* (VEJ) volume 14 pubblicato nel 2017.

Aberto Cavaglion

Nato a Cuneo nel 1956, si è laureato in Lettere e Filosofia nel 1982 presso l'Università di Torino.
Insegna Storia dell'Ebraismo all'Università di Firenze. Fa parte del comitato di redazione della rivista "L'indice dei libri del mese". Dal 2013 fa parte della direzione della "Rassegna mensile di Israel".
Ha fra l'altro pubblicato:
Felice Momigliano (1866-1924). Una biografia. Bologna, 1988.
Per via invisibile. Bologna, 1998.
Il senso dell'arca. Ebrei senza saperlo (nuova edizione). Napoli, 2006.
Nella notte straniera. Gli ebrei di St. Martin Vésubie (nuova edizione aggiornata). Torino, 2012.
Nel 2005, con il libro "La Resistenza spiegata a mia figlia" ha vinto il Premio "Lo Straniero". Di questo libro sono state pubblicate quattro edizioni (nel 2015 è uscita nei Tascabili Feltrinelli).
Ha curato l'edizione commentata di "Se questo è un uomo" di Primo Levi

(Torino, 2012).
Il suo ultimo lavoro s'intitola "Verso la Terra promessa. Scrittori italiani a Gerusalemme da Matilde Serao a Pier Paolo Pasolini". Roma, 2016.

Francesca Fabbri

Storica dell'arte, (Università di Genova, Musée des Beaux Arts di Marsiglia), vive dal 2000 in Germania, dove collabora con la Klassik Stiftung di Weimar e con l'Università "Friedrich Schiller" di Jena.
Si occupa soprattutto di arte medievale (manoscritti genovesi due e trecenteschi) e barocca (scultura genovese e francese, commercio dei marmi).
Alcuni recenti interventi si sono incentrati su temi iconografici, su figure femminili quali Maddalena o Marta e sui rapporti fra arte e letteratura nell'Ottocento tedesco con particolare riferimento alla figura di Adele Schopenhauer.
Fra i saggi più recenti: *"Er hatte sie von klein auf gekannt... Adele Schopenhauer e Johann Wolfgang Goethe"* in "Cultura Tedesca" 53, 2017.
Collabora a numerose riviste, tra cui "Arte cristiana", "Letteratura&arte" e "Studi di storia dell'arte".
Ha pubblicato "Il codice Cocharelli tra Europa, Mediterraneo e Oriente" in "La pittura in Liguria". Genova, 2011.

Gudrun Jäger

Lettrice di lingua e letteratura tedesca nelle Università di Pisa e Bologna dal 1983 al 1993, dottorato di ricerca nel 1997 con una tesi sulla scrittrice ebrea tedesca Gertrud Kolmar, dal 1997 al 2005 ricercatrice all'interno del progetto *"Lexikon deutsch-jüdischer Autoren"* nella facoltà di filologia tedesca contemporanea dell'Università di Francoforte.
Numerose pubblicazioni sulla storia e letteratura ebraico-tedesca e sulla scrittura memorialistica italiana. Amica di Liana Millu dagli anni '80 fino alla sua scomparsa.
Vive a Francoforte.

Fabio Levi

Insegna storia contemporanea all'Università di Torino ed è Presidente del Comitato Scientifico della Fondazione Alexander Langer di Bolzano.
Ha lavorato a lungo sulla storia degli ebrei dall'emancipazione fino allo

sterminio.
Tra le sue pubblicazioni:
Auschwitz, il presente e il possibile. Dialoghi sulla storia tra infanzia e adolescenza (con Maria Bacchi). Firenze, 2004.
Dodici lezioni sugli ebrei in Europa. Dall'emancipazione alle soglie dello sterminio. Torino, 2003.
I ventenni e lo sterminio degli ebrei. Le risposte a un questionario proposto presso la Facoltà di Lettere di Torino. Torino, 1999.
Le case e le cose. La persecuzione degli ebrei torinesi nelle carte dell'EGELI. 1938-1945. Torino, 1998.
L'identità imposta. Un padre ebreo di fronte alle leggi razziali di Mussolini. Torino, 1996.
L'ebreo in oggetto. L'applicazione della normativa antiebraica a Torino 1938-1943. Torino, 1991.

Aram Mattioli

Professore di Storia Contemporanea all'Università di Lucerna. Temi principali della sua ricerca sono la storia d'Italia dal 1861 e la storia degli Stati Uniti.
Tra le sue pubblicazioni più rilevanti:
Experimentierfeld der Gewalt. Der Abessinienkrieg und seine internationale Bedeutung. Zürich, 2005.
Für den Faschismus bauen. Architektur und Städtebau im Italien Mussolinis. Zürich, 2009. (edito insieme a Gerald Steinacher).
Viva Mussolini! Die Aufwertung des Faschismus im Italien Berlusconis. Paderborn, 2011.
Verlorene Welten. Eine Geschichte der Indianer Nordamerikas 1700-1910. Stuttgart, 2017.

Liana Novelli Glaab

Socia della Società delle Storiche (SIS) ha studiato a Torino ed è stata borsista del DAAD a Francoforte, dove vive e ha insegnato storia delle donne dal 1986 al 2006 alla *Goethe-Universität.*
Tra le pubblicazioni:
Die unbekannte Italienerin. Aufbruch in die Emanzipation. Freiburg, 1980.
"Le donne nella Resistenza" in "Donne varesine tra guerra e Resistenza". Varese, 2007.
Ha curato insieme a Gudrun Jäger l'edizione di *"Judentum und Antisemitismus im modernen Italien"* (Berlin, 2007) e ha pubblicato in italiano e tedesco saggi

sull'emigrazione femminile e le donne nella Resistenza.

Amedeo Osti Guerrazzi

Collabora per la "Fondazione Museo della *Shoah*" di Roma. Il focus principale della sua ricerca attualmente è il Fascismo, i suoi crimini durante la Seconda Guerra Mondiale e la persecuzione degli ebrei.
Sulla *Shoah* i suoi lavori principali sono:
Caino a Roma. I complici romani della *Shoah*. Roma, 2005.
"La persecuzione degli ebrei a Roma. Carnefici e vittime" in Silvia Haia Antonucci, Claudio Procaccia (a cura di). Dopo il 16 ottobre. Gli ebrei a Roma tra occupazione, resistenza, accoglienza e delazioni (1943-1944). Roma, 2017.
"L'Historiographie de la Shoah en Italie. 1995-2015" in *"Revue d'histoire de la Shoah" n. 206, Mémorial de la Shoah*, marzo 2017.
"L'*Aussenkommando Rom*. Uomini, strategie, metodi" in Sara Berger (a cura di). I signori del terrore. Polizia nazista e persecuzione antiebraica in Italia (1943-1945). Verona, 2016.
"Un popolo imperiale. Documenti su antisemitismo e razzismo a Roma tra il 1938 ed il 1941" in "Roma moderna e contemporanea", XIX, 2011.
"Die ideologischen Ursprünge der Judenverfolgung in Italien. Die Propaganda und ihre Wirkung am Beispiel Roms" in Lutz Klinkhammer, Amedeo Osti Guerrazzi, Thomas Schlemmer (a cura di). *Die „Achse" im Krieg. Politik, Ideologie und Kriegführung 1939-1945*. Paderborn / München / Wien / Zürich, 2010.
"Der italienische Faschismus und die ‚Zigeuner'" in "*Jahrbuch für Antisemitismusforschung*". Vol. 18, 2009.

Anna Rossi Doria (1938-2017)

Storica e ricercatrice, ha insegnato nell'Università della Calabria, nell'Università di Bologna, dove ha tenuto il primo corso ufficiale di storia delle donne e a Roma, Università di Tor Vergata.
Socia della SIS, è stata redattrice della rivista "Passato e presente" e nel direttivo dell'Istituto romano di Storia della Resistenza.
Tra le sue numerose pubblicazioni ricordiamo:
Diventare cittadine. Il voto alle donne in Italia. Firenze, 1996.
Memoria e storia. Il caso della deportazione. Soveria Mannelli, 1998.
"Antisemitismo e antifemminismo nella cultura positivistica" in Alberto Burgio (a cura di). Nel nome della razza. Il razzismo nella storia d'Italia (1870-1945). Bologna, 1999.
"Diritti delle donne e diritti umani" in "Contemporanea" n. 7, 2000.

Guri Schwarz

È professore associato di storia contemporanea all'Università di Genova. È membro del comitato scientifico della Fondazione Centro di Documentazione Ebraica Contemporanea (Milano).
Tra i suoi libri:
Ritrovare se stessi. Gli ebrei nell'Italia postfascista. Roma / Bari, 2004.
Gli ebrei in Italia tra persecuzione fascista e reintegrazione postbellica (con Ilaria Pavan). Firenze, 2002.
Emanuele Artom. Diari di un partigiano ebreo. Gennaio 1940 - Febbraio 1944. Torino, 2008.
Dalla guerra alla pace. Retoriche e pratiche della smobilitazione nell'Italia del Novecento. Roma, 2007.
Attentato alla sinagoga. Roma, 9 ottobre 1982. Il conflitto israelo-palestinese e l'Italia (con Arturo Marzano). Roma, 2013.

Claudio Vercelli

È docente a contratto di storia dell'ebraismo all'Università Cattolica di Milano. Svolge inoltre attività di ricerca di storia contemporanea presso l'Istituto di studi storici Salvemini di Torino, per il quale ha condotto il programma didattico pluriennale "Usi della storia, usi della memoria".
Ha pubblicato, tra gli altri, i volumi:
Tanti Olocausti. La deportazione e l'internamento nei *lager* nazisti. Firenze, 2005.
Israele e Palestina: una terra per due. Torino, 2005.
Israele. Storia dello Stato 1881-2008, dal sogno alla realtà. Firenze, 2007-2008.
Breve storia dello Stato d'Israele. Roma, 2009.
Storia del conflitto israelo-palestinese. Roma / Bari, 2010.
Triangoli viola. La persecuzione e la deportazione dei testimoni di Geova nei *lager* nazisti. Roma, 2012.
Il negazionismo. Storia di una menzogna. Roma / Bari, 2013.
Milleduemila: un mondo al plurale, (con Valerio Castronovo). Firenze, 2009-2015.
Soldati. Storia sociale dell'esercito italiano, dall'Unità ad oggi. Roma / Bari, 2018.
Il sionismo. Tra diaspora e Israele. Roma, 2018.

Ulrich Wyrwa

Professore di storia contemporanea all'università di Potsdam. Ha diretto due seminari di dottorandi presso il Centro di ricerca dell'antisemitismo di Berlino sull'origine e lo sviluppo dell'antisemitismo in Europa (1879-1914 / 1914-1923).
Si occupa principalmente di storia degli ebrei e dell'antisemitismo in Europa nell'Ottocento e primo Novecento con particolare riferimento all'Italia e alla Germania.
Su questo tema ha pubblicato numerosi studi, da ultimo sono usciti:
Gesellschaftliche Konfliktfelder und die Entstehung des Antisemitismus. Das Deutsche Kaiserreich und das Liberale Italien im Vergleich (Studien zum Antisemitismus in Europa Bd. 9). Berlin, 2015.
'Kritische Theorie und Antisemitismusforschung. Paul W. Massing und sein geschichtswissenschaftlicher Beitrag" in *"Jahrbuch für Antisemitismusforschung"* 26, 2017.
"*The Language of Antisemitism in the Catholic Newspapers Il Veneto Cattolico / La Difesa in Late Nineteenth-Century Venice*" in "*Church History and Religious Culture*" 96, 2016.

BIBLIOGRAFIA

AA. VV. *La legislazione antiebraica in Italia e in Europa*. Roma, 1989.

AA. VV. *Roma, 16 ottobre 1943, anatomia di una deportazione*. Roma, 2006.

Addis Saba Marina (a cura di). *La corporazione delle donne*. Firenze, 1988.

Alberti Leon Battista. *I libri della famiglia*. Torino, 1994.

Aleramo Sibilla. *Note di taccuino*. Milano, 1938.

Allegra Luciano. *Identità in bilico. Il ghetto ebraico di Torino nel Settecento*. Torino, 1996.

Altermatt Urs. *Katholizismus und Antisemitismus. Mentalitäten, Kontinuitäten, Ambivalenzen. Zur Kulturgeschichte der Schweiz, 1918-1945*. Stuttgart / Wien, 1999.

Angenot Marc. *Ce que l'on dit des Juifs en 1889. Antisemitisme et discours social*. Saint-Denis, 1989.

Anna Bravo, Daniele Jalla. *Una misura onesta. Gli scritti di memoria della deportazione dall'Italia 1944-1993*. Milano, 1994.

Antonucci Silvia Haia, Claudio Procaccia. *Dopo il 16 ottobre. Gli ebrei a Roma tra occupazione, resistenza, accoglienza e delazioni (1943-1944)*. Roma, 2017.

Arcari Paola Maria. *Le elaborazioni della dottrina politica nazionale fra l'unità e l'intervento (1870-1914)*. Firenze, 1934-1939.

Ascarelli Gianni et. al. (a cura di). *Il Tempio Maggiore di Roma*. Torino, 2004.

Ascarelli Roberta (a cura di). *Oltre la persecuzione. Donne, ebraismo, memoria*. Roma, 2004.

Avagliano Mario, Marco Palmieri. *Di pura razza ariana. L'Italia "ariana" di fronte alle leggi razziali*. Milano, 2013.

Babini Valeria Paola (a cura di). *La donna nelle scienze dell'uomo*. Milano, 1989.

Balsamo Luigi, Renzo Cremante (a cura di). *Angelo Fortunato Formiggini. Un editore del Novecento*. Bologna, 1981.

Bartikowski Kilian. *Der italienische Antisemitismus im Urteil des Nationalsozialismus 1933-1943*. Berlin, 2013.

Basiriany Akbar. *Die Ideologie und Politik von Enrico Corradini in der Florentiner Zeitschrift ‚Il Regno'*. Berlin, 1985.

Bassani Giorgio. *Dietro la porta*. Torino, 1964.

Battemberg Friedrich. *Das europäische Zeitalter der Juden. Zur Entwicklung*

einer Minderheit in einer nichtjüdischen Umwelt Europas. Darmstadt, 2000.
Bauer Yehuda. *Rethinking the Holocaust.* New Haven / London, 2002.
Baumeister Martin, Amedeo Osti Guerrazzi, Claudio Procaccia (a cura di). *16 ottobre 1943. La deportazione degli ebrei romani tra storia e memoria.* Roma, 2016.
Beccaria Rolfi Lidia. Annamaria Bruzzone (a cura di). *Le donne di Ravensbrück. Testimonianze di deportate politiche italiane.* Torino, 1978.
Beccaria Rolfi Lidia. *L'esile filo della memoria. Ravensbrück 1945: un drammatico ritorno alla libertà.* Torino, 1996.
Bedarida Guido. *Ebrei d'Italia.* Livorno, 1950.
Benz Wolfgang et. al. (a cura di). *Handbuch des Antisemitismus.* Berlin, 2011-2016.
Berger Sara, Marcello Pezzetti (a cura di). *La razza nemica. La propaganda antisemita nazista e fascista.* Roma, 2017.
Berger Sara. *I signori del terrore. Polizia nazista e persecuzione antiebraica in Italia (1943-1945).* Sommacampagna, 2016.
Bergmann Werner, Mona Körte (a cura di). *Antisemitismusforschung in den Wissenschaften.* Berlin, 2004.
Bergmann Werner, Ulrich Wyrwa. *Antisemitismus in Zentraleuropa. Deutschland, Österreich und die Schweiz vom 19. Jahrhundert bis zur Gegenwart.* Darmstadt, 2011.
Berliner Abraham. *Geschichte der Juden in Rom von der ältesten Zeit bis zur Gegenwart.* Frankfurt am Main, 1893.
Bertoli Bruno. *La Chiesa di Venezia dalle origini al Duemila. Tappe di un itinerario nella storia.* Venezia, 2001.
Bertoli Bruno. *Le origini del movimento cattolico a Venezia.* Brescia, 1965.
Bianchi Bruna (a cura di). *Deportazione e memorie femminili (1899-1952).* Milano, 2002.
Bidussa David. *Il mito del bravo italiano.* Milano, 1994.
Birnbaum Pierre, Ira Katzenelson (a cura di). *Paths of Emancipation. Jews, States, and Citizenship.* Princeton, 1995.
Birnbaum Pierre. *Un mythe politique: la "Republique juive". De Leon Blum à Mendès France.* Paris, 1988.
Blaschke Olaf, Aram Mattioli (a cura di). *Katholischer Antisemitismus im 19. Jahrhundert. Ursachen und Traditionen im internationalen Vergleich.* Zürich, 2000.
Blaschke Olaf. *Katholizismus und Antisemitismus im deutschen Kaiserreich.* Göttingen, 1997.
Blumenkranz Bernhard. *Il cappello a punta. L'ebreo medievale nello specchio*

dell'arte cristana. Bari / Roma, 2003.
Blumenkranz Bernhard. *Juden und Judentum in der Mittelalterlichen Kunst.* Stuttgart, 1965.
Bolvig Axel, Phillip Lindley (a cura di). *History and images. Two Worlds and new iconology.* Turnhout, 2003.
Bottai Giuseppe. *Diario 1935-1944.* Milano, 1994.
Bourdieu Pierre. *Politik. Schriften zur Politischen Ökonomie.* Berlin, 2013.
Bradburne James M. (a cura di). *Blut, Kunst Macht Politik Pathologie.* München, 2001.
Brechenmacher Thomas. *Das Ende der doppelten Schutzherrschaft. Der Heilige Stuhl und die Juden am Übergang der Moderne (1775-1870).* Stuttgart, 2004.
Brechenmacher Thomas. *Der Vatikan und die Juden. Geschichte einer unheiligen Beziehung vom 16. Jahrhundert bis zur Gegenwart.* München, 2005.
Bremer Natascha. *Das Bild der Juden in den Passionsspielen in der bildenden Kunst des deutschen Mittelalters.* Frankfurt am Main, 1998.
Brentzel Marianne, Uta Ruscher, Margherita Sarfatti. *Jüdin, Mäzenin, Faschistin.* Zurich, 2008.
Buffarini Guidi Glauco. *La vera verità.* Milano, 1970.
Bulard Marcel. *Le scorpion symbole du peuple juif dans l'art religieux des XIV, XV, XVI siècles.* Paris, 1935.
Burgio Alberto (a cura di). *Nel nome della razza. Il razzismo nella storia d'Italia 1870-1945.* Bologna, 1999.
Buttafuoco Annarita. *Cronache femminili. Temi e momenti della stampa emancipazionista in Italia dall'Unità al fascismo.* Arezzo, 1988.
Buttaroni Susanna, Stanislaw Musial (a cura di). *Ritualmord. Legenden in der europäischen Geschichte.* Wien, 2003.
Caffaz Ugo (a cura di). *Discriminazione e persecuzione degli ebrei nell'Italia fascista.* Firenze, 1988.
Caffiero Marina (a cura di). *Le radici storiche dell'antisemitismo. Nuove fonti e ricerche.* Roma, 2009.
Caffiero Marina. Battesimi forzati. *Storie di ebrei, cristiani e convertiti nella Roma dei papi.* Roma, 2004.
Cambieri Tosi Marie-Josè. *Carlo Placci. Maestro di cosmopoli nella Firenze fra Otto e Novecento.* Firenze, 1984.
Candeloro Giorgio. *Storia dell'Italia moderna Vol. V. La costruzione dello Stato unitario.* Milano, 1976.
Cannistraro Philip, Brian R. Sullivan. *The Duce's other Woman. New York, 1993.* Ed. orig. *L'altra donna del duce.* Milano, 1993.

Canosa Romano. *A caccia di ebrei. Mussolini, Preziosi e l'antisemitismo fascista.* Milano, 2006.
Capogreco Carlo Spartaco. *I campi del duce. L'internamento civile nell'Italia fascista (1940-1943).* Torino, 2004.
Capriotti Giuseppe (a cura di). *Antigiudaismo, Antisemitismo, Memoria.* Macerata, 2009.
Capriotti Giuseppe, Pierluigi Feliciati (a cura di). *Testimonianze della cultura ebraica.* Macerata, 2011.
Capristo Annalisa. *L'espulsione degli ebrei dalle accademie italiane.* Torino, 2002.
Caputo Giuseppe (a cura di). *Il pregiudizio antisemitico in Italia.* Roma, 1984.
Caracciolo Nicola. *Gli ebrei e l'Italia durante la guerra 1940-45.* Roma, 1986.
Caradec Franco. *I primi eroi.* Milano, 1962.
Caravale Mario, Alberto Caracciolo. *Lo Stato pontificio da Martino V a Pio IX.* Torino, 1978.
Carioti Antonio. *I ragazzi della fiamma.* Milano, 2011.
Carlebach Julius (a cura di). *Zur Geschichte der jüdischen Frau in Deutschland.* Berlin, 1993.
Carpi Daniel. *Between Mussolini and Hitler. The Jews and the Italian Authorities in France and Tunisia.* Hannover / London, 1994.
Cases Cesare, Sebastiano Timpanaro. *Un lapsus di Marx. Carteggio 1956-1990 (a cura di L. Baranelli).* Pisa, 2004.
Cases Cesare. *Il testimone secondario.* Torino, 1985.
Cassandro Michele. *Intolleranza e accettazione. Gli ebrei in Italia nei secoli XIV-XVIII. Lineamenti di una storia economica e sociale.* Torino, 1996.
Cassata Francesco. *A destra del fascismo. Profilo politico di Julius Evola.* Torino, 2003.
Castaldini Alberto. *Mondi paralleli, Ebrei e Cristiani nell'Italia Padana dal tardo medievo all'Età moderna.* Firenze, 2004.
Cavaglion Alberto (a cura di). *Il ritorno dai lager.* Milano, 1993.
Cavaglion Alberto, Gian Paolo Romagnani (a cura di). *Le interdizioni del Duce. A cinquant'anni dalle leggi razziali in Italia (1938-1988).* Torino, 1988.
Cavaglion Alberto, Gian Paolo Romagnani (a cura di). *Le interdizioni del Duce. Le leggi razziali in Italia.* Torino, 2002.
Cavaglion Alberto. *Ebrei senza saperlo.* Napoli, 1999.
Cavaglion Alberto. *La filosofia del pressappoco. O. Weininger e la cultura*

italiana del Novecento. Napoli, 2001.

Chabod Federico, Arnaldo Momigliano. *Un carteggio del 1959*. Bologna, 2002.

Ciano Galeazzo, (a cura di Renzo De Felice). *Diario 1937-1943*. Milano, 1990.

Clemens Gabriele B. (a cura di). *150 Jahre Risorgimento - geeintes Italien?* Trier, 2014.

Coen Fausto. *16 ottobre 1943. La grande razzia degli ebrei a Roma*. Firenze, 1993.

Cohen Israel. *Israel in Italien. Eindrücke und Erlebnisse, Zwölf Skizzen*. Berlin, 1909.

Cohen Jeremy. *The Friars and the Jews. The evolution of medieval anti-judaism*. London, 1982.

Cohen Steven M., Paula E. Hyman. *The Jewish Family. Myth and Reality*. New York / London, 1986.

Cohn Norman. *Licenza per un genocidio. I "Protocolli degli Anziani di Sion". Storia di un falso*. Torino, 1969.

Colarizi Simona. *L'opinione degli italiani durante il regime*. Bari, 2009.

Collotti Enzo. *Il fascismo e gli ebrei. Le leggi razziali in Italia*. Roma / Bari, 2003.

Collotti Enzo (a cura di). *Razza e fascismo. La persecuzione contro gli ebrei in Toscana (1938-1943)*. Roma, 1999.

Coppa Frank J. *Pope Pius IX. Crusader in a Secular Age*. Boston, 1979.

Costa Vincenzo. *L'ultimo federale. Memorie della guerra civile 1943-1945*. Bologna, 1997.

Croce Benedetto. *Scritti e discorsi politici*. Bari, 1963.

D'Amelia Marina. *Storia della maternità*. Roma / Bari, 1997.

Dall'osso Claudia (a cura di). *Turati e Kuliscioff: Amore e socialismo. Un carteggio inedito*. Milano, 2001.

De Felice Renzo. *Storia degli ebrei italiani sotto il fascismo*. Torino, 1961.

De Grand Alexander J. *The Italian Nationalist Association and the Rise of Fascism in Italy*. Lincoln / London, 1978.

De Leo Mimma, Fiorenza Taricone. *Le donne in Italia*. Napoli, 1992.

De Maistre Joseph. *Considerations sur la France*. London, 1796.

De Rienzo Eugenio. *Un dopoguerra storiografico. Storici italiani tra guerra civile e Repubblica*. Firenze, 2004.

De Rosa Gabriele. *Il movimento cattolico in Italia. Dalla Restaurazione all'età giolittiana*. Bari, 1966.

De Stampa Giovanni. *La piaga ebrea. Seria avvertenza tanto ai cristiani*

quanto agli ebrei. Treviso, 1889.
Debenedetti Giacomo. *16 ottobre 1943*. Torino, 2001.
Debra Hassig. *The iconography of rejection: Jews and other monstrous race in Image and Belief: studies in celebration of the eightieth anniversary of the Index of Christian Art*. Pricenton, 1999.
Del Vivo Caterina (a cura di). *Il Marzocco. Carteggi e cronache fra ottocento e avanguardie*. Firenze, 1985.
Della Pergola Sergio. *Anatomia dell'ebraismo italiano*. Assisi / Roma, 1976.
Demarco Domenico. *Il tramonto dello Stato Pontificio. Il papato di Gregorio XVI*. Napoli / Roma, 1992.
Di Nola Alfonso M. *Antisemitismo in Italia 1962/1972*. Firenze, 1973.
Di Nolfo Ennio. *Le paure e le speranze degli italiani 1943-1953*. Milano, 1986.
Di Sante Costantino (a cura di). *I campi di concentramento in Italia. Dall'internamento alla deportazione*. Milano, 2001.
Dickmann Elisabeth. *Die italienische Frauenbewegung im 19. Jarhundert*. Frankfurt am Main, 2002.
Dipper Christof, Rainer Hudemann, Jens Petersen (a cura di). *Faschismus und Faschismen im Vergleich*. Köln, 1998.
Dohm Christian Wilhelm. *Über die bürgerliche Verbesserung der Juden*. Berlin / Stettin, 1781.
Dolza Delfina. *Essere figlie di Lombroso: due donne intellettuali tra '800 e '900*. Milano, 1990.
Dondi Mirco. *La lunga liberazione*. Roma, 1995.
Dubnow Simon. *Weltgeschichte des jüdischen Volkes. Von seinen Uranfängen bis zur Gegenwart*. Berlin, 1929.
Ducci Teo. *Un tallèt ad Auschwitz, 10 febbraio '44 - 5 maggio '45*. Firenze, 2000.
Duden Barbara. *Der Frauenleib als öffentlicher Ort*. Hamburg, 1991.
Dupaty Charles Mercier. *Briefe über Italien vom Jahr 1785*. Mainz, 1790.
Erb Rainer, Werner Bergmann. *Die Nachtseite der Judenemanzipation. Der Widerstand gegen die Integration der Juden in Deutschland 1780-1860*. Berlin, 1989.
Evola Julius. *Il mito del sangue*. Milano, 1937.
Evola Julius. *Indirizzi per un'educazione razziale*. Napoli, 1941.
Evola Julius. *Sintesi di dottrina della razza*. Milano, 1937.
Evola Julius. *Tre aspetti del problema ebraico*. Padova, 1978.
Fabbri Fabio. *Le origini della guerra civile. L'Italia dalla Grande Guerra al*

fascismo, 1918-1921. Torino, 2009.
Fabre Giorgio. *Il contratto*. Bari, 2004.
Fabre Giorgio. *L'elenco. Censura fascista, editoria e autori ebrei*. Torino, 1998.
Fabre Giorgio. *Mussolini razzista. Dal socialismo al fascismo: la formazione di un antisemita*. Milano, 2005.
Falconi Rinaldo (a cura di). *Spostamenti di popolazione e deportazione in Europa*. Bologna, 1987.
Faracovi Ornella, Francesco Speranza (a cura di). *Federigo Enriques. Filosofia e storia del pensiero scientifico*. Livorno, 1998.
Ferrara degli Uberti Carlotta. *Fare gli ebrei italiani. Autorappresentazioni di una minoranza (1861-1918)*. Bologna, 2011.
Filippi Fabio. *Una vita pagana. Enrico Corradini dal superomismo dannunziano a una politica di massa*. Firenze, 1989.
Filippini Nadia. *La nascita straordinaria. Tra madre e figlia la rivoluzione del taglio cesareo (sec. XVIII-XIX)*. Milano, 1995.
Finzi Roberto. *L'Università italiana e le leggi antiebraiche*. Roma, 2003.
Flores Marcello, Simon Levis Sullam, Marie-Anne Matard-Bonucci, Enzo Traverso (a cura di). *Storia della Shoah in Italia. Vicende, memorie, rappresentazioni*. Torino, 2010.
Foa Anna. *Ebrei in Europa dalla peste nera all'emancipazione*. Roma / Bari, 1999.
Focardi Filippo. *Il cattivo tedesco e il bravo italiano. La rimozione delle colpe della seconda guerra mondiale*. Bari / Roma, 2013.
Folino Franco. *Ebrei destinazione Calabria (1940-1943)*. Palermo, 1988.
Forti Carla. *Il caso Pardo Roques. Un eccidio del 1944 tra memoria e oblio*. Torino, 1998.
Franzinelli Mimmo. *Delatori. Spie e confidenti autonomi: l'arma segreta del regime fascista*. Milano, 2001.
Fueglister Robert Louis. *Das Lebende Kreuz. Ikonographisch-ikonologische Untersuchung der Herkunft und Entwicklung einer spätmittelalterlichen Bildidee und ihre Verwurzelung im Wort*. Einsiedeln, 1964.
Gaeta Franco (a cura di). *La stampa nazionalista*. Rocco San Casciano, 1965.
Gallatay Robert. *The Politics of Economic Despair. Shopkeepers and German Politics 1890-1914*. London, 1974.
Gennaccari Federico. *Italia tricolore 1946-1989*. Roma, 2006.
Gentilini Gianni. *Pasqua 1475. Antigiudaismo e lotta alle eresie: il caso di Simonino*. Milano, 2007.

Germinario Francesco. *Antisemitismo. Un'ideologia del Novecento.* Milano, 2013.
Germinario Francesco. *Razza del sangue, razza dello spirito.* Torino, 2001.
Germinario Francesco. *Fascismo e antisemitismo. Progetto razziale e ideologia totalitaria.* Roma, 2009.
Giacomozzi Carla (a cura di). *L'ombra del buio. Lager a Bolzano / Schatten, die das Dunkel wirft. Lager in Bozen.* Bolzano, 1996.
Gilbert Martin. *9 novembre 1938, la notte dei cristalli.* Milano, 2008.
Gilman Sander L. *Jüdischer Selbsthass. Antisemitismus und die verborgene Sprache der Juden.* Frankfurt am Main, 1993.
Ginsborg Paul. *Storia d'Italia dal dopoguerra ad oggi. Società e politica 1943-1988.* Torino, 1989.
Ginzburg Natalia. *Lessico famigliare.* Torino, 1963.
Giuseppe Capriotti. *Lo scorpione sul petto. Iconografia antiebraica tra XV e XVI secolo alla periferia dello Stato Pontificio.* Roma, 2014.
Giustolisi Franco. *L'armadio della vergogna.* Roma, 2004.
Glaab Liana. *Die unbekannte Italienerin. Aufbruch in die Emanzipation.* Freiburg, 1980.
Goebbels Joseph. *Diario intimo.* Milano, 1948.
Gold Helmut, Georg Heuberger (a cura di). *Abgestempelt. Judenfeindliche Postkarten.* Frankfurt am Main, 2002.
Golinelli Paolo (a cura di). *Il pubblico dei Santi. Forme e livelli di ricezione dei messaggi agiografici.* Roma, 2000.
Gottlieb von Hippel Theodor. *Über die Bürgerliche Verbesserung der Weiber.* Frankfurt am Main, 1977.
Graetz Heinrich. *Geschichte der Juden von den ältesten Zeiten bis auf die Gegenwart.* Leipzig, 1900.
Gramsci Antonio. *Il Risorgimento.* Torino, 1975.
Gramsci Antonio. *Quaderni dal carcere.* Torino, 1075.
Grane Leif. *Die Kirche im 19. Jahrhundert.* Göttingen, 1987.
Gregoire Henri. *Essai sur la Regeneration physique, morale e politique des Juifs.* Paris, 1988.
Gregorovius Ferdinand. *Der Ghetto und die Juden in Rom.* Berlin, 1935.
Gribaudi Gabriella. *Guerra totale. Tra bombe alleate e violenze naziste: Napoli e il fronte meridionale 1940-1944.* Torino, 2005.
Griner Massimo. *La "Banda Koch". Il Reparto speciale di Polizia 1943-1944.* Torino, 2000.
Groppi Angela. *Il lavoro delle donne.* Roma / Bari, 1996.
Gross Hans. *Rome in the Age of Enlightenment. The post Tridentine syndrome*

and the ancient regime. Cambridge, 1990.
Gross Jan T. *Nachbarn. Der Mord an die Juden von Jedwabne*. München, 2001.
Gross Raphael. *Carl Schmitt und die Juden. Eine deutsche Rechtslehre*. Frankfurt am Main, 2000.
Gutman Israel, Bracha Rivlin, Liliana Picciotto (a cura di). *I giusti d'Italia. I non ebrei che salvarono gli ebrei 1943-1945*. Milano, 2006.
Hainz Schreckenberg. *Die Juden in der Kunst Europas. Ein historisches Bildatlas*. Göttingen / Wien, 1996.
Hammerstein Notker. *Antisemitismus und deutsche Universitäten 1871-1933*. Frankfurt am Main, 1995.
Hans-Peter Müller, Pierre Bourdieu. *Eine systematische Einführung*. Berlin, 2014.
Happacher Luciano. *Il lager di Bolzano*. Trento, 1979.
Harris James E. *The People speak! Anti-Semitism and Emancipation in Nineteenth-Century Bavaria*. Ann Arbor, 1994.
Heine Heinrich. *Reisebilder*. Bremen, 1981.
Heiner Franz. *Katholisches Kirchenrecht*. Paderborn, 1897.
Hergenröther Philipp. *Lehrbuch des katholischen Kirchenrechts*. Freiburg, 1888.
Herweg Rachel M. *Die jüdische Mutter. Das verborgene Matriarchat*. Darmstadt, 1994.
Heydenreich Titus (a cura di). *Pius IX und der Kirchenstaat in den Jahren 186-1870*. Erlangen, 1995.
Himmler Heinrich. *Der Dientskalender Heinrich Himmlers 1941/42*. Hamburg, 1999.
Hoffmann Christhard (a cura di). *Preserving the Legacy of German Jewry. A History of the Leo Baeck Institute 1955-2005*. Tübingen, 2005.
Honess Claire E., Verina R. Jones. *Le donne delle minoranze*. Torino, 1999.
Horkheimer Max, Theodor W. Adorno. *Dialektik der Aufklärung. Philosophische Fragmente*. Amsterdam, 1947.
Hsia Ronnie Po-Chia. *Trient 1475. Geschichte eines Ritualmordprozesses*. Frankfurt am Main, 1997.
Ignazi Piero. *Il polo escluso. Profilo del Movimento Sociale Italiano*. Bologna, 1989.
Ingegneri Gabriele (a cura di). *La Chiesa veneziana dal 1849 alle soglie del Novecento*. Venezia, 1987.
Introvigne Massimo. *Cattolici, antisemitismo e sangue. Il mito dell'omicidio*

rituale. Milano, 2005.
Isnenghi Mario, Stuart Woolf (a cura di). *Storia di Venezia. L'Ottocento e il Novecento*. Roma, 2002.
Jochum Herbert. *Ecclesia und Synagoga. Das Judentum in der christlichen Kunst*. Ottweiler, 1993.
Kampe Norbert. *Studenten und ‚Judenfrage' im deutschen Kaiserreich. Die Entstehung einer akademischen Trägerschicht des Antisemitismus*. Göttingen, 1988.
Katz Jacob. *Aus dem Ghetto in die bürgerliche Gesellschaft: jüdische Emanzipation 1770-1870*. Frankfurt am Main, 1986.
Kertzer David. *Die Päpste gegen die Juden. Der Vatikan und die Entstehung des modernen Antisemitismus*. Berlin / München, 2001.
Kertzer David. *Il patto col Diavolo. Mussolini e papa Pio XI*. Milano, 2014.
Kertzer David. *The kidnapping of Edgardo Mortara*. New York, 1997.
Klinkhammer Lutz. *L'occupazione tedesca in Italia 1943-1945*. Torino, 2007.
Klinkhammer Lutz. *Stragi naziste in Italia. La guerra contro i civili (1943-44)*. Roma, 1997.
Kohlstruck Michael, Stefanie Schüler-Springorum, Ulrich Wyrwa (a cura di). *Bilder kollektiver Gewalt - Kollektive Gewalt im Bild. Annäherungen an eine Ikonographie der Gewalt. Für Werner Bergmann zum 65. Geburtstag*. Berlin, 2015.
La Capra Dominick (a cura di). *The Bounds of Race. Perspectives on Hegemony and Resistance*. Ithaca / London, 1991.
Lagrou Pieter. *The Legacy of Nazi Occupation. Patriotic Memory and National Recovery in Western Europe (1945-1965)*. Cambridge, 2000.
Lamb Richard. *War in Italy 1943-1945. A brutal Story*. London, 1993.
Lanaro Silvio. *L'Italia nuova. Identità e sviluppo 1861-1968*. Torino, 1988.
Lapierre Valentina. *Comparsa e dismissione del culto di Simonino da Trento a Ferrara*. Ferrara, 2006.
Lattes Dante, Ferruccio Pardo. *L'ebraismo secondo B. Croce e la filosofia crociata*. Firenze, 1948.
Le Bon Gustave. *Psychologie des foules*. Paris, 1895.
Le Cour Grandmaison Oliver. *Les citoyennetés en Revolution 1789-1794*. Paris, 1992.
Le Rider Jacques. *Le cas Otto Weininger. Racines de l'antifeminisme e de l'antisemitisme*. Paris, 1982.
Levi Fabio (a cura di). *Gli ebrei e l'orgoglio di essere italiani. Un ampio ventaglio di posizioni fra '800 e primo '900*. Torino, 2011.

Levi Fabio. *L'ebreo in oggetto. L'applicazione della normativa antiebraica a Torino 1938-1943.* Torino, 1991.
Levi Fabio. *Le case e le cose. Las persecuzione degli ebrei torinesi nelle carte dell'EGELI 1938-1945.* Torino, 1998.
Levi Lia. *Se va via il re.* Roma, 1996.
Levi Primo (a cura di M. Belpoliti). *Opere.* Torino, 1987.
Levis Sullam Simon. *I carnefici italiani.* Milano, 2015.
Levis Sullam Simon. *Una comunità immaginata. Gli ebrei a Venezia (1900-1938).* Milano, 2001.
Livi Bacci Mario. *Donna, fecondità e figli.* Bologna, 1980.
Livingston Michel A. *The Fascists and the Jews of Italy. Mussolini's race laws.* Cambridge, 2014.
Lombroso Cesare, Guglielmo Ferrero. *La donna delinquente, la prostituta e la donna normale.* Torino, 1893.
Lombroso Cesare. *In Calabria (1862-1897).* Catania, 1898.
Lombroso Cesare. *L'antisemitismo e le scienze moderne.* Torino, 1894.
Lombroso Gina. *L'anima della donna.* Bologna, 1921.
Longerich Peter. *Holocaust. The Nazi Persecution and Murder of the Jews.* Oxford, 2010.
Lotter Freidrich. *Aufkommen und Verbreitung von Ritualmord- und Hostienfrevelanklage gegen Juden in Die Macht der Bilder. Antisemitische Vorurteilen und Mythen.* Wien, 1995.
Luhmann Niklas. *Soziale Systeme.* Frankfurt am Main, 1984.
Luporini Cesare (a cura di). *Ebraismo e Antiebraismo: immagine e pregiudizio.* Firenze, 1989.
Luttazzi Michele, Michele Olivari (a cura di). *Ebrei Cristiani nell'Italia medievale e moderna: conversioni, scambi, contrasti.* Roma, 1988.
Maifreda Germano. *Gli ebrei e l'economia milanese: l'Ottocento.* Milano, 2000.
Malino Frances, Bernard Wasserstein (a cura di). *The Jews in Modern France.* London, 1985.
Mangoni Luisa. *Una crisi di fine secolo. La cultura italiana e la Francia fra Otto e Novecento.* Torino, 1985.
Mann Vivian B. *Ital ya' Isola della rugiada divina. Duemila anni di arte e vita ebraica in Italia.* Milano, 1990.
Mantelli Manfredi. *La propaganda razziale in Italia 1938-1943.* Rimini, 2005.
Marrus Michael R. *L'olocausto nella storia.* Bologna, 1994.
Martina Giacomo. *Pio IX e Leopoldo II.* Roma, 1967.

Marzano Arturo, Guri Schwarz. *Attentato alla sinagoga. Roma, 9 ottobre 1982. Il conflitto israelo-palestinese e l'Italia.* Roma, 2013.
Matard-Bonucci Marie-Anne. *L'Italia fascista e la persecuzione degli ebrei.* Bologna, 2008.
Mattioli Aram, Markus Ries, Enno Rudolph (a cura di). *Intoleranz im Zeitalter der Juden.* Darmstadt, 1990.
Mattioli Aram, Markus Ries, Enno Rudolph. *Intoleranz im Zeitalter der Revolutionen. Europa 1770-1848.* Zürich, 2004.
Mattioli Aram. *Jacob Burchardt und die Grenzen der Humanität.* Wien / Linz 2001.
Mattone Antonello. *Dal mondo antico all'età contemporanea. Studi in onore di Manlio Brigaglia.* Roma, 2001.
Mayda Giuseppe. *Ebrei sotto Salò. La persecuzione antisemita 1943-1945.* Milano, 1978.
Mayda Giuseppe. *Storia della deportazione dall'Italia 1943-1945. Militari, ebrei e politici nei lager del Terzo Reich.* Torino, 2002.
Mayer Hans. *Außenseiter.* Frankfurt am Main, 2007.
Mayr Sabine, Joachim Innerhofer. *Quando la patria uccide. Storie ritrovate di famiglie ebraiche in Alto Adige.* Merano, 2016.
Mazzini Elena. *Ostilità convergenti. Stampa diocesana, razzismo e antisemitismo nell'Italia fascista (1937-1939).* Napoli, 2013.
Medrano Antonio. *Islam ed Europa.* Padova, 1978.
Meldini Piero. *Madre e sposa esemplare.* Rimini / Firenze, 1975.
Mell Julie L. *The Myth of the Medieval Jewish Moneylender.* New York, 2017.
Merbach Mitchell B. (a cura di). *Beyond the yellow Badge, Anti-Judaism and Antisemitism in Medieval and Early Modern Visual Culture.* Leiden, 2007.
Merzagora Cesare. *I Pavidi: dalla cospirazione alla Costituente. Prefazione di B. Croce. Istituto Editoriale Galileo.* Milano, 1946.
Messori Vittorio (a cura di). *"Io, il bambino rapito da Pio IX". Il Memoriale inedito dal protagonista del "caso Mortara".* Milano, 2005.
Miccoli Giovanni. *I dilemmi e i silenzi di Pio XII, Vaticano, Seconda guerra mondiale e Shoah.* Milano, 2000.
Michaelis Meir. *Mussolini and the Jews: German-Italian Relations and the Jewish Question in Italy 1922-1945.* Oxford, 1978.
Michaelis Meir. *Mussolini e la questione ebraica. Le relazioni italo-tedesche e la politica razziale in Italia.* Milano, 1982.
Michele Cassandro. *Intolleranza e Accettazione. Gli ebrei in Italia nei secoli XIV-XVIII.* Firenze, 1996.

Miething Christoph. *Judentum und Moderne in Frankreich und Italien.* Tubingen, 1998.
Milano Attilio. *Storia degli ebrei in Italia.* Torino, 1992.
Millu Liana. *Dopo il fumo. "Sono il n. 5384 di Auschwitz".* Brescia, 1999.
Millu Liana. *Il fumo di Birkenau.* Milano, 1947.
Millu Liana. *Tagebuch. Il ritorno dal lager.* Firenze, 2006.
Minerbi Sergio. *Un ebreo tra d'Annunzio e il Sionismo: Raffaele Cantoni.* Roma, 1992.
Miniati Monica. *Le emancipate. Le donne ebree in Italia nel XIX e XX secolo.* Roma, 2008.
Misul Frida. *Fra gli artigli del mostro nazista: la più romanzesca delle realtà, il più realistico dei romanzi.* Livorno, 1946.
Mitchell Brian R. *European Historical Statistics 1750-1970.* London, 1975.
Moebius Paul Julius. *Über den physiologischen Schwachsinn der Frau.* München, 1990.
Mola Aldo A. (a cura di). *La svolta di Giolitti. Dalla reazione di fine Ottocento al culmine dell'età liberale.* Foggia, 2000.
Mola Aldo A. *Corda Fratres. Storia di una associazione internazionale studentesca nell'età dei grandi conflitti. 1898-1948.* Bologna, 1999.
Momigliano Arnaldo. *Pagine ebraiche.* Torino, 1987.
Momigliano Arnaldo. *Sui fondamenti della storia antica.* Torino, 1984.
Momigliano Eucardio. *Storia tragica e grottesca del razzismo fascista.* Milano, 1946.
Momigliano Levi Paolo (a cura di). *Storia e memoria della deportazione.* Firenze, 1996.
Moos Carlo. *Ausgrenzung, Internierung, Deportation. Antisemitismus und Gewalt im späten italienischen Faschismus (1938-1945).* Zürich, 2004.
Morel Benedict A. *Traité des dégénérescences physiques, intellectuelles et morales de l'espèce humaine.* Paris, 1857.
Moro Renato. *La Chiesa e lo sterminio degli ebrei.* Bologna, 2009.
Morris Jonathan. *The Political Economy of Shopkeeping in Milan (1886-1922).* Cambridge, 1993.
Mozzoni Anna Maria. *La liberazione della donna.* Milano, 1975.
Muzzarelli Maria Giuseppina (a cura di). *Banchi ebraici a Bologna.* Bologna, 1994.
Nemes Robert, Daniel Unowsky, (a cura di). *Sites of European Antisemitism.* Waltham, 2014.
Nissim Lucana, Pelagia Lewinska. *Donne contro il mostro.* Torino, 1946.

Nola Alfonso M. *Antisemitismo in Italia 1962/1972*. Firenze, 1973.

Nord Philipp G. *Shopkeepers and the Politics of Resentment*. Princeton, 1985.

Nozza Marco. Hotel Meina. *La prima strage di ebrei in Italia*. Milano, 1993.

Occhini Pier Ludovico. *Enrico Corradini. Scrittore e nazionalista*. Roma, 1914.

Odorisio Maria L. *Donna o cosa? I movimenti femminili in Italia dal Risorgimento a oggi*. Torino, 1986.

Ori Anna Maria. *Il Campo di Fossoli. Da campo di prigionia e deportazione a luogo di memoria 1942-2004*. Carpi, 2004.

Osti Guerrazzi Amedeo. *Caino a Roma*. Roma, 2005.

Osti Guerrazzi Amedeo. *Noi non sappiamo odiare. L'esercito italiano tra fascismo e democrazia*. Torino, 2012.

Padoa Lazzaro. *Le comunità ebraiche di Scandiano e di Reggio Emilia*. Firenze, 1993.

Pancaldi Giuliano. *Darwin in Italia. Impresa scientifica e frontiere culturali*. Bologna, 1983.

Pantaleoni Maffeo. *Bolscevismo italiano*. Bari, 1922.

Papadia Elena. *Nel nome della nazione. L'Associazione nazionalista italiana in età giolittiana*. Roma, 2006.

Paticchia Vito. *VIII centenario dell'Università di Bologna (1886-1888). Progetto culturale e opinione pubblica a confronto negli anni di Crispi*. Bologna, 1989.

Pauley Bruce F. *From Prejudice to Persecution. A History of Austrian Anti-semitism*. Chapel Hill / London, 1992.

Pavan Ilaria, Guri Schwarz (a cura di). *Gli ebrei in Italia tra persecuzione fascista e reintegrazione post bellica*. Firenze, 2001.

Pavan Ilaria. *Il podestà ebreo. L'odissea di R. Ravenna dal fascismo alle leggi razziali*. Bari, 2006.

Pavan Ilaria. *Tra indifferenza e oblio. Le conseguenze economiche delle leggi razziali in Italia (1938-1970)*. Firenze, 2004.

Perfetti Francesco. *Il movimento nazionalista in Italia (1903-1914)*. Roma, 1984.

Perini Valentina. *Il Simonino: geografia di un culto*. Trento, 2012.

Petersen Susanne. *Marktweiber und Amazonen, Frauen in der Französischen Revolution*. Köln, 1987.

Petrucelli della Gattina Ferdinando. *Memorie di Giuda*. Milano, 1870.

Pezzetti Marcello (a cura di). *16 ottobre 1943. La razzia degli ebrei di*

Roma. Roma, 2013.
Pezzetti Marcello (a cura di). *16 ottobre 1943. La razzia di Roma*. Roma, 2016.
Pezzetti Marcello. *Il Libro della Shoah italiana. I racconti di chi è sopravvissuto*. Torino, 2009.
Philippson Martin. *Neueste Geschichte des jüdischen Volkes*. Leipzig, 1910.
Piazza Bruno. *Perché gli altri dimenticano, un italiano ad Auschwitz*. Milano, 1995.
Picciotto Fargion Liliana. *Il libro della memoria. Gli ebrei deportati dall'Italia 1943-1945*. Milano, 1991.
Picciotto Fargion Liliana. *L'alba ci colse come un tradimento. Gli ebrei nel campo di Fossoli 1943-1944*. Milano, 2010.
Picciotto Fargion Liliana. *L'occupazione tedesca e gli ebrei di Roma*. Roma, 1979.
Picciotto Fargion Liliana. *Salvarsi. Gli ebrei d'Italia sfuggiti alla Shoah. 1943-1945*. Torino, 2017.
Pichetto Maria Teresa. *Alle radici dell'odio. Preziosi e Benigni antisemiti*. Milano, 1983.
Piefel Matthias. *Antisemitismus und völkische Bewegung im Königreich Sachsen 1879-1914*. Göttingen, 2004.
Pieroni Bortolotti Franca. *Alle origini del movimento femminile in Italia: 1848-1892*. Torino, 1963.
Pieroni Bortolotti Franca. *Socialismo e questione femminile in Italia 1892-1922*. Milano, 1974.
Pillitteri Paolo. *Anna Kuliscioff: una biografia politica*. Venezia, 1986.
Pinna Anna Grazia. *Anna Kuliscioff. La politica e il mito*. Milano, 2001.
Pisanty Valentina. *La Difesa della razza. Antologia 1938-1943*. Milano, 2006.
Piussi Annamaria. *Presto apprendere, tardi dimenticare. L'educazione ebraica nell'Italia contemporanea*. Milano, 1996.
Plat Wolfgang (a cura di). *Voll Leben und voll Tod ist diese Erde. Bilder aus der Geschichte der Jüdischen Österreicher*. Wien, 1988.
Poliakov Léon, Jacques Sabille. *Gli ebrei sotto l'occupazione italiana*. Milano, 1956.
Portelli Alessandro. *L'ordine è già stato eseguito. Roma, le Fosse Ardeatine, la memoria*. Roma, 1999.
Preziosi Giovanni. *Come il giudaismo ha preparato la guerra*. Roma / Milano, 1940.
Procaccia Claudio (a cura di). *Ebrei a Roma tra Risorgimento ed*

emancipazione (1814-1914). Roma, 2013.

Pugliese Stanislao G. (a cura di). *The Most Ancient of Minorities. The Jews of Italy*. Westport / London, 2002.

Pulzer Peter. *Forschungsbericht. Die Entstehung des politischen Antisemitismus in Deutschland und Österreich (1867-1914)*. Gütersloh, 1964.

Puschner Uwe, Walter Schmitz, Justus H. Ulbricht (a cura di). *Handbuch zur 'Völkischen Bewegung' 1871-1918*. München, 1996.

Quirico Domenico. *Adua. La battaglia che cambiò la storia d'Italia*. Milano, 2004.

Reinhard Wolfgang. *Geschichte der Staatsgewalt. Eine vergleichende Verfassungsgeschichte Europas von den Anfängen bis zur Gegenwart*. München, 1999.

Remond René. *Religion und Gesellschaft in Europa. Von 1789 bis zur Gegenwart*. München, 2000.

Rengstorf Karl Heinrich, Siegfried von Kortzfleisch (a cura di). *Kirche und Synagoghe. Handbuch zur Geschichte von Christen und Juden*. Stuttgart, 1970.

Resti Enrico. *Ferdinando Bocconi. Dai grandi magazzini all'università*. Milano, 1990.

Righini Eugenio. *Antisemitismo e semitismo nell'Italia politica moderna*. Milano / Palermo, 1901.

Rodogno Davide. *Il nuovo ordine Mediterraneo. Le politiche di occupazione dell'Italia fascista in Europa (1940-1943)*. Torino, 2002.

Rogger Iginio (a cura di). *Il principe Vescovo Johannes Hinderbach (1465-1486) fra tardo medioevo e umanesimo*. Bologna, 1992.

Romano Ruggero, Corrado Vivanti (a cura di). *Storia d'Italia*. Torino, 1978.

Romualdi Adriano. *Julius Evola: l'uomo e l'opera*. Roma, 1966.

Rossi Doria Anna. *Diventare cittadine. Il voto alle donne in Italia*. Firenze, 1996.

Rossi Doria Anna. *Memoria e storia: il caso della deportazione*. Catanzaro, 1998.

Rossi Ernesto. *Nove anni sono molti. Lettere 1930-1943*. Torino, 2002.

Ruffini Elisabetta. *Il lapsus di Primo Levi. Il testimone e la ragazzina*. Bergamo, 2006.

Saba Umberto. *Coi miei occhi. Il mio secondo libro di versi*. Firenze, 1912.

Salmon Elio. *Diario di un ebreo fiorentino 1943-1944*. Firenze, 2002.

Salvatorelli Luigi, Giovanni Mira. *Storia d'Italia nel periodo fascista*. Milano, 1972.

Sampaolo Giovanni. *Otto Weininger e la differenza. Fantasmi della ragione nella Vienna del primo Novecento.* Milano, 1995.
Sarfatti Michele (a cura di). *Il ritorno alla vita: vicende e diritti degli ebrei in Italia dopo la seconda guerra mondiale.* Firenze, 1998.
Sarfatti Michele (a cura di). *La Repubblica sociale italiana a Desenzano: Giovanni Preziosi e l'Ispettorato generale per la razza.* Firenze, 2008.
Sarfatti Michele. *Gli ebrei nell'Italia fascista. Vicende, identità, persecuzione.* Torino, 2000.
Sarfatti Michele. *Mussolini contro gli ebrei. Cronaca dell'elaborazione delle leggi del 1938.* Torino, 1994.
Sasso Gennaro. *Per invigilare me stesso. I taccuini di lavoro di B. Croce.* Bologna, 1989.
Sauveur Yannick. *Jean Thiriart et le national-communautarisme européen.* Paris, 1978.
Schlemmer Thomas, Hans Woller (a cura di). *Der Faschismus in Europa. Wege der Forschung.* München, 2014.
Schuster Ildefonso. *Gli ultimi tempi di un regime.* Milano, 1946.
Schwaiger Georg (a cura di). *Konzil und Papst. Historische Beiträge zur Frage der höchsten Gewalt in der Kirche.* München / Paderborn / Wien, 1975.
Schwarz Guri. *Ritrovare se stessi. gli italiani nell'Italia postfascista.* Roma / Bari, 2004.
Seghele Scipio. *Eva moderna.* Milano, 1910.
Segre Augusto. *Memorie di vita ebraica. Prefazione di R. De Felice.* Roma, 1979.
Segre Vittorio. *Storia di un ebreo fortunato.* Milano, 2000.
Selvaggio Maria Antonietta. Desiderio e diritto di cittadinanza. Le italiane e il voto. Palermo, 1997.
Sergio Bugiardini (a cura di). *Violenza tragedia memoria della Repubblica Sociale Italiana.* Roma, 2006.
Shachar Isaiah. *The Judensau: a medieval Anti Jewish motif and its History.* London, 1974.
Shelah Menachem. *Un debito di gratitudine: storia dei rapporti tra l'esercito italiano e gli ebrei in Dalmazia, 1941-1943.* Roma, 1991.
Showalter Elaine. *Sexual Anarchy Gender and Culture at the Fin de Siècle.* London, 1991.
Sighele Scipio. *La folla delinquente. Studio di psicologia collettiva.* Torino, 1891.
Sighele Scipio. *Pagine nazionaliste.* Milano, 1910.

Soldani Simonetta (a cura di). *L'educazione delle donne*. Milano, 1989.
Sraffa Piero. *Lettere a Tania per Gramsci*. Roma, 1991.
Stefanori Matteo. *Ordinaria amministrazione. Gli ebrei e la Repubblica sociale italiana*. Bari / Roma, 2017.
Steimer Bruno. *Lexikon der Päpste und des Papsttums*. Freiburg / Basel / Wien, 2001.
Steinberg Jonathan. *All or Nothing. The Axis and the Holocaust*. London / New York, 2002. Ed. It. *Tutto o niente. L'Asse e gli ebrei nei territori occupati, 1941-1943*. Milano, 1997.
Steinberg Jonathan. *Deutsche, Italiener und Juden. Italienischer Widerstand gegen den Holocaust. Aus dem Englischen*. Göttingen, 1994.
Steinhaus Federico. *Ebrei/Juden. Gli ebrei dell'Alto Adige negli anni trenta e quaranta*. Firenze, 1994.
Sternhell Zeev. *La droite revolutonnaire 1885-1914. Les origines francais du fascisme*. Paris, 1978.
Sternhell Zeev. Ni droite ni gauche. L'ideologie fasciste en France. Paris, 1987.
Steur Claudia, Theodor Dannecker. *Ein Funktionär der "Endlösung"*. Essen, 1997.
Stow Kenneth R. *Catholic Though and Papal Jewry Policy 1555-1593*. New York, 1977.
Taguieff Pierre-Andrè. *L'antisemitismo*. Milano, 2016.
Taguieff Pierre-Andrè. *L'imaginaire du complot mondial: Aspects d'un mythe moderne*. Paris, 2006.
Taguieff Pierre-Andrè. *La nouvelle judéophobie*. Paris, 2002.
Tal Uriel. *Christians and Jews in Germany. Religion, Politics and Ideology in the Second Reich 1870-1914*. New York, 1975.
Taradel Ruggero, Barbara Raggi. *La segregazione amichevole. La civiltà cattolica e la questione ebraica (1850-1943)*. Roma, 2000.
Taradel Ruggero. *L'accusa del sangue. Storia politica di un mito antisemita*. Roma, 2003.
Tas Luciano. *Storia degli ebrei italiani*. Roma, 1987.
Tedeschi Giuliana. *Questo povero corpo*. Milano, 1946.
Tilly Louise A. *Politics and Class in Milan 1881-1901*. New York, 1992.
Timmermann Heiner (a cura di). *Entwicklungen der Nationalbewegungen in Europa 1850-1914*. Berlin, 1998.
Toaff Ariel. *Pasque di sangue*. Bologna, 2008.
Toaff Elio, Alain Elkann. *Essere Ebreo*. Milano, 1994.
Tollet Danièlle (a cura di). *Politique et religion dans le judaïsme ancien et*

médiéval. Paris, 1989.
Tomasi Tina, Luciana Bellatalla. *L'Università italiana nell'età liberale (1861-1923)*. Napoli, 1988.
Tonini Carla. *Operazione Madagascar. La questione ebraica in Polonia 1918-1968*. Bologna, 1999.
Toscano Aldo, Mario Camiglio e Teresa Gattico. *Lago Maggiore: Settembre 1943*. Novara, 1993.
Toscano Mario (a cura di). *L'abrogazione delle leggi razziali in Italia 1943-1987. Reintegrazione dei diritti dei cittadini e ritorno ai valori del Risorgimento*. Roma, 1988.
Toscano Mario. *Ebraismo e Antisemitismo in Italia. Dal 1848 alla guerra dei sei giorni*. Milano, 2003.
Toscano Mario. *La "porta di Sion". L'Italia e l'immigrazione clandestina ebraica in Palestina (1945-1948)*. Bologna, 1990.
Toussenel Alphonse. *Les Juifs, rois de l'époque. Histoire de la féodalité financière*. Paris, 1847.
Trachtenberg Joshua. *The Devil and the Jews. The medieval conception of the Jews and its relation to modern antisemitism*. New Haven, 1945.
Tramontin Silvio (a cura di). *Storia Religiosa del Veneto. Patriarcato di Venezia*. Padova, 1991.
Turi Gabriele. *Lo stato educatore: politica e intellettuali nell'Italia fascista*. Roma / Bari, 2002.
United Restitution Organisation. *Judenverfolgung in Italien, den italienisch besetzten Gebieten und in Nordafrika*. Frankfurt am Main, 1962.
Urso Simona. *Margherita Sarfatti*. Venezia, 2003.
Valech Capozzi Alba. *A 24029*. Siena, 1946.
van Rahden Till. *Juden und andere Breslauer. Die Beziehungen zwischen Juden, Protestanten und Katholiken in einer deutschen Großstadt (1860-1925)*. Göttingen, 2000.
Van Ypersele de Strihou Anne. *Le trésor de la cathédrale des Saints Michel et Gudule à Bruxelles*. Bruxelles, 2000.
Venegoni Dario. *Uomini, donne e bambini nel lager di Bolzano*. Milano, 2005.
Vidotto Vittorio. *Roma contemporanea*. Roma / Bari 2001.
Villani Cinzia. *Ebrei fra leggi razziste e deportazioni nelle province di Bolzano, Trento e Belluno*. Trento, 1996.
Vivanti Corrado (a cura di). *Gli ebrei in Italia*. Torino, 1996/97.
Vivanti Corrado (a cura di). *Storia d'Italia. Gli Ebrei in Italia. Dall'emancipazione a oggi*. Torino, 1997.

Vivanti Corrado. *Antisemitismo e cattolicesimo*. Brescia, 2013.

Vivarelli Roberto. *Storia delle origini del fascismo. L'Italia dalla grande guerra alla marcia su Roma*. Bologna, 1991-2012.

Voigt Klaus. *Il rifugio precario. Gli esuli in Italia dal 1933 al 1945*. Firenze, 1996.

Volkov Shulamit. *Jüdisches Leben und Antisemitismus im 19. und 20. Jahrhundert*. München, 1990.

Wasserstein Bernard. *Vanishing Diaspora. The Jews in Europe since 1945*. Cambridge USA, 1996.

Weber Christoph. *Kardinale und Prälaten in den letzten Jahrzehnten des Kirchenstaates*. Stuttgart, 1978.

Weininger Otto. *Geschlecht und Charakter. Eine prinzipielle Untersuchung*. München, 1980.

Weitlauff Manfred (a cura di). *Kirche im 19. Jahrhundert*. Regensburg, 1998.

Weltsch Robert (a cura di). *Deutsches Judentum. Aufstieg und Krise*. Stuttgart, 1963.

Wieland Karin. *Die Geliebte des Duce: Das Leben der Margherita Sarfatti und die Erfindung des Faschismus*. München, 2004.

Wiewiorka Annette, Claude Mouchard (a cura di). *La Shoah: témoignages, savoirs, oeuvres*. Orléans, 1990.

Winock Michel. *La France et les Juifs. De 1789 à nos jours*. Paris, 2004.

Wyrwa Ulrich. *Gesellschaftliche Konfliktfelder und die Entstehung des Antisemitismus. Das Deutsche Kaiserreich und das Liberale Italien im Vergleich*. Berlin, 2015.

Wyrwa Ulrich. *Juden in der Toskana und in Preußen im Vergleich. Aufklärung und Emanzipation in Florenz, Livorno, Berlin und Königsberg*. Tübingen, 2003.

Yeomans Rory. *Visions of Annihilation. The Ustasha Regime and the Cultural Politics of Fascism. 1941-1945*. Pittsburgh, 2013.

Zalkind Hourwitz. *Apologie des juifs*. Paris, 2002.

Zargani Aldo. *Per violino solo. La mia infanzia nell'Aldiqua 1938-1945*. Bologna, 1995.

Zechlin Edmund. *Die deutsche Politik und die Juden im ersten Weltkrieg*. Göttingen, 1969.

Zeri Federico. *La collezione Federico Mason Perkins*. Assisi, 1988.

Zuccotti Susan. *L'Olocausto in Italia*. Milano, 1995.

Zuccotti Susan. *The Italians and the Holocaust: persecution, rescue and survival*. London, 1987.

www.ingramcontent.com/pod-product-compliance
Lightning Source LLC
Chambersburg PA
CBHW031140020426
42333CB00013B/461
* 9 7 8 3 9 8 1 9 5 6 7 0 2 *